刑法罪名精释与案例百选

危害公共安全罪

罪名精释与案例百选

陈洪兵 著

WEIHAI GONGGONGANQUAN ZUI
ZUIMING JINGSHI YU ANLI BAIXUAN

 法律出版社 LAW PRESS·CHINA | 北京

图书在版编目（CIP）数据

危害公共安全罪罪名精释与案例百选：刑法罪名精释与案例百选 / 陈洪兵著. -- 北京：法律出版社，2024. -- ISBN 978-7-5197-9564-1

I. D924.325

中国国家版本馆 CIP 数据核字第 2024BR1996 号

危害公共安全罪罪名精释与案例百选
WEIHAI GONGGONGANQUAN ZUI ZUIMING JINGSHI YU ANLI BAIXUAN

陈洪兵 著

策划编辑 张　珺
责任编辑 张　珺
装帧设计 汪奇峰

出版发行 法律出版社	开本 710毫米×1000毫米 1/16
编辑统筹 法商出版分社	印张 24.5　字数 350千
责任校对 张翼羽	版本 2024年11月第1版
责任印制 胡晓雅	印次 2024年11月第1次印刷
经　　销 新华书店	印刷 三河市兴达印务有限公司

地址:北京市丰台区莲花池西里7号(100073)
网址:www.lawpress.com.cn　　　　　　销售电话:010-83938349
投稿邮箱:info@lawpress.com.cn　　　　 客服电话:010-83938350
举报盗版邮箱:jbwq@lawpress.com.cn　　 咨询电话:010-63939796
版权所有·侵权必究

书号:ISBN 978-7-5197-9564-1　　　　　　定价:100.00元

凡购买本社图书,如有印装错误,我社负责退换。电话:010-83938349

出 版 说 明

新中国成立以来,在几代刑法学者和实务工作者的辛勤耕耘下,我国刑法学和刑事审判实践取得了辉煌的历史成就,积累了丰富的实践经验,逐步建立健全了有中国特色的刑法学体系及其知识结构、话语体系等。[①] 刑法是维护社会秩序、保持社会的稳定利器,是具有现实引导意义的规范,谦抑性是对其的基本要求,但同时,"刑法是时代的一面镜子,敏感地反映着社会的各种变化",[②] 面对着纷繁复杂的社会关系和波谲云诡的客观变化,刑事立法必须紧紧跟随。

每一次刑事立法,无论是条文修改还是增设新罪,对于刑事法律适用过程中的每一位参与者而言,对每一项罪名的理解可能都有出入。如何准确理解立法本意,如何将言辞简洁的条文适用于错综复杂的实践中,如何运用刑法逻辑推理出符合罪刑法定原则的结果,如何确保同案同判、统一裁判尺度等问题现于每一起刑事案件中,也是每一位刑法学人面临的现实问题,而解决这些问题的最佳路径就是研究《刑法》分则中的罪名和尽可能多的案例。

在笔者看来,写进《刑法》分则的每一项罪名都是悬在头上的"达摩克利斯之剑",可能随时吞噬每一个人,"刑法学并不是一个智力游戏,它背后是沉甸甸的社会责任"[③]。研究关系生杀予夺、关乎每个人命运的《刑法》分则,是让每个

---

① 高铭暄:《习近平法治思想指导下中国特色刑法学高质量发展论纲》,载《中国应用法学》2023年第2期。
② 张明楷:《外国刑法学》(第2版),法律出版社2019年版,"前言"。
③ 张明楷:《张明楷刑法学讲义》,新星出版社2021年版,"序言"。

人在合法的范围内充分发挥社会主体作用的保障,更是真正实现《宪法》规定的"国家尊重和保障人权"的抓手。创制法律条文是为了适用于个案,抽象、概括、原则的法律条文具象后形成了案例。案例本身是具有重要法治价值的,是法律生命的住所,也是法治的生成方式,法律规则及法治经验多潜藏于已经处理的各类案例之中。[①] 对法学学科发展和法治社会建设而言,案例研究具有重大意义。

研究离不开阅读,笔者在教学研究工作中发现,市面上的刑法书大多是有关客观归责、不作为、因果关系、故意、过失、正当防卫、紧急避险、被害人承诺、共犯、罪数之类理论性极强的小众图书,无论是实务人员编写的实操性很强但理论深度有所欠缺的汇编图书,抑或是有关罗列类罪概念、特征、主体、客体、主观方面、客观方面、此罪与彼罪的区别等的教科书式图书,却少见对《刑法》分则的理论和实务都深入研究,将罪名阐释与案例充分恰当结合的图书。鉴于此,笔者在长期研究和积累的基础上,在法律出版社的策划和支持下,为广大司法实务工作者、研究人员和法科生献出这样一套《刑法》分则"宝典"——《刑法罪名精释与案例百选》,以丰富的案例贯穿于对抽象法律条文的解释之中,旨在打通刑法理论与司法实务的脉络,展现刑事司法逻辑的推演过程。

本丛书内容追求简洁、明快、实用,对每一项罪名的犯罪构成和实务疑难问题作精准阐释和解读,对收录的大量案例作精简呈现,不罗列理论学说和司法解释条文。对于分册安排,由于《刑法》分则第一章危害国家安全罪、第七章危害国防利益罪与第十章军人违反职责罪理论研究和实务适用较少,本丛书未特别设置相应分册;渎职罪内容不多,故将其与贪污贿赂罪合并为职务犯罪分册。各分册中详细解读了相关的每一项罪名,均按照"导读""条文""实务疑难问题(穿插案例)"三个部分编排。

本丛书分册包括:

《职务犯罪罪名精释与案例百选》;

《财产犯罪罪名精释与案例百选》;

《经济犯罪罪名精释与案例百选》;

[①] 胡云腾:《加强案例法学研究 提高案例研究水平》,载《法律适用》2020年第10期。

《人身犯罪罪名精释与案例百选》；

《危害公共安全罪罪名精释与案例百选》；

《妨害社会管理秩序罪罪名精释与案例百选》。

见出以知入，观往以知来。在刑法研究之路上，笔者真心希望能为解释《刑法》分则尽一位刑法学人应尽的责任，为我国犯罪治理体系优化，治理能力提高贡献微薄之力。

2023 年 4 月

目 录 | CONTENTS

第一章 概 述 / 001

第一节 公共安全 / 001

导 读 / 001

疑难问题 / 002

1. 公共安全中的"公共",是什么含义? / 002
2. "不特定",意味着"对象的不确定性"吗? / 003
3. 单纯的财产安全,是否属于公共安全? / 005
4. 除不特定或者多数人的生命、身体安全之外,公共安全还应包括什么内容? / 007
5. "危害"公共安全与"危及"公共(飞行)安全是否存在区别? / 008
6. 成立具体的公共危险犯,是否要求行为人必须认识到具体的公共危险? / 009

第二节 危险犯归类 / 011

导 读 / 011

疑难问题 / 011

1. 危险犯只有具体危险犯与抽象危险犯两种类型吗? / 011
2. 在具体危险犯与抽象危险犯之间,是否存在准抽象危险犯这种中间类型? / 016
3. 公共危险犯罪名如何进行归类? / 017

第三节 公共危险犯未完成形态 / 018

导　读 / 018

疑难问题 / 019

1. 主动消除危险以避免实害的,能成立公共危险犯的中止吗? / 019
2. 如何认定公共危险犯的既遂、未遂、预备与中止? / 021

第二章　危险方法犯罪 / 040

第一节　放火罪、失火罪 / 040

导　读 / 040

条　文 / 041

罪名精释 / 041

1. 第114条中的"尚未造成严重后果",是必须证明的客观构成要件要素吗? / 041
2. 《刑法》第114条与第115条第1款之间是什么关系? / 042
3. 放火未得逞的,是适用第114条,还是适用第115条第1款同时适用未遂犯的处罚规定? / 043
4. 行为危害公共安全的就只能成立放火、爆炸等危害公共安全罪吗? / 045
5. 放火烧死一人成立"放火致人死亡"与故意杀人罪的想象竞合吗? / 045
6. 消防救援人员的死亡能归属于行为人,而认定为放火致人死亡吗? / 046
7. 如何区分放火罪与失火罪? / 046
8. 如何判断失火罪中的因果关系与结果归属? / 047
9. 应否将"三年以下有期徒刑或者拘役"作为失火罪的基本刑? / 049

第二节　决水罪、过失决水罪 / 050

导　读 / 050

条　文 / 050

罪名精释 / 051

1. 决水罪的既遂标准是什么？/ 051
2. 《刑法》第 17 条第 2 款相对负刑事责任年龄的规定，是指八种行为，还是八种具体罪名？/ 052
3. 决水罪与爆炸罪之间是什么关系？/ 052

第三节　**爆炸罪、过失爆炸罪** / 053

导　读 / 053

条　文 / 053

罪名精释 / 053

1. 如何认定爆炸罪中的"危害公共安全"？/ 053
2. 爆炸罪与其他危害公共安全罪之间是什么关系？/ 055

第四节　**投放危险物质罪、过失投放危险物质罪** / 056

导　读 / 056

条　文 / 057

罪名精释 / 057

1. 如何判断投放危险物质罪中的"危害公共安全"？/ 057
2. 如何区分投放危险物质罪与过失投放危险物质罪？/ 058
3. 如何区分投放危险物质罪与污染环境罪？/ 060

第五节　**以危险方法危害公共安全罪、过失以危险方法危害公共安全罪** / 063

导　读 / 063

条　文 / 063

罪名精释 / 064

1. 以危险方法危害公共安全罪何以成为"口袋罪"？/ 064
2. 以危险方法危害公共安全罪是危害公共安全类罪的兜底罪名吗？/ 066
3. 有关盗窃、破坏窨井盖的司法解释规定，有无疑问？/ 076
4. 如何区分认定故意与过失以危险方法危害公共安全罪？/ 077
5. 以危险方法致"人"重伤、死亡，能包括本人或者同伙重伤、死亡吗？/ 078

6. 如何限缩以危险方法危害公共安全罪和过失以危险方法危害公共安全罪的适用？/ 080

7. 从立法论角度讲，是否应废除以危险方法危害公共安全罪？/ 086

第三章 破坏工具、设施犯罪 / 087

第一节 破坏交通工具罪、过失损坏交通工具罪 / 087

导　读 / 087

条　文 / 087

罪名精释 / 088

1. 破坏大型拖拉机、电瓶机动车、缆车的刹车装置，能构成破坏交通工具罪吗？/ 088

2. 何为"破坏"交通工具？/ 089

3. 盗走卡车的全部轮子，还能构成破坏交通工具罪吗？/ 090

4. 破坏私家车刹车装置，能构成破坏交通工具罪吗？/ 092

5. 足以发生倾覆、毁坏危险，是指具有产生危险的危险吗？/ 093

6. 有必要区分认定破坏交通工具罪的既遂与未遂吗？/ 093

7. 应否将"处三年以下有期徒刑或者拘役"作为过失损坏交通工具罪的基本刑？/ 094

第二节 破坏交通设施罪、过失损坏交通设施罪 / 095

导　读 / 095

条　文 / 095

罪名精释 / 096

1. 堵塞交通属于"破坏"交通设施吗？/ 096

2. 不作为也能构成"破坏"交通设施罪吗？/ 097

3. 破坏哪些设施能构成破坏交通设施罪？/ 097

第三节 破坏电力设备罪、过失损坏电力设备罪 / 102

导　读 / 102

条　文 / 102

罪名精释 / 103

1. 最高人民法院、最高人民检察院将《刑法》第118条确定为两个罪名合理吗？/ 103

2. 如何判断"危害公共安全"？/ 103

3. 关于盗窃电力设备同时构成盗窃罪与破坏电力设备罪从一重处罚的司法解释规定，有无疑问？/ 104

第四节　破坏易燃易爆设备罪、过失损坏易燃易爆设备罪 / 105

导　读 / 105

条　文 / 106

罪名精释 / 106

1. 无专业资质从事燃气管道改造施工，能构成破坏易燃易爆设备罪吗？/ 106

2. 有关"打孔盗油"同时构成盗窃罪与破坏易燃易爆设备罪从一重处罚的司法解释规定，有无疑问？/ 107

3. 已将油气装入包装物或者运输工具尚未运走的成立盗窃罪未遂的司法解释规定，有无疑问？/ 107

第五节　破坏广播电视设施、公用电信设施罪，过失损坏广播电视设施、公用电信设施罪 / 108

导　读 / 108

条　文 / 109

罪名精释 / 109

1. 要求造成人员死伤、用户通信中断等实害结果才成立本罪的司法解释规定，有无疑问？/ 109

2. 盗窃广播电视设施同时构成本罪和盗窃罪从一重处罚的司法解释规定，有无疑问？/ 110

3.《刑法》第124条第2款规定了过失危险犯吗？/ 111

第六节　劫持航空器罪 / 111

导　读 / 111

条　文 / 111

罪名精释 / 112

1. 劫持的对象是否限于民用航空器? / 112

2. 劫持的对象应否限于"正在使用中"或者"正在飞行中"? / 113

3. 劫持航空器"致人重伤、死亡",包括故意重伤、杀人吗? / 113

第七节　劫持船只、汽车罪 / 114

导　读 / 114

条　文 / 114

罪名精释 / 114

1. 劫持火车、电车,能构成犯罪吗? / 114

2. 将司机踹下车自己亲自驾车的,还能构成劫持汽车罪吗? / 115

3. 劫持小型出租车,能构成劫持汽车罪吗? / 117

第八节　暴力危及飞行安全罪 / 119

导　读 / 119

条　文 / 119

罪名精释 / 120

1. "危及飞行安全"的表述,是否意味着本罪是具体危险犯? / 120

2. 本罪与劫持航空器罪之间是什么关系? / 120

第四章　恐怖活动犯罪 / 122

第一节　组织、领导、参加恐怖组织罪 / 122

导　读 / 122

条　文 / 122

罪名精释 / 123

1. 实施的具体恐怖犯罪活动能与参加恐怖组织罪数罪并罚吗? / 123

2. 曾受过处罚又参加的应认定为"积极参加"的司法解释规定,有无疑问? / 124

第二节　帮助恐怖活动罪 / 124

导　读 / 124

条　文 / 125

罪名精释 / 125

1. 最高人民法院、最高人民检察院将本条两款规定确定为"帮助恐怖活动罪",准确吗? / 125

2. 成立本罪以恐怖活动组织或者人员实施具体的恐怖活动犯罪为前提吗? / 126

3. 如何认定本罪的既遂? / 127

第三节　准备实施恐怖活动罪 / 127

导　读 / 127

条　文 / 127

罪名精释 / 128

1. 成立本罪以他人实际实施恐怖活动犯罪为前提吗? / 128

2. "其他准备",是第120条之二第1款第4项的兜底规定,还是本条第1款的兜底规定? / 129

3. 如何认定本罪的既遂? / 129

4. 如何理解"同时构成其他犯罪"? / 129

第四节　宣扬恐怖主义、极端主义、煽动实施恐怖活动罪 / 130

导　读 / 130

条　文 / 130

罪名精释 / 131

1. 应否明知所散发的是宣扬恐怖主义、极端主义的图书、音频视频资料或其他物品? / 131

2. 认为制作宣扬恐怖主义的图书、标识构成犯罪的司法解释规定,有无疑问? / 131

3. 既宣扬恐怖主义,又煽动实施恐怖活动的,能够数罪并罚吗? / 132

第五节 利用极端主义破坏法律实施罪 / 132

　　导　读 / 132

　　条　文 / 132

　　罪名精释 / 133

　　　1. 本罪的设立符合罪刑法定原则的明确性要求吗？/ 133

　　　2. 如何限制本罪的适用？/ 134

第六节 强制穿戴宣扬恐怖主义、极端主义服饰、标志罪 / 134

　　导　读 / 134

　　条　文 / 135

　　罪名精释 / 135

　　　1. 强迫他人留有宣扬恐怖主义的发型、文身图案，构成本罪吗？/ 135

　　　2. 本罪罪状的设计具有类型性吗？/ 135

第七节 非法持有宣扬恐怖主义、极端主义物品罪 / 136

　　导　读 / 136

　　条　文 / 136

　　罪名精释 / 136

　　　1. 不删除他人发到手机微信上的宣扬恐怖主义的视频资料，属于非法"持有"吗？/ 136

　　　2. 应否明知所持有的是宣扬恐怖主义、极端主义的物品？/ 138

第五章　枪支、弹药、爆炸物、危险物质犯罪 / 140

　第一节　非法制造、买卖、运输、邮寄、储存枪支、弹药、爆炸物罪 / 140

　　导　读 / 140

　　条　文 / 141

　　罪名精释 / 142

　　　1. 组装、改装枪支，是"制造"枪支吗？/ 142

　　　2. 不以出卖为目的的单纯购买枪支的行为，能构成非法买卖枪支罪吗？/ 144

3. 被查获的待售枪支,能计入非法买卖枪支罪既遂的数量吗? / 146

4. 用枪支交换枪支、弹药、毒品、假币、抵债、付彩礼、支付嫖资、行贿,构成非法买卖枪支罪吗? / 148

5. 在行驶中的交通工具上查获枪支、弹药的,就是非法运输枪支、弹药吗? / 149

6. 既非法制造枪支,又非法买卖手榴弹的,能否数罪并罚? / 149

7. 为合法生产、经营,未经许可制造、买卖、运输、储存爆炸物的,构成犯罪吗? / 149

8. 通过快递等方式寄递枪支、弹药、爆炸物的,无罪吗? / 150

9. 认为非法"储存"是指明知是他人非法制造、买卖、运输、邮寄的枪支、弹药而为其存放的行为的司法解释规定,有无疑问? / 150

10. 将为在庙会上燃放而制作烟火药的行为认定为非法制造爆炸物罪的判决,有无疑问? / 154

11. 走私爆炸物的,无罪吗? / 155

12. 走私枪支、弹药进出国边境的,能以非法运输枪支、弹药罪判处死刑吗? / 155

13. 枪口比动能达到1.8焦耳/平方厘米,就是刑法意义上的枪支吗? / 155

14. 枪支零配件是"枪支"吗? / 157

15. 烟花爆竹,是刑法意义上的"爆炸物"吗? / 159

16. 违规制造、销售弹药、爆炸物的,构成非法制造、买卖弹药、爆炸物罪吗? / 161

第二节 非法制造、买卖、运输、储存危险物质罪 / 161

导　读 / 161

条　文 / 162

罪名精释 / 162

1. 能否因为本罪中存在"危害公共安全"的表述,就认为本罪是具体危险犯? / 162

2. 违规制造、销售危险物质的,无罪吗? / 164

3. 走私核材料以外的危险物质，无罪吗？/ 164

4. 邮寄危险物质的，无罪吗？/ 164

第三节　违规制造、销售枪支罪 / 164

导　读 / 164

条　文 / 165

罪名精释 / 165

1. "依法被指定、确定的枪支制造企业、销售企业"，是必须具备的客观要素吗？/ 165

2. 只有实际销售了所违规制造的无号、重号、假号的枪支，才成立犯罪既遂吗？/ 166

3. 依法被指定、确定的枪支制造、销售企业将枪支销售给一般人的，还构成违规销售枪支罪吗？/ 166

第四节　盗窃、抢夺、抢劫枪支、弹药、爆炸物罪 / 167

导　读 / 167

条　文 / 167

罪名精释 / 168

1. 发现既有钱又有枪而一并盗走的，是想象竞合还是应数罪并罚？/ 168

2. 出于报复的目的盗窃警察枪支后藏匿的，构成盗窃枪支罪吗？/ 169

3. 盗窃、抢夺、抢劫枪支、弹药、爆炸物罪的既遂标准是什么？/ 170

4. 盗窃、抢夺枪支的，能转化为抢劫吗？/ 171

5. 骗取、侵占、敲诈勒索、故意毁坏枪支、弹药、爆炸物的，无罪吗？/ 172

第五节　盗窃、抢夺、抢劫危险物质罪 / 173

导　读 / 173

条　文 / 173

罪名精释 / 173

1. 本罪是具体危险犯吗？/ 173

2. 成立盗窃、抢夺、抢劫危险物质罪，是否必须具有非法占有的目的？/ 174

3. 盗窃、抢夺、抢劫危险物质罪的既遂标准是什么？/ 176

第六节　非法持有、私藏枪支、弹药罪 / 177

导　读 / 177

条　文 / 177

罪名精释 / 177

1. 将非法持有的枪支进行切割销毁的,还能构成非法持有枪支罪吗? / 177
2. 非法持有枪支后再卖给他人的,是一罪还是数罪? / 180
3. 非法持有大炮的,构成犯罪吗? / 180
4. 将手榴弹解释为弹药的司法解释规定,有无疑问? / 181
5. 司法解释严格界分"持有""私藏""储存",合理吗? / 182
6. 妻子明知丈夫将枪支藏于家中而放任不管,构成非法持有、私藏枪支罪的共犯吗? / 183
7. 非法持有、私藏枪支、弹药罪,是继续犯吗? / 184

第七节　非法出租、出借枪支罪 / 184

导　读 / 184

条　文 / 185

罪名精释 / 185

1. 最高人民法院、最高人民检察院将两款规定统一确定为"非法出租、出借枪支罪",妥当吗? / 185
2. 依法配备、配置枪支的人员将枪支无偿赠与他人的,无罪吗? / 186
3. 非依法配备、配置枪支的人员非法出租、出借枪支的,无罪吗? / 186
4. 如何评价用枪支作为质押物借债的行为? / 187
5. 非法出租、出借配置枪支犯罪的责任形式是什么? / 187

第八节　丢失枪支不报罪 / 188

导　读 / 188

条　文 / 189

罪名精释 / 189

1. 丢失枪支不报罪的责任形式是什么? / 189
2. 是否需要"不及时报告"与"造成严重后果"之间具有因果关系? / 189

3. 能认为丢失枪支不及时报告的成立丢失枪支不报罪,及时报告的成立玩忽职守罪吗?／190

4. 枪支被盗、被抢,属于"丢失"枪支吗?／191

第九节 **非法携带枪支、弹药、管制刀具、危险物品危及公共安全罪**／192

导　读／192

条　文／193

罪名精释／193

1. "危及公共安全"的表述,是否表明本罪是具体危险犯?／193

2. 为何本罪的法定刑轻于非法持有枪支、弹药罪?／194

3. 如何处理本罪与其他犯罪之间的罪数竞合关系?／195

第六章　责任事故类犯罪／197

第一节　重大飞行事故罪／197

导　读／197

条　文／197

罪名精释／197

1. 非航空人员违反规章制度致使发生重大飞行事故的,无罪吗?／197

2. 航空人员违反规章制度导致安全事故的一定构成重大飞行事故罪吗?／198

3. 航空人员发生重大飞行事故后逃逸的,能认定成立"交通运输肇事后逃逸"和"因逃逸致人死亡"吗?／198

第二节　铁路运营安全事故罪／198

导　读／198

条　文／199

罪名精释／199

1. 非铁路职工违反规章制度致使发生铁路运营安全事故的,无罪吗?／199

2. 铁路职工违反规章制度发生安全事故,只能构成铁路运营安全事故罪吗?／199

3. 发生铁路运营安全事故后逃跑的,能否成立"交通运输肇事后逃逸"与"因逃逸致人死亡"? / 200

4. 铁路运营安全事故罪与其他责任事故犯罪之间是什么关系? / 200

第三节　交通肇事罪 / 201

导　读 / 201

条　文 / 203

罪名精释 / 203

1. 何为"违反交通运输管理法规,因而发生重大事故"? / 203

2. 如何把握认定交通肇事罪的实行行为? / 206

3. 行人也能构成交通肇事罪? / 208

4. 如何把握交通肇事罪中的"因而"? / 209

5. 信赖高度自动驾驶系统的无过错的"驾驶员",能否成立"肇事逃逸"和"逃逸致死"? / 214

6. 如何认定二次碰撞碾压的交通事故的刑事责任? / 214

7. 何为"公共交通领域"? / 219

8. 加重处罚"逃逸"的根据是什么? / 219

9. "逃逸"事实能同时作为定罪情节和加重情节进行评价吗? / 225

10. 不符合交通肇事罪成立条件,能否以过失致人重伤罪、过失致人死亡罪定罪处罚? / 228

11. 如何认定"交通运输肇事后逃逸"? / 230

12. 无能力赔偿达到一定数额可认定成立交通肇事罪基本犯与加重犯的司法解释规定,有无疑问? / 238

13. 停留在事故现场不逃跑的,能认定为"逃逸"吗? / 238

14. "因逃逸致人死亡"条款何以虚置化? / 241

15. 交通肇事罪有自首成立的余地吗? / 243

16. 如何认定"因逃逸致人死亡"? / 246

17. 如何看待"交通事故认定书"的性质? / 250

18. 通说关于成立"逃逸致死"以行为构成交通肇事罪为前提的观点,合理吗? / 254

19. 如何看待"逃逸的，负全责"的规定和实践做法？/ 255

20. 如何处理交通肇事罪与以危险方法危害公共安全罪的关系？/ 259

21. 有关"移置逃逸"一律构成故意伤害、杀人罪的司法解释规定，
有无疑问？/ 264

22. 我国《交通肇事解释》对交通肇事罪定罪起点和升格标准是否
设定过高？/ 267

23. "指使逃逸"构成交通肇事罪共犯的司法解释规定，有无疑问？/ 268

24. 对因危险驾驶、妨害安全驾驶致人死伤构成的交通肇事罪，能够判处罚
金刑吗？/ 269

第四节 危险驾驶罪 / 270

导　读 / 270

条　文 / 271

罪名精释 / 271

1. 危险驾驶罪的责任形式是什么？/ 271

2. 机动车所有人、管理人"负有直接责任"，是指管理、监督过失
责任吗？/ 273

3. 自以为是酒后驾驶，实际是醉酒驾驶的，构成犯罪吗？/ 274

4. 在封闭的居民小区、大学校园内追逐竞驶、醉酒驾驶，构成危险
驾驶罪吗？/ 274

5. 醉酒开飞机、轮船，能构成危险驾驶罪吗？/ 276

6. 危险驾驶罪是具体危险犯还是抽象危险犯？/ 276

7. 如何认定追逐竞驶"情节恶劣"？/ 277

8. 醉驾短距离挪车、在荒野道路上醉驾，能构成危险驾驶罪吗？/ 278

9. 饮酒时没有驾驶车辆的意思，饮酒后萌生驾驶的念头而驾车的，
成立危险驾驶罪吗？/ 280

10. 能否以血液中酒精消除速率推算结果作为危险驾驶案件的认定
依据？/ 280

11. 醉酒驾驶后抽血前再次饮酒的，如何认定行为人血液中的酒精含量？/ 282

12. 非现场查获的行为人血液酒精含量达到醉驾标准的,能定危险
    驾驶罪吗?／286
13. 醉酒驾车送家人到医院抢救,能构成危险驾驶罪吗?／287
14. 如何认定处理情节轻微不需要判处刑罚的醉驾案?／287
15. 如何认定"超员超速型"危险驾驶罪?／289
16. 接送幼儿园幼儿、高中生、大学生、职工的车辆超员超速,能构成危险
    驾驶罪吗?／290
17. 如何认定危险化学品运输型危险驾驶罪中"危及公共安全"?／291
18. 危险驾驶致人重伤、死亡或者使公私财产遭受重大损失的,
    如何处理?／292
19. 如何区分危险驾驶罪与以危险方法危害公共安全罪?／293
20. "同时构成其他犯罪的,依照处罚较重的规定定罪处罚"的规定,
    排斥数罪并罚吗?／295
21. 断断续续追逐竞驶或者醉酒驾驶,能以同种数罪并罚吗?／297
22. 应提高醉酒驾驶型危险驾驶罪的定罪标准或者废除危险驾驶罪吗?／298

第五节　妨害安全驾驶罪／299

导　读／299

条　文／299

罪名精释／299

1. 为什么要增设妨害安全驾驶罪?／299
2. 妨害安全驾驶罪是具体危险犯吗?／301
3. 《刑法》第133条之二第2款特意明确驾驶人员的责任,是否存在
   问题?／302
4. 妨害安全驾驶致人伤亡的,如何处理?／303

第六节　重大责任事故罪／304

导　读／304

条　文／305

罪名精释／305

1. 重大责任事故罪的本质是什么？/ 305

2. 如何确定重大责任事故罪的责任主体？/ 306

3. 何为"在生产、作业中"？/ 308

4. 如何认定重大责任事故罪中的"因而"？/ 312

5. 如何把握责任事故犯罪认定中的管理、监督过失责任？/ 315

6. 政府出具的《事故调查报告》具有证据效力吗？/ 320

7. "情节特别恶劣的"，包括动机卑鄙、主观恶性深等有责性重和再犯罪可能性大的预防因素吗？/ 326

8. 给私营企业主造成的财产损失能认定为事故造成的直接经济损失吗？/ 326

9. 重大责任事故罪与交通肇事罪之间是什么关系？/ 326

10. 如何界分重大责任事故罪与相关责任事故犯罪？/ 329

11. 重大责任事故罪与过失致人重伤罪、过失致人死亡罪之间是什么关系？/ 333

12. 对行贿、贪污受贿的既从重又数罪并罚的司法解释规定有无疑问？/ 335

第七节　强令、组织他人违章冒险作业罪 / 336

导　读 / 336

条　文 / 336

罪名精释 / 336

1. 本罪的责任形式是什么？/ 336

2. 被强令、组织违章冒险作业的他人构成犯罪吗？/ 338

3. 本罪与其他责任事故犯罪之间是什么关系？/ 338

第八节　危险作业罪 / 338

导　读 / 338

条　文 / 339

罪名精释 / 339

1.《刑法修正案(十一)》增设危险作业罪的目的是什么？/ 339

2. 危险作业罪的责任形式是什么？/ 340

3.危险作业罪是具体危险犯、抽象危险犯还是准抽象危险犯?/340

4.危险作业罪的实行行为是什么?/340

5.无证私售成品汽油,是构成非法经营罪还是危险作业罪?/340

6.危险作业罪与重大责任事故罪等犯罪之间是什么关系?/342

7.危险作业致人伤亡的,如何处理?/342

第九节　重大劳动安全事故罪 / 343

导　读 / 343

条　文 / 343

罪名精释 / 343

1.如何认定重大劳动安全事故罪中的"因而"? / 343

2.重大劳动安全事故罪与重大责任事故罪等责任事故犯罪之间是什么关系? / 345

第十节　大型群众性活动重大安全事故罪 / 347

导　读 / 347

条　文 / 347

罪名精释 / 347

1.有必要增设大型群众性活动重大安全事故罪吗? / 347

2.本罪与其他责任事故犯罪之间是什么关系? / 349

第十一节　危险物品肇事罪 / 349

导　读 / 349

条　文 / 350

罪名精释 / 350

1.如何确定危险物品肇事罪的责任范围? / 350

2.危险物品肇事罪与其他责任事故犯罪之间是什么关系? / 352

第十二节　工程重大安全事故罪 / 353

导　读 / 353

条　文 / 353

罪名精释 / 354

1.如何确定工程建设各方的刑事责任? / 354

2. 工程重大安全事故罪与其他责任事故犯罪之间是什么关系？/ 359

3. 为何工程重大安全事故罪比重大责任事故罪的法定刑重？/ 360

4. 工程重大安全事故罪的追诉时效如何起算？/ 360

5. 工程重大安全事故罪是单位犯罪吗？/ 360

第十三节　教育设施重大安全事故罪 / 361

导　读 / 361

条　文 / 361

罪名精释 / 361

1. 本罪是故意犯罪吗？/ 361

2. 本罪与其他责任事故犯罪之间是什么关系？/ 362

第十四节　消防责任事故罪 / 363

导　读 / 363

条　文 / 363

罪名精释 / 363

1. 本罪的立法目的是什么？/ 363

2. 如何区分本罪与重大责任事故罪和工程重大安全事故罪？/ 364

第十五节　不报、谎报安全事故罪 / 364

导　读 / 364

条　文 / 365

罪名精释 / 365

1. 本罪的立法目的是什么？/ 365

2. 本罪的责任形式是什么？/ 366

3. 本罪与故意杀人罪、故意伤害罪之间是什么关系？/ 366

4. 认为转移、藏匿、毁灭遇难人员尸体也能构成本罪的司法解释规定，有无疑问？/ 366

5. 同时构成重大责任事故罪和不报、谎报安全事故罪的，能数罪并罚吗？/ 367

6. 他人已经及时报告的，行为人还能构成本罪吗？/ 368

第一章 概 述

第一节 公共安全

·导 读·

除《刑法》第114条、第115条外,"公共"一般是指不特定或者多数人。《刑法》第114条、第115条所规定之罪的保护法益,是不特定且多数人的生命、身体的安全。"不特定"并非"对象的不确定性",而是指犯罪行为可能侵犯的对象数量和可能造成的结果范围事先无法确定,行为人对此既无法具体预料也难以实际控制,而且行为造成的危险或者侵害结果可能随时扩大或增加。虽然公共安全也包括财物损失,但只能造成单纯的财物毁损而不可能造成人员伤亡的,不可能危害公共安全。《刑法》第115条所规定的"使公私财产遭受重大损失",是以具有造成不特定多数人伤亡的危险为前提的。只是侵害了不特定多数人生活的平稳与安宁,没有对不特定多数人的生命、身体造成危险的,不能认定成立《刑法》第114条、第115条规定的放火罪、爆炸罪等犯罪。不能认为"危及飞行安全"、"危及公共安全"与"危害公共安全"一样,表述的都是具体危险犯,"危及飞行安全"与"危及公共安全"表述的是一种准抽象危险犯。由于具体的公共危险是构成要件要素,行为人必须认识到具体的公共危险的存在,否则就不能肯定故意的具体危险犯的成立,而只能成立过失犯罪。

疑难问题

1. 公共安全中的"公共",是什么含义?

案1:陈某在某小区西门西侧的便道上,使用打火机点燃杂物,致佟某停在此处的轿车被烧毁。经鉴定,损失价值为人民币 48,000 元。

本案争议焦点:陈某放火的行为是否足以危害公共安全而构成放火罪。

法院认为,陈某选择的点火地点是某小区西门西侧的便道上,事发地正对着小区,并非空旷无人之地。而且行为人点火后并未将火势控制在较小范围,案发时,小区值班员与地库管理员两人拿着灭火器对着着火的杂物喷,但灭火器都喷完了也没能把火扑灭,并且鉴定机构在燃烧物中检测出残留的汽油成分,另外放火行为致使佟某投保的标的车被烧毁。由此可见,案发时火势失控,已形成足以危害公共安全的局面。认定陈某犯放火罪,判处有期徒刑 3 年。[1]

案2:孙某骑电瓶车至某公寓运送衣服之后,为寻求刺激,在该公寓100号7楼、6楼、5楼,用随身携带的打火机相继点燃上述楼道摆放的方形垃圾桶内的垃圾并离开现场,之后火情被物业和居民发现并扑灭。同日 18 时许,孙某再次骑电瓶车至上述公寓运送衣服之后,为寻求刺激,在该公寓33号 5 楼楼道内,用随身携带的打火机相继点燃上述楼道摆放的方形垃圾桶内的垃圾并离开现场,之后火情被居民发现并扑灭。

本案争议焦点:未成年被告人出于寻求刺激,实施放火行为,应当定性为放火罪还是寻衅滋事罪。

法院认为,本案中被告人实施放火的地点是高层住宅,选择的是多个楼层的垃圾桶,一旦火势成灾势必会造成不特定多数人的人身、财产损失,危及公共安全。被告人一天内数次放火,将火点燃后便离开现场,对火势后果持放任态度,亦未采取任何控制火势之客观措施。被告人的放火行为客观上足以危及公共安全,主观上明知但仍放任这种危险的发生,符合放火罪的主客观构成要件,已构

---

[1] 参见北京市西城区人民法院刑事附带民事判决书,(2016)京 0102 刑初字第 470 号。

成放火罪。认定孙某犯放火罪,判处有期徒刑1年。①

危害公共安全罪所保护的法益是公共安全,行为具有公共危险时才可能危害公共安全,因此,危害公共安全罪可谓公共危险犯。关于"公共"的含义,理论上存在四种观点:(1)公共危险是指对不特定人的生命、身体或者财产的危险;(2)不问是否特定,只要是对多数人的生命、身体或者财产的危险,就是公共危险;(3)公共危险是指对不特定且多数人的生命、身体或者财产的危险;(4)公共危险是指对不特定或者多数人的生命、身体或者财产的危险。我国刑法理论通说一般采取第三种观点。

应该说,除《刑法》第114条、第115条外,"公共"是指不特定或者多数人,危害公共安全罪所保护的法益,是不特定或者多数人的生命、身体的安全以及公众生活的平稳与安宁。《刑法》第114条、第115条所规定之罪的保护法益,是不特定且多数人的生命、身体的安全。

2."不特定",意味着"对象的不确定性"吗?

案3:蒋某城与父母关系不和。某日,蒋某城持棒球棍进入卧室向其母要钱,被拒后即用棒球棍将其母亲砸倒在地,并用棒球棍砸烂家中窗户玻璃、家电等物品,又至其父母卧室,将手机、平板电脑、水果刀及其他杂物从14楼扔下。部分物品砸落在小区公共道路上,并致楼下停车位停放的一辆轿车前挡风玻璃破碎且车顶多处凹陷,一辆轿车车顶多处划痕和凹陷,一辆轿车前挡风玻璃砸花。经鉴定,三辆轿车物损共计人民币4293元。

本案争议焦点:(1)如何认定高空抛物行为构成犯罪;(2)以危险方法危害公共安全罪和其他犯罪如何区分。

法院认为,高空抛物行为人明知案发时公共场所的客观情况、抛掷物品的性质,在未采取有效防范措施的情形下向公共场所抛掷物品,足以危害不特定多数人生命、健康或造成重大公私财物损失的,构成以危险方法危害公共安全罪。本案中,蒋某城因家庭矛盾,为发泄不满,故意将手机、平板电脑、水果刀等物品从

---

① 参见上海市浦东新区人民法院刑事判决书,(2019)沪0115刑初3133号。

14楼扔下,部分物品砸落在小区公共道路上,还砸坏楼下停放的三辆机动车,虽未造成人身伤害或财产重大损失的严重后果,但足以危害公共安全,其行为已构成以危险方法危害公共安全罪。①

案4:翟某为发泄对前女友宋某的不满,步行至宋某家门口,将宋某摆放在家门口的鞋架等物品无故砸坏,将宋某放置于走廊内的变速折叠自行车从10楼阳台扔至该单元门前小区公共道路上。

本案争议焦点:翟某为发泄对前女友宋某的不满,将宋某放置于走廊内的变速折叠自行车从10楼阳台扔至该单元门前小区公共道路上是否构成以危险方法危害公共安全罪。

法院认为,翟某从10楼的高空向小区公共道路抛掷自行车,就自行车自身的重量以及所抛掷的高度,到达地面的冲击力所造成的后果足以对人的生命或者财产造成重大危害;就所抛掷的地点而言,其为公共场所,能致不特定的人或物处于极度的危险当中。故行为人的行为方式符合除以放火、决水、爆炸、投放危险物质外之其他危险方法。认定翟某犯以危险方法危害公共安全罪,判处有期徒刑2年。②

应该说,上述两个判决均存在疑问。虽然高空抛物"能致不特定的人或物处于极度的危险当中",但也只是具有"对象的不确定性",因不可能一次性导致多人的死伤而具有"危险的不特定扩大性"。《刑法》第114条、第115条规定的犯罪行为,不仅在行为时不能由行为人控制结果范围,而且在行为终了后结果范围仍然可能扩大。高空抛物显然不具有这种特点。不能认为"行为人的行为方式符合除以放火、决水、爆炸、投放危险物质外之其他危险方法"而符合以危险方法危害公共安全罪的构成要件。

我国司法实践中大多将"不特定"理解为"对象的不确定性",或者说将"不特定"理解为"不确定是哪一个对象"。最高人民法院于2019年发布的《关于依法妥善审理高空抛物、坠物案件的意见》规定,高空抛物的,依照以危险方法危

---

① 参见上海市闵行区人民法院刑事判决书,(2019)沪0112刑初2501号。
② 参见山东省济南市历下区人民法院刑事判决书,(2020)鲁0102刑初144号。

害公共安全罪定罪处罚。显然,该司法解释采用了"对象不确定性说"。司法实践中有不少判决也是这样理解"不特定"的含义的。但是,将"不特定"单纯理解为被害对象的事先不确定性,存在明显的缺陷。在高空抛物的场合,即使地面有很多人,从高空扔下一块砖头或者一部手机,也不可能砸死很多人。在楼下只有一两个人时,行为人抛出多个物品,也只能导致确定的少数人伤亡。也就是说,高空抛物行为一般不会像放火、爆炸那样,一旦实施就会造成无法控制的后果,也不会随时扩大或者增加被害范围。高空抛物只能表明侵害的对象和可能造成的结果事先无法确定,但不可能导致具体危险或侵害结果随时扩大或增加。正因为此,《刑法修正案(十一)》在"妨害社会管理秩序罪"一章中增设了高空抛物罪,而没有将高空抛物罪规定在危害公共安全罪一章中。

总之,"对象的不确定性说"存在明显缺陷,应采取"危险的不特定扩大说"。所谓"不特定",是指犯罪行为可能侵犯的对象数量和可能造成的结果范围事先无法确定,行为人对此既无法具体预料也难以实际控制,而且行为造成的危险或者侵害结果可能随时扩大或增加。只有这样理解"不特定",才能符合"公共"的含义。

3. 单纯的财产安全,是否属于公共安全?

案5:刘君某对邻居刘慈某夫妇心存怨恨,想以放火的方式去吓唬刘慈某夫妇俩。某日凌晨2时许,刘君某从家中拿了一把起子、一个矿泉水空瓶准备到刘慈某的家纺店门前去放火。刘君某扯掉停放在刘慈某店门前马路上的一台摩托车的油管,用事先准备好的矿泉水瓶装了一瓶汽油,之后用起子把家纺店的卷闸门撬开一条裂缝,将一整瓶汽油沿着撬开的缝隙往店里倒,并用打火机点燃后逃回家中。经价格认定,此次放火损失价值为45,978元。刘君某辩称其主观故意是以烧毁被害人财物为目的,放火的结果只是危害了被害人的财物,没有危害公共安全,其行为不应定为放火罪,应定为故意毁坏财物罪。

本案争议焦点:被告人的行为构成放火罪还是故意毁坏财物罪。

法院认为,刘君某因邻里纠纷而对邻居心怀不满,想以放火的方式吓唬被害人,虽然其放火行为针对的对象是被害人的财物,但被害人财物放置地为被害人开设的家纺店内。也就是说,该危害行为发生在商业门店内且其放火的区域为居民住宅密集区,放火地点存放有大量易燃物品,刘君某能够预见自己的放火行为会引发火灾而危及公共安全,却放任这种结果的发生,符合放火罪的构成要件,应认定为放火罪。[1]

案6:洪方某为报复他人,携带煤油1瓶(半瓶油量)、打火机、手电筒,赶到洪某昌家门口,将煤油泼在一楼门口边的拖拉网(1000公斤左右)上(距门2米左右),用打火机点燃网绳后逃离现场。随后,邻居发现网绳在燃烧,便使用扫帚打灭。经鉴定,被烧毁的拖拉网价值人民币2676元。

本案争议焦点:以故意毁坏他人财物为目的的放火行为客观上危害公共安全,构成放火罪还是故意毁坏财物罪?

法院认为,本案中,洪方某将成堆的网绳点燃,该堆拖拉网重达1000公斤左右,距门的距离仅有2米左右,火势如未扑灭就足以造成严重的火灾。从侦查实验结果看,被点燃的网绳靠着门口的木板,会先产生结壳然后燃烧,从而燃至木板并蔓延危害房屋建筑。当时网绳被点燃后有明显的火苗,已经致公共安全于危险状态,符合放火罪的客观要件。本案被告人的行为侵犯的客体不仅是被害人对这些拖拉网的财产所有权,更是公共安全。认定洪方某犯放火罪,免予刑事处罚。[2]

案7:甲、乙在去河道的途中,甲提议购买农药鱼藤酮,便于二人捞鱼时用,乙同意。二人在镇里购买了40瓶鱼藤酮以及白酒、洗衣粉等工具。到了某路段后,二人将其中20瓶鱼藤酮与白酒、洗衣粉混合后投入公共河道中,河水流经下游冷水鱼养殖基地,毒死基地内用河水喂养的三文鱼、虹鳟鱼等各类鱼近4万斤,造成直接经济损失136万元。

本案中,鱼藤酮系一种低毒性的杀虫剂,其是通过破坏鱼的呼吸系统造成鱼

---

[1] 参见湖南省绥宁县人民法院刑事判决书,(2017)湘刑初19号。
[2] 参见浙江省台州市椒江区人民法院刑事判决书,(2016)浙1002刑初字第828号。

的死亡,但不会对人体造成严重危害,所以不能认定为(过失)以危险方法危害公共安全罪。

虽然公共安全也包括财物损失,但只能单纯造成财物毁损而不可能造成人员伤亡的,不可能危害公共安全。《刑法》第 115 条所规定的"使公私财产遭受重大损失",是以具有造成不特定多数人伤亡的危险为前提的。如果说"使公私财产遭受重大损失"就是危害公共安全,那么一个流窜作案犯窃取了上百户人家价值上千万元的财物也能构成危害公共安全犯罪了。行为人向确认空无一人的一栋楼放火,即便造成价值上亿元的财产损失,也不能认定为放火罪,而只能认定为故意毁坏财物罪。如果向一个养鱼池投毒,导致池塘里价值上百万元的鱼类全部死亡,但这些鱼根本不可能给人食用,就不能认定为投放危险物质罪,而只能认定成立故意毁坏财物罪。同样,在野外采用爆炸方法炸毁了数额特别巨大的财物,但当时没有任何人在场,不可能导致任何人伤亡的,也不可能认定为爆炸罪,而只能认定为故意毁坏财物罪。

4. 除不特定或者多数人的生命、身体安全之外,公共安全还应包括什么内容?

规定在"危害公共安全罪"一章中的犯罪,并不都是侵害、威胁生命、身体安全的犯罪。例如,《刑法》第 124 条规定的破坏广播电视设施、公用电信设施罪以及对应的过失犯罪,通常并不直接侵害和威胁人的生命、身体安全,而是扰乱了公众生活的平稳与安宁。在当今社会,如果某种行为使多数人不能观看电视、不能使用电话,就会使公众生活陷入混乱。《刑法》第 124 条规定,就是为了保护公众生活的平稳与安宁。

张明楷教授认为,《刑法》第 114 条、第 115 条所规定的犯罪,也包括对公众生活的平稳与安宁的保护。例如,即使行为人确认整个村庄没有人在家(事实上也是如此),进而放火烧毁全村的,也应当认定为放火罪。再如,即使行为人确认整栋居民楼没有人在内(事实上也是如此),进而对该居民楼实施爆炸的,也应当认定为爆炸罪。上述两例行为虽然没有对不特定多数人的生命、身体安全造成危险,但由于侵害了不特定多数人生活的平稳与安宁,应认定为放火罪、爆炸罪,而不能仅认定为故意毁坏财物罪(不只是侵害了财产)。《刑法》第124条的法定刑之所以明显轻于《刑法》第114条、第115条的法定刑,就是因为其仅侵犯了公众生活的平稳与安宁,而没有(也不要求)侵犯公众的生命、身体安全。①

本书认为,虽然可以认为《刑法》第124条所规定的破坏广播电视设施、公用电信设施罪以及对应的过失犯罪,侵害了公众生活的平稳与安宁,但不能认为其他危害公共安全犯罪也保护公众生活的平稳与安宁,不能认为确认村内无人而放火烧毁全村,以及确认居民楼无人而对该居民楼实施爆炸的,也能构成放火罪、爆炸罪。也就是说,只是侵害了不特定多数人生活的平稳与安宁,没有对不特定多数人的生命、身体造成危险的,不能认定为放火、爆炸等危害公共安全的犯罪。

5. "危害"公共安全与"危及"公共(飞行)安全是否存在区别?

"危害公共安全罪"一章使用"危害公共安全"表述的罪名有:第114条的放火罪、决水罪、爆炸罪、投放危险物质罪、以危险方法危害公共安全罪;第115条的过失性犯罪;第118条的破坏电力设备罪、破坏易燃易爆设备罪;第124条的破坏广播电视设施、公用电信设施罪过失犯罪;第125条第2款的非法制造、买卖、运输、储存危险物质罪;第127条的盗窃、抢夺、抢劫危险物质罪。使用"危及飞行安全"表述的是第123条的暴力危及飞行安全罪。使用"危及公共安全"表述的罪名有:第130条的非法携带枪支、弹药、管制刀具、危险物品危及公共安全罪;第133条之一第1款第4项的危险化学品运输型危险驾驶罪;第133条之二的妨害安全驾驶罪。

张明楷教授认为,虽然二者("危害公共安全"和"危及公共安全")均是对具体危险犯的表述,但"危及公共安全"的危险程度可以低于"危害公共安全"的程度。具体而言,危害公共安全的行为自身就足以造成危害公共安全的实害结果,而危及公共安全的行为需要介入特定因素(如爆炸物意外爆炸、驾驶人员未

---

① 参见张明楷:《刑法学》(第6版)(下册),法律出版社2021年版,第881页。

能及时采取措施等)才能造成实害结果。①

本书不赞成"危害公共安全""危及公共安全""危及飞行安全""足以……"都是具体危险犯的标志。虽然大致可以认为第114条规定的放火罪、决水罪、爆炸罪、投放危险物质罪、以危险方法危害公共安全罪是具体危险犯,但不能认为第118条规定的破坏电力设备罪、破坏易燃易爆设备罪,第124条规定的破坏广播电视设施、公用电信设施罪,第125条第2款规定的非法制造、买卖、运输、储存危险物质罪,第127条规定的盗窃、抢夺、抢劫危险物质罪,第123条规定的暴力危及飞行安全罪,第130条规定的非法携带枪支、弹药、管制刀具、危险物品危及公共安全罪,第133条之一第1款第4项规定的危险化学品运输型危险驾驶罪以及第133条之二规定的妨害安全驾驶罪,也是具体危险犯。后面这些条文中"危害公共安全""危及飞行安全""危及公共安全"的表述,只是为了限制处罚范围而对行为性质、对象属性的要求,而不是要求这些行为本身只有形成具体、现实、紧迫的高度危险时才成立犯罪,所以这些罪名属于介于具体危险犯与抽象危险犯之间的准抽象危险犯。

6. 成立具体的公共危险犯,是否要求行为人必须认识到具体的公共危险?

案8:陈某酒后途经某超市南面一街面房时,为寻求刺激,试图用打火机点燃丁某明停放在一楼门外的电动车未果,遂点燃电动车上的手套,之后又将打火机投入着火的手套中离开,路过的群众发现火情后报警,消防人员赶到现场将火扑灭。着火导致丁某明的电动车烧毁,邱某敏停放在此路边的小型客车车漆、车轮轮眉等多处受损,上述街面房房门和墙壁被熏黑、街面房墙边(重力墙)堆放的木板过火。经鉴定,电动车价值人民币1067元、小型客车损失价值人民币2303元。

本案争议焦点:醉酒后点燃停放在居民区附近电动车的行为如何定性。

一审法院认为,陈某酒后滋事,任意毁坏他人财物,情节严重,其行为已构成寻衅滋事罪。二审法院认为,根据案发现场的客观环境,即电动车的燃烧已引燃

---

① 参见张明楷:《刑法学》(第6版)(下册),法律出版社2021年版,第882页。

旁边的木板及下水管,而点火时间又发生在火灾不易被发现的凌晨,如果不及时扑救,存在火势进一步扩大而危及周边众多居民人身、财产安全的危险。陈某熟悉案发现场及附近情况,其在点燃电动车手套后即离开,对其点火行为可能引发火灾造成周边居民人身、财产损失的后果持放任态度。因此,本案符合放火罪的构成要件,改判陈某犯放火罪,判处有期徒刑3年。[①]

案9:康某与男友张某入住某宾馆8408号房间,当日凌晨2时23分许张某离开房间。康某因不满张某离开,遂打电话到宾馆前台,以自杀相威胁要求宾馆服务员找回张某。之后为发泄不满情绪,康某用房间内的打火机点燃了床上物品,致其入住的房间起火,虽该宾馆住宿人员逃离现场,但严重危及宾馆内人员身体及财产安全。之后火势被消防大队扑灭。该火灾致该宾馆8408号房间内的物品毁损及走廊被烟熏受损。经鉴定,该宾馆物品损失价值共计人民币34,816元。

本案争议焦点:被告人的行为是否构成故意放火。

法院认为,综合本案证据材料及被告人康某在案发当时与男友张某发生的感情纠纷,张某的证言也证实案发后,康某曾向其讲过在宾馆点火的事情,特别是根据消防部门对案发现场火灾的起因分析,排除了线路老化等非人为方式失火的可能性,所有证据均指向案发现场系人为纵火,结合所有证据进行分析判断可以认定案发现场火灾系康某故意放火而引起的。认定被告人康某犯放火罪,判处有期徒刑3年6个月。[②]

构成要件规制故意的认识内容,这是责任主义的要求,也是我国《刑法》第14条关于故意犯罪规定的意旨。既然具体的公共危险是构成要件要素,行为人就必须认识到这种具体的公共危险的存在,否则就不能肯定故意的具体危险犯的成立,而只能成立过失犯罪。

---

① 参见浙江省台州市中级人民法院刑事判决书,(2020)浙10刑终168号。
② 参见河北省唐山市路北区人民法院刑事判决书,(2016)冀0203刑初34号。

第二节　危险犯归类

·导　读·

具体危险犯与抽象危险犯传统分类的致命性缺陷在于：一方面根据分则条文中是否存在"危害公共安全""足以"之类的表述，将危险犯简单地划分为非此即彼的具体危险犯与抽象危险犯；另一方面在个案中对所谓具体危险犯又放弃具体性危险的判断。可以将"足以"型危险犯这种除实施法律规定的行为，尚需在个案中进行一定程度的具体、实质危险性判断，因而介于抽象危险犯与具体危险犯之间的独立的危险犯类型，称为"准抽象危险犯"。破坏交通工具罪，破坏交通设施罪，破坏电力设备罪，破坏易燃易爆设备罪，破坏广播电视设施、公用电信设施罪，非法制造、买卖、运输、储存危险物质罪，盗窃、抢夺危险物质罪，抢劫危险物质罪，暴力危及飞行安全罪，非法携带枪支、弹药、管制刀具、危险物品危及公共安全罪，危险化学品运输型危险驾驶罪，妨害安全驾驶罪，不是具体危险犯，而是准抽象危险犯。

疑难问题

1. 危险犯只有具体危险犯与抽象危险犯两种类型吗？

案1：沈某伟与赵某敏共同作案，剪断某包装食品厂平时使用的厢式货车前后刹车油管。次日，经该车驾驶员邹某出车前检查，发现车辆被破坏而停止使用，幸免危险。之后鉴定：该车制动系统的前、后制动管路的损坏，能造成该车制动系统完全失效。法院认为，沈某伟、赵某敏为泄愤报复，故意破坏他人平时使用的汽车，虽未造成严重后果，但足以使该车发生倾覆的危险，构成破坏交通工具罪。

应该说，本案中虽然不是正在使用的交通工具，但处于可能投入使用的状态,破坏其刹车装置具有公共危险性,因此法院的判决是正确的。法院认定构成破坏交通工具罪,并非根据行为是否形成了现实性的具体危险,因为出车前被及时发现而没有形成现实性的危险,而是根据破坏行为是否具有危害公共安全的性质来进行判断的。

案2:王某明携带钢锯、管钳、扳手等作案工具,盗窃路名牌4个、十字路口标志牌2个、限速标志牌2个、限重标志牌1个,危害公共安全,涉嫌破坏交通设施罪。一审法院认为,王某明破坏公路标志,其行为已侵犯了交通运输安全,已构成破坏交通设施罪,应依法追究其刑事责任。而公诉机关指控王某明盗窃路名牌4个的行为,不足以使汽车发生倾覆、毁坏危险,盗窃4个路名牌的行为不构成破坏交通设施罪。二审予以维持。①

应该说,法院之所以否定盗窃路名牌的行为构成破坏交通设施罪,而肯定盗窃限速标志牌等构成破坏交通设施罪,原因不在于行为是否形成了现实性的具体危险,而是在于行为是否具有危害公共安全的性质。盗窃路名牌的行为不可能危害公共安全,故仅符合盗窃罪构成要件,而盗窃限速标志牌等交通设施会危害到交通运输公共安全,故符合了破坏交通设施罪构成要件。

案3:李某君明知刘某忠(已被判刑)储存的1块凹形物体系放射性物质,仍然联系于某、左某庆等人,帮助刘某忠向他人出售。公安人员在某农户院内将该放射性物质起获。经鉴定,该凹形物体具有放射性,系放射核素铀238、铀235及其初级子体,铀235与铀238的组合比约为1∶114,判断是核材料,属于生产过程中的中间产品。法院认为,李某君违反国家对放射性物质的管理制度,明知是具有放射性的物质,仍为他人联系出售,其行为已构成非法买卖危险物质罪,依法应予惩处。李某君为了出售危险物质,联系他人,制造条件,其行为系犯罪预备,并且认罪悔罪,依法可对其减轻处罚。最终认定李某君犯非法买卖危险物质罪,判处有期徒刑1年6个月。②

应该说,该案中,法院是根据所买卖的对象具有放射性而直接认定构成犯

---

① 参见江苏省连云港市中级人民法院刑事裁定书,(2008)连刑一终字第0089号。
② 参见北京市第一中级人民法院刑事判决书,(2008)一中刑初字第03943号。

罪,并没有进行行为是否产生现实性危险的具体判断。

案4:蔡某辉原为某不锈钢制品有限公司技术员,明知公司车间轧机上的测厚仪内的放射源系危险物质,仍将测厚仪拆下。某日,蔡某辉携带测厚仪搭乘长途客车到老家,并将其藏匿于家中试图变卖。在家待了十多天后,因没联系到买家,蔡某辉匆匆回到公司驻地,不久即被抓获。经市核与辐射安全监督管理站认定,被盗测厚仪的放射源镅-241为低危险源,一般不会对人造成永久性损伤,但对长时间、近距离接触这些放射源的人可能造成可恢复的临时性损伤。庭审中,蔡某辉表示自己盗窃的测厚仪不会对人造成永久性损伤,自己的行为仅是普通的盗窃犯罪。但公诉人指出,蔡某辉作为公司技术员,对测厚仪的放射性、危险性是非常清楚的,为了一己私利,他不惜将偷盗来的危险物质从无锡千里迢迢带到汕头,还想变卖,任其流向社会。所以,他的行为涉嫌危害公共安全,触犯的是盗窃危险物质罪。法院以盗窃危险物质罪判处蔡某辉有期徒刑3年3个月。①

应该说,该案中,法院没有进行是否存在具体的现实性危险的判断,而是直接根据所盗物品具有放射性而认定构成盗窃危险物质罪。

案5:高某某在南阳租一辆"面的"同王某某、黄某某一起拉着购买的血浆离心机到驻马店。到驻马店后,高某某又找到杨某某,在杨某某的带领下将人和机器运到舒某某家。于当天晚上即开始组织人员采血,并将采集的血液制作成血浆。在采集血液和制作血浆过程中,高某某负责全面工作,王某某(作出本判决时在逃)负责采血,黄某某负责血液分离,制作成血浆,杨某某、孙某某负责组织卖血人员。至案发,高某某、杨某某、黄某某、孙某某组织20余人卖血,采集血液并制作成血浆52袋。

法院认为,高某某、杨某某、黄某某、孙某某未经卫生行政主管部门批准,擅自设立采血点,采集血液,而又将采集的血液制作成血液制品,不符合国家规定的标准,足以危害人体健康,其行为均构成非法制作血液制品罪。认定高某某、

---

① 参见卢志坚、张建如:《盗窃含放射源的测厚仪——江苏无锡首例盗窃危险物质罪案宣判》,载《检察日报》2009年10月15日,第2版。

013

杨某某、黄某某、孙某某犯非法制作血液制品罪。

应该说,法院根据非法制作的血液制品不符合国家规定的标准、具有"足以危害人体健康"的性质,在没有对是否形成具体性危险进行判断的情况下就直接认定为该罪的既遂,是正确的。由于"足以危害人体健康"是对采集、供应的血液或者制作、供应的血液制品性质的要求,即便采集了血液而未供应血液,或者制作了血液制品而未供应,也构成非法采集血液罪、非法制作血液制品罪的既遂。

刑法理论普遍承认行为犯与结果犯、危险犯与实害犯的犯罪类型划分。行为犯与结果犯这组概念,旨在解决犯罪既遂条件与因果关系认定的问题。所谓行为犯,是指行为与结果同时发生,因果关系不需要特别判断,同时,由于结果是无形的、非物质性的,只能根据行为进行的程度认定既未遂,如强奸罪;而结果犯,是指以有形的、物质性的结果作为犯罪既遂的条件,行为与结果的发生之间存在时间间隔,因果关系通常需要具体认定的犯罪,如故意杀人罪。所谓危险犯,是指以危险的发生作为犯罪成立条件或者处罚根据的犯罪;而实害犯,是指以实际法益侵害结果的发生作为犯罪成立条件或者处罚根据的犯罪,其只有成立与否而无犯罪未遂、预备与中止成立的余地,如过失犯以及徇私舞弊不征、少征税款罪等部分故意犯。可见,行为犯与结果犯的分类功能主要在于解决犯罪既遂的标准问题,而危险犯与实害犯这组概念旨在说明犯罪的成立条件或者处罚根据问题。

由于行为犯与结果犯、危险犯与实害犯两组概念划分的功能定位不同,二者存在一定的交叉实属正常。就公共危险犯而言,盗窃枪支罪既是(抽象)危险犯,也是结果犯;生产、销售假药罪与生产、销售有毒、有害食品罪既是(抽象)危险犯,又可谓行为犯。但不能将结果犯与实害犯概念相混淆,因为结果犯存在未遂而实害犯没有未遂成立的余地,也不能认为一个罪名既是危险犯又是实害犯,如放火罪。由于我国刑法中认定犯罪未遂与犯罪既遂为同一个罪名,如放火罪、杀人罪,若认为犯罪未遂时为危险犯,既遂时为实害犯,则意味着存在未遂形态的故意犯,均既是危险犯(未遂时),又是实害犯(既遂时),这不仅与某种具体犯罪"不可以既是危险犯又是实害犯"传统理论相悖,而且将导致危险犯与实害犯的分类失去意义。因为"犯罪分类应该揭示不同类型的犯罪在实体上的差异",即分类的根本目的在于,帮助人们更清楚地认识各罪在构成要件或犯罪成立条件上的差异。

域外传统危险犯理论一般将危险犯进一步划分为具体危险犯与抽象危险犯,认为具体危险犯中的危险,是现实、具体、高度紧迫的危险,是需要司法工作人员在个案中进行具体认定的危险;而抽象危险犯中的危险,是一种根据人们的一般生活经验得出的、类型化的、立法推定的危险,无须司法工作人员在个案中进行具体认定。区分具体危险犯与抽象危险犯的形式根据在于,《刑法》分则条文中是否存在"公共危险"之类的明文规定。国内赞成具体危险犯与抽象危险犯传统分类的学者,通常也是以《刑法》分则条文中是否存在"危害公共安全""足以""危及飞行安全""危及公共安全""引起……危险""严重污染环境"等形式规定为依据,对我国《刑法》分则中的典型危险犯进行具体危险犯与抽象危险犯的划分。

应该说,仅从条文中是否存在"公共安全"之类的表述就得出是具体危险犯还是抽象危险犯的结论,未必可靠。有人认为,一方面具体危险犯中的具体危险使法益受到侵害的可能具体地达到现实化的程度;另一方面根据暴力危及飞行安全罪中存在"危及飞行安全"的表述,就能得出该罪属于具体危险犯的结论。但是,从该罪基本犯的法定最高刑仅为五年有期徒刑来看,要求对飞行中的航空器上的人员使用暴力,并只有使飞机发生倾覆的危险达到现实化的程度才成立本罪,恐会不当地缩小该罪的处罚范围,也难以做到罪刑相适应,故而将该罪归入具体危险犯未必妥当。还有人认为,一方面,具体危险犯中的危险是指"具有发生侵害结果的紧迫(高度)危险";另一方面,根据非法携带枪支、弹药、管制刀具、危险物品危及公共安全罪中存在"危及公共安全"的表述,就能得出该罪属于具体危险犯的结论。但是,要求非法携带枪支等危险物品进入公共场所,只有对公共场所的安全已经形成了紧迫的、高度危险时才能以该罪论处,同样会不当缩小该罪的处罚范围。事实上,司法实践中对于将管制刀具带入候车厅、[①]在菜

---

① 参见蚌埠铁路运输法院刑事判决书,(2009)蚌铁刑初字第27号。

市场摆摊销售管制刀具、①在街上销售管制刀具的行为,②均不待形成具体、现实、高度紧迫的危险,即肯定危害公共安全犯罪既遂的成立。至于将"足以""危害公共安全""严重污染环境"之类的表述简单地视为具体危险犯的标志的观点,问题则更为严重。其实问题的症结在于,危险犯传统二分说认为,一方面具体危险犯中的危险,必须是在具体个案中认定达到的高度现实化的、紧迫的危险;另一方面根据刑法条文中存在"危害公共安全""足以""危及飞行安全""危及公共安全""严重污染环境"的表述,就能简单地得出相关罪名属于具体危险犯的结论,这会使传统分类方法不可避免地陷入理论困境。

总之,具体危险犯与抽象危险犯传统分类的致命性缺陷在于:一方面根据分则条文中是否存在"危害公共安全""足以"之类的表述,将危险犯简单地划分为非此即彼的具体危险犯与抽象危险犯;另一方面在个案中对所谓具体危险犯又放弃具体性危险的判断。要破解这种理论困局,就必须反思在传统危险犯二分法之外,是否存在独立的第三种危险犯类型?

2. 在具体危险犯与抽象危险犯之间,是否存在准抽象危险犯这种中间类型?

国外很早就有学者对危险犯的传统二分法抱有疑虑。例如,德国学者施罗德(Schröder)发现德国刑法中"足以"造成某种危险条款所规定的危险犯,属于无法归入抽象危险犯与具体危险犯之中任何一种的混合类型,这种危险犯中对危险的判断在特定情形下需依赖抽象危险因素与具体危险因素的结合,即进行抽象—具体危险犯的判断。德国学者霍耶(Hoyer)也质疑传统危险犯二分法的准确性,其在施罗德研究的基础上,将德国刑法中具有"足以"规定的条款与暗含了以"足以"发生危险作为客观不法要件内涵的犯罪统称为"适格犯",并提出适格犯应当作为介于具体危险犯与抽象危险犯之间的独立危险犯类型而存在。适格犯作为一种危险犯类型,其所体现的危险仍是需要结合具体案情加以判断的行为危险性。例如,对于达到醉驾标准的酒量超常者,若判断其醉驾行为并未

---

① 参见北京市房山区人民法院刑事判决书,(2014)房刑初字第505号。
② 参见广东省广州市白云区人民法院刑事判决书,(2014)穗云法刑初字第2242号。

达到不能安全驾驶的危险程度,则根据"适格犯"理论可排除危险驾驶罪的成立。

本书主张,将"足以"型危险犯这种除实施法律规定的行为,尚需在个案中进行一定程度的具体、实质危险性判断,从而介于抽象危险犯与具体危险犯之间的独立的危险犯类型,称为"准抽象危险犯"。一方面,这类犯罪更接近于抽象危险犯,只要行为具有某种危险属性即成立犯罪;另一方面,相对于盗窃枪支罪等典型抽象危险犯而言,这类行为是否具有危险,尚需在个案中结合对象的性质以及行为属性进行一定程度的具体性判断,但这种危险又无须达到现实化、紧迫性的程度,而区别于放火罪等典型具体危险犯。例如,成立破坏交通工具罪,必须破坏的是正在使用中的交通工具上可能危及交通运输安全的刹车等重要部位。又如,成立生产、销售不符合安全标准的食品罪,所生产、销售的必须是不符合食品安全标准且足以造成严重食物中毒事故或者其他严重食源性疾病的食品。

3.公共危险犯罪名如何进行归类?

按照上述危险犯三分法划分标准,公共危险犯中属于具体危险犯的罪名主要包括放火罪,决水罪,爆炸罪,投放危险物质罪,以危险方法危害公共安全罪,危险作业罪,妨害传染病防治罪,妨害国境卫生检疫罪,妨害动植物防疫、检疫罪。属于抽象危险犯的罪名主要包括组织、领导、参加恐怖组织罪,帮助恐怖活动罪,非法制造、买卖、运输、邮寄、储存枪支、弹药、爆炸物罪,违规制造、销售枪支罪,盗窃、抢夺枪支、弹药、爆炸物罪,抢劫枪支、弹药、爆炸物罪,非法持有、私藏枪支、弹药罪,第128条第2款的非法出租、出借枪支罪,"追逐竞驶型""醉酒驾驶型""超员超速行驶型"危险驾驶罪,生产、销售假药罪,生产、销售有毒、有害食品罪,非法处置进口的固体废物罪。属于准抽象危险犯的罪名主要包括破坏交通工具罪,破坏交通设施罪,破坏电力设备罪,破坏易燃易爆设备罪,破坏广播电视设施、公用电信设施罪,非法制造、买卖、运输、储存危险物质罪,盗窃、抢夺危险物质罪,抢劫危险物质罪,暴力危及飞行安全罪,非法携带枪支、弹药、管制刀具、危险物品危及公共安全罪,"危险化学品运输型"危险驾驶罪,妨害安全驾驶罪,妨害药品管理罪,生产、销售不符合安全标准的食品罪,生产、销售不符合标准的医用器材罪,非法采集、供应血液、制作、供应血液制品罪,污染环境罪。

第三节 公共危险犯未完成形态

·导 读·

造成了危险状态只是公共危险犯成立的条件,不是既遂条件。造成了危险状态后,行为人主动消除危险以避免实害的,仍能成立公共危险犯的中止。有关公共危险犯未完成形态争论的核心有两点:一是公共危险犯有无既遂、未遂、预备与中止;二是认定公共危险犯的既遂、未遂、预备与中止,如何选择适用法定刑。

以放火罪为例,与其讨论放火罪的既遂标准,不如判断个案中是否形成具体、现实、紧迫的危险和如何选择适用法定刑。在我国,讨论放火罪的未完成形态意义在于量刑,而不是罪与非罪的区分;区分预备与未遂的标准在于是否着手实行,未着手实行的,只能成立预备犯或预备阶段的中止,已经着手实行的,只能成立既遂、未遂或者实行阶段的中止。而放火罪在刑法理论中通常被认为是具体危险犯,放火罪着手实行与否的判断,也应根据是否形成现实、紧迫的具体公共危险进行判断。我国《刑法》第 114 条和第 115 条根据是否造成严重后果分别规定"三年以上十年以下有期徒刑"和"十年以上有期徒刑、无期徒刑或者死刑"的法定刑。认定已经着手实行的,只要客观上没有"致人重伤、死亡或者使公私财产遭受重大损失的",就只能适用《刑法》第 114 条,反之,只能适用《刑法》第 115 条的法定刑;着手实行后,若是因为行为人意志以外的原因未造成严重后果,如火被及时扑灭,适用《刑法》第 114 条,并且不再适用《刑法》总则关于未遂犯从轻、减轻处罚的规定。从这个意义上讲,《刑法》第 114 条相当于放火罪等未遂犯的规定,而《刑法》第 115 条相当于放火罪等既遂犯的规定。若是行为人主动放弃犯罪或者自动有效地防止严重后果的发生,则应认定为放火罪实行阶段的中止,适用《刑法》第 114 条,同时适用《刑法》总则关于中止犯的处罚规定。在着手实行之前,若是因为行为人意志以外的原因未能着手实行,如正准备点火被他人立即制止,成立放火罪的预备,适用《刑法》第 114 条和《刑法》总则关于预备犯的处罚规定;若是因为行为人主动放弃犯罪而未着手实行,则成立放火罪预备阶段的中止,适用《刑法》第 114 条和《刑法》总则中止犯的处罚规定。

疑难问题

1. 主动消除危险以避免实害的,能成立公共危险犯的中止吗?

案 1:甲为了报复社会搬了一块大石头放在正在运营的铁轨上,之后幡然醒悟,在火车到来前一个小时移走了石头,避免了列车运营安全事故的发生。

上述案件中,行为人的行为已经造成危险状态,行为人在实害结果发生之前主动消除危险以避免实害的,如何处理?目前理论上有所谓既遂说、实害犯中止说以及危险犯中止说的争议。在本书看来,争论的焦点在于:一是主动消除危险以避免实害的,是否值得作为犯罪中止对待?二是如何具体选择适用分则条文及总则关于犯罪中止的处罚规定?

关于第一个问题,即便是杀人行为,也有犯罪中止成立的余地,例如,向被害人茶杯中投毒后又主动送医而使被害人得救的,无疑成立故意杀人罪的中止,更何况法定刑相对较轻的公共危险犯呢?可以肯定,主动消除危险以避免实害的,值得作为犯罪中止予以认定。至于第二个问题所提的如何具体适用《刑法》条文,只要与故意杀人罪进行比较,就不难得出妥当的结论。具体性公共危险犯,如《刑法》第 114 条的放火罪、决水罪、爆炸罪、投放危险物质罪、以危险方法危害公共安全罪,相当于将着手实行杀人而形成的侵害他人生命的具体性危险的情形单独规定了法定刑。对于故意杀人罪的中止,应该适用故意杀人罪的基本刑(死刑、无期徒刑或者 10 年以上有期徒刑),同时适用《刑法》总则第 24 条第 2

款"对于中止犯,没有造成损害的,应当免除处罚;造成损害的,应当减轻处罚"的规定。造成损害而减轻处罚的结果是判处3年以上10年以下有期徒刑,如对向特定被害人茶杯中投毒后主动施救但造成了伤害结果,而成立故意杀人罪中止的处理。至于公共危险犯的中止,无非相当于向多数人共用的饮水机中投毒,之后主动消除危险或者中毒后积极施救的情形。

本书认为,为与故意杀人罪中止的处理相协调,仅仅造成了危险状态,而未实际发生侵害结果的公共危险犯,仍应被认定为"没有造成损害"而免除处罚。有观点认为,"具体的危险已经出现,故不属于'没有造成损害的,应当免除处罚'的情形,而属于'造成损害的,应当减轻处罚'的情形"[1]。但是,如果认为造成危险状态也属于"造成损害",就与意欲杀人而瞄准后(已经形成了具体危险状态),又放弃扣动扳机的故意杀人罪的中止的处理不协调,因为后者属于"没有造成损害的,应当免除处罚"的情形。如果造成了该罪刑规范所意欲阻止的结果,如轻伤、公私财产的较大损失等,则应认定为"造成损害"而减轻处罚。但由于《刑法》第114条放火罪等公共危险犯的规定,相当于未遂犯的既遂犯化,[2]即已经对相当于犯罪未遂的情形规定了独立的法定刑,为了与有责性相对较重的未遂犯的处罚相协调,对于犯罪中止,应当以公共危险犯基本刑作为减轻处罚的基准,如《刑法》第114条放火罪等中止的减轻处罚,应在3年以下(不包括3年)判处刑罚。否则,张三向公共建筑物放火后因被害人死里逃生而摔成轻伤,对其适用3年以上10年以下法定刑幅度,而李四实施同样的放火行为后积极主动救助被害人,最终也是造成被害人轻伤结果,如果以第115条第1款规定的法定刑(10年以上有期徒刑、无期徒刑、死刑)作为减轻处罚的基准,将导致张三与李四受到同样的处罚,而有悖犯罪中止制度的宗旨。所以,对于公共危险犯的中止,减轻处罚的基准应是基本犯(危险犯)的法定刑。

这样处理的确可能导致公共危险犯与故意杀人罪中止的处理不够协调。例如,行为人出于杀人的故意致人轻伤后中止犯罪,减轻处罚的结果是判处3年以

---

[1] 劳东燕:《以危险方法危害公共安全罪的解释学研究》,载《政治与法律》2013年第3期。
[2] 参见张明楷:《危险驾驶罪的基本问题——与冯军教授商榷》,载《政法论坛》2012年第6期。

上10年以下的有期徒刑;而放火后及时灭火但仍然造成他人轻伤的,减轻处罚的结果却是判处3年以下的刑罚。本书认为,故意杀人致人轻伤后中止,虽然成立故意杀人罪的中止,但同时也成立故意伤害罪既遂,宜以故意伤害罪(轻伤)定罪量刑。这样处理也有助于与故意杀人中止但造成重伤的情形的处罚相协调。例如,甲杀人后积极送医,最终导致被害人轻伤,而乙杀人后积极施救但还是造成被害人重伤。倘若均以故意杀人罪的基本刑减轻处罚,则均应判处3年以上10年以下有期徒刑,因而在处罚上没有区别。只有对甲适用故意伤害罪(轻伤)的法定刑,判处3年以下有期徒刑,对乙适用故意伤害罪(重伤)的法定刑,判处3年以上10年以下有期徒刑,对甲、乙的处罚才得以协调。这样处理就能与放火等公共危险犯的中止的处罚相协调。

2. 如何认定公共危险犯的既遂、未遂、预备与中止?

长期以来,刑法理论界关于公共危险犯未完成形态问题,一直停留在"造成危险状态是否就成立公共危险犯既遂"的争论,其核心问题是形成危险状态后行为人主动消除危险避免实害发生的能否成立犯罪中止,从而享受免除或者减轻处罚的中止犯待遇。虽然说这一问题的讨论具有一定的现实意义,但是实务部门更需要理论上回答的是如何具体认定具体公共危险犯未完成形态的问题,而这恰恰是理论上一直忽视的问题。

为便于问题的讨论,本节将公共危险犯分为以危险方法危害公共安全的犯罪,破坏公用工具、设施危害公共安全的犯罪,暴力危及交通安全的犯罪以及枪支、弹药、爆炸物、危险物质犯罪四种类型。

(1)以危险方法危害公共安全的犯罪

该类型有五个罪名:放火罪、爆炸罪、决水罪、投放危险物质罪及以危险方法危害公共安全罪。由于以危险方法危害公共安全罪行为类型过于庞杂,并且行为类型具有开放性,另外,决水罪在实践中适用较少,理论上关注也不多,本书着重探讨放火罪、爆炸罪、投放危险物质罪未完成形态认定问题。

第一,放火罪。

关于放火罪既未遂标准,国外刑法理论上存在独立燃烧说、效用丧失说、重要部分开始燃烧说及毁弃说的争论。国内理论通说持"独立燃烧说"立场,认为只要放火的行为将目的物点燃后,已经达到脱离引燃媒介也能够独立燃烧的程度,即使没有造成实际的危害结果,也应视为放火罪既遂,反之,为未遂。如放火行为尚未实行完毕(如正要点火时被捉获),或者虽然当时已经点燃,但过后即熄灭,则应视为放火罪未遂。[1] 张明楷教授近来提出一种"修正的独立燃烧说","主张当放火行为导致对象物在离开媒介物的情况下已经开始独立燃烧时,就是放火既遂"[2]。

　　本书认为,由于我国《刑法》总则规定有犯罪预备的处罚原则,而放火罪属于严重犯罪,因而放火罪的预备原则上应当处罚。在我国讨论放火罪的未完成形态意义在于量刑,不是罪与非罪的区分。区分预备与未遂的标准在于是否着手实行,未着手实行的,只能成立预备犯或预备阶段的中止,已经着手实行的,只能成立既遂、未遂或者实行阶段的中止。而放火罪在刑法理论中通常被认为是具体危险犯,放火罪着手实行与否的判断,也应根据是否形成现实、紧迫的具体公共危险进行判断。我国《刑法》第114条和第115条根据是否造成严重后果分别规定"三年以上十年以下有期徒刑"和"十年以上有期徒刑、无期徒刑或者死刑"的法定刑。认定已经着手实行的,只要客观上没有"致人重伤、死亡或者使公私财产遭受重大损失的",就只能适用《刑法》第114条,反之,只能适用《刑法》第115条的法定刑;着手实行后,若是因为行为人意志以外的原因未造成严重后果,如火被及时扑灭,适用《刑法》第114条,并且不再适用《刑法》总则有关未遂犯从轻、减轻处罚的规定。从这个意义上讲,《刑法》第114条相当于放火罪等未遂犯的规定,而《刑法》第115条相当于放火罪等既遂犯的规定;若是行为人主动放弃犯罪或者自动有效地防止严重后果的发生,则应认定为放火罪实行阶段的中止,适用《刑法》第114条,同时适用《刑法》总则关于中止犯的处罚规定。在着手实行之前,若是因为行为人意志以外的原因未能着手实行,如正准备点火被他人立即制止,成立放火罪的预备,适用《刑法》第114条和《刑法》总

---

[1] 参见高铭暄、马克昌主编:《刑法学》(第10版),北京大学出版社、高等教育出版社2022年版,第378页。

[2] 张明楷:《刑法学》(第6版)(下册),法律出版社2021年版,第887页。

则关于预备犯的处罚规定;若是因为行为人主动放弃犯罪而未着手实行,则成立放火罪预备阶段的中止,适用《刑法》第 114 条和《刑法》总则关于中止犯的处罚规定。

案 2:余某平为欧阳某某提供房屋出售中介服务,之后,他多次向欧阳某某追讨中介费人民币 3000 元,均未果。某日,余某平携带一支打火机和一桶汽油(10 升)到欧阳某某经营的"永康"足浴店内。到了店内,余某平放下汽油桶,打开桶盖,并用手把玩打火机,向欧阳某某示威。过了一会儿(约几分钟至十几分钟),因店内员工赶来制止,余某平逃离现场。检察院以余某平犯放火罪,向法院提起公诉。余某平辩称:他从未有放火的意图,只是想以此方法吓唬对方,达到索债的目的。其辩护人认为:被告人没有放火的主观故意,其行为应当构成非法携带危险物品危及公共安全罪;假如公诉机关能举证证实余某平有放火的主观故意,余的行为也仅仅是犯罪预备。

法院认为,放火罪是故意犯罪,行为人必须具备纵火的主观故意,根据查明的事实,不能推断被告人具有放火的故意。①从余某平携带汽油到足浴店,直至店内员工赶到其才逃离现场,其间余某平若有纵火的主观故意,已有足够的时间。但余某平除打开汽油桶盖以外,始终未进一步采取行动,如倒出汽油或企图用打火机点火,他只是当着欧阳某某及店里其他人员的面,用手将打火机翻来翻去地把玩。当欧阳某某及店里多名员工赶到,将被告人围住,并由欧阳某某向其动手(推或打)时,被告人没有反抗,只是拿着打火机挥舞,也没有打火,随后便逃离。这些行为的特征,与被告人关于其目的是吓唬欧阳某某,逼其付款的辩解相吻合。②被告人在作案前一天晚上便打电话给欧阳某某声称,明天"要冲到店里",翌日上午果然施行,这种预先告知的行为,和被告人选择的作案时间、地点,显然都不利于他实现放火的目的。③被告人与欧阳某某之间只有 3000 元的纠纷,以被告人的认知能力,他不可能不知道一旦纵火他将承担什么责任;被告人有相对稳定的工作和收入,为了 3000 元而孤注一掷,不合常理。而被告人称:他以为假装放火,吓一吓对方,只要对方付了款,自己并未真的放火,就不算违法犯罪,这种辩解比较符合其正常心态。余某平明知汽油乃易燃的危险物品,而非法携带进入公共场所,其行为已危及公共安全;被告人全然不顾公共安全,在公共场所内进一步打开汽油桶盖,其行为的危险性显然大于一般的携带行为,并且其以此危及公共安全的方法作为索取钱款的要挟手段,主观恶性也相对较大,应当认定为情节严重,故余某平的行为已构成非法携带危险物品危及公共安全罪。认定余某平犯非法携带危险物品危及公共安全罪,判处有期徒刑9个月。

在此,日本判例的立场可以为正确认定放火罪的着手实行提供借鉴。一个判例是,被告人深夜向他人的餐馆里泼洒大约5升的汽油,就在行为人泼洒的过程中,因汽油挥发成具有可燃性的蒸汽,被店内的煤球炉火星点着。对此,日本静冈地方法院认为,由于被告人本已具有点火的意思,因而其泼洒汽油的行为"已经达到了有可能引起建筑物被烧毁这一客观状态的程度",从而认定为实行的着手。[1] 另一个判例是,被告人因妻子离家出走而情绪极其低落消沉,试图自杀,于是在自己家里泼洒汽油;其后,想在临死之前抽上最后一支烟而打着了打火机,却点着了已经弥漫于室内的由汽油所挥发而成的蒸汽。对此,日本横滨地方法院认为,考虑到汽油具有强烈的可燃性,因而"可以认定此时已经达到了发生法益侵害,即造成本案房屋被烧毁的急迫危险",进而肯定实行的着手。[2] 日本理论通说也支持判例关于放火罪着手实行认定的立场。

上述案2中,被告人在将汽油桶提到足浴店内,打开汽油桶,并用手把玩打火机,本书认为,考虑到足浴店可能有人抽烟的特殊环境,汽油挥发到一定程度,完全可能与空气中火星接触而发生火灾,因此,可以认定被告人已经着手实施了放火罪的实行行为,没有发生火灾是由行为人意志以外的原因造成的,应成立放火罪的未遂,适用《刑法》第114条的法定刑;而且,若行为人"一不小心"打着了打火机,由于已经开始了放火罪的着手实行,行为人不是构成失火罪,而应构成放火罪的既遂,造成了严重后果的,适用《刑法》第115条,未造成严重后果的适用《刑法》第114条。法院认为被告人没有放火罪的故意而否定放火罪的成立

---

[1] 参见日本静冈地判昭和39年9月1日判决,载《下刑6卷9-10号》,第1005页。
[2] 参见日本横滨地判昭和58年7月20日判决,载《判时1108号》,第138页。

是存在疑问的。因为不可否认,行为人已经认识到了行为所具有的公共危险性而具有危险故意,放火罪的成立并不要求行为人希望严重后果的发生,而是只需要行为人对形成的公共危险具有现实的认识并对危险状态的形成持希望或者放任的态度即可,正如醉酒及超速驾驶者必然认识到危险的存在,即便行为人并不希望或者放任严重后果的发生,也不可否认行为人具有危险的故意而可能成立以危险方法危害公共安全罪一样。本案中行为人只有一个行为,所侵害的法益系公共安全,因而行为同时符合的放火罪(未遂)与非法携带危险物品危及公共安全罪构成要件,二者系包括的一罪,从一重处罚即以放火罪(《刑法》第114条)定罪处罚即可。

案3:王某为报复在中学执教的妻子齐某,拎着一个装满5公升汽油的塑料桶闯入齐某正在上课的教室,将汽油泼洒到讲台和地上,该班学生上来制止时,被汽油溅到脸上和裤子上。王某随后掏出随身携带的打火机准备点燃,打火机被学生和赶来的保安人员奋力夺下。检察院对王某以放火罪批准逮捕。

王某将汽油泼洒在讲台和地上,而且学生制止时汽油还溅到学生脸上和裤子上,掏出打火机准备点燃时被夺下打火机才未发生火灾,已经形成了急迫性危险,应当认定为放火罪的着手,成立放火罪未遂而不是预备,适用《刑法》第114条处罚。

第二,爆炸罪。

爆炸罪着手的判断与放火罪一样,关键看是否形成紧迫性危险。

案4:张某获悉与前妻王某共同生活的儿子(19岁)因一起责任事故死亡且王某获赔7万余元后,遂用电线将干电池和拾得的炸药、雷管串联,制造了一个简易的爆炸装置,张某将爆炸装置缚于腰上,来到王家(王家附近有8户人居住)。张某对王某称儿子死亡获赔的钱他也有份,要王某给他1000元,否则,便引发爆炸装置,与王某同归于尽。在张某的威胁下,王某被迫满足了张某的要求。尔后,张某携带爆炸装置离开了王家。对张某的行为如何定罪,存在三种不同意见:第一种意见主张定抢劫罪;第二种意见主张定爆炸罪(中止);第三种意见主张定非法制造爆炸物罪。

应该说,爆炸罪不同于放火罪,不点燃导火索通常难以发生爆炸,该案中张某尚未点燃导火索,还没有形成紧迫性危险,难以认定爆炸罪的着手,仅属于爆炸罪的预备阶段,基于行为人自己的意志没有着手实施爆炸,应认定为爆炸罪预备阶段的中止,适用《刑法》第114条和《刑法》总则关于中止犯的处罚规定(就爆炸罪而言)。本案中,虽然是因为被害人答应其请求,张某才没有引爆爆炸装置,但不可否认张某是有条件引燃爆炸物完成爆炸犯罪行为而放弃实施爆炸犯罪的,即便可能评价为抢劫、敲诈勒索等财产犯罪,就公共危险犯罪而言,还是应认定为预备阶段的中止。

案5:周某因与同居女友廖某发生感情纠葛,怀恨在心,准备自制炸药炸死廖某。某日晚上,周某用纸箱装着插好雷管的炸药及引线、电瓶等物前往廖某家。周某到廖某家后,一番犹豫,没有当场引爆炸药,而是将装有雷管炸药的纸箱偷偷放置于廖某家杂屋的楼上,以图日后再作打算。廖某发现炸药后报警,公安机关将周某抓获。对于周某故意杀人的犯罪形态该如何认定,存在三种意见:第一种意见认为,周某的行为属于犯罪中止;第二种意见认为,周某的行为属于犯罪未遂;第三种意见认为,周某的行为属于犯罪预备。

应该说,如果廖某家中有多人,或还存在左邻右舍,上述行为构成故意杀人罪与爆炸罪之间的想象竞合犯,从一重处罚即可。由于爆炸行为不同于放火行为,将爆炸装置置于被害人家杂物的楼上,还很难说已经形成紧迫性的公共危险,应评价为爆炸的预备阶段,周某因意志以外的原因未能着手实施爆炸,应评价为爆炸罪的预备犯,适用《刑法》第114条和《刑法》总则关于预备犯的处罚规定进行处罚。

案6:张某与李某系恋爱关系,因父母反对,李某对张某日渐疏远。张某遂对李某心生怨恨。某日,张某携带自制炸药包和导火索闯入李家,适逢李某及其父母在家,张某在要求与李某恢复恋爱关系遭拒后,点燃导火索,声称要与李某一家同归于尽。李某及其父母见状大惊,被迫同意了张某的要求,于是张某用刀割断导火索。对于张某的犯罪形态该如何认定,存在三种分歧意见:第一种意见认为属于犯罪既遂;第二种意见认为属于犯罪未遂;第三种意见认为属于犯罪中止。

假定张某的爆炸行为危及公共安全,由于张某已经点燃导火索,形成了紧迫性危险,应认定爆炸罪的着手,后来基于张某自己的意志消除了危险,应认定为爆炸罪实行阶段的中止,适用《刑法》第114条和《刑法》总则关于中止犯的处罚规定处罚。

案7:章某拖欠张某华劳务费3万元,张某华多次讨债均未果。为在春节前将债要回,张某华以250余元的价格买来一瓶煤气来到章某家中,威逼其还钱,但章某说要再过两天才能将钱给他。一听章某又不肯给钱,气急败坏的张某华将煤气瓶拧开,企图用打火机点燃煤气,但因紧张第一次没有点着,失去理智的他便想第二次再点,却被旁边的章某亲戚推了一把。害怕出事的张某华便夺路而逃,之后被章某和亲戚抓住。张某华被检察院以爆炸罪批准逮捕。

该案中,张某华已经拧开了煤气瓶,处于随时可能爆炸的状态,应该说已经形成了紧迫性危险,应认定爆炸罪的着手,因意志以外的原因而没有发生爆炸,应认定为爆炸罪的未遂,适用《刑法》第114条进行处罚。

案8:谢某山因为与医院之间存在医疗纠纷,就自制爆炸装置,并带上爆炸装置,来到某医院普外科主任办公室。当时办公室里坐满了医生和病人,谢某山从随身携带的黑包里拿出一把砍刀大喊一声:"无关的人都出去!"见病人及家属走出办公室,谢某山挥舞砍刀再次威胁:"我的问题如果再没有人处理,我带了炸弹,今天就同归于尽!"紧急时刻,医院一主任走进办公室,对其进行耐心劝说。随后,接到报警的派出所民警迅速赶到现场进行了处置。谢某山被检察院以涉嫌爆炸罪提起公诉。

该案中,导火索尚未点燃,还没有形成紧迫性危险,不应认定爆炸罪的着手,后来因他人劝说而放弃着手实行,属于爆炸罪预备阶段的中止,适用《刑法》第114条和《刑法》总则关于中止犯的处罚规定处罚。

案9:现年16岁的瞿某,因在鞭炮厂打工时办事拖拉受人责骂而怀恨在心,趁无人之际,从厂里偷得一圈引线,将引线的一头藏在插引车间的围墙后面,然后将引线沿防爆墙一直牵入放有2万盘鞭炮药饼、800万头成品鞭炮的仓库内。当瞿某吃完中饭回来,准备将引线点燃时,围墙后藏着的引线被人发现。因害怕被抓,瞿某急忙逃到火车站购买车票准备逃往杭州,结果在候车时被民警抓获。瞿某因涉嫌爆炸罪(未遂)被检察院批准逮捕。

该案中,瞿某虽然已经埋好引线,但只要不点燃引线,就还没有形成紧迫性危险,故还不能认定为爆炸罪的着手。瞿某因为意志以外的原因而未能着手实行爆炸,应成立爆炸罪的预备,而不是爆炸罪的未遂,应适用《刑法》第114条和《刑法》总则关于预备犯的处罚规定进行处罚。

第三,投放危险物质罪。

投放危险物质罪不同于放火罪、爆炸罪的地方在于,行为人完成投放危险物质行为后,只等被害人食用,而不需要另外实施一定的行为,因此从理论上讲,只要行为人将危险物质投放于被害人支配的场所,就已经形成了紧迫性危险,属于投放危险物质罪的着手。

案10:肖某1、肖某2、肖某3三兄弟各自到自家菜地去收菜,准备回家食用,发现白菜、青蒜苗的叶子上有白色的斑点并伴着刺鼻的农药恶臭的奇怪现象,引起了他们的警觉。次日一早,肖某3的妻子杨某在自家饮水缸取水洗漱时,又闻到一股刺鼻的农药味。肖某1、肖某2家的水缸也出现了同样的问题。杨某等人立即报警。调查得知,本案系与被害人有宿怨的张某菊所为,经检察院提起公诉,法院以投放危险物质罪判处被告人张某菊有期徒刑4年。

该案中,被告人投放危险物质的行为一旦完成,由于已处于被害人随时可能食用的状态,应认定为投放危险物质罪的着手(假定危害公共安全),由于被害人发觉而未得逞,应认定为投放危险物质罪的未遂,直接适用《刑法》第114条处罚。

(2)破坏公用工具、设施危害公共安全的犯罪

这类罪名有破坏交通工具罪、破坏交通设施罪、破坏电力设备罪、破坏易燃易爆设备罪以及破坏广播电视设施、公用电信设施罪。从条文表述看,由于这些罪名均以"足以使火车、汽车、电车、船只、航空器发生倾覆、毁坏危险"或者"危害公共安全"为犯罪成立条件,理论上被称为具体危险犯。其实,"足以"及"危

害公共安全"并非具体危险犯的标志,司法实践中并未进行所谓具体危险存在与否的判断,这些表述仅仅是对行为性质的要求。例如,破坏交通工具的门窗等非关键部位、破坏路名牌等不关涉交通运输安全的交通设施,因为不足以使火车、汽车、电车、船只、航空器发生倾覆、毁坏危险,不是成立破坏交通工具罪、破坏交通设施罪未遂的问题,而是根本就不成立破坏交通工具罪、破坏交通设施罪(虽然可能成立故意毁坏财物罪、盗窃罪的既遂)。又如,破坏尚未投入使用的电力设备、燃气输送管道、广播电视设施、公用电信设施的,由于不会危害公共安全,不是成立破坏电力设备罪、破坏易燃易爆设备罪及破坏广播电视设施、公用电信设施罪未遂的问题,而是根本就不成立这些犯罪(虽然可能成立故意毁坏财物罪、盗窃罪的既遂)。

需要说明的是,尽管可以认为,足以使交通工具发生倾覆、毁坏危险和危害公共安全,不是具体危险犯的标志,而是对行为性质的要求,是公共危险犯成立的条件,但并非意味着这类犯罪没有犯罪预备成立的余地。例如,行为人准备用扳手破坏长途公共汽车的刹车装置,因为意志以外的原因而未能着手实施即案发,显然成立破坏交通工具罪的预备。但是,若行为人准备用铁锤破坏长途公共汽车的门窗,则因为即使实施也不会使交通工具发生倾覆、毁坏的危险,因而不能成立破坏交通工具罪的预备,而只可能成立故意毁坏财物罪的预备。

由于"足以使交通工具发生倾覆、毁坏危险"和"危害公共安全"不是具体危险犯的标志,而是对行为性质的要求,不仅在形成了这种危险状态后行为人主动消除危险或者有效避免严重后果发生的两种情况下可以成立实行阶段的中止,而且,在着手实行之前,也可以基于自己的意志而放弃着手实施犯罪,从而成立预备阶段的中止。

关于未完成形态的处罚,与放火罪等一样,发生了危险状态,若因为意志以外的原因尚未造成严重后果,属于犯罪未遂,直接适用《刑法》第116条、第117条、第118条的法定刑(处3年以上10年以下有期徒刑)或者第124条第1款第一档法定刑(3年以上7年以下有期徒刑),而不适用《刑法》总则关于未遂犯的处罚规定,因为上述规定就相当于犯罪未遂时的处罚规定。若基于行为人自己的意志消除危险或者有效避免严重后果发生,则一方面适用上述法定刑,另一方面适用《刑法》总则关于中止犯的处罚规定。为实施上述犯罪准备工具、制造条件后,因为行为人意志以外的原因未能着手实行的,成立犯罪预备,适用上述法定刑,同时适用《刑法》总则关于预备犯的处罚规定;若是基于行为人自己的意志放弃着手实行,则成立预备阶段的中止,适用上述法定刑,同时适用《刑法》总则关于中止犯的处罚规定。

案11:孔某长越过铁路防护网,采用掰和拽的方法,共盗窃钢罩28块,总价值人民币3000元。在准备转移赃物时,被巡防民警抓获。据了解,孔某长盗窃的钢罩是京津城际高速铁路的专用设备,主要作用是防止灰尘进入支座,从而影响行车。由于盗窃这一专用设备的行为尚不足以造成列车倾覆、毁坏的危险,检察机关遂以盗窃罪对孔某长批准逮捕。

应该说,检察院以盗窃罪定性是正确的。既然被告人盗窃的钢罩不危及铁路运输安全,就不符合破坏交通设施罪的成立条件,便不是成立破坏交通设施罪未遂的问题,而是根本就不成立破坏交通设施罪。

案12:孙某财得知其所在单位将要进行优化组合,担心自己会下岗,便萌生了在铁路上摆放障碍物,再去拦截列车,争取"立功",避免下岗的想法。某日,孙某财明知K601次旅客列车将要临近,仍将制作的"卡具"用螺丝固定在线路右侧钢轨上,并用红条塑料袋盖上。之后孙某财找来在附近打鱼的王某山,二人试图徒手拆下此障碍物未果,孙某财让王某山去通知伊春车站,自己则迎着K601次旅客列车方向拦截列车。K601次旅客列车被孙某财拦下,造成该车晚点16分钟。经佳木斯铁路公安处侦查,将孙某财抓获。经技术鉴定,认定孙某财制作的卡具安放在线路钢轨上,能造成列车脱线甚至颠覆事故。

法院认为,孙某财的目的虽不想颠覆列车,但破坏交通设施罪是危险犯,其动机和目的均不影响本罪的成立,所以对辩护人关于孙某财的目的不是颠覆列车,情节轻微,不构成犯罪的意见不予采纳。但对辩护人关于孙某财的目的不是颠覆列车,主观恶性不深,行为有所节制的意见予以采纳,同时因孙某财素无劣迹,认罪态度较好,可对其酌情从轻处罚。认定孙某财犯破坏交通设施罪,判处有期徒刑3年,缓刑3年。①

应该说,该案中被告人将"卡具"用螺丝固定在钢轨上时,就已经使火车发生倾覆、毁坏危险,但行为人主动消除危险、有效地避免了实害的发生,应当认定为实行阶段的中止,适用《刑法》第117条法定刑,同时适用《刑法》总则关于中止犯的处罚规定。

案13:匡某窜至高速公路某处,用随身携带的扳手、老虎钳等作案工具盗窃高速公路护栏上的螺丝钉约200个,之后销赃给孙某记,得款40元。同年7月22日夜,匡某以同样手段再次在同一地段盗窃高速公路护栏上的螺丝钉约200个,匡某作案后,尚未逃跑就被高速公路保洁人员当场抓获并扭送至公安机关。法院认定构成破坏交通设施罪。②

应该说,就被告人7月22日作案的这一次而言,由于高速公路的护栏上的螺丝钉已被被告人卸下,形成了足以使交通工具发生倾覆、毁坏危险的状态,即便因为尚未从现场运走所盗窃的螺丝钉,对于破坏交通设施行为而言已经完成,应当适用《刑法》第117条的法定刑,并且不适用《刑法》总则关于未遂犯的处罚规定。

案14:宋某强、张某如为家庭生活用气,经预谋后,携带铁锤、管钳、自制扳手等作案工具窜至某油井,使用工具将正在生产使用的油井套管阀门护套与手轮间的防盗焊接点砸开,准备盗窃天然气时,被巡逻至此的采油一区保卫组人员当场抓获。作案工具被当场缴获。

法院认为,宋某强、张某如以非法窃取天然气为目的,使用作案工具,破坏正在使用的油井上的套管阀门与手轮间的防盗焊接点,危害公共安全,尚未造成严重后果,其行为均已构成破坏易燃易爆设备罪。③

应该说,由于被告人已经将油井套管阀门护套与手轮间的防盗焊接点砸开,形成了公共危险状态,虽然尚未盗窃天然气,但不影响行为符合破坏易燃易爆设备罪构成要件的判断,因此应当适用《刑法》第118条的法定刑,而且不适用《刑

---

① 参见佳木斯铁路运输法院刑事判决书,(2003)佳铁刑初字第48号。
② 参见安徽省蚌埠市中级人民法院刑事裁定书,(2005)蚌刑终字第09号。
③ 参见河南省范县人民法院刑事判决书,(2010)范刑初字第00041号。

法》总则关于未遂犯的处罚规定。

案15：张某某、韩某某伙同马某某、刘某经预谋，将电力公司排设在某路东侧附近的铜芯电线剪断欲窃走时，被巡逻人员发现，马某某被当场抓获，张某某、韩某某逃逸。法院认定其构成破坏电力设备罪。[①]

应该说，本案中由于被告人已经剪断了正在使用中的电线，形成了危险状态，虽然尚未运走，但不影响行为符合破坏电力设备罪构成要件的判断，应当适用《刑法》第118条的法定刑，而且不应适用《刑法》总则关于未遂犯的处罚规定。

(3) 暴力危及交通安全的犯罪

这类罪名有劫持航空器罪，劫持船只、汽车罪与暴力危及飞行安全罪。劫持航空器罪与劫持船只、汽车罪的罪状均表述为"以暴力、胁迫或者其他方法劫持"。虽然两罪条文中没有足以使航空器、船只、汽车发生倾覆、毁坏危险的规定，但由于两罪均属于危害公共安全的犯罪，不危及公共交通安全的，不可能作为危害公共安全的犯罪论处。两罪条文中之所以不像破坏交通工具罪与破坏交通设施罪条文中存在足以使交通工具发生倾覆、毁坏危险的规定，是因为劫持航空器和船只、汽车的行为本身通常都会危及交通运输安全，属于刑法理论上的行为犯、抽象危险犯，这种犯罪也存在犯罪未完成形态。从理论上讲，开始实施暴力、胁迫、其他方法劫持航空器、船只、汽车时，就是实行的着手，在控制航空器、船只、汽车之前可能存在未遂、中止形态，在着手劫持之前可能存在犯罪预备以及预备阶段的中止形态。

国际刑法理论中，关于劫持航空器犯罪的既未遂标准存在着手说、目的说、离境说和控制说四种学说。国内通说主张控制说，认为行为人控制了航空器或者控制了航空器的航行，即成立本罪的既遂。但另有人认为，本罪既遂的认定，应当以其是否实施了劫持行为为标准，但是所谓实施了劫持行为并不意味着劫持行为已经完成甚至成功，只要行为人开始实行劫持行为，虽然其行为并未完成，或者虽然劫持但实际未能控制航空器，或者未能造成任何严重后果的，均仍

---

① 参见上海市宝山区人民法院刑事判决书，(2010) 宝刑初字第282号。

得以认定构成既遂。

本书虽然赞成控制说,但同时认为,从立法论上讲,为鼓励行为人及时消除飞行危险、避免实害的发生,行为人控制航空器后经劝说主动放弃劫持行为,使航空器恢复正常飞行状态的,可以通过立法规定对行为人减轻或者免除处罚。正如,我国刑法理论通说认为绑架罪行为人控制人质即为绑架罪的既遂,但为鼓励行为人及时释放人质,可以参照国外立法例,规定主动释放人质的减轻或者免除处罚。

就暴力危及飞行安全罪而言,罪状表述中的"危及飞行安全",是对行为性质或程度的要求,暴力行为不危及飞行安全的,不是成立犯罪未遂的问题,而是根本就不成立该罪(即便可能成立故意伤害罪、故意杀人罪等罪)。

案16:李某东产生杀死徐某及其家人后劫持飞机逃亡我国台湾地区之念,并得到黄某利的赞同。二人购买了电子钢珠枪和由发令枪改制的小口径手枪各一支。因效能不理想,又购买催泪枪一支。为了逃避安全检查,二人将催泪枪分解伪装,先后两次进行登机试验。尔后,二人又购买尖刀两把,并准备警用匕首一把,李某东又准备了毒药"赤血盐",兑换了美钞。之后,由李某东出资、黄某利去长春购买了11月7日长春至厦门的飞机票三张。完成前述行为后,黄某利找到徐某将李某东欲杀人、劫机一事告知徐某,并同徐某一起到公安机关报案。公安机关接到报案后,将李某东抓获归案。法院认定,李某东构成故意杀人罪、劫持航空器罪预备,黄某利构成犯罪中止,判处李某东劫持航空器罪有期徒刑10年、故意杀人罪有期徒刑5年,判处黄某利劫持航空器罪和故意杀人罪,免予刑事处罚。①

该案中,被告人的行为仅限于为劫持航空器准备工具、制造条件的阶段,故认定被告人李某东成立劫持航空器罪的预备、黄某利成立劫持航空器罪预备阶段的中止,是正确的。

案17:孙某禄于住院期间,萌生劫持飞机去我国台湾地区的歹念,遂购

---

① 参见吉林省吉林市中级人民法院刑事判决书,(1994)吉刑初字第16号。

得天津至上海的飞机票一张。某日,孙某禄将烟火药剂200余克及黑色火药制成的引燃线装进塑料袋,用白纱布包扎在头部,于当日14时许,混过机场安检人员的检查,登上天津至上海的飞机。在飞行途中,被告人在飞机厕所里将火药从头部取下扎在腹部,随后窜至飞机后舱,左手握住捆有火柴棒的引燃线,右手持火柴盒,并露出腹部的火药,胁迫机组人员将飞机开往我国台湾地区,否则即引爆炸毁飞机。经机组人员与之周旋,提出飞机要加油,孙某禄同意,机组人员又提出先让乘客下机,再继续飞行,被告人亦同意。飞机在南京机场紧急降落,孙某禄被制服抓获。法院以劫持航空器罪判处孙某禄无期徒刑。①

应该说,由于该案被告人已经实际控制了飞机,成立劫持航空器罪既遂,是没有疑问的。被告人在飞机厕所里捆绑炸药时尚属于犯罪预备,窜至后舱开始胁迫机组人员时,已经开始着手实行劫持航空器犯罪,假定在实际控制飞机前即被制服,成立劫持航空器罪的未遂,假定开始胁迫后实际控制飞机前被机组人员说服放弃犯罪,则成立劫持航空器罪的实行阶段的中止。

(4) 枪支、弹药、爆炸物、危险物质犯罪

《刑法》第125条至第130条均是关于枪支、弹药、爆炸物、危险物质的犯罪,具体罪名有非法制造、买卖、运输、邮寄、储存枪支、弹药、爆炸物罪,非法制造、买卖、运输、储存危险物质罪,违规制造、销售枪支罪,盗窃、抢夺枪支、弹药、爆炸物、危险物质罪,抢劫枪支、弹药、爆炸物、危险物质罪,非法持有、私藏枪支、弹药罪;非法出租、出借枪支罪,丢失枪支不报罪,非法携带枪支、弹药、管制刀具、危险物品危及公共安全罪。

从理论上讲,就制造类犯罪而言,成立未遂的前提是行为人的制造方法可能制造出所欲制造的物品,若制造方法错误,根本不可能制造出所欲制造的物品,不是既未遂的问题,而是属于不能犯,不应作为犯罪处理。就买卖类犯罪而言,应当以物品的转移或接收作为犯罪既遂,仅达成交易协议,尚未转移物品的,还不能成立犯罪既遂。就运输类犯罪而言,理论上通常认为不需要到达目的地才

---

① 参见江苏省南京市中级人民法院刑事判决书,(1994)宁刑初字第003号。

成立犯罪既遂,只要处于可以开动的状态,就成立既遂。就邮寄类犯罪而言,只要将物品交给邮局或快递公司即为既遂。储存、持有、私藏犯罪均属于刑法理论上的继续犯,持续一定的时间即成立犯罪既遂。

值得讨论的是,持有不能击发的枪支是成立不能犯还是未遂犯?应该说,储存、持有、私藏枪支罪属于刑法理论上的抽象危险犯,若枪支不具有杀伤力或者击发力,非法控制这种枪支连抽象性危险都没有,应属于不能犯,不成立犯罪。

由于非法制造、买卖、运输、储存、盗窃、抢夺、抢劫危险物质犯罪罪状中存在"危害公共安全"的表述,学界有不少学者认为,该罪属于具体危险犯。事实上,实践中只要经鉴定行为对象属于危险物质,根本不去进行是否存在具体性公共危险的判断,也就是说,与作为抽象危险犯典型的枪支犯罪的处理没有任何差异。因此本书认为,危险物质犯罪属于一种准抽象危险犯。盗窃、抢夺、抢劫枪支、弹药、爆炸物罪,属于抽象危险犯,只要行为人实施了盗窃、抢夺、抢劫枪支、弹药、爆炸物的行为,便可根据社会一般生活经验,得出具有公共危险的结论。但这并不意味着一旦着手实行就是本罪的既遂,只有发生了替代的侵害结果(行为人或第三者控制了枪支、弹药、爆炸物),才成立犯罪既遂。就盗窃、抢夺、抢劫危险物质而言,行为人或者第三者控制了危险物质的,才成立犯罪既遂。

依法配备公务用枪的人非法出租、出借枪支的,属于行为犯、抽象危险犯,出租、出借行为的完成即为非法出租、出借枪支罪的既遂;依法配置枪支的人员非法出租、出借枪支的,只有造成严重后果的,才构成犯罪,故属于刑法理论上的实害犯,只有犯罪成立与否的问题,没有既未遂的问题。

至于丢失枪支不报罪,由于以造成严重后果为成立犯罪的条件,也属于实害犯,只有犯罪成立与否的问题,没有既未遂的问题。

就非法携带枪支、弹药、管制刀具、危险物品危及公共安全罪而言,只有危及公共安全的,才构成犯罪。由于法定刑极轻,该罪也只有犯罪成立与否的问题,没有成立未完成形态的余地。

案18:罗某明携带自制手枪一支、军用步枪子弹15发,持票准备从贵阳火车站乘坐贵阳至福州的旅客列车,在贵阳站候车大厅被值勤民警查获。

经鉴定,该枪具有杀伤力。法院认为,罗某明目无国家法纪,非法携带枪支准备乘坐旅客列车,危及公共安全,其行为已构成非法携带枪支危及公共安全罪,认定罗某明犯非法携带枪支危及公共安全罪,判处有期徒刑10个月。①

该案中,被告人虽然尚未乘上火车,但由于候车厅本身就属于公共场所,其携带枪支进入火车站候车厅候车的行为本身即构成非法携带枪支危及公共安全罪(不能评价为非法携带枪支危及公共安全罪未遂)。不过,既然案情中提到所携带的枪支系被告人自制的手枪,应当还构成非法制造枪支罪(无须另外评价非法持有枪支罪)。结论是,本案被告人构成非法制造枪支罪与非法携带枪支危及公共安全罪,应数罪并罚。

案19:简某强以自己家里要炸屋场为由,找爆破员皮某足索要炸药1包、雷管2发、导火索约1米;又用10元钱向该村爆破员皮某全购买炸药1包、雷管2发、导火索约40厘米。简某强将上述雷管放在自己随身携带的钱夹中,将炸药、导火索全部存放在自己摩托车后备箱中,随后骑车回到镇上。之后接本县电力公司电话通知,简某强将车骑至县电力公司,并将摩托车停放于县电力公司办公楼前的街道边。简某强因婚姻问题情绪不稳定,当晚在电力公司副经理柳某灵的办公室内,柳某灵及其他同事一同对简某强进行说服劝导。简某强在拿钱时,被在场的人发现其钱夹内有雷管,经柳某灵等人劝说,简某强才将携带的雷管全部交出。简某强的哥哥薛某赶来后,再次单独给简某强做工作,要其交出携带的炸药、导火索等物,简某强说出了炸药及导火索的存放位置。薛某将简某强的摩托车钥匙拿过来,和其他人一起,打开摩托车后备箱,取出了炸药及导火索。之后柳某灵与公安机关联系,公安机关派人将上述爆炸物品提走。经鉴定,从简某强摩托车后备箱中提取的两包炸药共重1471.4克,均检出了硝酸铵和TNT的成分。法院认为,简某强非法携带爆炸物品进入公共场所,情节严重,其行为已触犯刑法,构成非法携带危险物品危及公共安全罪,应予刑罚处罚。简某强经他

---

① 参见贵阳铁路运输法院刑事判决书,(2008)贵铁刑初字第54号。

人劝说后能主动交出爆炸物品,有悔罪表现,可以酌情从轻处罚。

应该说,本案被告人携带危险物品走街串巷,已经构成非法携带危险物品危及公共安全罪的既遂,故即使经劝说主动交出危险品,也难以认定为犯罪中止,只能作为酌定从轻情节考虑。法院未认定犯罪中止是正确的。

案20:民警曾某东与治安员林某强着便衣预伏时,发现周某光与黄某健(另案处理)有抢夺他人财物的嫌疑,便驾驶摩托车跟踪周某光与黄某健至某路段,准备利用周某光与黄某健过马路的时机将周某光与黄某健制服。民警曾某东在表明自己是警察的身份后,迅速掏出手枪,喝令周某光坐在地上,但周某光反抗,并伸出双手抓住民警曾某东手中枪支的枪管部分用力往自己怀里拉,企图抢夺枪支。因民警曾某东的奋力阻止而使周某光未能得逞。在摆脱周某光的抢夺后,民警曾某东立即朝天鸣枪示警,周某光则仓皇逃离现场。民警曾某东随即在现场群众赵某新和汤某声的协助下将周某光追至警务区附近的小巷内。周某光见无路可逃,便再次转身逼近民警曾某东,民警曾某东遂再次朝天鸣枪示警,并在群众的协助下将周某光抓获。

一审法院认为,周某光无视国家法律,抢夺军警人员的枪支,侵犯不特定多数人的生命、健康以及公私财产的安全,周某光的行为已构成抢夺枪支罪。二审法院认为,上诉人周某光无视国法,在公安警察执行公务时,为达到抗拒抓捕的目的,抢夺警察枪支,其行为已构成抢夺枪支罪(未遂),原判认定基本事实清楚,基本证据确实、充分,定罪准确,审判程序合法。上诉人及其辩护人提出周某光的行为不构成抢夺枪支罪,没有事实和法律依据,不予采纳。上诉人周某光抢夺枪支的行为由于公安人员的奋力阻止,没有得逞,属于未遂,原判未认定未遂导致量刑不当,二审法院予以纠正。对于未遂犯,可以比照既遂犯减轻处罚。周某光的辩护人的此项辩护意见具有法律依据,予以采纳。[①]

该案一审法院未认定抢夺枪支罪未遂,二审法院肯定了未遂,应该说二审法院的认定是正确的。抢夺枪支罪属于抽象性公共危险犯,对侵犯公共安全这一法益侵害结果很难衡量,只能借助控制枪支与否这种类似于财产犯的既遂标准

---

① 参见广东省佛山市中级人民法院刑事判决书,(2006)佛刑一终字第181号。

来进行认定。

案21：张某与曾某(作出本判决时在逃)预谋盗窃张某所在单位处理站的含铜废液，之后双方商定于9月3日趁处理站人员出去会餐，车间无人之际作案。9月3日下午，赖某与其舅舅蔡某(作出本判决时在逃)在清远市租用的大货车的司机温某来到深圳，由伍某(男，另案处理)负责接应后再同曾某、张某等人会合。其间，赖某交给伍某人民币7万元，曾某则向赖某传授进入处理站的方法，并由张某带温某将空车在站外过磅。当晚9时许，张某先行进入处理站，赖某则以送氨水为名，冒充某公司的名义领取外来车辆登记表与温某进入处理站。温某将车开到装有含铜废液的大罐旁，由张某、赖某动手抽取一满槽罐含铜废液约18.48吨，之后张某给了赖某一张伪造的过磅单让其出站，赖某和温某在出站时被保安员识破外来车辆登记表上的被访厂家签名为伪造而被抓获。张某则于9月8日被公安机关抓获归案。经鉴定，涉案含铜废液含有盐酸、氯化铜和硫酸铜成分，具有腐蚀性、毒害性，价值人民币112,560元。

法院认为，赖某、张某无视国家法律，盗窃危险物质，危害公共安全，温某无视国家法律，非法运输危险物质，危害公共安全，但均因意志以外的原因而未能得逞，赖某、张某的行为均已构成盗窃危险物质罪(未遂)，温某的行为已构成非法运输危险物质罪(未遂)，对赖某、张某依法可比照既遂犯从轻处罚，对温某依法可比照既遂犯减轻处罚。公诉机关指控的罪名成立。赖某虽然有向伍某等人支付货款的行为，但结合其以欺骗手段蒙混进站，以及几个人在进站前对车进行过磅，出站时却未经过磅而持伪造的过磅单企图蒙混出站的行为综合考虑，赖某对其一伙人的盗窃行为的性质应是明知的，被告人及其辩护人关于不知道是盗窃的辩护意见不成立，法院不予采纳。含铜废液是一种墨绿色且有"氨水"臭味的液体，结合处理站的厂区环境、处理站门口醒目的站名招牌等，三被告人作为智力正常且对含铜废液均有一定程度了解的人，应当知道含铜废液是一种危险物质。因此，对三被告人及其辩护人的相关辩护意见不予采纳。认定赖某犯盗窃危险物质罪(未遂)，判处有期徒刑3年；张某犯盗窃危险物质罪(未遂)，判处有期徒刑3年；温某犯非法运输危险物质罪(未遂)，判处有期徒刑 1 年。[1]

应该说,法院的判决基本上是正确的。虽然盗窃危险物质罪属于公共危险犯,但也只能以是否实际控制危险物质作为判断既未遂的标准,本案中被告人尚未将危险物质运送出被害单位的大门,还在被害人控制之内,故只能评价为盗窃危险物质罪的未遂。之所以认为只是"基本上"正确,是因为既然各行为人对盗窃后运输的行为存在事前共谋,应当就盗窃、运输危险物质成立共犯,而不是单独评价盗窃危险物质罪与非法运输危险物质罪。

---

[1] 参见广东省深圳市福田区人民法院刑事判决书,(2007)深福法刑初字第 750 号。

第二章　危险方法犯罪

第一节　放火罪、失火罪

> **·导　读·**
>
> 　　《刑法》第114条中的"尚未造成严重后果",不是必须要证明的客观构成要件要素。《刑法》第114条与第115条第1款之间是一种结果犯的关系,第114条是未遂犯的既遂化。只要行为人着手实行了具有具体公共危险的放火行为,没有造成任何人的死伤或者财产损失的,或者造成他人的轻伤或者一定的财产损失的,就只需适用第114条的规定定罪处罚,无须同时适用《刑法》总则关于未遂犯的处罚规定;只有当行为人不仅实施了具有具体公共危险的放火行为,而且致人重伤、死亡或者使公私财产遭受重大损失,才能适用第115条第1款的规定。放火罪等类似危险方法犯罪与故意杀人罪、故意伤害罪之间是一种竞合关系:当行为危害公共安全时,成立放火罪等类似危险方法犯罪与故意杀人罪、故意伤害罪的想象竞合,从一重处罚的结果应以故意杀人罪或者故意伤害罪论处;只有当行为不危害公共安全时,才仅成立故意杀人罪或故意伤害罪。
>
> 　　放火烧死一个人的,成立的是放火罪的基本犯与故意杀人罪的想象竞合,而不是放火罪的加重犯"放火致人死亡"与故意杀人罪的想象竞合。应将救援人员的死亡归属于放火行为人,行为人承担《刑法》第115条第1款

放火致人死亡的刑事责任。应将"三年以下有期徒刑或者拘役"作为失火罪的基本刑,"三年以上七年以下有期徒刑"作为失火罪的加重刑;失火致人重伤、死亡或者使公私财产遭受重大损失的,首先考虑判处3年以下有期徒刑或者拘役,致多人死亡、重伤或者使公私财产遭受特别重大损失的,才可以考虑判处3年以上7年以下有期徒刑。

条 文

第一百一十四条 【放火罪】【决水罪】【爆炸罪】【投放危险物质罪】【以危险方法危害公共安全罪】放火、决水、爆炸以及投放毒害性、放射性、传染病病原体等物质或者以其他危险方法危害公共安全,尚未造成严重后果的,处三年以上十年以下有期徒刑。

第一百一十五条 【放火罪】【决水罪】【爆炸罪】【投放危险物质罪】【以危险方法危害公共安全罪】放火、决水、爆炸以及投放毒害性、放射性、传染病病原体等物质或者以其他危险方法致人重伤、死亡或者使公私财产遭受重大损失的,处十年以上有期徒刑、无期徒刑或者死刑。

【失火罪】【过失决水罪】【过失爆炸罪】【过失投放危险物质罪】【过失以危险方法危害公共安全罪】过失犯前款罪的,处三年以上七年以下有期徒刑;情节较轻的,处三年以下有期徒刑或者拘役。

罪名精释

1. 第114条中的"尚未造成严重后果",是必须证明的客观构成要件要素吗?

案1:甲对一栋居民楼实施放火行为,事后清理现场发现乙一人死亡。现在不能证明乙是被火烧死的,还是在火灾发生之前因心脏病突发死亡。

如果认为"尚未造成严重后果"是必须证明的客观构成要件要素,当不能证明"尚未造成严重后果"时,则可能既不能适用《刑法》第115条第1款,因为不能证明"造成了严重后果",也不能适用《刑法》第 114 条,因为不能证明"尚未造成严重后果"。例如案 1,甲虽然实施了放火行为,客观上也存在乙一人死亡的事实,但由于不能证明乙是死于火灾,则既不能适用第 115 条第 1 款,因为不能证明"放火致人死亡",也不能适用第 114 条,因为不能证明这个人不是被烧死的即"尚未造成严重后果"。可见,如果将第 114 条中的"尚未造成严重后果"看作必须得到证明的客观构成要件要素,反而可能形成处罚漏洞。而不能处罚的原因,居然是可能造成了严重后果。

其实,"尚未造成后果"并不为违法性和有责性提供根据,其不过是区分轻罪与重罪的分界要素、表面的构成要素。《刑法》第 23 条所规定的作为犯罪未遂成立条件的"未得逞",也是一种表面的构成要件要素。如果认为"未得逞"是必须得到证明的客观构成要件要素,当行为人开了一枪,也有一人死亡,但不能证明这个人是被行为人打死的,还是被其他人打死时,既不能认定成立故意杀人既遂,也不能认定为故意杀人未遂。其实,只要行为人着手实施了杀人行为,就至少成立故意杀人未遂,当能证明因果关系即"得逞"时,进而成立故意杀人既遂。

2.《刑法》第 114 条与第 115 条第 1 款之间是什么关系?

关于《刑法》第 114 条与第 115 条第 1 款之间的关系,张明楷教授认为,同时存在两种关系:第一,当把第 115 条第 1 款规定的犯罪作为普通的结果犯,即行为人对造成不特定多数人的伤亡实害结果具有认识并持希望或者放任态度时,第 114 条规定的犯罪就是未遂犯。例如,行为人实施放火行为,倘若造成了重伤、死亡或者使公私财产遭受重大损失,应当适用第 115 条第 1 款。如果没有造成这种严重实害结果,就只能适用第 114 条的规定,并且不再适用《刑法》总则关于未遂犯从轻减轻处罚的规定,而不是同时适用第 115 条第 1 款和《刑法》总则关于未遂犯的处罚规定。第二,当把第 114 条第 1 款规定的犯罪作为基本犯,即既遂的具体危险犯,则第 115 条第 1 款规定的犯罪就是结果加重犯。例如,行为人实施爆炸行为时只是对发生具体的公共危险具有故意,而对发生的伤亡实害结果只具有过失,那就属于典型的结果加重犯,即发生了"致人重伤、死亡或者使公私财产遭受重大损失"的结果时,适用第 115 条第 1 款的规定,没有发生这种实害结果时,只适用基本犯第114条的规定。此外,第115条第1款也是一个量刑规则,即只有发生了致人重伤、死亡或者使公私财产遭受重大损失的结果时,才能适用该法条。①

上述观点的核心有三点:一是只有实际发生"致人重伤、死亡或者使公私财产遭受重大损失"的严重实害结果时,才能适用第115条第1款;二是只要没有发生"致人重伤、死亡或者使公私财产遭受重大损失"的严重实害结果,就只能适用第114条,并且不再适用《刑法》总则关于未遂犯从轻减轻处罚的规定;三是行为人只需对发生具体的公共危险具有故意,而对发生的伤亡实害结果可以只有过失,也就是行为人可以只有危险的故意,而不追求或放任严重实害结果的发生。

应该说,笔者认为前两点是正确的,即《刑法》第115条第1款的规定相当于量刑规则,只有实际发生严重的伤亡实害结果时才有适用第115条第1款的余地,没有发生这种严重实害结果时,只能适用《刑法》第114条,并且不再适用未遂犯的处罚规定。但笔者对第三点存在疑问。很难想象,一个人实施放火、爆炸行为,只具有追求所谓危险的故意(欣赏焰火),而不追求或者放任伤亡实害结果的发生。应该认为,认识到具体公共危险的行为人对伤亡实害结果至少持放任态度。正如认识到自己的杀人行为具有致人死亡危险的行为人,不可能对死亡结果持过失态度。所以,《刑法》第114条与第115条第1款之间就是一种结果犯的关系。

3. 放火未得逞的,是适用第114条,还是适用第115条第1款同时适用未遂犯的处罚规定?

案2:张某因对房屋拆迁补偿心存不满,随身携带装有汽油的小矿泉水瓶来到某拆迁办公室内,要求见拆迁单位领导继续谈拆迁问题,并将瓶中的部分汽油泼洒至被害单位办公室桌子上、垃圾桶边的纸类物品及墙面等地方,并多次使用打火机点燃汽油,之后被现场工作人员及时用日历、外套等物扑灭。随后张某某的妻子来到现场对其进行劝阻,张某某情绪更加激动,

---

① 参见张明楷:《张明楷刑法学讲义》,新星出版社2021年版,第463页。

并将汽油浇到自己身上意图自焚,汽油也被泼洒到现场,张某某再次点燃汽油,致自己左手手指部分烫伤,之后被人及时制止。

本案争议焦点:(1)被告人在放火故意的驱使下,实施了点燃被害人财物的行为,是否有引发足以危害公共安全的火灾的具体、现实、紧迫的危险的可能性,应当构成放火罪还是寻衅滋事罪;(2)在火苗当场就被及时扑灭,火势在客观上不可能蔓延的情况下,是否可以认为放火行为尚未造成引发火灾的具体危险,即犯罪未遂。

法院认为,张某某放火危害公共安全,尚未造成严重后果,其行为构成放火罪。但考虑到本案系由拆迁纠纷引发,被害单位也出具了对其谅解的书面文件,张某某当庭认罪悔罪态度较好且系犯罪未遂,法院对其依法减轻处罚。判定张某某犯放火罪,判处有期徒刑2年。①

应该说,本案中被告人泼洒汽油并点火,已经形成火势蔓延的具体、现实、紧迫的公共危险。之所以没有酿成火灾,是因为被现场工作人员及时扑灭。《刑法》第114条本就是未遂犯的既遂化规定。也就是说,只要放火行为形成了具体的公共危险,就应该直接适用《刑法》第114条定罪处罚,而不应认定为未遂而适用《刑法》总则关于未遂犯从轻减轻处罚的规定。法院认定成立放火罪未遂而减轻处罚,显然是错误的。

虽然从理论上讲,放火罪、爆炸罪等具有未遂形态,犯罪未遂时应当比照《刑法》第115条第1款既遂犯的规定从轻减轻处罚。但是,由于《刑法》第114条相当于未遂犯的既遂化,也就是《刑法》已经就放火罪、爆炸罪等的未遂形态专门规定了法定刑。所以,实施放火、爆炸等行为未得逞的,无须适用《刑法》第115条第1款并同时适用未遂犯从轻减轻处罚的规定,而是直接适用第114条的规定定罪处罚。

只要行为人认识到自己实施的放火、爆炸等行为具有侵害不特定多数人的生命、身体安全的具体危险,并且实际上产生了具体的公共危险,就已经成立《刑法》第114条规定的犯罪;如果放火、爆炸等行为致人重伤、死亡或者使公私

---

① 参见北京市海淀区人民法院刑事判决书,(2018)京0108刑初2043号。

财产遭受重大损失,则进而成立《刑法》第115条第1款规定的犯罪。也就是说,只要行为人着手实行了具有具体公共危险的放火等行为,没有造成任何人的死伤或者财产损失,或者造成了他人的轻伤或者一定的财产损失,就只需适用《刑法》第114条的规定定罪处罚,无须同时适用《刑法》总则关于未遂犯的处罚规定。只有当行为人不仅实施了具有具体公共危险的放火等行为,而且致人重伤、死亡或者使公私财产遭受重大损失,才能适用《刑法》第115条第1款的规定定罪处罚。

4. 行为危害公共安全的就只能成立放火、爆炸等危害公共安全罪吗?

我国刑法理论通说认为,放火等危害公共安全罪与故意杀人、伤害罪的区别在于行为是否危害公共安全,危害公共安全的成立放火罪等危害公共安全罪,不危害公共安全罪的,才成立故意杀人、伤害罪。按照这种观点,行为人向一栋居民楼放火,因为抢救灭火及时,未能造成人员重伤、死亡和重大财产损失,若认为因为危害了公共安全而只能成立放火罪,则适用《刑法》第114条只能判处3年以上10年以下有期徒刑。但是,向有人的居民楼放火,完全可能成立故意杀人罪,即便成立故意杀人未遂,按照《刑法》第232条和《刑法》总则关于未遂犯的处罚规定,也可能判处10年以上有期徒刑、无期徒刑甚至死刑。显然,通说的立场导致放火烧死一个人未遂的以故意杀人未遂论处,可能判处10年以上有期徒刑、无期徒刑或者死刑,而意图放火烧死一栋楼里的众多居民,因意志以外的原因未得逞的,由于危害了公共安全而只能以放火罪基本犯定罪处罚,反而只能判处3年以上10年以下有期徒刑,而明显有失罪刑均衡。

放火罪等危害公共安全罪与故意杀人罪、故意伤害罪之间是一种竞合关系:当行为危害公共安全时,成立放火罪等危害公共安全罪与故意杀人罪或故意伤害罪的想象竞合,从一重处罚的结果也应以故意杀人罪或故意伤害罪论处。只有当行为不危害公共安全时,才仅成立故意杀人罪或故意伤害罪。

5. 放火烧死一人成立"放火致人死亡"与故意杀人罪的想象竞合吗?

张明楷教授认为,"如果行为人放火时对他人死亡、重伤结果持故意的,宜认定为放火罪与故意杀人罪、故意伤害罪的想象竞合,从一重处罚"①。

应该说,这种观点存在疑问。法条竞合是"一行为一法益一处罚",想象竞合是"一行为数法益一处罚"。法条竞合与想象竞合的根本区别在于,法条竞合仅侵害一个罪名所保护的法益、造成一个法益侵害结果,而想象竞合侵害了数个罪名所保护的法益、造成了数个法益侵害结果。若侵害了个人法益,法条竞合情形只有一个人提起刑事附带民事诉讼,而想象竞合情形有数个人提起刑事附带民事诉讼。放火烧死一个人,怎么可能有两个人的家属同时提起刑事附带民事诉讼呢?所以说,要么认为放火罪与故意杀人罪是法条竞合关系(以放火的特殊方式杀人),要么认为放火烧死一人成立的是放火罪的基本犯与故意杀人罪的想象竞合,而不是放火罪的加重犯"放火致人死亡"与故意杀人罪的想象竞合。

6. 消防救援人员的死亡能归属于行为人,而认定为放火致人死亡吗?

案3:张三向教学楼放火,消防救援人员及时赶到疏散师生和灭火。事后清理现场发现,没有师生死亡,但有一名消防人员牺牲。

应该说,发生火灾后就会有人报警,消防人员就会前去救援,而"火中取栗",就会有死亡的危险。所以说,放火导致救援,救援导致救援人员死亡,并非异常,应将救援人员的死亡归属于放火行为人,行为人应承担《刑法》第115条第1款放火致人死亡的刑事责任。

7. 如何区分放火罪与失火罪?

案4:姚某柱在未办理野外用火许可证的情况下,将其堆放在责任地中的杂草点燃,准备用于种植玉米。在杂草燃烧过程中,因疏于防范,不慎引发山林火灾,本次火灾过火林地面积72,300平方米,其中过火有林地面积55,900平方米。

本案争议焦点:姚某柱的行为是否构成失火罪,公诉机关指控的罪名是否成立。

---

① 张明楷:《刑法学》(第6版)(下册),法律出版社2021年版,第884页。

法院认为,姚某柱违反森林用火规定,在劳作时因疏于防火安全引发山林火灾,过火林地面积72,300平方米,其中过火有林地面积55,900平方米,造成的损失惨重,被告人的行为已构成失火罪。认定姚某柱犯失火罪,判处有期徒刑1年。①

失火罪是指由于行为人的过失行为引起火灾,致人重伤、死亡或者使公私财产遭受重大损失,危害公共安全的行为。在主观方面表现为过失,即行为人没有预见自己的放火行为会引起火灾,或轻信能够避免的心理态度。失火一般发生在日常生活中,如吸烟、取暖、上坟、在田里烧草等不慎就可能引发火灾,致人重伤、死亡或者使公私财产遭受重大损失,危害公共安全就构成失火罪。而放火罪,是行为人有意实施放火行为,对放火形成的具体公共危险存在认识,对可能造成他人人身财产损失的结果持希望或者放任态度。普通人在加油站吸烟引起火灾,可能只是成立失火罪,但加油站工作人员在加油站吸烟引发火灾,可能成立的就是放火罪。在1月的大兴安岭烧烤引发火灾,可能成立放火罪,但在6月的南方梅雨季节在杭州野外树林烧烤引发火灾,可能只是成立失火罪。大兴安岭管护工人管护时吸烟引发火灾,可能成立放火罪,但南方游客在雪乡旅游时吸烟引发火灾,可能仅成立失火罪。所以,是放火还是失火,要从行为人的认知能力、时间、地点、天气、周围环境、事件起因、事后态度等方面进行综合判断。

8. 如何判断失火罪中的因果关系与结果归属?

案5:刘某、何某徽驾驶一辆燃油助力车从广州一起骑至桂林。二人于次日凌晨到何某徽的朋友蒙某租住的某某房借住,并将燃油助力车停放在该出租房一楼专门停放助力车的大厅内。蒙某知晓该车系盗窃来的赃车,因电门锁存在障碍,需要将电门锁下的两根电门线拧在一起才能点火启动,将两根电门线分开才可以熄灭。某日,蒙某欲骑该车外出接人,故将其从出租房一楼大厅推出,廖某鹏负责接线启动,之后蒙某搭载廖某鹏外出,蒙某在驾驶该车时发现脚踏板存在发热现象。当日6时14分,蒙某驾驶该车搭载廖某鹏、梁某返回某某房,并将该车停放在一楼大门进门附近,由廖某鹏

---

① 参见湖南省新晃侗族自治县人民法院刑事判决书,(2020)湘1227刑初99号。

负责拆线熄灭。当日 6 时 35 分,因该车挡住其他租户推车外出被他人挪动。当日 7 时 03 分,该车的脚踏板处出现打火现象,火势逐渐变大由此向四周蔓延扩大,最终引起火灾。火灾共烧毁电动自行车 37 辆,燃油助力车 3 辆,失火面积约 70 平方米,造成肖某被烧死,石某清特重度烧伤,属重伤二级、五级伤残。

本案争议焦点:(1)被告人的危险行为与危害结果之间有无一种引起与被引起的因果关系;(2)如果有因果关系,火灾的结果是否应当归属于被告人的行为。

法院认为,蒙某驾驶电门锁存在故障的被盗车辆,在明知需要手动拧拆电门线才能点火、熄灭的情况下,全然不顾接触不良、短路等安全风险,并且在驾驶时已明显感觉到脚踏板在发热后仍将其停放在拥挤、狭小停满助力车的空间内,蒙某应当预见自己的行为可能造成火灾的危害结果,因疏忽大意而没有预见,以致引起火灾,造成 1 人死亡、1 人受伤、40 辆助力车被烧毁的严重后果,其行为构成失火罪。辩护人认为蒙某对一楼大厅停放车辆没有管理的权利和义务,并且无法排除该车还存在其他电气故障,该车系他人挪用后才导致自燃,故自燃与蒙某的行为之间不存在因果关系。应该说,一楼门厅系有门禁的,蒙某作为持有门禁卡的租户在发现问题车辆后是有权利也有义务阻止车辆进入出租房危及公共安全的,然而蒙某不仅没有阻止,自己还将问题车辆停进了大厅;该车点火熄灭的方式以及脚踏板存在的发热现象已经清楚地表明了该车存在的安全隐患,故已经不需要再假设是否存在其他电气故障就应当引起足够的重视,然而蒙某因疏忽大意没有预见;该车在自燃前几分钟虽被他人挪动过,但若蒙某未将该车辆停进一楼大厅就不会有后来的火灾,并且挪动车辆这一介入因素根本不足以中断本案的因果关系。最终认定蒙某犯失火罪,判处有期徒刑 1 年 6 个月。[1]

案 6:除夕下午,吕秋某同其侄子吕雄甲、吕雄乙带着纸钱、线香、鞭炮等物一起至西祠公山上祭拜,其一行先是至其父亲吕冬某墓处祭拜,后又到不远处其母亲谭桂某墓处祭拜,祭拜过程中,吕秋某点燃了纸钱、线香,吕雄

---

[1] 参见广西壮族自治区桂林市中级人民法院刑事判决书,(2021)桂 03 刑终 315 号。

甲燃放了鞭炮,蜡烛由谁点燃不清楚。祭拜完后,吕秋某一行又去了其他墓地祭拜。在吕秋某等人在谭桂某墓祭拜期间或之前不久,黄文某带着黄某等在附近的黄雨某墓祭拜,董柏甲、董柏乙等人在附近的董宗某墓祭拜,上述人员祭拜时,均有点燃纸钱、线香、蜡烛置于坟尾燃烧及燃放鞭炮的行为。当日下午3时许,谭桂某墓、董宗某墓、黄雨某墓及附近范围内发生山火,当时有大风,火势迅速蔓延,致草市镇罗家寨村、杨林镇铁坑村山林受损。经鉴定,过火总面积13.8公顷,其中有林地5公顷,疏林地5公顷,灌木林地1.8公顷,无立木林地2公顷。

本案争议焦点:(1)山火起火点的确认;(2)吕秋某的点火行为是否与火灾的发生具有刑法上的因果关系。

法院认为,吕秋某虽有点火行为,西祠公山上亦有山火发生,但现有证据尚不能证明起火点位于公诉机关控称的谭桂某墓,也不能证明吕秋某的点火行为与山火的发生之间具有刑法上的因果关系。据此,本案在案证据尚未达到排除合理怀疑的证明标准,公诉机关就吕秋某有罪的指控事实不清、证据不足,依法不能成立。认定吕秋某无罪。①

失火罪是过失犯,通常是由日常生活行为所引起的,而且往往是多因一果。事故原因是一种回溯性查证,由于人的认知具有局限性,在不能排除是由其他原因所引起的情况下,不应肯定因果关系和客观归属。即便根据共同侵权原则判其承担一定的民事赔偿责任,也不能肯定刑法上的因果关系和犯罪的成立。

9. 应否将"三年以下有期徒刑或者拘役"作为失火罪的基本刑?

《刑法》第115条第2款规定,过失犯前款罪(放火、爆炸、决水、投放危险物质、以危险方法危害公共安全)的,处3年以上7年以下有期徒刑;情节较轻的,处3年以下有期徒刑或者拘役。

按照上述规定,失火的,首先考虑判处的是3年以上7年以下有期徒刑。如此判处显然与责任事故犯罪(重大飞行事故罪、铁路运营安全事故罪、交通肇事

---

① 参见湖南省衡东县人民法院刑事判决书,(2017)湘0424刑初105号。

罪、重大责任事故罪、重大劳动安全事故罪、大型群众性活动重大安全事故罪、危险物品肇事罪、工程重大安全事故罪、教育设施重大安全事故罪、消防责任事故罪)的处罚不协调。事实上,失火罪的常态案件是导致一两个人的死亡。为了使失火罪的量刑符合常态案件和罪刑相适应的要求,应当将"处三年以下有期徒刑或者拘役"作为失火罪的基本刑,"处三年以上七年以下有期徒刑"作为失火罪的加重刑。这样,失火致人重伤、死亡或者使公私财产遭受重大损失的,首先考虑判处3年以下有期徒刑或者拘役,致多人死亡、重伤或者使公私财产遭受特别重大损失的,才可以考虑判处3年以上7年以下有期徒刑。

第二节 决水罪、过失决水罪

·导 读·

水流开始并非犯罪既遂的标志,而是犯罪成立的条件。成立决水罪,只有形成了水患的具体、现实、紧迫的危险,才能成立决水罪。《刑法》第17条第2款关于相对负刑事责任年龄的规定,所指的是八个具体罪名,而非所谓八种行为。以爆炸的方式决水的,可能成立爆炸罪与决水罪的想象竞合。

/条 文/

第一百一十四条 【放火罪】【决水罪】【爆炸罪】【投放危险物质罪】【以危险方法危害公共安全罪】放火、决水、爆炸以及投放毒害性、放射性、传染病病原体等物质或者以其他危险方法危害公共安全,尚未造成严重后果的,处三年以上十年以下有期徒刑。

第一百一十五条 【放火罪】【决水罪】【爆炸罪】【投放危险物质罪】【以危险方法危害公共安全罪】放火、决水、爆炸以及投放毒害性、放射性、传染病病原体等物质或者以其他危险方法致人重伤、死亡或者使公私财产遭受重大损失的,处十年以上有期徒刑、无期徒刑或者死刑。

【失火罪】【过失决水罪】【过失爆炸罪】【过失投放危险物质罪】【过失以危险方法危害公共安全罪】过失犯前款罪的,处三年以上七年以下有期徒刑;情节较轻的,处三年以下有期徒刑或者拘役。

罪名精释

1. 决水罪的既遂标准是什么?

关于决水罪的既遂标准,国外刑法理论上有财物浸没说(财物被水淹没)、物质毁损说(财物被毁损)、效用灭失说(财物丧失效用)、公共危险说(危害公共安全)与水流开始说(所决之水开始流动)。张明楷教授主张水流开始说,认为开始实施破坏水闸的行为时,是本罪的着手,如果已经打开水闸导致水开始流动,则是第114条决水罪的既遂,在此之前由于意志以外的原因而未能导致水开始流动的,则是第114条的决水未遂。[①]

应该说,水流开始并不是犯罪既遂的标志,而是犯罪成立的条件。成立决水罪,只有形成了水患的具体、现实、紧迫的危险,才能成立决水罪。虽然水流开始流动,但如果不足以形成威胁不特定多数人的生命、身体安全的水患,则还是不能成立决水罪,不能适用《刑法》第114条。从这个意义上讲,与其讨论决水罪的既遂标准,还不如讨论何时形成水患的具体、现实、紧迫的危险。即便形成水患危险的水流开始流动,也不能因为决水既遂而没有未遂和中止成立的余地。如果水流开始流动在形成水患之前,行为人及时关闭闸门,避免了水患的发生,则成立决水罪的中止,参照《刑法》第114条规定的法定刑减轻或者免除处罚。如果形成水患的水流开始流动,但被他人及时关闭闸门避免了水患的发生,则成立决水罪,适用《刑法》第114条规定的法定刑,不再适用《刑法》总则关于未遂犯的处罚规定。如果决水形成水患,造成他人重伤、死亡或者使公私财产遭受重大损失,则适用《刑法》第115条第1款处罚。准备决水,因为意志以外的原因未

---

① 参见张明楷:《刑法学》(第6版)(下册),法律出版社2021年版,第888页。

能着手,则成立决水罪的预备,比照《刑法》第114条规定的法定刑从轻、减轻或者免除处罚。行为人本已做好决水的准备,但自动放弃着手实行的,则成立预备阶段的中止,由于没有造成损害,应免除处罚。如果决水形成水患,但仅造成他人轻伤或者一定的财产的损失,也还是只能适用《刑法》第114条的规定处罚。

2.《刑法》第17条第2款相对负刑事责任年龄的规定,是指八种行为,还是八种具体罪名?

几乎所有人都认为,《刑法》第17条第2款所规定的是八种行为而非八种具体罪名。理由可能是,若认为是八种具体罪名就可能形成处罚漏洞,如不能处罚15周岁的人在武装叛乱暴乱中杀人、劫持航空器杀人、以决水或危险方法杀人、抢劫枪支等行为。其实,这种担心纯属多余。这些行为完全可以评价为故意杀人罪、抢劫罪而以故意杀人罪、抢劫罪追究其刑事责任。再者,对于最后一个"投放危险物质罪",通说再怎么"狡辩",也不能否认就是指《刑法》第114条、第115条所规定的投放危险物质罪。可能有人认为,我国刑法中没有"故意伤害致人重伤或者死亡罪",所以只能是八种行为而不能是八种具体罪名。其实这种理由也不能成立。因为我国刑法中除"贪污罪""挪用公款罪""受贿罪""行贿罪"等少量所谓立法罪名外,其他均为立法通过后最高人民法院和最高人民检察院确定的所谓司法罪名。也就是说,我们完全可以将《刑法》第234条关于故意伤害的规定确定为"故意轻伤罪""故意重伤罪""故意伤害致死罪""残忍伤害罪"四个罪名。所以说,无论从汉语言的表述习惯,还是从法理逻辑,都可以得出《刑法》第17条第2款关于相对负刑事责任年龄的规定,所指的是八个具体罪名,而非所谓八种行为。

3. 决水罪与爆炸罪之间是什么关系?

行为人通过炸毁堤坝的方式决水,如果爆炸行为本身也危害公共安全,如炸死人,则成立爆炸罪与决水罪的想象竞合。若人不是炸死的,而是水淹死的,则仅成立决水罪。

第三节　爆炸罪、过失爆炸罪

·导　读·

《刑法》第114条爆炸罪中的"危害公共安全",强调的是行为人实施爆炸行为必须对不特定多数人的生命、健康安全形成具体、现实、紧迫的危险。爆炸罪是具体危险犯。爆炸行为是否形成具体、现实、紧迫的危险,应当在个案中进行具体判断。爆炸罪与其他危害公共安全的犯罪可能发生竞合。

/条　文/

第一百一十四条　【放火罪】【决水罪】【爆炸罪】【投放危险物质罪】【以危险方法危害公共安全罪】放火、决水、爆炸以及投放毒害性、放射性、传染病病原体等物质或者以其他危险方法危害公共安全,尚未造成严重后果的,处三年以上十年以下有期徒刑。

第一百一十五条　【放火罪】【决水罪】【爆炸罪】【投放危险物质罪】【以危险方法危害公共安全罪】放火、决水、爆炸以及投放毒害性、放射性、传染病病原体等物质或者以其他危险方法致人重伤、死亡或者使公私财产遭受重大损失的,处十年以上有期徒刑、无期徒刑或者死刑。

【失火罪】【过失决水罪】【过失爆炸罪】【过失投放危险物质罪】【过失以危险方法危害公共安全罪】过失犯前款罪的,处三年以上七年以下有期徒刑;情节较轻的,处三年以下有期徒刑或者拘役。

罪名精释

1.如何认定爆炸罪中的"危害公共安全"?

案1:王某在租住地内,利用打开燃气灶开关释放天然气的方式危害公共安全,之后被派出所抓获。

本案争议焦点:(1)王某主观上是否具有犯罪故意;(2)如何认定在居民楼内释放天然气行为达到足以危害公共安全的危险程度。

法院认为,泄漏的天然气在室内发生扩散后,其浓度值会增大到爆炸下限,在有明火情况下将被引爆从而发生爆炸,对建筑物以及附近人员造成人身及财产损失。被告人所处的某小区共有2000余套住房,5000余居民,居民密度较大,并且案发时间为深夜23时许,被告人释放天然气时间持续,一旦发生天然气爆炸事件极易造成不特定多数人伤亡或公私财产重大损失。本案虽然案发现场无天然气浓度检测值,但结合在案证人证言及案发现场客观环境等证据能够证实王某释放天然气行为已达到足以危害公共安全的程度。辩护人关于王某成立犯罪未遂的意见,经查,小区物业虽在紧急处置中配合救援人员关闭天然气总阀避免天然气持续泄漏,但此时王某释放天然气行为已经完成且对公共安全造成现实危险,本罪的构成不以造成严重后果作为犯罪既遂的标准,未造成严重后果也可成立本罪,故上述意见无事实及法律依据,不予采信。王某在人口密集区以释放天然气的危险方法危害公共安全,尚未造成严重后果,其行为已构成以危险方法危害公共安全罪。①

应该说,既然认为"泄漏的天然气在室内发生扩散后,其浓度值会增大到爆炸下限,在有明火情况下将被引爆从而发生爆炸,对建筑物以及附近人员造成人身及财产损失",就应当认定成立构成要件明确的爆炸罪,而不是内涵不清、外延不明的"口袋罪"——以危险方法危害公共安全罪。

爆炸罪构成要件的内容为,引起爆炸物或其他设备、装置爆炸,危害公共安全。《刑法》第114条爆炸罪中的"危害公共安全",强调的是行为人实施爆炸行为必须对不特定多数人的生命、健康安全形成具体、现实、紧迫的危险。爆炸罪是具体危险犯。爆炸行为是否形成具体、现实、紧迫的危险,应当在个案中进行具体判断。放置爆炸装置可谓爆炸的预备,点燃导火索,才是爆炸罪的着手,此时就可以认为已经形成了具体、现实、紧迫的危险。设置定时爆炸装置的行

---

① 参见北京市昌平区人民法院刑事判决书,(2016)京0114刑初字第785号。

为,通常只能是爆炸的预备。当然,如果爆炸物随时可能爆炸,也有可能不待定时的到来,而肯定爆炸的着手。如果不到时间不可能爆炸,则只有安放好装置后,对装置进行调适、定时才能肯定爆炸罪的着手。爆炸没有引起他人重伤、死亡或者使公私财产遭受重大损失,哪怕造成了他人轻伤或者较大的财产损失,也只能适用《刑法》第114条定罪处罚。

2.爆炸罪与其他危害公共安全罪之间是什么关系?

案2:陈广某因对交警队就其妻罗正某交通事故的处理结果不满,驾驶三轮车将棺材、煤气罐以及烟花爆竹拉到交警队门口,用载着棺材的三轮车堵住该队大门,在该队门口悬挂横幅。之后其在交警院内燃放烟花爆竹,又将带去的煤气罐拧开,掂着打开的煤气罐、菜刀和打火机往交警队办公楼冲过去,煤气罐的阀门随即被其亲属强行关掉。被制止后,其又到交警队办公楼楼顶,点燃随身携带的烟花爆竹向楼下乱扔,并威胁要从楼上跳下去。之后县公安局民警在其子对其劝阻时,将其制服。

本案争议焦点:以危险方法危害公共安全罪的认定。

法院认为,本案中,交警队院内的办公人员人数众多,被告人在交警队院内燃放烟花爆竹,打开煤气罐的阀门并威胁点燃,该行为在客观上可能使不特定多数人的人身安全遭受侵害,该行为危及了公共安全。辩护人提出陈广某在点燃煤气前即被制止,属于意志以外的原因没有得逞,系犯罪未遂。经查,陈广某在作案时打开了装有易燃气体煤气罐的阀门,并手持打火机,其行为足以危害公共安全,故法院对辩护人的此项辩护意见不予采纳。被告人在交警队院内燃放烟花爆竹,打开煤气罐阀门并威胁点燃的行为属于"其他危险方法",其行为构成以危险方法危害公共安全罪。①

应该说,既然被告人已经打开装有易燃气体煤气罐的阀门,说明遇到明火随时可能发生燃烧爆炸,行为构成的就应该是放火罪与爆炸罪的竞合,而不是内涵不清、外延不明的"口袋罪"——以危险方法危害公共安全罪。

---

① 参见河南省罗山县人民法院刑事判决书,(2016)豫1521刑初字第230号。

案3:甲在身上绑了104枚爆竹,还有大约2斤汽油,从某站乘坐1路公交车,上车后甲就对乘务人员说,我身上有爆炸物,把车开到中南海去。乘务员马上报告给司机,司机在下一站前就将车停在路边,让其他乘客下来。随后,闻讯赶来的武警战士上车试图控制甲,甲随即从口袋里掏出了打火机,欲点燃爆竹和汽油,武警战士立即将其制服。

应该说,爆竹加上汽油肯定会危害公共安全,至少会引起火灾。如果行为人后面的威胁只是为了继续劫持汽车,就只成立劫持汽车罪的未遂犯;如果后面威胁是为了放火或者爆炸,则后面的行为另成立放火或者爆炸的预备,前面的行为也是劫持汽车罪的未遂犯。

爆炸罪与其他危害公共安全的犯罪可能发生竞合。例如,行为人采用爆炸方法引起火灾,因火灾而危害公共安全的,应认定为放火罪;因爆炸本身致人伤亡、财产损失的,成立爆炸罪;既因爆炸致人伤亡、财产损失,又因爆炸引起火灾致人伤亡、财产损失的,则成立爆炸罪与放火罪的竞合。行为人采用爆炸的方法决堤制造水患,危害公共安全的,应认定为决水罪;若爆炸本身也致人伤亡,则成立爆炸罪与决水罪的竞合。行为人以爆炸的方式破坏交通工具、设施的,成立破坏交通工具罪、破坏交通设施罪;若是爆炸本身也致人伤亡、财产损失,则成立爆炸罪与破坏交通工具罪、破坏交通设施罪的竞合。

第四节 投放危险物质罪、过失投放危险物质罪

· 导 读 ·

《刑法》第114条投放危险物质罪中的"危害公共安全"要素,旨在强调投放危险物质罪是具体危险犯,成立该罪,行为必须形成危害不特定多数人的生命、健康安全的具体、现实、紧迫的危险,所投放的危险物质必须具有致人死伤的危险性。客观上投放的是危险物质,是成立投放危险物质罪还是过失投放危险物质罪,关键在于行为人对行为的危险性和死伤结果是持故

意还是过失的态度。应从客观违法构成要件,即从法益、所投物质的毒害性程度、行为本身的危险性、"污染经由"等方面,区分污染环境罪与投放危险物质罪。

条 文

第一百一十四条 【放火罪】【决水罪】【爆炸罪】【投放危险物质罪】【以危险方法危害公共安全罪】放火、决水、爆炸以及投放毒害性、放射性、传染病病原体等物质或者以其他危险方法危害公共安全,尚未造成严重后果的,处三年以上十年以下有期徒刑。

第一百一十五条 【放火罪】【决水罪】【爆炸罪】【投放危险物质罪】【以危险方法危害公共安全罪】放火、决水、爆炸以及投放毒害性、放射性、传染病病原体等物质或者以其他危险方法致人重伤、死亡或者使公私财产遭受重大损失的,处十年以上有期徒刑、无期徒刑或者死刑。

【失火罪】【过失决水罪】【过失爆炸罪】【过失投放危险物质罪】【过失以危险方法危害公共安全罪】过失犯前款罪的,处三年以上七年以下有期徒刑;情节较轻的,处三年以下有期徒刑或者拘役。

罪名精释

1. 如何判断投放危险物质罪中的"危害公共安全"?

案1:冯树某因邻里纠纷欲报复邻居。冯树某用铁锤等工具顺着自家墙体裂缝位置,将自家屋后与邻居胡维某家搭界的滴水坡砸出直径23厘米的孔洞,随后使用撬棍下挖深达80厘米的小洞,之后冯树某向该孔洞倾倒了二甲四氯半瓶、强骠精恶唑禾草一瓶(经鉴定含恶唑禾草灵和吡唑解草酯成分),企图通过土壤渗透的方式向胡维某家院内日常使用的水井投放除草剂"使坏"。次日早上,胡维某发现水井有异味后报警。案发后公安机关在胡维某家水井中提取水样,在送检的井水水样中检出恶唑禾草灵和吡唑解草酯成分。

本案争议焦点:向水井投放低浓度的农药,是否构成投放危险物质罪。

法院认为,本案中被告人实施了投毒行为。投放危险物质罪是危险犯,其成立并不需要出现不特定多数人重伤、死亡或者重大公私财产遭受毁损的实际结果,只要行为人投放毒害性、放射性、传染病病原体等物质行为,足以危害公共安全的,就构成投放危险物质罪。低毒、剂量少,并不影响对犯罪性质的认定。本案中被告人的行为符合投放危险物质罪的构成要件,应当依法追究刑事责任。本案中,冯树某通过土壤渗透的方法投毒,尚未造成严重后果,并且其投放的农药系除草剂,毒性低,剂量小,犯罪情节轻微,综合全案情节,可以对冯树某免予刑事处罚。认定冯树某犯投放危险物质罪,免予刑事处罚。①

应该说,既然投放的是毒性低、剂量少的除草剂,说明并不足以致人伤亡。不足以致人伤亡,就没有危害公共安全,就不能认定成立投放危险物质罪。所以,上述判决存在疑问。

《刑法》第114条投放危险物质罪中的"危害公共安全"要素,旨在强调投放危险物质罪是具体危险犯,成立该罪,行为必须形成危害不特定多数人的生命、健康安全的具体、现实、紧迫的危险,所投放的危险物质必须具有致人死伤的危险性。如果所投放的危险物质不具有直接导致人的死伤的危险性,只能导致鱼类死亡或者环境污染,就不能成立投放危险物质,而只成立故意毁坏财物罪或者污染环境罪。

2. 如何区分投放危险物质罪与过失投放危险物质罪?

案2:甲明知自己家中豢养的宠物狗患有狂犬病,但不忍心将狗打死,就将该宠物狗扔到了离自家很远的垃圾箱中。

狂犬病病原体是一种危险物质,这种物质存于甲扔出去的宠物狗身体里,所以能够将本案中甲的行为评价为投放危险物质。由于患有狂犬病的狗还活着,狗可能自己从垃圾箱里跑出来到处乱窜而扩散传播狂犬病毒,甲显然也认识

---

① 参见江苏省连云港经济技术开发区人民法院刑事判决书,(2018)苏0791刑初85号。

到了这一点,所以甲的罪过形式是故意,成立投放危险物质罪。如果宠物狗已经死亡,碰巧被拾荒者捡去烹饪食用致中毒死亡,由于甲难以预见会有人从垃圾箱中翻找死去的狗烹饪食用,所以至多成立过失投放危险物质罪和过失致人死亡罪。

案3:代某承包经营甲公司职工食堂3号操作间及售饭窗口。代某从一路边摊购买十余斤工业用盐,用于清理食堂后厨地面油渍。之后代某在未告知食堂其他工作人员的情况下,将该工业用盐放置在食堂后厨用于存放佐料的蒸箱内。某日,食堂工作人员误将该工业用盐当作食用盐加入制作的早餐食品中,并向就餐职工出售,导致丁某、王某等100余人在食用后出现不同程度的头晕、恶心、呕吐等不良反应。经县疾病预防控制中心检测,其中56人被确诊为亚硝酸盐中毒,之后经县公安局司法鉴定中心鉴定,该56人的损伤程度均为轻微伤。

本案争议焦点:本案中食堂经营者对购进的工业用盐未能妥善保管,被食堂工作人员误当作食盐投放到制作的食品中,导致100余人食物中毒,经营者不当存储危险物质的行为如何定性。

法院认为,过失投放危险物质罪的罪状表明了需要有"投放"行为,即必须表现为积极的作为,包括行为人自己实施,也包括行为人授意他人实施。如果行为人没有积极的作为,不能认定构成本罪。而在过失以危险方法危害公共安全罪的犯罪构成中,只要行为人作出了具有杀伤性、规模性危害的行为,既包括积极实施的作为,也包括违背法律要求或者先行行为产生的义务的不作为,均可成立本罪。据此,本案应当认定代某构成过失以危险方法危害公共安全罪。[①]

既然工业用盐属于毒害性物质,被告人的行为就应该属于投放危险物质。虽然从字面上理解"投放",可谓是一种作为,但作为并不需要亲自作为,完全可以利用他人作为。随意放置工业用盐,他人将工业用盐当作食盐而投放到菜肴中,其实相当于一种过失的间接正犯。虽然一般认为间接正犯只能由故意构成,但不能否认实践中存在过失利用他人的过失行为的间接正犯的情形。例如,将

---

① 参见安徽省淮北市中级人民法院刑事裁定书,(2019)皖06刑终169号。

外观上是玩具手枪实则具有杀伤力的枪支随意放置,被他人当作玩具手机拿去玩耍射击致人死亡的,就完全可以评价为过失的间接正犯的杀人。所以,本案中代某的行为属于过失投放危险物质,构成过失投放危险物质罪。

案4:甲将毒药注射到一箱饮料内,送给自己的亲属乙。乙饮过以后拉肚子,就将整箱饮料送还给甲。甲把饮料拆分后的部分饮料扔到自己楼下垃圾箱内,另在自家留了几瓶。甲母口渴时想要喝一瓶饮料,甲及时阻止,告诉甲母饮料有问题、不能喝。甲母不知饮料有毒,以为只是过期,就将包装完整的七八瓶饮料扔到自己楼下垃圾桶。甲自己扔掉的有毒饮料无人捡拾,甲母扔掉的饮料被拾荒者丙捡回,丙将饮料送给了亲戚丁,说是自己购买的饮料,丁的小孩喝了饮料后当场死亡。

就丢弃有毒饮料被人捡拾致死行为而言,如果认为丢弃垃圾的人有保证所丢弃的垃圾符合食品卫生安全标准的义务,就可能认为甲的行为成立过失投放危险物质罪(过失的间接正犯)或者过失致人死亡罪。如果认为丢弃垃圾的人没有保证食品安全的义务,则只能认为属于意外事件,不能追究甲的刑事责任。

客观上投放的是危险物质,是成立投放危险物质罪还是过失投放危险物质罪,关键在于行为人对行为的危险性和死伤结果是持故意还是过失的态度。是故意投放还是过失投放,只能在个案中根据行为人的认知能力、所投放的危险物质的性质、投放的地点、投放的时间、投放的数量、事件的起因、事后的态度等方面进行具体综合判断。

3. 如何区分投放危险物质罪与污染环境罪?

案5:胡某标、丁某生作为盐城市环保部门规定的"废水不外排"企业——标新化工有限公司的法定代表人及生产负责人,在2007年11月底至2009年2月16日,明知该公司生产过程中所产生的废水含有苯、酚类有毒物质,仍将大量废水排放至该公司北侧的五支河内,任其流经蟒蛇河污染盐城市区城西、越河自来水厂取水口,导致盐城市区20多万居民饮用水停水长达66小时40分钟,造成直接经济损失人民币543.21万元。

法院认为,胡某标、丁某生明知其公司在生产过程中所产生的废水含有毒害性物质,仍然直接或间接地向其公司周边的河道大量排放,放任危害不特定多数人的生命、健康和公私财产安全结果的发生,使公私财产遭受重大损失,构成投放危险物质罪,并且属共同犯罪。①

司法实践中,对于类似故意排放有毒有害物质造成重大人身、财产损失的案件,其定性并不统一,除个别定性为投放危险物质罪外,《刑法修正案(八)》公布前多认定为重大环境污染事故罪,之后基本上认定为污染环境罪。例如,(1)魏某某将含有二氯乙烷等毒性物质的盐酸废液、亚硫酸钠废液270余吨倒入张泾河内,致使张泾河水质受到污染,造成直接经济损失169,189元,一审、二审法院均认定构成投放危险物质罪。②(2)吴某等将氯气罐中残存的氯气排入水中,水中的氯气散发到空气中致使某小学204名师生中毒,花去医疗费8万余元,同时造成当地127.9亩农作物受损和一头猪被毒死,直接经济损失价值达9万余元,法院认定构成重大环境污染事故罪。③(3)王某伙同其妻子门某,多次帮助他人经由私自铺设的管道将废硫酸等化工废料排放至市政排污管道内,导致三人因吸入硫化氢气体中毒死亡,法院认定构成污染环境罪。④(4)王某等人将含有有毒物质乙腈的脱硫液1897吨排放到黄河内,严重危害到以黄河水作为饮用水水源的济南市、聊城市等地区城乡居民的身体健康,一审法院认定构成投放危险物质罪,二审法院以控方未提供所投放的废液属有毒物质的证据为由,改判为污染环境罪。⑤

本书认为,界分污染环境罪与投放危险物质罪,只能从客观违法构成要件"着手"。

首先,二罪所保护的法益不同。环境污染的后果不同于投放危险物质的地方在于,往往具有长期性、累积性、渐进性、潜伏性,而且严重污染环境并不必然

---

① 参见江苏省高级人民法院编:《江苏省高级人民法院公报》(2010年第2辑),法律出版社2010年版,第27页。
② 参见上海市第一中级人民法院刑事裁定书,(2013)沪一中刑终字第185号。
③ 参见最高人民法院刑事审判第一庭、第二庭编:《刑事审判参考》(2001年第4辑),法律出版社2001年版,第40~41页。
④ 参见山东省高级人民法院刑事裁定书,(2014)鲁刑一终字第65号。
⑤ 参见山东省菏泽市中级人民法院刑事判决书,(2013)菏刑一终字第74号。

危害公共安全,环境本身的损害也不等同于不特定多数人的人身、财产损害。故而,污染环境罪所保护的环境法益不能等同于投放危险物质罪所保护的公共安全法益。

其次,排放对象不同。污染环境罪所排放、倾倒的是"有放射性的废物、含传染病病原体的废物、有毒物质或者其他有害物质",而投放危险物质罪投放的是"毒害性、放射性、传染病病原体等物质"。对于化学品,科学上通常按其危害程度分为剧毒、有毒和有害三类。因此,大体上来说,《刑法》第338条所规定的污染环境罪中的"有毒物质",应该是专指污染物;而第114条、第115条所指的"毒害性物质"则专指剧毒物(从立法沿革看,投放危险物质罪的前身就是"投毒罪")。简言之,两罪所排(投)放对象的毒害性程度存在显著差异。

再次,投放危险物质罪是与放火罪、决水罪、爆炸罪并列规定的罪名,根据同类解释的原理,应具有危害的相当性。放火、决水、爆炸对人体的危害具有瞬间的爆发性、蔓延性、难以控制性,而向河中排污,事实上都能够通过及时关闭水闸而避免大规模人身伤亡结果的发生。

最后,两罪"污染经由"或者说发挥作用的机理存在明显差异。投放危险物质罪通常是将毒物投入他人的茶杯、水缸,进而直接作用于人体,而污染环境罪系通过向土地、水体、大气排放、倾倒污染物,通过环境要素间接作用于人体。事实上,将100克砒霜投入他人茶杯,可能比将一吨砒霜倾入作为饮用水水源的河流在毒害性上有过之而无不及。所以,向河流、大气、土壤排放、倾倒危险物质的,一般应被认定为污染环境罪,但如果直接向公民的自来水管投放毒害性物质,则可能被认定为投放危险物质罪。故上述案5,以投放危险物质罪定性不够妥当。

综上所述,应从客观违法构成要件,即从法益、所投物质的毒害性程度、行为本身的危险性、"污染经由"等方面,区分污染环境罪与投放危险物质罪。

第五节 以危险方法危害公共安全罪、过失以危险方法危害公共安全罪

·导 读·

"危险方法",相对于"放火""决水""爆炸""投放危险物质"而言,行为结构和方式不明,导致该罪内涵不清、外延不明,这是其成为"口袋罪"的根源。以危险方法危害公共安全罪只是《刑法》第114条、第115条的兜底性规定,而不是"危害公共安全罪"一章的兜底性条款,更不是整个《刑法》分则的兜底性罪名。成立以危险方法危害公共安全罪必须满足以下条件:(1)必须危害公共安全;(2)"其他危险方法"必须具有与放火、决水、爆炸、投放危险物质行为的危险相当性;(3)必须已经对不特定多数人的生命、身体安全形成具体、现实、紧迫的危险;(4)行为必须不符合放火罪、决水罪、爆炸罪、投放危险物质罪等具体危害公共安全犯罪的构成要件。

对有关盗窃、破坏非机动车道、人行道等场所的窨井盖的以以危险方法危害公共安全罪定罪处罚的司法解释规定存在疑问。以危险方法危害公共安全罪与过失以危险方法危害公共安全罪的根本区别在于罪过形式不同。《刑法》第115条第1款中致"人"重伤、死亡,不能包括本人和同伙的重伤、死亡。只是导致本人或者同伙重伤、死亡的,不能认定为致人重伤、死亡。为避免以危险方法危害公共安全罪和过失以危险方法危害公共安全罪"口袋化",应确定具体的适用规则以限缩该罪的适用。从解释论来说,难以明确本罪的内涵与外延,难以界分本罪与其他相关犯罪。从立法论的角度来说,应当废除本罪。

/条 文/

第一百一十四条 【放火罪】【决水罪】【爆炸罪】【投放危险物质罪】【以危

险方法危害公共安全罪】放火、决水、爆炸以及投放毒害性、放射性、传染病病原体等物质或者以其他危险方法危害公共安全,尚未造成严重后果的,处三年以上十年以下有期徒刑。

第一百一十五条 【放火罪】【决水罪】【爆炸罪】【投放危险物质罪】【以危险方法危害公共安全罪】放火、决水、爆炸以及投放毒害性、放射性、传染病病原体等物质或者以其他危险方法致人重伤、死亡或者使公私财产遭受重大损失的,处十年以上有期徒刑、无期徒刑或者死刑。

【失火罪】【过失决水罪】【过失爆炸罪】【过失投放危险物质罪】【过失以危险方法危害公共安全罪】过失犯前款罪的,处三年以上七年以下有期徒刑;情节较轻的,处三年以下有期徒刑或者拘役。

罪名精释

1. 以危险方法危害公共安全罪何以成为"口袋罪"?

案1:李某和宋某涛驾驶小型轿车,因斗气而相互超车。当两车行驶至某公交车站附近时,李某驾驶车辆突然从最左侧车道向右变更至相邻车道,与在该车道内行驶的宋某涛所驾驶车辆相撞,随后两车一起冲向公交站台,造成李某梅、庞某来、祁某然、李某杨、贾某死亡。经鉴定,案发时李某驾驶的车辆行驶速度高于82.8km/h且低于116.7km/h;宋某涛驾驶的车辆行驶速度高于77.8km/h且低于101.8km/h。

本案争议焦点:二人能否预见行为会危及不特定多数人的生命、财产安全,对于相撞的主观心态系故意还是过失,是否构成以危险方法危害公共安全罪。

法院认为,李某、宋某涛明知在道路上驾驶机动车相互超车、超速且斗气驾驶,会对不特定多数人的生命、财产安全造成危害,仍不计后果而为之,最终导致5人死亡的特别严重后果,二人的行为已构成以危险方法危害公共安全罪。[1]

应该说,本案属于典型的追逐竞驶致人死亡的交通肇事行为。由于在追逐

---

[1] 参见北京市高级人民法院刑事判决书,(2017)京刑终234号。

竞驶一段时间后才发生交通事故,应认定成立危险驾驶罪与交通肇事罪,数罪并罚。

以危险方法危害公共安全罪之所以成为公认的"口袋罪",主要有以下几个方面原因。

第一,"危险方法"相对于"放火""决水""爆炸""投放危险物质"而言,行为结构和方式不明,导致该罪内涵不清、外延不明。

第二,有的司法机关在适用该罪时未能遵循同类解释规则,以为该罪不仅是《刑法》第114条、第115条的兜底性规定,还是《刑法》分则第二章"危害公共安全罪"的"兜底条款",甚至是整个《刑法》分则的"兜底罪名",进而认为只要危害了公共安全就能以本罪论处。

第三,有的司法机关没有认识到以危险方法危害公共安全罪是具体危险犯,或者没有正确判断具体危险的有无,导致将原本不构成犯罪的行为认定为本罪。

第四,有的司法机关对以危险方法危害公共安全罪造成的结果的理解不够准确,把一些只能造成非物质性结果的行为,如造成特定人员精神高度紧张,同时引起周围人恐慌的行为,也认定成立本罪。

第五,刑法理论把危害公共安全罪的行为对象表述为"不特定人",有的司法机关将"不特定"理解为"对象的不确定性",把一些原本构成其他犯罪的行为也认定为本罪。

第六,有的司法机关错误地以为社会法益优于个人法益,把故意杀伤多人的行为都认定为本罪。

第七,有的司法机关误以为罪名具有威慑功能,或者误以为以危险方法危害公共安全罪重于其他法定刑相同的犯罪,导致将原本应当认定为其他犯罪的案件也认定为本罪。

第八,有的司法机关难以区分具体案件符合何种犯罪的构成要件,将原本应当认定为其他犯罪的案件认定为本罪。

第九,有的司法机关习惯于将其他法院先前的判决当作认定为本罪的理由,导致错误适用本罪的判决不当增加。

2. 以危险方法危害公共安全罪是危害公共安全类罪的兜底罪名吗？

应该说，以危险方法危害公共安全罪只是《刑法》第114条、第115条的兜底性规定，而非"危害公共安全罪"一章的兜底性条款，更不是整个《刑法》分则的兜底性罪名，但司法实践中，人们却把该罪看作整个《刑法》分则的兜底性罪名。

（1）醉驾案

四川成都"孙某铭醉酒驾车案"、广东佛山"黎某全醉酒驾车案"分别由四川省高级人民法院与广东省高级人民法院作出二审终审判决，对孙某铭与黎某全均以"以危险方法危害公共安全罪"判处无期徒刑，剥夺政治权利终身。最高人民法院于2009年9月11日发布了《关于醉酒驾车犯罪法律适用问题的意见》（法发〔2009〕47号）。应该说，在该意见发布之前，司法实务中类似醉驾案件，大多被定性为交通肇事罪，可以说"醉酒驾车行为定性为以危险方法危害公共安全罪定罪的实现在很大程度上依赖于有权话语的肯定"。

《关于醉酒驾车犯罪法律适用问题的意见》强调，"行为人明知酒后驾车违法、醉酒驾车会危害公共安全，却无视法律醉酒驾车，特别是在肇事后继续驾车冲撞，造成重大伤亡，说明行为人主观上对持续发生的危害结果持放任态度，具有危害公共安全的故意。对此类醉酒驾车造成重大伤亡的，应依法以以危险方法危害公共安全罪定罪"。同时指出，一般情况下，醉酒驾车构成以危险方法危害公共安全罪的，行为人主观上并不希望，也不追求危害结果的发生，属于间接故意犯罪，行为人的主观恶性与以制造事端为目的而恶意驾车撞人并造成重大伤亡后果的直接故意犯罪有所不同，因此，在决定刑罚时，也应当有所区别。此外，醉酒状态下驾车，行为人的辨认和控制能力实际有所减弱，量刑时也应酌情考虑。至此，之后的醉酒驾车肇事案多以该罪定罪，最高判处无期徒刑。[①]

我国《刑法》第18条第4款明文规定："醉酒的人犯罪，应当负刑事责任。"我国刑法理论通说将该款规定理解为法律拟制。然而，国外原因自由行为理论普遍认为，只有行为人出于醉酒后实施特定犯罪的故意而有意使自己陷入无责任能力或者限制责任能力状态，并在醉酒状态下如其所愿地实施了相应犯罪行

[①] 参见江西省抚州市中级人民法院刑事判决书，(2014)抚刑一初字第9号。

为,才能肯定故意犯罪的成立。各种学说的分歧仅在于如何解释原因自由行为,才能既维护罪刑法定主义所要求的构成要件明确性,又不违背"实行行为与责任"同时存在的责任主义原则。

应该说,我国《刑法》第18条第4款的规定只能是注意性规定,旨在提醒司法人员不要让为实施特定犯罪而有意通过饮酒而使自己陷入无责任能力或者限制责任能力状态,进而实施犯罪的行为,逃避刑事打击。就醉酒驾驶而言,除非有证据表明行为人在饮酒时就具有酒后进行驾驶的故意,否则不能追究其(故意)以危险方法危害公共安全罪的刑事责任;行为人饮酒前虽没有醉酒驾驶的故意,但对陷入醉酒状态及醉酒驾驶存在过失的,可以以交通肇事罪追究其刑事责任。也就是说,为了在法益保护与人权保障之间寻求平衡,如果确有证据证明行为人在饮酒前并不打算酒后驾驶机动车,如有私家车者有意不开车而乘坐出租车前往赴宴,只因醉酒后对自己的行动失去控制,争抢同事手中的方向盘进行驾驶而肇事的,行为人在实施原因自由行为(饮酒行为)时缺乏危险驾驶的故意,故只能根据醉酒后驾驶机动车时实际处于无责任能力还是限制责任能力状态,而宣告无罪或以交通肇事罪从轻或减轻处罚。

总之,对于醉酒驾驶案,不考量行为人饮酒时有无酒后驾驶的故意,就简单地以《刑法》第18条第4款规定为据,推定其具有完全的刑事责任能力,进而以以危险方法危害公共安全罪追究醉驾者完全的刑事责任,是将复杂问题简单化,有过于强调法益保护而轻视人权保障之嫌。这在今后的司法中应予纠正。正确的做法是,根据行为人有无酒后驾驶的故意、对陷入醉酒状态有无过失,而相应地以以危险方法危害公共安全罪、交通肇事罪或者无罪论处,并根据具体情形判处醉驾者承担完全的刑事责任或者从轻、减轻处罚。

(2)毒驾案

司法实践中,法院对于吸毒后产生幻觉而驾驶机动车肇事的案件,基本上没有顾及行为人吸毒后辨认或控制能力下降的事实,而以以危险方法危害公共安全罪追究毒驾者完全的刑事责任。

案2:曾某在家中吸毒后产生幻觉,欲殴打妻子梁某,梁某打电话求救,曾某与民警对峙,之后曾某突然冲到大街上用刀逼迫出租车司机和乘客下车后自己驾驶,民警设卡拦截,被告人驾车强行冲卡,致使其驾驶的出租车的挡风玻璃破碎。法院认为,曾某吸毒后劫取出租车在路上高速行驶,强行冲破民警设置的障碍,对路面上的车辆、人员及执勤民警人身和财产安全造成危害,已构成以危险方法危害公共安全罪,判处有期徒刑3年3个月。①

该案中,没有证据表明曾某在家中吸毒时就有驾驶机动车的故意,因而只能根据其驾驶机动车时实际的责任能力状态,认定是成立以危险方法危害公共安全罪、交通肇事罪还是无罪,是承担完全的刑事责任,还是应从轻或者减轻处罚。完全无视其吸毒后辨认与控制能力可能减弱的事实,而作为神智完全正常的人论罪科刑,显然有失妥当。

对于毒驾案,应具体查明行为人吸毒时有无驾驶的故意,并根据原因自由行为理论,分别处理。

(3) "碰瓷"案

对于"碰瓷"案,理论与实务曾经存在诈骗罪、敲诈勒索罪、故意毁坏财物罪与以危险方法危害公共安全罪的定性分歧。但自从 2007 年北京李某犯罪团伙特大"碰瓷"案以以危险方法危害公共安全罪宣判以来,②实践中"碰瓷"案多以以危险方法危害公共安全罪定罪科刑。③

所谓"碰瓷"案,其实就是利用交通规则故意制造交通事故而向对方勒索财物,其中包括故意撞击他人车辆与向对方勒索财物两种行为。前者属于足以使汽车发生倾覆、毁坏危险的破坏交通工具的行为,应成立破坏交通工具罪;后者属于以某种事实相要挟勒索财物的行为,应评价为敲诈勒索罪(被害人没有认识到行为人是在"碰瓷",相反误以为自己违章了而老老实实赔钱的,应评价为诈骗罪)。既然存在两个行为,侵害两种不同的法益,符合了两个不同的犯罪构

---

① 参见广东省佛山市中级人民法院刑事裁定书,(2012)佛中法刑一终字第 157 号。另见陈洪兵:《以危险方法危害公共安全罪"口袋化"的实践纠偏》,载《刑事法评论》2015 年第 2 辑。
② 参见北京市朝阳区人民法院刑事判决书,(2007)朝刑初字第 1669 号。
③ 参见广东省湛江市中级人民法院刑事裁定书,(2012)湛中法刑三终字第 13 号。另见陈洪兵:《以危险方法危害公共安全罪"口袋化"的实践纠偏》,载《刑事法评论》2015 年第 2 辑。

成,没有理由不以破坏交通工具罪与敲诈勒索罪(或诈骗罪)数罪并罚。

(4)故意驾车撞人案

自20世纪发生在北京的汽车司机姚某云驾车冲撞人群,被原北京市中级人民法院认定为"用驾驶汽车的危险方法致人重伤、死亡罪"以来,法院对于故意驾驶汽车冲撞人群案较多地认定为以危险方法危害公共安全罪。

> 案3:李某因随意停车与小区保安王某发生争执并拳殴王某,被闻讯而至的群众围住,李某急于逃离,不顾车辆前方围有十余名群众的现状及其安全,强行驾车撞向小区铁门旁留有的空隙,车前站立的人群避让不及,蒋某、杨某被当场撞倒,蒋某受轻伤。法院认为,李某置公共安全于不顾,驾车撞向人群,致一人轻伤,足以危害公共安全,尚未造成严重后果,其行为已构成以危险方法危害公共安全罪。①

应该说,行为人明知驾车冲撞人群可能导致多人死亡而故意为之,完全符合故意杀人罪的构成要件。由于以危险方法危害公共安全罪构成要件不够明确,其仅扮演"替补队员"的角色,当符合故意杀人罪等犯罪构成要件且以相应犯罪定罪能够做到罪刑相适应时,没有理由不让"主力队员"上场。而且,即便认为同时成立以危险方法危害公共安全罪与故意杀人罪,从一重处罚的结果也应论以故意杀人罪。司法机关(包括部分民众)误认为,以危险方法危害公共安全罪和过失以危险方法危害公共安全罪重于其他法定刑相同的犯罪。这便是所谓的罪名评价功能与罪名威慑功能的观点在作祟。应当认为,在两个罪名的法定刑相同的情况下,两个罪名的威慑功能是完全相同的。更何况,故意杀人罪的法定刑重于以危险方法危害公共安全罪。因此,故意驾车撞人的,应当论以故意杀人罪(包括未遂)。否则,会得出故意驾车撞向个别仇人的成立故意杀人罪,故意驾车撞向多个人的,反而不成立故意杀人罪的荒谬结论。

(5)故意拖拽案

司法实践中,对于明知他人被撞趴在车上而故意拖拽的案件,法院也可以认定行为人的行为构成以危险方法危害公共安全罪。

---

① 参见上海市第一中级人民法院刑事裁定书,(2012)沪一中刑终字第233号。

案 4：任某驾车将张某撞击在轿车引擎盖上，之后被告人任某不顾张某要求其停车的呼喊，倒车撞击道路的隔离栏后，又逆向、高速、呈"S"形行进。当行驶至延安西路某号附近时，任某突然紧急刹车，将张某从引擎盖上甩至机动车道上后逃逸，造成张某轻伤。法院以以危险方法危害公共安全罪，判处被告人任某有期徒刑 5 年。[1]

该案中，任某明知被害人扒在车上，还置被害人生死于不顾而继续驾驶，甚至故意高速、逆向、呈"S"形驾驶、急加速急减速、急刹车，其行为在客观上已经对被害人的生命形成具体、现实、紧迫的危险，主观上至少具有杀人的间接故意，故符合故意杀人罪的构成要件，通常应考虑以故意杀人罪（包括未遂）定罪处罚。

对于故意拖拽案，应当考虑以故意杀人罪定罪处罚。

(6) 其他危险驾驶案

除上述危险驾驶行为外，司法实践中还有以下几类常见的被论以以危险方法危害公共安全罪的危险驾驶案件。例如，①无证驾驶并连续冲撞致人死伤；[2]②高速行驶致人死伤；[3]③追逐竞驶致人死伤；[4]④追赶、别、挤、逼停他人车辆致人死伤；[5]⑤快速倒车、加速逆向行驶、"S"形路线行驶致人死伤；[6]⑥故意撞击他人车辆致人死伤。[7]

以上危险驾驶案中，除故意撞击他人车辆外，根据个案认定危险驾驶行为已经对不特定多数人的生命、身体、财产安全形成现实、紧迫、具体性危险时，论以以危险方法危害公共安全罪，基本上是正确的。故意撞击他人正在行驶中的车辆，通常来说足以使汽车发生倾覆、毁坏危险，因而以破坏交通工具罪定性可能更为准确。现在追逐竞驶、醉酒驾驶、超员超速行驶、违规运输危化品致人死伤

---

[1] 参见上海市第二中级人民法院刑事裁定书，(2011) 沪二中刑终字第 108 号。
[2] 参见河南省新乡市中级人民法院刑事裁定书，(2011) 新刑二终字第 119 号。
[3] 参见湖南省湘潭市中级人民法院刑事裁定书，(2012) 潭中刑终字第 255 号。
[4] 参见河北省唐山市中级人民法院刑事裁定书，(2014) 唐刑终字第 60 号。
[5] 参见吉林省松原市中级人民法院刑事判决书，(2009) 松刑初字第 34 号。
[6] 参见上海市浦东新区人民法院刑事判决书，(2015) 浦刑初字第 732 号。
[7] 参见河南省许昌市中级人民法院刑事裁定书，(2013) 许中刑二终字第 83 号。

的,可以认定为危险驾驶罪或交通肇事罪。

(7)妨碍安全驾驶案

司法实践中,对正在驾驶机动车的司机采取殴打、拉拽、投掷硬物、开枪射击、抢夺方向盘等方式,干扰司机正常驾驶以致车辆失控的行为,法院认定构成以危险方法危害公共安全罪。

案5:朱某某与满载乘客的公交车的驾驶员殷某发生争执,朱某某从车辆中部冲至驾驶席位置,拉拽殷某的颈部,导致车辆失控撞到桥护栏,殷某颈部受轻微伤。殷某紧急刹车将车辆停稳后报警。法院认为,朱某某的行为构成以危险方法危害公共安全罪。①

应该说,干扰司机正常驾驶机动车的行为,其实质是妨碍交通工具正常功能的发挥,足以使汽车发生倾覆、毁坏危险,以前宜认定为破坏交通工具罪,以避免"口袋罪"的适用,现在这种行为完全可以认定为妨害安全驾驶罪。

(8)利用油气放火、爆炸案

司法实践中,法院将点燃煤气、天然气、汽油引起火灾、爆炸,或者以点燃相威胁的行为认定构成以危险方法危害公共安全罪。

案6:杜某在游戏厅输钱后为发泄心中不满,携带装有兑水汽油的塑料壶,要求见游戏厅老板,扬言老板不来就点燃汽油,之后被制服。法院认定杜某的行为构成以危险方法危害公共安全罪的既遂。②

法院之所以将这类案件认定为以危险方法危害公共安全罪,可能是因为有关案件的定性在放火罪与爆炸罪之间举棋不定。其实,如果是因火灾致人死亡的,成立放火罪;如果是因爆炸本身导致死伤的,成立爆炸罪;如果既因火灾又因爆炸导致死伤的,则成立放火罪与爆炸罪的想象竞合犯,因二罪法定刑完全一样,论以任何一罪,都无碍罪刑相适应。点燃煤气、天然气、汽油引起火灾或者爆炸,或者以点燃相威胁,应以放火罪或爆炸罪定罪处罚,而不是以"替补"罪名——以危险方法危害公共安全罪定罪处罚。考虑到煤气、天然气、汽油扩散到

---

① 参见上海市第二中级人民法院刑事裁定书,(2013)沪二中刑终字第1008号。
② 参见河北省邢台市中级人民法院刑事裁定书,(2014)邢刑终字第28号。

空气中遇火星极易燃烧、爆炸,如果打开煤气、天然气或泼洒汽油后,空气中弥漫的气体达到一定浓度,即便没有实际点火,也应认为已经"着手"实施放火、爆炸。如果尚未打开煤气、天然气或者未泼洒汽油,则不能认定已经着手,只能认定为放火、爆炸罪的预备。上述案6中因未实际打开装有汽油的塑料壶,难以认为已经形成具体危险,故认定成立既遂明显有误,应当认定成立放火罪的预备。

总之,利用煤气、天然气、汽油等企图引起火灾、爆炸的,应根据具体情形认定成立放火罪或者爆炸罪,并考量是否对公共安全形成具体性危险,而认定成立预备、未遂、中止或者既遂,并适用第114条、第115条第1款以及《刑法》总则关于犯罪预备、中止的规定进行具体处罚。

(9)私设电网案

司法实践中,对于私设电网致人死亡或者引起火灾的案件,法院认定行为人的行为构成以危险方法危害公共安全罪。

案7:为捕野兔,李某、张某在村里小路边私设电网,每天晚上9时左右开始通电。某日凌晨3时许将顺着小路找猪的李某电死。二人发现后及时拨打急救电话并向公安局报案。法院认定二人的行为构成以危险方法危害公共安全罪。①

实践中,行为人通常都将电网架设在偏僻之处,而且有意选择晚上通电以避免人员伤亡,行为本身并不具有一次导致多人死伤的可能性,不足以危害公共安全,故应根据实际后果认定成立过失致人死亡罪、失火罪、危害珍贵、濒危野生动物罪或非法狩猎罪等,而不应以以危险方法危害公共安全罪或过失以危险方法危害公共安全罪论处。

(10)破坏公共设施案

司法实践中,对于盗窃、毁坏交通、电力等公共设施的行为,法院不是认定为破坏交通设施罪、破坏电力设备罪等具体的危害公共安全罪,而是以"口袋罪"——以危险方法危害公共安全罪进行评价。

案8:陈某多次从高速公路中间绿化带搬出水泥石块或从路边捡来水

---

① 参见河南省南阳市中级人民法院刑事附带民事判决书,(2008)南刑二终字第141号。

泥石块放置在高速公路车道上,导致多辆车因碰撞上述石块而发生车辆爆胎等不同程度损坏的交通事故。法院认定构成以危险方法危害公共安全罪。①

该案的定性存在疑问。行为人陈某将石块置于高速公路上,无疑妨碍了道路交通设施功能的正常发挥,与在公路上挖坑没有本质不同,足以使汽车发生倾覆、毁坏危险,因而应认定为破坏交通设施罪。

总之,对于破坏道路等公用设施的,应优先考虑成立破坏交通设施罪、破坏电力设备罪等构成要件相对明确的危害公共安全罪。如果破坏行为只可能危及个别少数人的安全,不危害公共安全的,应成立过失致人死亡罪等非危害公共安全罪。

(11)制售有毒、有害非食品原料案

刘某等人生产、销售"瘦肉精"案②与张某军等人生产、销售"蛋白粉"案,③均被认定为以危险方法危害公共安全罪。"瘦肉精"本身是一种平喘药物,"蛋白粉"的主要成分"三聚氰胺"是一种化工原料,两者均不是食品原料,只是被食品生产者用作食品原料添加。此外,从提供这类原料,到最终危害消费者身体健康,还须经过多个环节,因而难以认为生产、销售这种原料的行为本身具有与放火爆炸等行为的危险相当性,难以认为生产、销售行为已经对消费者的生命、健康安全形成现实、紧迫的具体性危险,故而无论如何不宜将生产、销售这类原料的行为直接论以属于具体危险犯的以危险方法危害公共安全罪。同时,生产、销售这类原料本身,难以评价为生产、销售有毒、有害食品,故而也不符合生产、销售有毒、有害食品罪的构成要件。

对于生产、销售"瘦肉精""蛋白粉"这种非食品原料的行为,目前只能认定为生产、销售有毒、有害食品罪的共犯。从长远看,应当通过立法将这种行为单独规定为犯罪。

(12)其他危害公共安全案

司法实践中,除上述列举的案件外,还存在其他只要危害公共安全就认定为

---

① 参见广东省广州市中级人民法院刑事裁定书,(2012)穗中法刑一终字第86号。
② 参见河南省焦作市中级人民法院刑事判决书,(2011)焦刑二初字第9号。
③ 参见河北省石家庄市中级人民法院刑事判决书,(2008)石刑初字第353号。

以危险方法危害公共安全罪的案件。

案9：刘某、王某在煤矿井下采煤期间，将两台瓦斯传感器的进气孔堵塞，致使瓦斯传感器不能准确测到井下瓦斯浓度，上传数据失真，井下矿工的生命安全及矿井受到超标燃烧的威胁。法院认定构成以危险方法危害公共安全罪。[1]

应该说，井下瓦斯达到一定浓度，遇到明火容易燃烧、爆炸，故对堵塞瓦斯传感器的进气孔的行为应根据危险是否达到现实、紧迫的程度，分别认定为放火罪或者爆炸罪的预备（适用第114条同时适用《刑法》总则关于预备犯的处罚规定）与未遂（直接适用第114条）进行处罚。在《刑法修正案（十一）》增设了危险作业罪后，对于这种破坏监控报警设施的行为，应以《刑法》第134条之一的危险作业罪定罪处罚。

(13) 高空抛物案

司法实践中往往将"不特定"看作"公共安全"的本质性要素，只要侵害的对象不特定或者结果具有不确定性，不管是否可能危及多数人的人身安全，均论以以危险方法危害公共安全罪。

案10：张某将石块从窗户向楼下倾倒，砸中在楼下散步的解某头部致其重伤。法院认为张某"以向楼下任意抛撒石块的方法危害公共安全"，构成以危险方法危害公共安全罪。[2]

上述案件中，虽然行为对象和结果具有不确定性，但并不具有放火罪、爆炸罪等罪的行为后果的扩展性、蔓延性、不可控制性，因而不具有与放火罪、爆炸罪等罪的危险相当性。以前这类案件可以以故意杀人罪、故意伤害罪论处，现在可以认定为高空抛物罪与故意杀人罪、故意伤害罪的想象竞合犯。

(14) 随意伤人案

司法实践中忽视了成立放火罪、爆炸罪、决水罪、投放危险物质罪均系一个行为这一事实，而将连续实施多个行为导致多人死伤的，也认定为以危险方法危

---

[1] 参见河南省许昌市中级人民法院刑事判决书，(2010)许中刑二终字第013号。
[2] 参见北京市第一中级人民法院刑事裁定书，(2015)一中刑终字第467号。

害公共安全罪。

案 11：徐某超持刀在街头连续刺伤游客及路人多人。法院认为，徐某超在游人众多的旅游景点，持刀连续刺伤无辜游客 16 人、本地行人 4 人的行为，已触犯刑律，构成以危险方法危害公共安全罪。①

上述案件中，行为人实施了多个行为。其单个行为并无导致多数人死伤的危险性，结果也不具有蔓延性、不可控制性，因而不具有与放火、爆炸等行为的危险相当性，应当根据同种数罪原则上应当并罚的原理，以数个故意伤害罪数罪并罚，或者以故意伤害罪与故意杀人罪数罪并罚。

(15) 生产、运输、燃放烟花爆竹案

烟花爆竹本身通常不属于爆炸物，因而非法生产、运输、储存烟花爆竹的行为，难以认定为非法制造、运输、储存爆炸物罪。司法实践中，例如，法院将在居民聚居区非法生产烟花爆竹的行为，以及非法运输烟花爆竹的行为认定为构成以危险方法危害公共安全罪。② 又如，孙某为阻止中铁十九局施工，从山坡上对准施工工地燃放礼花弹，造成施工现场混乱、施工中断，并对邻近的高速公路上车辆正常行驶通行造成影响，法院认为，孙某"以燃放礼花弹的方式危害公共安全，其行为已构成以危险方法危害公共罪"③。

应当认为，非法生产、运输烟花爆竹的行为不具有与放火、爆炸等行为的危险相当性，也不会对公共安全产生具体性危险，行为并不符合任何犯罪的构成要件，应当宣告无罪。至于以燃放礼花弹的方式阻止施工，情节严重的，可以评价为破坏生产经营罪或者寻衅滋事罪。

综上所述，成立以危险方法危害公共安全罪必须满足以下条件：①必须危害公共安全；②"其他危险方法"必须具有与放火、决水、爆炸、投放危险物质行为的危险相当性；③必须已经对不特定多数人的生命、身体安全形成具体、现实、紧迫的危险；④行为必须不符合放火罪、决水罪、爆炸罪、投放危险物质罪等具体危害公共安全罪的构成要件。

---

① 参见云南省丽江市中级人民法院刑事判决书，(2007) 丽中刑初字第 36 号。
② 参见河南省洛阳市中级人民法院刑事裁定书，(2013) 洛刑二终字第 91 号。
③ 参见辽宁省大连市中级人民法院刑事判决书，(2014) 大刑二终字第 339 号。

根据原因自由行为理论,醉驾案与毒驾案成立以危险方法危害公共安全罪的前提是,行为人在饮酒、吸毒时就具有之后进行危险驾驶的故意,否则可能仅成立交通肇事罪甚至无罪。对于"碰瓷"案,通常应以破坏交通工具罪与敲诈勒索罪(或诈骗罪)数罪并罚。其他故意撞车案,应以破坏交通工具罪定罪处罚。故意驾车冲撞人群以及明知被害人被撞趴在车上而故意拖拽的,宜以故意杀人罪论罪科刑。对于无证驾驶、高速、逆向、别、挤、"S"路线行驶等危险驾驶行为,如果对不特定多数人的生命、身体安全形成了具体性公共危险,可论以以危险方法危害公共安全罪。以殴打、拉拽、投掷硬物、开枪射击、抢夺方向盘等方式干扰司机正常驾驶机动车以致车辆失控,以前宜认定为破坏交通工具罪,以避免"口袋罪"的适用,现在这种行为完全可以认定为妨害安全驾驶罪。利用煤气、天然气、汽油等企图引起火灾、爆炸的,应根据具体情形认定成立放火罪或者爆炸罪。私设电网致人死伤的,宜以过失致人死亡罪、过失致人重伤罪论处。对于盗窃窨井盖等破坏公共设施的案件,应根据公共设施所处的位置,分别认定为破坏交通设施罪、破坏电力设备罪、过失致人死亡罪、过失致人重伤罪等罪,以排除以危险方法危害公共安全罪或过失以危险方法危害公共安全罪的适用。制售"瘦肉精""蛋白粉"等非食品原料案,目前只能论以生产、销售有毒、有害食品罪的共犯,长远看应设立单独的罪名进行规制。针对不特定对象实施杀害、伤害行为的,应根据行为数量论以故意杀人罪、故意伤害罪一罪,或者(同种)数罪并罚。非法生产、运输、燃放烟花爆竹,不成立以危险方法危害公共安全罪,发生事故致人死伤的,可以责任事故犯罪处理。

3. 有关盗窃、破坏窨井盖的司法解释规定,有无疑问?

最高人民法院、最高人民检察院、公安部于2020年3月16日发布《关于办理涉窨井盖相关刑事案件的指导意见》指出,盗窃、破坏人员密集往来的非机动车道、人行道以及车站、码头等生产生活、人员聚集场所的窨井盖,足以危害公共安全,尚未造成严重后果的,依照《刑法》第114条的规定,以以危险方法危害公共安全罪定罪处罚;致人重伤、死亡或者使公私财产遭受重大损失的,依照《刑法》第115条第1款的规定处罚。

上述司法解释规定明显存在疑问：一是盗窃、破坏非机动车道、人行道以及车站、码头等生产生活、人员聚集场所的窨井盖的行为，不具有与放火、爆炸等行为的危险相当性，不可能产生后果不能控制的公共危险；二是"足以危害公共安全"，可谓危险的危险——抽象危险，故而明显有偷换概念之嫌；三是如果窨井盖是道路设施的一部分，盗窃、破坏窨井盖的行为，可以评价为破坏交通设施罪，不是道路设施的一部分的，完全可以评价为盗窃罪、故意毁坏财物罪（道路也是财物）、故意杀人罪、故意伤害罪或者过失致人死亡罪、过失致人重伤罪。

4. 如何区分认定故意与过失以危险方法危害公共安全罪？

案12：彭某伟应范某某邀请与范某某、邓高某一起欲携带电容、升压机等高压电网设备电捕野猪。某日下午，三人既未经有关部门批准，也不通知、警示当地村民，在未采取任何防范措施的情况下，擅自架设长达数百米、电压过万伏的高压电网，并将电网连接彭某伟的手机进行远程遥控。该电网以邓水某家的梯田为起点，沿着岭山山场底部农田，穿过岭上和反田排山场之间的小溪，进入反田排山场通往该山场顶部。当日16时许，三人将高压电网架设完毕并通电试验，然后返回小车停放处，无人留守。18时20分许，彭某伟使用手机远程遥控电源开关为电网通电。几分钟后，邓新某途经该处，触及高压电网当场身亡。经鉴定，邓新某系意外触电导致电击而死亡。

本案争议焦点：私设电网造成他人死亡是认定为以危险方法危害公共安全罪还是过失以危险方法危害公共安全罪。

法院认为，三人架设电网捕猎，其主观上虽没有致死他人的直接故意，但存在放任的间接故意；三人在未经有关部门批准，也不通知、警示当地村民，没有采取积极有效的措施并且使用电压过万伏的高压电网的情况下，架设线路长达数百米。另外，案发当天，三人布设电网时，现场仍有人、牛经过，并且邓高某父亲经过现场时还提醒三人注意安全，该现场属当地村民劳作经常经过的地方，属于开放现场，三人通电后在车内看电影，也未采取任何防范措施，未设置警示标志，因此其主观上属于放任的间接故意。认定彭某伟、范某某、邓高某三人构成以危险方法危害公共安全罪。①

本案发生时间是 2017 年 1 月 9 日(农历是 12 月 12 日),正值腊月,当日下午 4 时三人就已经将高压电网架设完毕并通电试验,之后就关闭了电源,直到晚上 6 时 20 分许,此时天色应该已经漆黑,按照当地农民腊月的生活习惯,寒冬的晚上 6 时 20 分一般不应该还有人和牲畜在野外活动。三人不选择在白天通电,而是选择在寒冬的天色漆黑的夜晚通电,应该就是出于安全的考虑。所以,本案三人对触电的危险及电击后果是一种过于自信的过失,不是故意,不应成立故意或者过失以危险方法危害公共安全罪,而应成立过失致人死亡罪。故上述判决关于罪过形式和定性存在疑问。

以危险方法危害公共安全罪与过失以危险方法危害公共安全罪的根本区别在于罪过形式不同。将某一行为认定为故意还是过失,应在个案中根据行为人的认知能力、行为方式、时间、地点、对象、事件起因、事后态度等方面进行具体综合判断。

5. 以危险方法致"人"重伤、死亡,能包括本人或者同伙重伤、死亡吗?

案 13:刘某某伙同罗某某在某农场农田附近的公共道路上使用电子捕猎器私设电网捕猎野鸡,两人在架设好电网后离开,约一小时后返回现场发现未捕猎到野鸡,遂决定解除电网。罗某某在解除电网时触电,之后经医院抢救无效死亡。经检测,涉案电子捕猎器的输出电压达到 9.2 千伏。

本案争议焦点:以危险方法危害公共安全罪与过失以危险方法危害公共安全罪主观心态的不同认定。

一审法院认为,刘某某伙同罗某某明知在公共场所私设电网会对不特定的人的生命健康造成危害,仍在农田附近的公共道路两侧私自架设电网狩猎,虽尚未给他人造成严重后果,但其行为构成以危险方法危害公共安全罪。刘某某不服一审判决,提出上诉称:案发现场夏天有人经过,冬天一般没有人经过,并且刘某某待在路口是为了防止有人经过,其行为符合过失以危险方法危害公共安全

---

① 参见江西省广昌县人民法院刑事判决书,(2017)赣 1030 刑初 48 号。

罪构成要件。请求二审法院依法改判构成过失以危险方法危害公共安全罪。

二审法院认为，架设捕猎器的地理位置比较偏僻，冬天一般很少有人经过该处，其车辆停放在路口，如有人经过，能够及时制止，并且被害人不是第一次实施该行为，比较熟练，操作失误的概率不大。刘某某对于可能发生的危害后果持的是一种过于自信的态度，其过于自信地认为可以避免危害结果发生，但客观上最终导致罗某某触电而亡，这个危害结果的发生并非刘某某希望或者放任的结果，故其行为符合过失以危险方法危害公共安全罪的构成要件。虽然造成被害人死亡，但被害人系在与刘某某共同实施犯罪过程中自伤而亡，原判驳回原审附带民事诉讼原告人的诉讼请求正确。①

《刑法》第115条第1款规定，放火、决水、爆炸、投放危险物质、以危险方法致人重伤、死亡的，处10年以上的有期徒刑、无期徒刑或者死刑。问题是，这里的致"人"重伤、死亡，能否包括本人或者同伙重伤、死亡？应该说，放火罪、决水罪、爆炸罪、投放危险物质罪、以危险方法危害公共安全罪的规范保护目的是保护他人的生命、身体的安全，而不包括本人和同伙的生命、身体的安全。虽然这些犯罪是侵害社会法益——公共安全的犯罪，但社会法益也是个人法益的集合，也就是说，保护所谓社会法益，说到底还是保护个人法益，所以这些犯罪所保护的公共安全，并不包括本人的生命、身体的安全。实施放火、决水、爆炸、投放危险物质、以危险方法危害公共安全碰巧导致本人伤亡的，不能认定为致人重伤、死亡；导致同伙伤亡的，属于偶然防卫，不应以放火罪、决水罪、爆炸罪、投放危险物质罪、以危险方法危害公共安全罪追究幸存的其他同伙的刑事责任。质言之，《刑法》第115条第1款中致"人"重伤、死亡，不能包括本人和同伙的重伤、死亡，即只是导致本人或者同伙重伤、死亡，不能认定为致人重伤、死亡。正如交通肇事致肇事者本人重伤的，不能认定为交通肇事致人重伤；抢劫致同伙重伤、死亡的，因为属于偶然防卫，不能认定为抢劫致人重伤、死亡。所以，上述案14判决错误，不应以过失以危险方法致人死亡追究刘某某的刑事责任。若认为行为

---

① 参见新疆维吾尔自治区昌吉回族自治州中级人民法院刑事判决书，(2019)新23刑终258号。

人主观上存在故意,也只能以以危险方法危害公共安全罪的基本犯(《刑法》第114条)追究刘某某的刑事责任。

6. 如何限缩以危险方法危害公共安全罪和过失以危险方法危害公共安全罪的适用?

为避免以危险方法危害公共安全罪和过失以危险方法危害公共安全罪"口袋化",应确定具体的适用规则以限缩该罪的适用。

案14:饮酒后的刘某某因未能在目的地站牌下车,便不顾公交车辆正在行驶的状况(当时车上另有乘客13人),上前用手指指着公交车司机周某某的脸颊与其理论,周某某遂紧急刹车。车辆停下后,刘某某以自己小孩摔倒被吓到为由将周某某的脸部打伤,在被其他乘客拉开后,又上前拔去了公交车的车钥匙。之后公交车内其他乘客陆续从后面下车,被告人停留在车内等待民警处置。经鉴定,公交车司机周某某的伤势为轻微伤。

本案争议焦点:被告人在公交车行驶过程中,以言语辱骂、用手指戳驾驶员的行为,是否已妨害公交车安全驾驶,从而构成以危险方法危害公共安全罪。

法院认为,本案中司机要求被告人从后门下车,被告人即辱骂司机,实施了不断与司机争执、站到司机右前方近距离用手指戳司机等干扰行为,妨害司机安全驾驶,完全不顾车辆在搭载乘客10余人且夜间行驶的情况下极易诱发重大交通事故的事实,危害公共安全。刘某某的行为已构成以危险方法危害公共安全罪。[①]

应该说,用手指指着正在行驶中的公共交通工具的司机与其理论的行为,并不危及公共安全。在司机将车停下后,行为人殴打司机,也不危及公共安全。这种行为即便在《刑法修正案(十一)》增设了妨害安全驾驶罪后,因不属于"对行驶中的公共交通工具的驾驶人员使用暴力或者抢控驾驶操纵装置,干扰公共交通工具正常行驶,危及公共安全"的行为,不构成妨害安全驾驶罪。虽然行为人用手指指着正在驾驶的公交车司机与其理论的行为,属于违反交通运输管理法

[①] 参见浙江省青田县人民法院刑事判决书,(2019)浙1121刑初97号。

规的行为,但这种行为只有造成重大交通事故,才能成立交通肇事罪。显然,将连轻罪妨害安全驾驶罪和交通肇事罪都不构成的行为,认定为与放火、爆炸等罪具有危险相当性的重罪以危险方法危害公共安全罪,是明显错误的。

所以,应当确定第1条适用规则:把握"其他危险方法"时应当遵循同类解释规则,只有与放火、决水、爆炸、投放危险物质这些行为的危险程度、可能造成的侵害结果具有相当性的行为,才能被归入"其他危险方法";如果某个行为不像放火、决水、爆炸那样,一旦发生就无法立即控制结果,就不能成立本罪。

案15:林某因其劳动争议没有得到解决,为引起相关部门关注,便携带汽油、菜刀、打火机等工具,来到某路交叉口,趁一辆某路公交车等红灯之际,拦在车前,在自己身上倒上汽油后,手持打火机、菜刀准备自焚。之后经民警劝说,林某放弃自焚。一审法院认为,林某无视国家法律,以危险方法危害公共安全,尚未造成严重后果,其行为已构成以危险方法危害公共安全罪,判处有期徒刑3年。二审法院驳回上诉,维持原判。

应该说,在道路交叉口的公交车前准备自焚,事实上不一定确实要自焚,而且经民警劝说便放弃自焚的行为,不可能具有危害公共安全的具体危险。即使被告人已经着手点火自焚,其行为也不可能造成火灾。既然如此,就不能认定其行为成立犯罪。

所以,应当确定第2条适用规则:采用放火、爆炸、决水、投放危险物质的行为方式,却又不能构成放火罪、爆炸罪、决水罪、投放危险物质罪的行为,不可能成立以危险方法危害公共安全罪。

案16:肖某灵通过新闻得知,炭疽杆菌是一种白色粉末状的病菌,国外已经发生因接触夹有炭疽杆菌的邮件而致人死亡的案件,因此认为,社会公众收到类似的邮件会产生心理恐慌。同年10月18日,肖某灵将家中粉末状的食品干燥剂装入两个信封内,分别寄给上海市人民政府某领导和上海东方电视台新闻中心陈某。10月19日、20日,上海市人民政府信访办公室工作人员陆某等人及东方电视台陈某在拆阅带有白色粉末的信件后,造成精神上的高度紧张,同时引起周围人们的恐慌。法院认为,肖某灵通过向政府、新闻单位投寄装有虚假炭疽杆菌信件的方式,危害了公共安全,其行为构成以危险方法危害公共安全罪,判处有期徒刑4年。

应该说,一方面,肖某灵投放的并不是毒害性、放射性、传染病病原体等物质,故不可能与投放危险物质的行为相当;另一方面,肖某灵的行为也不是与第114条规定的放火、决水、爆炸相当的行为。换言之,肖某灵的行为根本不符合《刑法》第114条规定的构成要件。应当认为,这是一种明显的类推适用。在这个判决作出后的第11天,全国人大常委会于2001年12月29日颁布的《刑法修正案(三)》增设了投放虚假危险物质罪和编造、故意传播虚假恐怖信息罪(《刑法》第291条之一)。这一立法事实间接说明,肖某灵案的判决不符合罪刑法定原则。从具体层面来说,司法机关没有意识到第114条所要求的危害公共安全仅限于足以造成不特定多数人重伤、死亡或者使公私财产遭受重大损失的物质性结果的情形,导致将引起公众的恐慌这种非物质性结果的行为也认定为以危险方法危害公共安全罪。

所以,应确定第3条适用规则:单纯造成多数人恐慌或者其他轻微后果,没有造成《刑法》第114条规定的具体公共危险的行为,不得认定为以危险方法危害公共安全罪。

案17:潘某彧持姓名为"陈音亚"的虚假身份证入住某宾馆1107房间,并在该房间窗台上用事先准备好的木板、滑轮、绳索、蜡烛等制作了一个延时装置,将两个5公斤重的液化气罐分别固定于木板上,随后在绳索下点燃蜡烛,使绳索烧断后液化气罐自然下落到人群密集的人行道上。潘某彧安装好装置后逃离宾馆房间,20分钟后,潘某彧安装的两个液化气罐先后坠落在和平宾馆门前的人行道上,其中一个液化气罐砸中过路行人罗某珂与姚某兵,致罗某珂颅骨爆裂当场死亡,姚某兵颅骨粉碎性骨折(重伤)。法院认为,潘某彧明知其制造并安装液化气罐从高楼坠落的装置,并点燃蜡烛,使液化气罐坠落的行为会造成不特定的人身和财产损害而积极实施该犯罪行为,并导致一人死亡、一人重伤的严重后果,其行为已构成以危险方法危害公共安全罪,判处无期徒刑,剥夺政治权利终身。

显然,上述判决没有正确把握"不特定"的含义,而是将"不特定"单纯理解为被害对象的事先不确定性,或者说理解为"谁碰到谁伤亡"的意思了。其实,如果"碰到"的人虽然不能事先确定,但不可能向多数发展,则不可能侵犯"公众"的法益。换言之,所谓"不特定",不仅意味着犯罪行为可能侵犯的对象和可能造成的结果事先无法确定,行为人对此既无法具体预料也难以实际控制,而且意味着行为造成的具体危险或者侵害结果可能随时扩大或增加。"不特定"并不是单纯的事前不能确定某个被害对象的意思。

所以,应当确定第4条适用规则:如果行为只能导致少数人伤亡,而不可能随时扩大或者增加被害范围,即使事前不能确定伤亡者是谁,也不能认定为以危险方法危害公共安全罪。

案18:雷某生在三年多时间内,为寻求刺激在多个乡镇趁学生放学、上学之机,多次使用废弃的注射器、锥子、自制铁锐器(有倒钩)等凶器刺伤中小学女生胸部,造成唐某等24名女生不同程度受伤。其中肖某被刺后当场死亡,唐某、谢某构成轻伤。法院认为,雷某生为了寻求变态的心理刺激,针对不特定的中小学女学生,四处寻找侵害的目标,故意用废弃的注射器、锥子、自制带钩的铁锐器等物刺伤女学生的胸部,作案时间长、地域广,给当地居民造成严重恐慌,危害公共安全,并造成1人死亡、2人轻伤的严重后果,其行为已构成以危险方法危害公共安全罪,判处其死刑。[①]

应该说,上述判决之所以选择以以危险方法危害公共安全罪定罪,显然是认为公法益优于私法益。其实,社会法益并不高于个人法益,只是个人法益的集合,是以个人法益为标准推论出来的。事实表明,如果只注重对社会法益的保护,就会导致个人法益的丧失。因为在这种情况下,会将个人作为保护社会利益的手段,从而牺牲个人法益。如果注重对个人法益的保护,则并不会导致社会法益的丧失。因为社会法益是个人法益的集合,保护好每一个人的法益,是保护社会法益的最佳途径。如果确立了个人权利本位的观念,个人法益是社会法益的本源的观念,就会发现故意杀人罪在本质上也重于以危险方法危害公共安全罪。从量刑角度来说,将案19中被告人的行为分别认定为故意杀人罪与故意伤害罪,实行数罪并罚,同样能够实现罪刑相适应,而且有利于附带民事诉讼。即使

---

① 参见湖南省郴州市中级人民法院刑事附带民事判决书,(2010)郴刑一初字第15号。

行为人仅以伤害的故意持刀刺伤多人,其行为方法与危险性也不可能与放火、决水、爆炸等相当。概言之,司法工作人员应当确立社会法益并不优越于个人法益的观念。

所以,应当确定第5条适用规则:以危险方法杀害他人(包括多人)的行为,应当被认定为故意杀人罪与危害公共安全罪的想象竞合,按故意杀人罪的法定刑处罚;并非以危险方法杀害或者伤害多人的行为(如持刀刺人),只能被认定为故意杀人罪、故意伤害罪。

案19:肖某量因与在加油站工作的妻子产生纠纷,遂醉酒驾车冲进加油站,直接撞击加油站内的一台加油机,引起车、加油站起火,造成该加油站内的加油机、摩托车、柴油机油等财物损失。

本案争议焦点:肖某量醉酒后驾驶机动车冲撞加油站的行为是否构成以危险方法危害公共安全罪。

法院认为,被告人以故意驾车冲撞加油站的加油机制造危害后果发泄私愤为目的,其醉驾及开车直接冲撞加油机这两种行为均属危险行为,但前者行为被后者行为所吸收,因此被告人并不构成危险驾驶罪,应构成以危险方法危害公共安全罪。[1]

应该说,加油站内加油机属于易燃易爆设备,驾车冲撞加油机明显属于破坏易燃易爆设备,所以本案中肖某量醉驾撞击加油机的行为,应认定为破坏易燃易爆设备罪,而不是"口袋罪"——以危险方法危害公共安全罪。

所以,应确定第6条适用规则:在行为完全符合《刑法》分则第二章规定的其他犯罪的构成要件且法定刑相同的情形下,不能以以危险方法危害公共安全罪罪名更重为由,认定为该罪。

案20:陈某仙在中燃公司没有按规定对其家所在的燃气用户逐户进行检漏、试烧的情况下,私自将安装在其家厨房窗外阳台的该趟天然气管道阀门打开,造成其家楼下门面房(一、二楼相通)发生天然气泄漏。次日18时许,张某、杨某、卢某、卢某某四人在陈某仙家楼下门面房打牌时因使用打火

---

[1] 参见福建省闽清县人民法院刑事判决书,(2017)闽0124刑初34号。

机发生爆炸,致四被害人面部、身上等多处重度烧伤,门面房及相邻超市物品损坏。经鉴定,被害人张某、杨某、卢某某、卢某四人的损伤程度为重伤;被损坏物品共计价值29,759元,其中邻居王某的损失为4640元。

法院认为,被告人应当能够预见自己的行为可能造成人、物损害的危害结果,因疏忽大意而没有预见,致张某、杨某、卢某某、卢某四人重伤,致原审附带民事诉讼原告人王某财物损失,符合过失以危险方法危害公共安全罪的构成要件,其行为已构成过失以危险方法危害公共安全罪,判处有期徒刑1年。

应该说,法院之所以认定被告人的行为构成过失以危险方法危害公共安全罪,很可能是因为其行为在过失损坏易燃易爆设备罪、过失爆炸罪、失火罪之间难以选择。

所以,应当确定第7条适用规则:只要行为符合《刑法》分则规定的其他犯罪的构成要件,即使就其他犯罪而言存在区分此罪与彼罪的困难,也应当在其他犯罪中选择,而不能认定为以危险方法危害公共安全罪。

案21:杨某在明知法律禁止的情况下,仍然将其非法取得的电雷管6679发藏匿于其住处及某平房院内地下。之后,杨某藏匿的电雷管被起获。公诉机关认为,杨某违反国家有关爆炸物管理的法规,非法储存爆炸物,情节严重,应当以非法储存爆炸物罪追究其刑事责任。第一次开庭后,公诉机关变更了起诉罪名,认为杨某无视国法,以危险方法危害公共安全,其行为触犯了《刑法》第114条之规定,犯罪事实清楚,证据确实充分,应当以以危险方法危害公共安全罪追究其刑事责任。法院认定被告人杨某犯以危险方法危害公共安全罪,判处有期徒刑5年。

应该说,法院认定杨某的行为危害公共安全,却没有分析该行为对公共安全所产生的是具体危险还是抽象危险。不管是《刑法》第125条第1款规定的非法制造、买卖、运输、储存枪支、弹药、爆炸物罪,还是《刑法》第128条第1款规定的非法持有、私藏枪支、弹药罪,都属于抽象的危险犯。换言之,当行为人仅实施了储存爆炸物的行为而没有实施引起爆炸物爆炸的行为时,该行为仅具有抽象的公共危险,并没有具体的公共危险。一方面,以危险方法危害公共安全罪是具体危险犯,而非抽象危险犯。另一方面,非法储存爆炸物的行为,其产生的危险不可能与引起爆炸物爆炸的爆炸罪相当。既然如此,就不能认定杨某的行为成立以危险方法危害公共安全罪。

所以,应当确定第八条的适用规则:当某种行为不符合性质相同的轻罪(如非法持有枪支、弹药罪)的构成要件时,不应当认定为要求更高的重罪(如以危险方法危害公共安全罪)。

7. 从立法论角度讲,是否应废除以危险方法危害公共安全罪?

从解释论来说,难以明确本罪的内涵和外延,难以界分本罪与其他相关犯罪。从立法论的角度来说,应当废除本罪。本罪不仅行为结构和行为方式的规定缺乏明确性,而且法定刑过重,不符合作为罪刑法定原则实质侧面的明确性要求。在司法实践中,缺乏明确性的法条容易被类推适用。事实上,该罪已经沦为名副其实的"口袋罪"。如果不废除这一罪名,就不可能确保罪刑法定原则的贯彻。

第三章　破坏工具、设施犯罪

第一节　破坏交通工具罪、过失损坏交通工具罪

·导　读·

破坏大型拖拉机、电瓶机动车、缆车的刹车装置,构成破坏交通工具罪。凡是可能导致交通工具的功能丧失或者减损而危害交通运输安全的行为,都可谓"破坏"交通工具。破坏交通工具罪中的"足以"要素,是区分本罪与财产犯罪的标志。盗走卡车双排轮子中的一个,构成破坏交通工具罪,但盗走卡车的全部轮子,则只可能构成盗窃罪。破坏私家车刹车装置,也能构成破坏交通工具罪。"足以使火车、汽车、电车、船只、航空器发生倾覆、毁坏危险",是指破坏行为必须足以造成实害,而不是足以产生危险。与其讨论本罪的既未遂,不如讨论是否使交通工具发生倾覆、毁坏危险。应将"处三年以下有期徒刑或者拘役",作为过失损坏交通工具罪的基本刑。

／条　文／

第一百一十六条　【破坏交通工具罪】破坏火车、汽车、电车、船只、航空器,足以使火车、汽车、电车、船只、航空器发生倾覆、毁坏危险,尚未造成严重后果的,处三年以上十年以下有期徒刑。

第一百一十九条 【破坏交通工具罪】【破坏交通设施罪】【破坏电力设备罪】【破坏易燃易爆设备罪】破坏交通工具、交通设施、电力设备、燃气设备、易燃易爆设备,造成严重后果的,处十年以上有期徒刑、无期徒刑或者死刑。

【过失损坏交通工具罪】【过失损坏交通设施罪】【过失损坏电力设备罪】【过失损坏易燃易爆设备罪】过失犯前款罪的,处三年以上七年以下有期徒刑;情节较轻的,处三年以下有期徒刑或者拘役。

罪名精释

1. 破坏大型拖拉机、电瓶机动车、缆车的刹车装置,能构成破坏交通工具罪吗?

《刑法》第116条将破坏交通工具罪的对象明确限定为火车、汽车、电车、船只、航空器,第117条也规定破坏交通设施必须足以使"火车、汽车、电车、船只、航空器"发生倾覆、毁坏危险,对于火车、船只、航空器的理解分歧不大,争议在于大型拖拉机是否属于"汽车"、电瓶机动车、缆车应否包含在"电车"中?

关于大型拖拉机,刑法理论通说认为,如果破坏的对象是用作交通运输的大型拖拉机,足以危害公共安全的,应以破坏交通工具罪论处。大型拖拉机与汽车虽然存在燃料、功能等方面的差异,但二者都由自身装备的动力装置驱动,都在非固定轨道上快速行驶,都能装载大量货物与人员。更为重要的是,二者性能的完整性对公共安全的保障,是同等重要的。换言之,破坏汽车与破坏大型拖拉机对公共安全所造成的危害,并无差别。既然如此,将大型拖拉机解释为汽车,处于被允许的扩大解释的范围之内。

关于"电车"的范围,虽然电车包括所有使用电力的交通工具如地铁、旅游区的大型索道车、游乐园中的过山车、高架缆车等,但在解释时也不应将一些并不危及公共安全的交通工具解释在内,如电动自行车。缆车可以分为地面缆车与架空索道缆车。地面缆车与一般电车几乎没有区别,将其解释为电车,不存在障碍。架空索道缆车与一般电车的区别主要在于,前者在空中行走,后者在地面行驶。更为重要的是,破坏架空索道缆车所造成的公共危险,比破坏地面电车所造成的公共危险可能更为严重。所以,将架空索道缆车解释为电车,既不存在用语含义的障碍,也能得出合理结论。而电瓶机动车,既可以归入电车,也可以归入汽车。随着科学技术的进步,汽车的驱动力完全可能是电池,如现在流行的"特斯拉""比亚迪"电动汽车。既然如此,一方面,可以认为电瓶机动车是汽车。另一方面,电瓶机动车是由电池驱动的机动车,在此意义上称之为电车也没有不当之处。总之,认为破坏电瓶机动车足以危害公共安全的行为构成破坏交通工具罪,不是类推解释,甚至不是扩大解释。

综上所述,由于刑法将破坏交通工具罪的对象明确限定为火车、汽车、电车、船只、航空器五种,而没有"等其他交通工具"的兜底性规定,要认定为破坏交通工具罪,就必须将破坏的对象解释为五种交通工具中的一种。而能否解释为其中的一种,必须考虑功能的类似性、破坏所可能产生公共危险性程度的相当性、刑法用语含义可能的射程、规范的保护目的、公民的预测可能性等方面,从而得出可以兼顾法益保护功能与人权保障功能的合理结论。

2. 何为"破坏"交通工具?

凡是可能导致交通工具的功能丧失或者减损而危害交通运输安全的行为,都可谓"破坏"交通工具的行为,如殴打司机、抢控驾驶操纵装置的妨害安全驾驶的行为。

案1:胡茂某、胡雪某乘坐滴滴司机孙某某驾驶的轿车,当车辆行驶至某饭店附近时,双方因行车问题发生争执,胡茂某指使胡雪某拔轿车钥匙,同时胡雪某抢夺轿车方向盘,导致轿车右前侧保险杠撞到路边的隔离护栏。经鉴定,车辆损失价值人民币1800元。

法院认为,胡茂某、胡雪某不能正确处理矛盾,在周边有较多过往车辆及行人的路段,抢夺行驶中的汽车方向盘和车钥匙,其行为已经危及不特定多数人的生命、健康与财产安全,构成以危险方法危害公共安全罪。[①]

应该说,难以认为抢控小型出租车操纵装置的行为与放火、爆炸等罪具有危

---

① 参见北京市丰台区人民法院刑事判决书,(2019)京0106刑初917号。

险的相当性,将本案被告人的行为认定为以危险方法危害公共安全罪存在疑问。由于一般不认为小型出租车属于公共交通工具,本案行为即使发生在《刑法修正案(十一)》增设妨害安全驾驶罪之后,也不会认定为妨害安全驾驶罪。抢控小型出租车驾驶操纵装置的行为,会损害交通工具功能的发挥,故属于破坏交通工具,应认定成立破坏交通工具罪。当然,认定为破坏交通工具罪在处刑时应注意与妨害安全驾驶罪相协调,即不得判处超过1年有期徒刑的刑罚。

3. 盗走卡车的全部轮子,还能构成破坏交通工具罪吗?

案2:为报复刘某,葛某从马路边捡起砖头将刘某驾驶的大型卧铺客车的玻璃砸坏,又用随身携带的刀片将车辆机器盖内的六根皮带、一根水管割断。次日早晨,刘某驾驶该车辆拉载游客40人去往某景点,在驶出8公里左右后,车辆无法继续行驶。刘某下车检查时发现机器盖内的6根皮管、1根水管被割断,水箱报警器失灵,遂联系其他车辆将车上的游客转运到其他车辆上,之后刘某将车辆开到附近修理厂进行维修。

本案争议焦点:破坏交通工具犯罪中,葛某的行为是否足以危害公共安全。

法院认为,首先,葛某破坏的大巴车是正在承担旅行团运输任务,夜间临时停靠休息的大巴车,天一亮,大巴车将继续旅程,由此可以判断被破坏的大巴车是正在使用的交通工具。其次,葛某破坏的是大巴车的机动车传送带,传送皮带属于汽车的关键部位,葛某称只会造成大巴车无法制动,不能启动的后果。而在本案中,大巴车的皮带受损后依旧启动,并行驶一段距离后才失去动力,无法继续行驶。虽然没有发生葛某预想的后果,但是葛某的破坏行为潜在的危险很大。试想,如果大巴车在高速公路上突然失去动力,戛然而止的大巴车极有可能导致连环追尾事故,而且大巴车当时承载四十多名游客,后果不堪设想。故本案中葛某的破坏行为已经达到"现实可能性和威胁"的程度,其行为构成破坏交通工具罪。[①]

案3:向某文为了报复吴某学,将吴某学停放在站内的大型普通客车发

---

① 参见北京市延庆区人民法院刑事判决书,(2018)京0119刑初161号。

动机的主机皮带用随身携带的钥匙割坏(未完全断裂),并将塑料袋撕碎后塞入发动机的齿轮室和气门室。某日,吴某学驾驶的大型普通客车搭载18名乘客及跟车司机屈某华从某长途汽车站出发,沿某路上高速行驶。当车辆驶上高速公路以后,吴某学即发现机油压力有异样,车辆仪表盘无任何提示,但因冰雪天气不具备停车条件,吴某学未贸然停车检查。继续行驶一段距离后,车辆仪表盘报警,显示机油压力过低,吴某学将车辆驶过某隧道后靠边停车检查,发现主机皮带大部分断裂。遂联系车辆转运乘客和修理工人前来更换主机皮带。更换主机皮带后驾驶车辆继续行驶,在行驶过程中,车辆继续报警,显示机油压力过低。但由于道路及天气原因,不具备立即停车检修的条件,吴某学驾车行驶至某大桥紧急停车后,联系拖车将车辆拖至某高速服务区进行检修。

经某司法鉴定中心鉴定,吴某学驾驶的大型普通客车主机皮带被损坏和气门室、齿轮室被塞入塑料袋可能导致发动机损坏熄火,影响车辆转向及制动系统正常工作,但不足以导致车辆在行驶中发生倾覆、毁坏的危险。之后,某司法鉴定中心又作出司法鉴定意见书的说明,该说明的第三项载明,吴某学驾驶的大型普通客车主机皮带被损坏和气门室、齿轮室被塞入塑料袋会造成该车驾驶室仪表在行驶过程中报警,如果驾驶员不顾仪表的警报继续行驶,才会导致发动机损坏熄火,进而影响车辆转向及制动系统正常工作,可能导致车辆在行驶中发生倾覆、毁坏的危险。

法院认为,司法鉴定中心关于不足以导致车辆在行驶中发生倾覆、毁坏危险的鉴定结论,是基于考量车辆报警装置正常和驾驶员的规范化操作来防范化解这种危险,一般车辆报警装置存在故障或者驾驶员疏忽大意,仍然可能因此导致发生车辆倾覆、毁坏危险。此外,向某文实施该行为时,因冰雪天气,高速公路通行条件恶劣,被破坏车辆在高速上载客行驶,进一步加大了发生危险的程度。故应当认定向某文的破坏行为足以造成吴某学驾驶的大型普通客车发生车辆倾覆、毁坏危险,其行为构成破坏交通工具罪。[1]

---

[1] 参见湖北省咸丰县人民法院刑事判决书,(2019)鄂2826刑初217号。

应该说,破坏交通工具罪中的"足以使火车、汽车、电车、船只、航空器发生倾覆、毁坏危险",是指破坏行为有造成火车、汽车、电车、船只、航空器倾覆、毁坏的现实可能性和威胁。实践中主要从三个方面判断"足以":(1)交通工具是否处于使用过程中的待用期间。这不仅包括正在行驶和飞行期间,也包括使用过程中的待用期间。如果破坏的是尚未交付使用或者正在修理的交通工具,一般不会危及公共安全,故不构成本罪。(2)破坏的是否为交通工具的关键部位。如果行为人破坏的是交通工具的次要部位,如破坏的是交通工具的座椅、卫生设备或者其他不影响安全行驶的辅助设备等,则不足以使火车、汽车、电车、船只、航空器发生倾覆、毁坏危险,故同样不构成本罪。(3)交通工具不需再检修便可以使用的状态。例如,交付检修的汽车的刹车系统并无故障,但汽车检修人员首先破坏刹车系统,然后只检修其他部件,再交付使用的,仍然构成破坏交通工具罪。

可以说,破坏交通工具罪中的"足以"要素,是区分本罪与财产犯罪的标志。例如,当盗走卡车双排轮子中的一个时,卡车上路行驶转弯时因车辆不平衡而可能发生倾覆、毁坏,因而构成破坏交通工具罪;但如果盗走卡车的全部轮子,因为不可能上路行驶,不可能发生卡车倾覆、毁坏,故不可能构成破坏交通工具罪,只可能构成盗窃罪。只给卡车双排轮子中的一个放气的,卡车上路行驶因为失去平衡而可能发生倾覆、毁坏,因而构成破坏交通工具罪;但如果给卡车所有轮子都放气致其不可能上路行驶,则不可能构成破坏交通工具罪,而只可能构成故意毁坏财物罪(不考虑数额)。

4. 破坏私家车刹车装置,能构成破坏交通工具罪吗?

案4:为报复孟某,潘某持钳子、手电筒来到孟某停放车辆的地方,将孟某的小型普通客车的刹车油管及部分刹车线掐断。次日,孟某驾驶车辆时发现刹车系统失效,送车检修后报警。孟某取回检修的车辆,潘某发现孟某未发生交通事故,遂于次日2时许,再次将孟某停放的车辆后轮制动软管及横管掐断,并将手制动拉线剪断。某日,孟某发现其车辆刹车系统再次被破坏,随即报警。经鉴定,孟某的小型普通客车后轮中软管及制动横管断开,导致后轮行车制动失效;手制动拉线断开导致驻车制动失效。

法院认为,潘某两次采用割断制动油管的方式破坏汽车,足以导致该车发生倾覆、毁坏危险,尚未造成严重后果,其行为构成破坏交通工具罪。①

应该说,一方面,《刑法》第 116 条、第 119 条中仅规定"汽车",并未强调必须是公共交通工具,也没有限定为大型汽车;另一方面,破坏私人小型轿车的刹车装置等关键部位,小型轿车上路行驶也会因为故障而危及公路上的其他车辆和行人的安全。所以,没有理由将私家小型客车排除在破坏交通工具罪的对象之外,破坏私家小型客车的关键部位足以使其发生倾覆、毁坏危险的,也能构成破坏交通工具罪。

5. 足以发生倾覆、毁坏危险,是指具有产生危险的危险吗?

应该说,《刑法》第 116 条、第 117 条中的"足以使火车、汽车、电车、船只、航空器发生倾覆、毁坏危险"的表述不够准确,必须对其进行补正解释。这里的"足以使火车、汽车、电车、船只、航空器发生倾覆、毁坏危险",是指"足以使火车、汽车、电车、船只、航空器倾覆、毁坏",或者"使火车、汽车、电车、船只、航空器发生倾覆、毁坏危险"。也就是说,破坏行为必须足以造成实害,而不是足以产生危险(不是具有产生危险的危险),即不是抽象危险。

6. 有必要区分认定破坏交通工具罪的既遂与未遂吗?

理论上区分本罪的既未遂。例如,张明楷教授认为,行为人着手实行破坏交通工具的行为后,在使交通工具发生倾覆、毁坏的危险的前提下,使交通工具遭到破坏即交通工具的功能丧失或者减损的,构成第 116 条的既遂;没有导致交通工具的功能丧失或者减损的,构成第 116 条的未遂犯。例如,行为人在破坏汽车刹车装置的过程中被人制止,使刹车装置的功能未被破坏的,成立第 116 条的未遂犯。行为人在着手实行破坏交通工具的行为尚未导致交通工具的功能丧失或者减损的情况下,自动中止犯罪的,适用《刑法》第 116 条以及《刑法》总则关于

---

① 参见黑龙江省牡丹江市西安区人民法院刑事判决书,(2018)黑 1005 刑初 41 号。

中止犯的处罚规定。①

　　本书认为上述观点存在疑问。既然破坏行为已经使交通工具发生倾覆、毁坏危险,就意味着成立了《刑法》第 116 条的破坏交通工具罪。此时再讨论是"使交通工具遭到破坏即交通工具的功能丧失或者减损的,构成第 116 条的既遂",还是"没有导致交通工具的功能丧失或者减损的,构成第 116 条的未遂犯",其实没有意义。一是既然"没有导致交通工具的功能丧失或者减损",怎么可能已经使交通工具发生倾覆、毁坏危险而构成破坏交通工具罪呢? 二是《刑法》第 116 条本就是未遂犯的既遂化规定。行为人"辛苦"破坏交通工具,显然志不在于追求发生倾覆、毁坏危险,而是在于追求交通工具发生倾覆、毁坏的实际结果。所以,与其纠缠于区分既未遂,不如认定破坏行为是否已经产生倾覆、毁坏危险。产生倾覆、毁坏危险的,就成立《刑法》第 116 条的破坏交通工具罪,若进而造成了严重后果,则成立作为结果犯的《刑法》第 119 条的破坏交通工具罪。即便已经着手破坏,只要尚未使交通工具发生倾覆、毁坏危险,就只能认定为破坏交通工具罪的预备,适用《刑法》第 116 条,同时适用《刑法》总则关于预备犯的处罚规定。在产生交通工具倾覆、毁坏危险之前,行为人中止犯罪的,属于预备阶段的中止,因为未造成损害,应当免除处罚。在已经使交通工具产生倾覆、毁坏危险后,行为人自动中止犯罪,如剪断刹车油管后又马上接上,或者在车辆准备上路行驶时及时提醒并阻止车辆上路,都成立破坏交通工具罪的中止,适用《刑法》第 116 条,同时适用《刑法》总则关于中止犯的处罚规定。单纯造成交通工具倾覆、毁坏危险的,不能认为已经造成损害而减轻处罚,而应认为没有造成损害而免除处罚。

7. 应否将"处三年以下有期徒刑或者拘役"作为过失损坏交通工具罪的基本刑?

　　《刑法》第 119 条第 2 款规定,过失损坏交通工具、交通设施、电力设备、易燃易爆设备的,处 3 年以上 7 年以下有期徒刑;情节较轻的,处 3 年以下有期徒刑

---

① 参见张明楷:《刑法学》(第 6 版)(下册),法律出版社 2021 年版,第 895 页。

或者拘役。从条文表述看,"处三年以上七年以下有期徒刑"是过失损坏交通工具罪的基本刑。也就是说,过失损坏交通工具造成严重后果的,首先考虑判处 3 年以上 7 年以下有期徒刑。

应该说,为了与交通肇事罪、重大责任事故罪等犯罪的处罚相协调,也为了实现我国整体刑罚处罚的轻缓化,应当将"处三年以下有期徒刑或者拘役"作为过失损坏交通工具罪、过失损坏交通设施罪、过失损坏电力设备罪、过失损坏易燃易爆设备罪的基本刑。也就是说,过失损坏交通工具、交通设施、电力设备、易燃易爆设备造成严重后果的,首先应该考虑判处 3 年以下有期徒刑或者拘役,造成特别严重后果的,才考虑判处 3 年以上 7 年以下有期徒刑。

第二节 破坏交通设施罪、过失损坏交通设施罪

· 导 读 ·

堵塞交通属于"破坏"交通设施,能构成破坏交通设施罪。不作为也能构成破坏交通设施罪。只要认为所毁坏或盗走的设施属于铁路、公路、水路、航空设施的一部分,并且这些设施对于保障交通运输安全具有重要作用,通常就应得出具有足以使火车、汽车、电车、船只、航空器发生倾覆、毁坏危险的结论,除非这些设施对于交通运输安全意义不大,或者说只关涉行人行走或者非机动车行驶安全,才能否定破坏交通设施罪的成立。

/ 条 文 /

第一百一十七条 【破坏交通设施罪】破坏轨道、桥梁、隧道、公路、机场、航道、灯塔、标志或者进行其他破坏活动,足以使火车、汽车、电车、船只、航空器发生倾覆、毁坏危险,尚未造成严重后果的,处三年以上十年以下有期徒刑。

第一百一十九条 【破坏交通工具罪】【破坏交通设施罪】【破坏电力设备

罪】【破坏易燃易爆设备罪】破坏交通工具、交通设施、电力设备、燃气设备、易燃易爆设备,造成严重后果的,处十年以上有期徒刑、无期徒刑或者死刑。

【过失损坏交通工具罪】【过失损坏交通设施罪】【过失损坏电力设备罪】【过失损坏易燃易爆设备罪】过失犯前款罪的,处三年以上七年以下有期徒刑;情节较轻的,处三年以下有期徒刑或者拘役。

罪名精释

1. 堵塞交通属于"破坏"交通设施吗?

案1:李某、付某于从铁路某站爬乘某货物列车准备盗窃废铁。列车从该站开出不久,两人即从列车车厢搬出废铁约200千克向车下抛扔。其中有一圆柱状空心废铁由两人共同抬至车厢边,由李某将它推下车厢,滚落在附近的两轨中间,使下行的K71次旅客列车撞上该废铁,致使机车排障器、机车电机受损较严重,燃油箱外部撞成一个较深的孔洞,并使水泥枕上形成大小不等的撞击痕迹30余处等损坏,为此列车停车12分钟,花去机车损坏修理费4700元。经鉴定,K71次机车撞上此类铁质障碍物有使列车脱轨即倾覆的可能。

法院认为,李某、付某作为已达到负完全刑事责任年龄的人,为图财盗窃铁路货车上废铁,虽未构成盗窃罪,但已实施了破坏交通设施的行为,即他们在主观上明知自己盗窃的方法即把废铁抛扔于行驶中的列车下,可能会导致发生破坏轨道、危害列车的结果,但两人仍然放任这种结果的发生,将其中一圆柱状废铁抬至车厢边,由李某推下后落在另一轨道中,结果造成运输途中的旅客列车的机车等设施损坏及列车停车,使铁路运输的安全受到较大影响,两人的行为符合破坏交通设施罪的主客观要件。[①]

上述判决是正确的。若认为破坏交通设施限于物理性毁损交通设施本身,则堵塞交通的行为不属于"破坏"交通设施,但堵塞交通的行为完全可能足以使

[①] 参见杭州铁路运输法院刑事判决书,(2001)杭铁刑初字第28号。

交通工具发生倾覆、毁坏危险,故应将其评价为"破坏"交通设施的行为。

2. 不作为也能构成"破坏"交通设施罪吗?

案2:某航标船系国家交通运输部门为保障过往船只的航行安全而设置的交通设施。某日,王某兴驾驶机动渔船至该航标船附近时,见本村渔民王某等人从渔船上撒网致使"网爬子"(浮于水面的网上浮标)挂住了固定该航标船的钢缆绳,即驾船前往帮助摘取。当王某兴驾驶的渔船靠近航标船时,其渔船的螺旋桨被该航标船的钢缆绳缠住。王某兴为使渔船及本人摆脱困境,持刀砍钢缆绳未果,又登上该航标船将钢缆绳解开后驾船驶离现场,致使脱离钢缆绳的某航标船顺江漂流至下游两公里的锦滩回水沱。重庆航道局接到群众报案后,巡查到漂流的航标船,并于当日将航标船复位,造成直接经济损失人民币1555.50元。

一审法院认为,王某兴为自身利益,不顾公共航行安全,故意破坏交通设施航标船,致其漂离原定位置,其行为已构成破坏交通设施罪。二审法院认为,上诉人王某兴驾驶的机动渔船上除王某兴外还有王某兴的妻子胡某及帮工王某书,王某兴是在渔船存在翻沉危险的情况下,才解开航标船的钢缆绳。上诉人王某兴在其渔船存在翻沉的现实危险下,不得已解开航标船钢缆绳来保护其与他人人身及渔船财产的行为,虽系紧急避险,但在危险消除后,明知航标船漂离会造成船舶发生倾覆、毁坏危险,应负有采取相应积极救济措施消除危险状态的义务,王某兴能够履行该义务而未履行,属于不作为,其行为构成了破坏交通设施罪,应负刑事责任。

应该说,即便先前紧急避险是合法行为,行为人也具有使航标船复位的义务,不履行义务的,构成不作为的破坏交通设施罪,故二审法院的判决是正确的。从理论上讲,先行行为或者本身就负有作为义务的人不排除危险,导致公共危险或者实害发生的,可能构成不作为的破坏型公共危险犯。

3. 破坏哪些设施能构成破坏交通设施罪?

《刑法》第117条破坏交通设施罪仅规定"破坏轨道、桥梁、隧道、公路、机场、航道、灯塔、标志或者进行其他破坏活动,足以使火车、汽车、电车、船只、航空器发生倾覆、毁坏危险",到底破坏哪些交通设施可能使交通工具发生倾覆、毁坏危险,需要总结实践经验。

(1)高速公路上的护栏

案3:上诉人匡某窜至高速公路某处,用随身携带的扳手、老虎钳等作案工具盗窃高速公路护栏上的螺丝钉约200个。其再次作案盗窃螺丝钉200个后逃跑时被抓获。法院认为,上诉人匡某盗窃高速公路护栏上的螺丝,给高速公路的交通安全造成重大隐患,足以危害交通安全,其行为已构成破坏交通设施罪,驳回上诉,维持原判。①

应该说,高速公路的护栏无疑具有保障行车安全的作用,破坏高速公路的护栏足以发生交通工具倾覆、毁坏的危险,应构成破坏交通设施罪。

(2)铁路防尘罩

案4:孔某长越过铁路防护网,采用掰和拽的方法,将一座高架桥下的桥墩上的28块钢罩盗走,总价值人民币3000余元。在准备转移赃物时,被巡防民警抓获。据了解,孔某长盗窃的钢罩是高速铁路的专用设备,主要作用是防止灰尘进入支座,从而影响行车。由于盗窃这一专用设备的行为尚不足以造成列车倾覆、毁坏的危险,检察机关遂以盗窃罪对孔某长批准逮捕。②

应该说,既然铁路防尘罩不具有维护铁路运输安全的作用,盗窃铁路防尘罩的行为就不能构成破坏交通设施罪。

(3)高速公路两侧的隔离栅网

案5:韩某多次盗窃高速公路两侧设置的隔离栅网,累计长度744米,造成隔离栅网部分缺失,危及车辆通行和人身安全。经鉴定,韩某盗窃物品价值34,372元。法院认为,韩某盗窃高速公路两侧设置的隔离栅网造成部分缺失,严重影响了道路交通安全,足以危及不特定多数人的生命、健康和

---

① 参见安徽省蚌埠市中级人民法院刑事裁定书,(2005)蚌刑终字第09号。
② 参见侯亚静、孙希全:《盗窃铁路防尘罩 无良蠢贼被批捕》,载《检察日报》2010年8月30日,第2版。

重大公私财产的安全,其行为已构成以危险方法危害公共安全罪,判处韩某有期徒刑5年。①

应该说,既然盗窃高速隔离网危及道路交通安全,就应以破坏交通设施罪定罪,而不应以内涵不清、外延不明的"口袋罪"以危险方法危害公共安全罪论处。

(4)铁路轨距杆

案6:高某山用管钳折卸铁路轨距杆2根,之后予以变卖。之后,他又盗窃轨距杆1根。据鉴定,其盗窃的3根轨距杆价值504元。随后经铁路部门证实,高某山盗窃的轨距杆是为保持线路正常规矩,确保行车安全而设计的。据此,检察机关认为,虽然高某山盗窃的财物价值不大,但其行为危害了公共安全,构成破坏交通设施罪,遂对其提起公诉。②

应该说,盗窃铁路轨距杆会危及铁路运输安全,故应以破坏交通设施罪论处。

(5)标志牌

案7:王某明携带钢锯、管钳、扳手等作案工具,盗窃路名牌4个、十字路口标志牌2个、限速标志牌2个、限重标志牌1个,危害公共安全,涉嫌破坏交通设施罪。法院认为,王某明破坏公路标志,其行为侵犯了交通运输安全,已构成破坏交通设施罪,应依法追究其刑事责任。而公诉机关指控王某明盗窃路名牌4个的行为不足以使汽车发生倾覆、毁坏危险,盗窃4个路名牌的行为不构成破坏交通设施罪。③

应该说,法院认为盗窃路名牌不具有公共危险,不构成破坏交通设施罪,是正确的。交通标志牌能否成为破坏交通设施罪的对象,关键看其对于交通安全的作用,对其进行破坏是否足以使交通工具发生倾覆、毁坏危险。

---

① 参见张玉刚、刘学华:《盗窃高速隔离网 危害安全受处罚》,载《人民法院报》2010年1月16日,第3版。

② 参见赵云昌、肖娜:《盗窃铁路轨距杆 价值虽小危害大》,载《检察日报》2010年1月5日,第2版。

③ 参见江苏省连云港市中级人民法院刑事裁定书,(2008)连刑一终字第0089号。

(6) 钢轨扣件

案8:曾某松先后5次用从周某某处购买的活动扳手拆盗"W"形铁路弹跳钢轨扣件共计388套,其中一处最多被拆6套,严重危及行车安全。法院认为,曾某松拆盗铁路扣件,破坏铁路轨道,足以使火车发生倾覆、毁坏危险,尚未造成严重后果,构成破坏交通设施罪,判处有期徒刑3年。①

应该说,法院的判决是正确的。

(7) 井盖、过桥盖板

对于盗窃道路上的窨井盖、盖板行为如何定性,实践中存在分歧。

案9:4名被告人共谋后,张某将6个井盖盗走,赵某和于某将赃物抬到道边处,再由吴某用车将赃物装走,运往废品收购站,以400元的价格卖掉。法院认为,4名被告人明知盗窃井盖使井口裸露,直接对不特定多数人的生命、财产以及交通安全构成威胁和侵害,其行为符合以危险方法危害公共安全罪的特征。该院以以危险方法危害公共安全罪,分别判处4名被告人1年至3年不等有期徒刑。②

案10:王某堂、王某祥先后两次分别在公路上盗走下水道井盖13套及单个井盖9块。之后,王某堂先后3次又在公路上盗走下水道井盖24块。经评估,被盗井盖共价值人民币6710元。公路上的下水道井盖被盗后,致行人甘某华、代某、冉某、付某明等人掉入被盗走井盖的下水道中,造成甘某华右踝关节骨折伴脱位,其损伤程度为轻伤。检察院以以危险方法危害公共安全罪起诉。法院认为,王某堂、王某祥以盗窃井盖的方法破坏正在使用中的公路的完整,足以使汽车发生倾覆、毁坏的危险,危害公共安全,其行为均已构成破坏交通设施罪,分别判处王某堂、王某祥有期徒刑6年6个月、4年。③

案11:胡某用铁钩窃得道路上正在使用中的窨井盖一只,在逃跑途中

---

① 参见成都铁路运输法院刑事附带民事判决书,(2008)成铁刑初字第40号。
② 参见高明月:《盗取井盖梦想发财 危害公共安全领刑》,载《人民法院报》2010年4月13日,第3版。
③ 参见重庆市丰都县人民法院刑事判决书,(2004)丰刑初字第157号。

被抓获。该窨井盖直径70厘米,下有深度达1.5米的污水井,并有污水排放设施,该窨井盖的缺失足以威胁到不特定多数人的生命、健康和财产安全。法院认为,胡某目无国法,盗窃正在使用中的公共交通通道上的市政公共设施,足以使过往不特定行人的生命健康、不特定车辆的安全处于危险状态,尚未造成严重后果,其行为已构成以危险方法危害公共安全罪。虽然以危险方法危害公共安全罪与破坏交通设施罪侵犯的客体均为不特定多数人的人身及财产安全,但破坏交通设施罪侵害对象为用于交通的设施而非本案侵害对象为用于污水排放的市政公用设施,故胡某关于其行为构成破坏交通设施罪的辩解法院不予采纳。被告人犯以危险方法危害公共安全罪,判处有期徒刑3年6个月。①

案12:毛某林伙同李某华、王某虎、李某胜、陆某裕、袁某臣窜至某隧道口第一次撬掉公路雨沟过桥盖板4块。之后,被告人又窜至某隧道口第二次撬掉公路雨沟过桥盖板10块。

法院认为,毛某林等人以非法占有为目的,两次秘密窃取公路雨沟过桥盖板,数额巨大,六被告人的行为均已构成盗窃罪。公诉机关指控六被告人的行为构成破坏交通设施罪,法院不予支持。②

由上述几个案例可以看出,对于盗窃公路上井盖、盖板的行为的定性存在较大分歧。本书认为,虽然井盖属于市政工程的污水处理设施,但如果处于汽车等交通工具通行的公路上,就成为交通设施的一部分,毁坏或盗走井盖,通常不难得出已经足以使汽车等交通工具发生倾覆、毁坏危险的结论,应以破坏交通设施罪定罪。在构成破坏交通设施罪时,通常不应以内涵不清、外延不明的"口袋罪"以危险方法危害公共安全罪论处。若井盖位于非机动车道上,汽车、电车不会行驶在这些设施上,通常可以得出毁坏或者盗走井盖不至于使汽车、电车发生倾覆、毁坏危险,不能论以破坏交通设施罪。若对行人行走以及非机动车行驶安全产生危险,根据行为人的主观罪过以故意杀人罪、故意伤害罪、过失致人重伤

---

① 参见浙江省杭州市江干区人民法院刑事判决书,(2005)江刑初字第271号。
② 参见最高人民法院中国应用法学研究所编:《人民法院案例选》(2006年第2辑),人民法院出版社2006年版,第72~76页。

罪、过失致人死亡罪定罪处罚。公路雨沟的过桥盖板,无疑属于交通设施的一部分,对于保障交通运输安全具有重要意义,盗走或者毁坏盖板的,通常不难得出足以使汽车、电车发生倾覆、毁坏危险的结论,应以破坏交通设施罪论处。采取盗窃或者毁坏的手段破坏交通设施的,同时构成破坏交通设施罪、盗窃罪、故意毁坏财物罪(道路也是财物)的,从一重处罚即可。

综上所述,只要认为所毁坏或盗走的设施属于铁路、公路、水路、航空设施的一部分,并且这些设施对于保障交通运输安全具有重要作用,通常就应得出具有足以使火车、汽车、电车、船只、航空器发生倾覆、毁坏危险的结论,除非这些设施对于交通运输安全意义不大,或者只关涉行人行走或者非机动车行驶安全,才能否定破坏交通设施罪的成立。

第三节 破坏电力设备罪、过失损坏电力设备罪

·导 读·

最高人民法院、最高人民检察院将《刑法》第118条确定为破坏电力设备罪与破坏易燃易爆设备罪两个罪名,导致罪数认定的混乱。正确的做法是确定为破坏易燃易爆设备罪一个罪名。本条中的"危害公共安全"要素,旨在强调所破坏的电力设备是公用电力设备,意在区分危害公共安全罪与盗窃、故意毁坏财物等财产犯罪。关于盗窃电力设备同时构成盗窃罪与破坏电力设备罪从一重处罚的司法解释规定,存在疑问。盗割电线的,应以破坏电力设备罪与盗窃罪数罪并罚。

/条 文/

第一百一十八条 【破坏电力设备罪】【破坏易燃易爆设备罪】破坏电力、燃气或者其他易燃易爆设备,危害公共安全,尚未造成严重后果的,处三年以上十

年以下有期徒刑。

第一百一十九条 【破坏交通工具罪】【破坏交通设施罪】【破坏电力设备罪】【破坏易燃易爆设备罪】破坏交通工具、交通设施、电力设备、燃气设备、易燃易爆设备,造成严重后果的,处十年以上有期徒刑、无期徒刑或者死刑。

【过失损坏交通工具罪】【过失损坏交通设施罪】【过失损坏电力设备罪】【过失损坏易燃易爆设备罪】过失犯前款罪的,处三年以上七年以下有期徒刑;情节较轻的,处三年以下有期徒刑或者拘役。

罪名精释

1. 最高人民法院、最高人民检察院将《刑法》第118条确定为两个罪名合理吗?

《刑法》第118条规定的是"破坏电力、燃气或者其他易燃易爆设备",而电力设备也是一种易燃易爆设备。所以说,该条规定的就是破坏易燃易爆设备的犯罪。现在最高人民法院、最高人民检察院将该条分别确定为"破坏电力设备罪"与"破坏易燃易爆设备罪"两个罪名,导致罪数认定上的混乱:既破坏燃气设备,又破坏其他易燃易爆设备的,成立破坏易燃易爆设备罪一罪;既破坏电力设备,又破坏燃气设备的,成立破坏电力设备罪与破坏易燃易爆设备罪两罪,数罪并罚;既破坏电力设备,又破坏其他易燃易爆设备的,成立破坏电力设备罪与破坏易燃易爆设备罪两罪,数罪并罚。所以说,正确的做法是将《刑法》第118条确定为"破坏易燃易爆设备罪"一个罪名,这样,既破坏电力设备,又破坏燃气设备,还破坏其他易燃易爆设备的,成立破坏易燃易爆设备罪一罪(通说这么认为,本书认为应当同种数罪并罚)。

2. 如何判断"危害公共安全"?

案1:被告人经事先踩点后,于某日凌晨携带夹钳等作案工具,在某小学工地盗窃正在使用的电缆,当被告人正要剪断施工用的电缆,盗割里面的铜芯线时,被巡逻的民警发现并抓获。经调查,被盗割的电缆的修复费用为

7120元。

所盗割的电缆是小学施工工地使用的,不是公用的电力设备,盗割这种电缆难以认定危害了公共安全,不构成破坏电力设备罪,只能认定为盗窃罪的未遂(一般这样认为)和故意毁坏财物罪的既遂的竞合,从一重处罚。

关于《刑法》第118条中"危害公共安全"要素的性质,张明楷教授认为其是具体危险犯的标志。① 应该说,本条中的"危害公共安全"要素,旨在强调所破坏的电力设备是公用电力设备,意在区分危害公共安全罪与盗窃、故意毁坏财物等财产犯罪。简单地讲,只要所破坏的是正在使用或者已交付使用的公用电力设备,就成立破坏电力设备罪,而不要求破坏行为本身必须对公共电力安全形成具体、现实、紧迫的危险。例如,破坏已交付使用但不是正在使用的电力设备,就没有对公共电力安全产生具体、现实、紧迫、高度的危险,但也不妨碍本罪的成立,因为其破坏的就是公用电力设备。所以,本罪不是具体危险犯,而是一种准抽象危险犯。

3.关于盗窃电力设备同时构成盗窃罪与破坏电力设备罪从一重处罚的司法解释规定,有无疑问?

案2:李某利用铁锹将相邻两处路灯旁的泥土刨开,用撬棍把井盖撬开,再用电缆钳将两端电缆线剪断,然后将剪断的电缆线扯出运走。之后李某以同样的方式盗窃路灯电缆线5次。

本案争议焦点:盗窃电力设备,同时构成盗窃罪和破坏电力设备罪的,应当以何种罪名定罪处罚。

法院认为,本案中李某盗剪电缆线的行为,同时构成盗窃罪和破坏电力设备罪,根据相关司法解释的规定,应当依照刑法处罚较重的规定定罪处罚,故该案中被告人李某应当按照破坏电力设备罪定罪处罚。②

的确,2007年8月15日最高人民法院发布的《关于审理破坏电力设备刑事

---

① 参见张明楷:《刑法学》(第6版)(下册),法律出版社2021年版,第897页。
② 参见湖南省南县人民法院刑事判决书,(2020)湘0921刑初158号。

案件具体应用法律若干问题的解释》第 3 条规定,盗窃电力设备,危害公共安全,但不构成盗窃罪的,以破坏电力设备罪定罪处罚;同时构成盗窃罪和破坏电力设备罪的,依照刑法处罚较重的规定定罪处罚。盗窃电力设备,没有危及公共安全,但应当追究刑事责任的,可以根据案件的不同情况,按照盗窃罪等犯罪处理。

上述判决和司法解释规定存在疑问。因为破坏电力设备罪所保护的法益是公共安全,行为人剪断正在使用中的电线,就成立破坏电力设备罪。也就是说,即便剪下不拿走,也不影响破坏电力设备罪既遂的成立。剪下的电线所有权仍然属于电力公司,无论行为人还是其他人将剪下的电线拿走都成立盗窃罪。既然如此,行为人实施了剪断正在使用中的电线和拿走电线两个行为,侵害了公共电力安全和电力公司的财产权两个法益,根据法益保护原则,没有理由不以破坏电力设备罪与盗窃罪数罪并罚。正如砸坏豪车玻璃然后手伸进去拿走车内手机,应以故意毁坏财物罪与盗窃罪数罪并罚一样。

第四节 破坏易燃易爆设备罪、过失损坏易燃易爆设备罪

· 导 读 ·

无专业资质的人冒充燃气公司工作人员擅自从事燃气管道改造施工的,能构成破坏易燃易爆设备罪。有关"打孔盗油"同时构成盗窃罪与破坏易燃易爆设备罪从一重处罚的司法解释规定,存在疑问。"打孔盗油",应当成立破坏易燃易爆设备罪与盗窃罪数罪并罚。有关已将油气装入包装物或者运输工具尚未运走的成立盗窃罪未遂的司法解释规定,存在疑问。将油气装入包装物或者运输工具,意味着油气公司已经失去了对油气的控制,所以成立盗窃罪的既遂,而不是未遂。

条 文

第一百一十八条 【破坏电力设备罪】【破坏易燃易爆设备罪】破坏电力、燃气或者其他易燃易爆设备，危害公共安全，尚未造成严重后果的，处三年以上十年以下有期徒刑。

第一百一十九条 【破坏交通工具罪】【破坏交通设施罪】【破坏电力设备罪】【破坏易燃易爆设备罪】破坏交通工具、交通设施、电力设备、燃气设备、易燃易爆设备，造成严重后果的，处十年以上有期徒刑、无期徒刑或者死刑。

【过失损坏交通工具罪】【过失损坏交通设施罪】【过失损坏电力设备罪】【过失损坏易燃易爆设备罪】过失犯前款罪的，处三年以上七年以下有期徒刑；情节较轻的，处三年以下有期徒刑或者拘役。

罪名精释

1. 无专业资质从事燃气管道改造施工，能构成破坏易燃易爆设备罪吗？

案1：王某雇用孙某、王某1、付某以及刘某、张某等人从事燃气工程改造业务。王某对外招揽业务，孙某负责安排人员施工，王某1、付某具体施工。王某1、付某上门施工时身着王某提供的某燃气公司员工服装、携带某燃气公司的工作证件等，冒充某燃气公司员工。2019年以来，王某、孙某、王某1、付某擅自改造了某小区某户等多处燃气设备。公安机关委托某技术咨询公司对王某等人擅自改造燃气设备的4户进行安全评估，结论为3户私改后燃气管道导致天然气泄漏的安全风险等级为高，1户因私改燃气设备造成天然气泄漏。天然气泄露引发事故不仅危及住户的生命财产安全，更对公共安全造成威胁。

本案争议焦点：王某等实施煤气管道改造施工的主观方面是不是故意，以及其行为的客观方面是否符合破坏易燃易爆设备罪的构成要件。

法院认为，本案中，王某等明知为保障安全，燃气管道的改造施工需要专业的人员来从事，也明知自己不具备相应的燃气管道施工资质，为谋求经济利益，依然对外承揽施工,擅自对被害人家中的易燃易爆设备进行改装,放任自己的行为威胁公共安全,其行为的主观方面符合破坏易燃易爆设备罪的构成要素。被告人在燃气管道改造施工中存在使用零件不合规等诸多问题,施工中存在安全隐患,导致被害人家中的天然气泄漏的安全风险等级为高,并且其中1户已实际发生了明显的天然气泄漏。故应当认定为王某等人的行为符合危害公共安全的构成要素。王某等人主观上具有犯罪故意,客观上给公共安全造成的危险业已具有现实可能性,故被告人王某等人的行为均已构成破坏易燃易爆设备罪。[1]

明知自己没有燃气管道改造资质和专业水平,冒充燃气公司工作人员擅自对住户进行燃气管道"改造"施工,导致燃气管道存在泄漏的安全隐患,与直接破坏燃气管道没有本质区别,故属于破坏易燃易爆的行为,应成立破坏易燃易爆设备罪。上述判决是正确的。

2. 有关"打孔盗油"同时构成盗窃罪与破坏易燃易爆设备罪从一重处罚的司法解释规定,有无疑问?

司法解释规定,"打孔盗油",同时构成盗窃罪与破坏易燃易爆设备罪的,依照刑法处罚较重的规定定罪处罚。[2] 应该说,在输油管道上打孔装上阀门的行为,就构成了破坏易燃易爆设备罪的既遂,之后无论行为人本人还是他人从这个孔盗窃油气,都构成盗窃罪。既然行为人实施了两个行为,侵害了两个法益,有什么理由不以破坏易燃易爆设备罪与盗窃罪数罪并罚呢?正如撬开豪车的锁偷走车内的财物,应成立故意毁坏财物罪和盗窃罪数罪并罚一样。

3. 已将油气装入包装物或者运输工具尚未运走的成立盗窃罪未遂的司法解释规定,有无疑问?

司法解释规定,关于盗窃油气未遂的刑事责任,着手实施盗窃油气行为,由

---

[1] 参见北京市西城区人民法院刑事判决书,(2020)京0102刑初345号。
[2] 参见最高人民法院、最高人民检察院《关于办理盗窃油气、破坏油气设备等刑事案件具体应用法律若干问题的解释》(法释〔2007〕3号);最高人民法院、最高人民检察院、公安部《关于办理盗窃油气、破坏油气设备等刑事案件适用法律若干问题的意见》(法发〔2018〕18号)。

于意志以外的原因而未得逞,具有下列情形之一的,以盗窃罪(未遂)追究刑事责任:(一)以数额巨大的油气为盗窃目标的;(二)已将油气装入包装物或者运输工具,达到"数额较大"标准3倍以上的;(三)携带盗油卡子、手摇钻、电钻、电焊枪等切割、打孔、撬砸、拆卸工具的;(四)其他情节严重的情形。①

  上述司法解释存在疑问:一是输油管道一般位于荒郊野外,行为人一般也是选择在荒郊野外盗窃油气。行为人既然"已将油气装入包装物或者运输工具",就说明油气已经脱离了油气公司的控制,按照失控说或者控制说,就已经成立盗窃罪的既遂,而不是未遂。正如行为人在珠宝店将戒指藏入自己的上衣口袋里,行为人虽未走出珠宝店,基于人格权障碍不能搜身,行为人就已经控制了戒指,珠宝店也已经失去了对戒指的控制,所以成立盗窃罪既遂而不是未遂一样。二是只是"携带盗油卡子、手摇钻、电钻、电焊枪等切割、打孔、撬砸、拆卸工具",尚未着手,怎么可能成立盗窃未遂呢?或许司法解释的意思是,行为人携带这类工具已经着手盗油,因意志以外的原因未能完成盗窃行为。这是因为携带作案工具只是犯罪预备,只有实际使用作案工具着手实施盗窃的,才可能成立盗窃未遂。当然,使用工具撬开或者砸穿输油管道的,虽然对盗窃罪而言是未遂,但对于破坏易燃易爆设备罪而言,已经是既遂。

第五节　破坏广播电视设施、公用电信设施罪,过失损坏广播电视设施、公用电信设施罪

·导　读·

  要求造成人员死伤、用户通信中断等实害结果才成立本罪的司法解释规定,是将本罪解释为实害犯,不当缩小了本罪的成立范围,因而是错误的。盗窃广播电视设施、公用电信设施同时构成本罪和盗窃罪从一重处罚的司

---

① 参见最高人民法院、最高人民检察院、公安部《关于办理盗窃油气、破坏油气设备等刑事案件适用法律若干问题的意见》(法发〔2018〕18号)。

法解释规定,存在疑问。剪下广播电视设施、公用电信设施并运走的,成立破坏广播电视设施、公用电信设施罪与盗窃罪,应数罪并罚。《刑法》第124条第2款并未规定所谓过失危险犯。"过失犯前款罪",仅指过失犯前款中造成严重后果的犯罪。

/ 条 文 /

第一百二十四条 【破坏广播电视设施、公用电信设施罪】破坏广播电视设施、公用电信设施,危害公共安全的,处三年以上七年以下有期徒刑;造成严重后果的,处七年以上有期徒刑。

【过失损坏广播电视设施、公用电信设施罪】过失犯前款罪的,处三年以上七年以下有期徒刑;情节较轻的,处三年以下有期徒刑或者拘役。

罪名精释

1.要求造成人员死伤、用户通信中断等实害结果才成立本罪的司法解释规定,有无疑问?

司法解释规定,采用截断通信线路、损毁通信设备或者删除、修改、增加电信网计算机信息系统中存储、处理或者传输的数据和应用程序等手段,故意破坏正在使用的公用电信设施,具有下列情形之一,属于《刑法》第124条规定的"危害公共安全",依照《刑法》第124条第1款规定,以破坏公用电信设施罪处3年以上7年以下有期徒刑:(1)造成火警、匪警、医疗急救、交通事故报警、救灾、抢险、防汛等通信中断或者严重障碍,并因此贻误救助、救治、救灾、抢险等,致使人员死亡1人、重伤3人以上或者造成财产损失30万元以上的;(2)造成2000以上不满1万用户通信中断1小时以上,或者1万以上用户通信中断不满1小时的;(3)在一个本地网范围内,网间通信全阻、关口局至某一局向全部中断或网间某一业务全部中断不满2小时或者直接影响范围不满5万(用户×小时)的;(4)造成网间通信严重障碍,一日内累计2小时以上不满12小时的;(5)其他危害公共安全的情形。①

上述规定是将破坏公用电信设施罪解释为实害犯了。诚然,对《刑法》第124条第1款的"危害公共安全"设立如此高的定罪标准,旨在限制处罚范围,但破坏广播电视设施、公用电信设施罪不是实害犯,而是危险犯(准抽象危险犯)。上述司法解释规定会导致本罪的成立范围不当缩小,而不利于保护法益。应当认为,破坏广播电视设施、公用电信设施罪是一种准抽象危险犯,只要行为人破坏的是正在使用中的广播电视设施、公用电信设施,一般就可以认为危害了公共安全,而成立本罪。

2. 盗窃广播电视设施同时构成本罪和盗窃罪从一重处罚的司法解释规定,有无疑问?

司法解释规定,盗窃正在使用的广播电视设施、公用电信设施价值数额不大,但是危害公共安全的,依照《刑法》第124条的规定定罪处罚;盗窃广播电视设施、公用电信设施同时构成盗窃罪和破坏广播电视设施、公用电信设施罪,依照处罚较重的规定定罪处罚。②

上述司法解释规定存在疑问。行为人剪断正在使用中的广播电视设施、公用电信设施,就成立破坏广播电视设施、公用电信设施罪的既遂。被剪下的广播电视设施、公用电信设施仍然属于广电局、电信公司所有,无论本人还是他人拿走剪下的广播电视设施、公用电信设施,都构成盗窃罪。既然行为人实施了两个行为,侵害了两个罪名所保护的法益,有什么理由否认成立破坏广播电视设施、公用电信设施罪与盗窃罪而应实行数罪并罚呢?正如破坏防盗门进去拿走房间内的财物应当数罪并罚一样。

---

① 参见最高人民法院《关于审理破坏公用电信设施刑事案件具体应用法律若干问题的解释》(法释〔2004〕21号)第1条。
② 参见最高人民法院《关于审理破坏公用电信设施刑事案件具体应用法律若干问题的解释》(法释〔2004〕21号)第3条第2款;最高人民法院《关于审理破坏广播电视设施等刑事案件具体应用法律若干问题的解释》(法释〔2011〕13号)第5条。

3.《刑法》第 124 条第 2 款规定了过失危险犯吗？

《刑法》第 124 条第 2 款规定,过失犯前款罪的,处 3 年以上 7 年有期徒刑。而前款罪规定的是"破坏广播电视设施、公用电信设施,危害公共安全的,处三年以上七年以下有期徒刑;造成严重后果的,处七年以上有期徒刑"。从条文表述上看,似乎过失犯前款前段的危险犯,即过失危险犯也构成犯罪。

可是,认为过失损坏广播电视设施、公用电信设施尚未造成严重后果的也成立犯罪,既不符合《刑法》总则第 15 条关于过失行为只有造成严重后果才能成立犯罪的规定,又与失火罪、过失损坏交通工具罪等罪的处罚不协调。而且,如果认为过失损坏广播电视设施、公用电信设施尚未造成严重后果的行为也构成犯罪,则意味着过失实施的与故意实施的法定刑相同,明显违反罪刑相适应原则。应当认为,《刑法》第 124 条第 2 款规定的"过失犯前款罪"仅指过失犯前款中造成严重后果的犯罪。事实上,司法实践也认为,过失损坏正在使用的广播电视设施,只有造成严重后果的,才成立过失损坏广播电视设施罪。①

第六节　劫持航空器罪

· 导　读 ·

劫持的对象,既包括民用航空器,也包括国家航空器。将正在休假的机组人员劫持上待修的航空器并强行要求飞往指定地点的,也应成立劫持航空器罪。劫持航空器"致人重伤、死亡",包括故意重伤、故意杀人。

／条　文／

第一百二十一条　【劫持航空器罪】以暴力、胁迫或者其他方法劫持航空器

---

①　参见最高人民法院《关于审理破坏广播电视设施等刑事案件具体应用法律若干问题的解释》(法释〔2011〕13 号)第 3 条。

的,处十年以上有期徒刑或者无期徒刑;致人重伤、死亡或者使航空器遭受严重破坏的,处死刑。

罪名精释

1. 劫持的对象是否限于民用航空器?

肯定说认为应限于民用航空器。理由是,根据《国际民用航空公约》(亦称《芝加哥公约》)的规定,航空器分为民用航空器和国家航空器,凡用于军事、海关或警察部门的航空器,是国家航空器,国家航空器以外的航空器是民用航空器。国际公约(《东京公约》《海牙公约》等)均规定,劫持航空器的犯罪仅指对民用航空器的劫持,不包括国家航空器。例如,《蒙特利尔公约》第4条第1款规定:"本公约不适用于供军事、海关或警察用的航空器。"因此,劫持航空器罪的对象专指民用航空器。劫持国家航空器,虽然同样具有严重的危害性,但不能构成劫持航空器罪。

否定说的理由是,虽然根据有关国际公约,劫持航空器犯罪中的航空器仅限于民用航空器,但是,不能完全根据国际刑法规范解释国内刑法;国内刑法也没有对航空器作出任何限定,因为国内刑法在规定某种犯罪时完全可能超出国际犯罪的外延;劫持供军事、海关、警察部门使用的国家航空器的犯罪行为也可能发生,并且必然危害公共安全,应依法惩治;事实上,国家航空器与民用航空器的界限并不清晰,将本罪的对象限定为民用航空器后,我国行使刑事管辖权时,必须遵守国际公约的有关规定。换言之,在上述情况下,对劫持民用航空器的行为可以行使普遍管辖权;对劫持国家航空器的行为,只能适用其他管辖原则。

本书认为,劫持航空器罪中的航空器既包括民用航空器,也包括非民用航空器。首先,国际公约将劫持航空器国际犯罪限定于民用航空器是有原因的。可以说,国际公约中将航空器限定为民用的,实属不得已而为之,有其自己的背景和苦衷。其次,从劫持航空器犯罪的危害性来看,劫持非民用航空器也应与劫持民用航空器同样惩处。行为人以暴力劫持或控制飞行中的航空器的行为,无疑会危及乘客和机组人员的生命安全。虽然国家航空器上有时人员很少,但劫持国家航空器的行为不仅可能导致航空器本身的毁坏,还可能导致地面的不特定或者多数人的伤亡。最后,主张劫持航空器罪的对象不限于民用航空器,也是为了与劫持船只、汽车罪和暴力危及飞行安全罪相协调。

2. 劫持的对象应否限于"正在使用中"或者"正在飞行中"?

行为人将正在度假的机组人员劫持上待修的飞机要求飞往指定目的地的,是否构成此罪?应该说,由于我国刑法中的劫持航空器罪未对"航空器"进行限定,不应完全按照国际公约的规定解释国内法中劫持航空器罪的对象,凡是劫持行为可能导致航空器飞行安全危险的,都能成为劫持航空器罪的对象。不仅"当机组人员已进入航空器还没有关闭机舱时"的航空器能成为劫持航空器罪的对象,而且将正在休假的机组人员劫持上待修的航空器并强行要求飞往指定目的地的,也应成立劫持航空器罪。因为这些情形都对飞行安全构成危险,而且也没有超出劫持航空器罪条文用语可能的射程。

3. 劫持航空器"致人重伤、死亡",包括故意重伤、杀人吗?

如果认为劫持航空器致人重伤、死亡,仅限于过失致人重伤、死亡,则故意重伤、杀人的,只能成立劫持航空器罪的基本犯(不是加重犯)与故意伤害罪、故意杀人罪的想象竞合,想象竞合从一重处罚的结果(杀人时)是以故意杀人罪定罪处罚,而以故意杀人罪定罪处罚未必判处死刑。然而,劫持航空器过失致人重伤、死亡的,属于"劫持航空器致人重伤、死亡",应判处绝对确定的死刑。这样处理明显不协调。应当认为,劫持航空器"致人重伤、死亡",包括故意重伤、杀人。

第七节 劫持船只、汽车罪

· 导 读 ·

劫持火车的,可以评价为破坏交通工具罪。劫持电车的,可以认定为劫持汽车罪。将司机踹下车自己亲自驾车的,不能构成劫持汽车罪,只能构成抢劫罪。劫持小型出租车的,也能构成劫持汽车罪。

／条 文／

第一百二十二条 【劫持船只、汽车罪】以暴力、胁迫或者其他方法劫持船只、汽车的,处五年以上十年以下有期徒刑;造成严重后果的,处十年以上有期徒刑或者无期徒刑。

罪名精释

1. 劫持火车、电车,能构成犯罪吗?

刑法规定了劫持航空器罪和劫持船只、汽车罪,却没有规定"劫持火车罪"与"劫持电车罪",由此而来的问题是,劫持火车、电车的行为如何处理?《刑法》第116条、第117条均将火车、汽车、电车、船只、航空器并列规定,却仅规定了劫持航空器罪和劫持船只、汽车罪。我们既不能指责立法存在疏漏,也不能认为劫持火车和电车的行为无罪。根据法益保护原则,我们应当在罪刑法定原则框架内,最大限度地将严重侵害法益的行为解释为犯罪。就劫持电车而言,由于《刑法》第116条、第117条中"电车"与"汽车"并列规定,虽然可以认为《刑法》第116条和第117条中的"汽车"不包括"电车",但刑法用语的含义具有相对性,电车具备汽车的功能和本质特征,所以可以认为,劫持汽车罪中的"汽车"包括了"电车",如此,劫持电车的行为就可以劫持汽车罪论处。当然,还可以将劫持电车的行为解释为"破坏"交通工具,因为劫持电车的行为也会妨碍了电车作为交通工具的功能的发挥。

由于难以将火车解释为汽车、船只或者航空器,而劫持火车比劫持汽车、船只的危害性更大,作为无罪处理显然不合适。由于劫持火车的行为也使火车发生倾覆、毁坏危险,应将劫持火车的行为视为破坏交通工具的行为。当然,如果认为火车被劫持会导致火车行驶的路线和速度发生改变而影响铁轨功能的发挥,而认为劫持火车的行为破坏了铁轨作为交通设施功能的发挥,评价为破坏交通设施罪也是可能的。

2. 将司机踹下车自己亲自驾车的,还能构成劫持汽车罪吗?

案1:胡某与妻子陈某及朋友夏某、蒋某四人饮酒后到一练歌房饮酒唱歌。10时许,夏某、蒋某相继离开。之后胡某与陈某在包厢内发生争执并砸坏包厢门玻璃和酒瓶等物品。其后胡某手持一空啤酒瓶并用胳膊挟持陈某至练歌房大门口,打开停在门口待客的一辆出租车后门,将陈某推、踢进车内,然后自己上车让驾驶员王某将车驶离现场。王某正欲驾车离开时,练歌房经理上前阻拦并告知已报警,王某遂将车熄火并下车站在驾驶室门外,并欲拔去出租车钥匙。此时,胡某下车手持空啤酒瓶绕过车头冲向王某,并用啤酒瓶向王某砸去,王某因害怕受伤而退后几步,胡某见未砸中王某,便乘机坐进出租车驾驶室,经多次发动后将车快速驶离现场。随后胡某驾车撞上路边大树,致车身从中间一分为二断成两截,陈某被甩出车外,当场死亡。出租车严重毁损,经估价损失为5.9万元。交警认定,胡某因酒后驾驶发生交通事故,应负事故的全部责任。

一审法院认为,胡某以暴力方法劫持正在营运的出租汽车,酒后高速驾驶,足以危害公共安全,并造成一人死亡、车辆毁损的严重后果,其行为完全符合劫持汽车罪的构成要件,已构成劫持汽车罪,依法应予惩处。二审法院认为,上诉人胡某酒后闹事,先是在练歌房里摔砸酒瓶,之后手持一啤酒瓶挟妻子离开练歌房,将停在练歌房门口的出租车后门打开,殴打妻子,当练歌房工作人员以报警为由将出租车拦下后,其手持酒瓶恐吓司机开车,司机被迫下车,其亦下车并手持酒瓶威胁正准备拔汽车钥匙的司机,司机又被迫后退,胡某则自己坐进驾驶室将出租车开走,并造成车毁人亡的严重后果。显然,上诉人胡某的行为不是过失行为,而是故意行为,不符合交通肇事罪的特征。上诉人胡某采用暴力相威胁的方法,以自己的意愿控制正在用于营运的出租车并改变了汽车的合法用途,高速驾驶,足以危害公共安全,并且造成汽车断成两截、妻子陈某死亡的严重后果,其行为符合劫持汽车罪的特征,构成劫持汽车罪。驳回上诉,维持原判。[1]

应该说,在发动汽车之前司机就已被赶下车,不存在操控下的被劫持的汽车,缺乏劫持汽车罪的对象,根本不符合劫持汽车罪的构成要件。即使被告人具有归还的意思,也不能否认其具有非法占有目的。因为出租车司机对于出租车的利用必要性相当大,即使被告人预定归还,但其预定归还的时间(使用时间)也不会很短,而且其行为导致出租车毁坏,故应当认定被告人具有侵害被害人相当程度的利用可能性的意思,即具有排除意思,应认定具有非法占有的目的,构成抢劫罪,同时构成交通肇事罪,应当数罪并罚。上述判决忽视了劫持汽车罪与抢劫罪构成要件的差异,出现了定性上的错误。

案2:苏某某、罗某均与李某国预谋,要借辆车去绑架邢某正在上学的儿子,以便向邢某勒索钱财。李某国(有驾驶证)没有借到车。苏某某提出抢一辆由女司机开的出租车。三人商定,由苏某某、罗某均劫一辆车过去,李某国乘某路公交车去预定的地点接车。某日早晨8时许,苏某某、罗某均携带绳子、胶带、匕首等作案工具,搭乘李某驾驶的夏利出租车向目的地行驶。当车行至某村时,罗某均提出要解手,车停后罗某均下车打开车的左前门,苏某某手持匕首要李某下车,抢走车钥匙准备劫车。此时,该村的小学教师肉孜某某某路过此地,李某下车求救,在肉孜某某某的帮助下,李某驾车离开现场。

一审法院认为,苏某某、罗某均为绑架他人准备作案工具,使用暴力胁迫手段抢劫出租车,李某国参与预谋劫车,三人的行为已触犯刑律,均已构成抢劫罪。二审法院认为,上诉人苏某某、罗某均、李某国预谋并实施劫持一辆出租车,目的

---

[1] 参见江苏省镇江市中级人民法院刑事裁定书,(2005)镇刑一终字第72号。

是为绑架勒索而准备作案工具,待作案后再将车交还给出租车驾驶员,其主观上并非要非法占有该车。因此,三上诉人及苏某某的辩护人提出劫车无占有的目的之理由成立,予以采纳。三上诉人的行为构成了劫持汽车罪。原判定性不准,应予纠正。

该案一审以抢劫罪定罪,二审否定行为人具有非法占有的目的,认为构成劫持汽车罪。应该说,二审以被告人的"目的是为绑架勒索而准备作案工具,待作案后再将车交还给出租车驾驶员,其主观上并非要非法占有该车"为由,否认其具有非法占有目的,是错误的。因为即便行为人具有归还出租车的意思,也严重妨碍了出租车司机对于出租车的利用,存在排除意思,应认定具有非法占有目的。另外,既然被告人没有让司机继续驾车的意思,不存在操控司机进行驾驶的行为,不符合劫持汽车罪的构成要件,不构成劫持汽车罪,而仅构成抢劫罪。

综上所述,由于劫持汽车罪侵害的法益是公共安全,行为人强迫司机驾驶而控制了汽车时为既遂。而抢劫罪侵害的法益是他人的财产权,若行为人将司机赶下车自己驾车,则明显妨碍了他人对于汽车的利用,可以认定行为人具有非法占有的目的构成抢劫罪,而不构成劫持汽车罪。若控制汽车后,中途司机下车,能认定行为人具有非法占有目的时,由于侵害了两个法益,具有两个行为,应当以劫持汽车罪与抢劫罪数罪并罚。若司机一直在车上,虽然可能认定行为人具有非法占有目的,但由于很难认定被害人已经失去了对汽车的控制,即便行为人具有非法占有目的也只是成立抢劫罪的未遂,虽然理论上可能成立劫持汽车罪既遂与抢劫罪的未遂两罪,但以劫持汽车罪一罪论处即可。

3. 劫持小型出租车,能构成劫持汽车罪吗?

案3:王某朋原是渔工,被老板辞退。王某朋怀疑是杨某面挑拨所致,遂生报复念头。某日,王某朋纠集杨某斌酒后分别持菜刀和2把大号螺丝刀窜到杨某面的暂住处,将杨某面及前来观看的周某林打成轻微伤。因杨某面、周某林的老乡闻讯围追,王某朋、杨某斌为逃离现场,在公路环岛处,采用持菜刀、螺丝刀威胁的手段,拦截林某来正在驾驶的桑塔纳出租车,并强行上车。杨某斌持螺丝刀坐在副驾驶座,王某朋坐后座,并用菜刀架在林某来的脖子上,威逼林某来将车开往市区。当车行至某处时,王某朋命令林某来将车开往蚶江镇,遭林某来拒绝后即用菜刀将林某来的头部砍成轻伤,林某来被砍伤后乘机弃车逃脱。杨某斌则驾车往蚶江镇方向继续逃窜。当车行至蚶江镇石壁村附近路段时,撞上公路边的电线杆,致该出租车严重毁损。二人困于车内,之后被公安人员当场抓获。经勘定,该车损失达人民币48,140元。

法院认为,王某朋、杨某斌在实施伤害他人的行为后,为逃离现场而使用胁迫方法拦截正在公路上行驶的车辆,并对驾驶人员实施威胁和伤害手段,迫使车辆改变行驶方向,之后又由杨某斌亲自驾驶车辆并致该车因碰撞而严重毁损,造成财产重大损失,危害公共安全,其行为均已构成劫持汽车罪,并且属造成严重后果。①

应该说,被告人强迫出租车司机驾车已经构成劫持汽车的既遂,后来司机乘机逃脱后,被告人自己驾车而且出现了车辆被撞毁的严重后果,应认定行为人具有非法占有目的,因而又符合抢劫罪的构成;由于侵害了两个犯罪的法益,存在两个行为,符合了劫持汽车罪与抢劫罪的构成要件,应当数罪并罚。

关于小型出租车是否为劫持汽车罪的对象,张明楷教授认为,"使用暴力、胁迫方法迫使小型出租车司机开往某地的,一般不应认定为本罪(行为人不付出租车费用的,可认定为抢劫罪)。以暴力、胁迫方法要求驾驶人员停船、停车的,不应认定为本罪。但是,使用暴力、胁迫方法逼使出租车司机横冲直撞,或者劫夺后直接驾驶出租车横冲直撞的,则应认定为劫持汽车罪"②。

本书认为,《刑法》设立劫持汽车罪不仅保护汽车上人员的安全,还保护道路上其他人、车的安全,所以不应将劫持汽车罪的对象,像法定刑为10年以上有期徒刑、无期徒刑或者的死刑的"在公共交通工具上抢劫"那样,限定为"从事旅客运输的各种公共汽车、大、中型出租车、火车、船只、飞机等正在运营中的机动公共交通工具"抢劫,在小型出租车上抢劫的,不属于"在公共交通工

---

① 参见福建省石狮市人民法院刑事判决书,(2000)狮刑初字第419号。
② 张明楷:《刑法学》(第6版)(下册),法律出版社2021年版,第910页。

具上抢劫"①。也就是说,从"五年以上十年以下有期徒刑"的劫持汽车罪的基本刑来看,不能认为劫持汽车罪主要是包括车上人员的安全,而应认为主要是保护道路上其他人、车的安全。劫持汽车也可谓破坏交通工具的行为。而《刑法》第116条规定的破坏交通工具罪的基本刑是"处三年以上十年以下有期徒刑"。所以,不应将小型出租车排除在劫持汽车罪的对象之外。劫持汽车罪的危害性或者处罚根据,就在于以暴力、胁迫方法要挟司机控制车辆,要求司机按照自己的要求驾驶车辆,司机在被胁迫的情况下战战兢兢地驾车,极有可能本身车毁人亡和危及路上其他人、车的安全。所以"劫夺后直接驾驶出租车横冲直撞"的,由于不是被胁迫的司机驾驶,不能成立劫持汽车罪,只能成立针对汽车的抢劫罪。

第八节 暴力危及飞行安全罪

·导 读·

"危及飞行安全"的表述,并非意味着本罪是所谓具体危险犯。暴力危及飞行安全,根本无须达到使航空器发生坠毁的具体、现实、紧迫、高度危险的程度。暴力危及飞行安全罪不是具体危险犯,而是一种准抽象危险犯。劫持航空器罪与暴力危及飞行安全罪之间是基本法和补充法的关系,只有在行为不符合劫持航空器罪的构成要件时,才有暴力危及飞行安全罪适用的余地。

/条 文/

第一百二十三条 【暴力危及飞行安全罪】对飞行中的航空器上的人员使

---

① 参见最高人民法院《关于审理抢劫、抢夺刑事案件适用法律若干问题的意见》(法发〔2005〕8号)。

用暴力,危及飞行安全,尚未造成严重后果的,处五年以下有期徒刑或者拘役;造成严重后果的,处五年以上有期徒刑。

罪名精释

1."危及飞行安全"的表述,是否意味着本罪是具体危险犯?

张明楷教授认为,因为本罪中存在"危及飞行安全"的表述,所以本罪是具体危险犯。[1]

如果认为"危及飞行安全"的表述是具体危险犯的标志,则立法者完全可以和放火罪、爆炸罪等典型具体危险犯一样采用"危害公共安全"的表述。立法者舍弃"危害公共安全"而用"危及飞行安全"的表述,至少表明,在立法者看来,暴力危及飞行安全无须像放火罪、爆炸罪等罪一样达到具体、现实、紧迫危险的程度。事实上,暴力危及飞行安全罪的基本刑"五年以下有期徒刑或者拘役",也明显轻于放火罪、爆炸罪的基本刑"三年以上十年以下有期徒刑"。换句话说,倘若对飞行中的航空器上的人员使用暴力危及飞行安全,要达到使航空器左右摇晃、上下颠簸的具体、现实、紧迫、高度危险的程度,其基本犯的法定刑就至少应与放火罪、爆炸罪保持一致,而不是明显轻于放火罪、爆炸罪。所以说,"危及飞行安全"的要素,旨在限制处罚范围,将对飞行中的航空器上的人员使用辱骂、胁迫、轻微暴力等不至于危害飞行安全的行为排除在外。暴力危及飞行安全的行为,根本无须达到使航空器发生坠毁的具体、现实、紧迫、高度危险的程度。暴力危及飞行安全罪,不是具体危险犯,而是一种准抽象危险犯。

2.本罪与劫持航空器罪之间是什么关系?

《刑法》第123条暴力危及飞行安全罪,是根据国际公约在国内法上作出的规定。劫持航空器罪与暴力危及飞行安全罪都是为保障航空安全而规定的罪名,之所以在劫持航空器罪之外规定暴力危及飞行安全罪,是因为,空中飞行的

---

[1] 参见张明楷:《刑法学》(第6版)(下册),法律出版社2021年版,第910页。

特点决定了对飞行中的航空器上的人员使用暴力,可能导致航空器严重摇晃而危及飞行安全。而行为人未必具有劫持航空器的意图,所以暴力危及飞行安全罪对劫持航空器罪具有补充作用。劫持航空器罪与暴力危及飞行安全罪之间是基本法和补充法的关系。在符合劫持航空器罪构成要件时,由于劫持航空器罪的法定刑远高于暴力危及飞行安全罪,而绝对排除暴力危及飞行安全罪的适用。换言之,只有在行为不符合劫持航空器罪构成要件时,才有暴力危及飞行安全罪适用的余地。

第四章　恐怖活动犯罪

第一节　组织、领导、参加恐怖组织罪

·导　读·

《刑法》第 120 条第 2 款关于数罪并罚的规定只是注意规定,不是法律拟制。对于恐怖活动组织的组织者、领导者以外的参加者,不奉命实施任何犯罪活动的,不能以参加恐怖组织罪论处;奉命实施杀人等具体犯罪活动的,应成立参加恐怖组织罪与杀人等具体犯罪的想象竞合从一重,而不能数罪并罚。"积极参加",先是客观方面的不法事实,而不是仅指主观方面的"积极"。如果客观方面仅仅表现为一般参加,则不可能由于其曾经因犯本罪受到过处罚而增加不法程度。有关曾经受过处罚又参加恐怖活动组织的应当认定为"积极参加"的司法解释规定,存在疑问。

/条　文/

第一百二十条　【组织、领导、参加恐怖组织罪】组织、领导恐怖活动组织的,处十年以上有期徒刑或者无期徒刑,并处没收财产;积极参加的,处三年以上十年以下有期徒刑,并处罚金;其他参加的,处三年以下有期徒刑、拘役、管制或者剥夺政治权利,可以并处罚金。

犯前款罪并实施杀人、爆炸、绑架等犯罪的,依照数罪并罚的规定处罚。

罪名精释

1. 实施的具体恐怖犯罪活动能与参加恐怖组织罪数罪并罚吗?

案1:甲参加了一个恐怖组织,其在恐怖组织中是一个极不起眼的角色。不久,甲奉命参与实施一起绑架犯罪活动,被公安抓获。

《刑法》第120条第2款规定,犯前款罪(组织、领导、参加恐怖组织罪)并实施杀人、爆炸、绑架等犯罪的,依照数罪并罚的规定处罚。按照该规定,似乎只要参加恐怖活动组织者实施了杀人、爆炸、绑架等具体犯罪活动,就应以其所实施的具体犯罪活动与参加恐怖组织罪数罪并罚,如案1,对甲应以参加恐怖组织罪与绑架罪数罪并罚。这显然是将《刑法》第120条第2款规定理解为法律拟制,认为只要组织、领导、参加了恐怖活动组织并实施杀人、爆炸、绑架等犯罪活动的,就应当以组织、领导、参加恐怖组织罪与所实施的杀人、爆炸、绑架等具体犯罪活动数罪并罚,有重复评价之嫌。

恐怖活动组织的组织者与领导者,对于恐怖活动组织的存续和发展起着重要的作用,而恐怖组织的存在本身对社会公共安全就是一个威胁,故组织、领导恐怖活动组织是抽象危险犯。对恐怖活动组织的组织者、领导者而言,将其组织、策划、指挥实施的杀人、爆炸、绑架等具体犯罪与组织、领导恐怖组织罪数罪并罚,没有疑问。但对参加者而言,不应数罪并罚。这是因为,参加本身就是犯罪行为,刨除参加者所奉命实施的具体犯罪活动,参加恐怖活动组织的行为就失去了可罚性的基础。或者说,如果一个人仅仅是宣誓加入某个恐怖活动组织,而根本不实施任何恐怖犯罪活动,不可能构成任何犯罪。也就是说,参加恐怖活动组织的犯罪性正是体现在其所奉命实施的杀人、爆炸、绑架等具体犯罪活动上。参加者所奉命实施的具体犯罪活动与参加恐怖活动组织犯罪之间,应是想象竞合关系,而不是数罪并罚关系。

综上所述,《刑法》第120条第2款只是提醒司法人员注意、可以删除的注意性规定。只有对恐怖活动组织的组织者、领导者,可以以组织、领导恐怖组织罪与其所组织、指挥、策划实施的杀人、爆炸、绑架等具体犯罪数罪并罚;对于恐怖活动组织的组织者、领导者以外的参加者,不奉命实施任何犯罪活动的,不可能以参加恐怖组织罪论处;奉命实施杀人、爆炸、绑架等具体犯罪活动的,应成立参加恐怖组织罪与杀人、爆炸、绑架等具体犯罪的想象竞合,从一重处罚,而不能以参加恐怖组织罪与所奉命实施的杀人、爆炸、绑架等具体犯罪活动数罪并罚。案1中的甲,成立参加恐怖组织罪与绑架罪的想象竞合,从一重处罚。

2. 曾受过处罚又参加的应认定为"积极参加"的司法解释规定,有无疑问?

2018年3月16日最高人民法院、最高人民检察院、公安部、司法部印发的《关于办理恐怖活动和极端主义犯罪案件适用法律若干问题的意见》规定,曾因参见恐怖活动组织、实施恐怖活动被追究刑事责任或者2年内受过行政处罚,又参加恐怖活动组织的,应当认定为《刑法》第120条规定的"积极参加",以参加恐怖组织罪处罚。

显然,上述司法解释规定混淆了责任要素与预备要素、责任刑情节与预防刑情节。曾经受过刑事处罚、行政处罚,只是反映再犯罪可能性即特殊预防必要性大小的预防要素和预防刑情节,不是反映违法有责性轻重的责任要素和责任刑情节。而"积极参加"显然属于责任要素和责任刑情节。"因为'积极参加'首先是客观方面的不法事实,而不是仅指主观方面的'积极'。如果客观方面仅仅表现为一般参加,则不可能由于其曾经因犯本罪受到过处罚而增加不法程度。"[①]

第二节 帮助恐怖活动罪

·导 读·

"资助"不同于"帮助",最高人民法院、最高人民检察院将本条两款罪

---

① 张明楷:《刑法学》(第6版)(下册),法律出版社2021年版,第901页。

名确定为"帮助恐怖活动罪"不妥,两款罪名应分别确定为"资助恐怖活动罪"与"招募、运送恐怖活动人员罪"。本罪是帮助犯的正犯化,成立本罪不以恐怖活动组织或者人员实施具体的恐怖活动犯罪为前提。教唆或者帮助他人实施本罪的资助行为或者招募、运送人员的,成立本罪的教唆犯与帮助犯。只有当行为人所提供的资助和所招募、运送的人员被恐怖活动组织或者人员所接收,才能认定成立本罪的既遂。

/ 条 文 /

第一百二十条之一 【帮助恐怖活动罪】资助恐怖活动组织、实施恐怖活动的个人的,或者资助恐怖活动培训的,处五年以下有期徒刑、拘役、管制或者剥夺政治权利,并处罚金;情节严重的,处五年以上有期徒刑,并处罚金或者没收财产。

为恐怖活动组织、实施恐怖活动或者恐怖活动培训招募、运送人员的,依照前款的规定处罚。

单位犯前两款罪的,对单位判处罚金,并对其直接负责的主管人员和其他直接责任人员,依照第一款的规定处罚。

罪名精释

1. 最高人民法院、最高人民检察院将本条两款规定确定为"帮助恐怖活动罪",准确吗?

《刑法》第120条之一第1款规定的是"资助"恐怖活动组织、实施恐怖活动的个人或者"资助"恐怖活动培训。可是,"资助"不同于"帮助"。按照一般人的理解,帮助除物质性帮助,如提供金钱、作案工具,还包括提供精神性帮助,如望风、"打气"。也就是说,"帮助"其实是"资助"的上位概念,二者系属种关系。事实上,最高人民法院、最高人民检察院、公安部、司法部《关于办理恐怖活动和极端主义犯罪案件适用法律若干问题的意见》也认为"以募捐、变卖房产、转移资金等方式为恐怖活动组织、实施恐怖活动的个人、恐怖活动培训筹集、提供经费，或者提供器材、设备、交通工具、武器装备等物资，或者提供其他物质便利的"，属于"资助"恐怖活动组织、实施恐怖活动的个人或者"资助"恐怖活动培训。现在"帮助恐怖活动罪"的罪名，会让人误以为一切帮助恐怖活动的行为都能构成本罪，而不当扩大本罪的处罚范围。

其实，最高人民法院、最高人民检察院应当将《刑法》第 120 条之一第 1、2 款分别确定罪名：第 1 款罪名为"资助恐怖活动罪"，第 2 款罪名为"招募、运送恐怖活动人员罪"。这样，既能准确揭示两款规定的犯罪构成要件的内涵，又不至于扩大处罚范围。

2. 成立本罪以恐怖活动组织或者人员实施具体的恐怖活动犯罪为前提吗？

案 1：甲明知某个恐怖活动组织准备开展恐怖活动培训，主动为该恐怖活动培训招募了 30 余名人员。甲正在将这些人员运送到培训地点时，恐怖活动培训还没有开始就被查获，恐怖活动组织成员也被抓获。甲招募的人员未能参加恐怖活动培训。

本案中，虽然甲为恐怖活动培训招募了 30 余名人员，但因未被接收恐怖活动培训就被查获，违法性极轻，故不宜以帮助恐怖活动罪论处。

本罪是帮助犯的正犯化。所谓帮助犯的正犯化，是指《刑法》分则条文直接将某种帮助行为规定为正犯行为，并且设置独立的法定刑。帮助犯的正犯化意味着：一是帮助犯被正犯化后，不再按照《刑法》总则规定的从犯处理，因而不得适用《刑法》第 27 条第 2 款关于对从犯"应当从轻、减轻处罚或者免除处罚"的规定，而必须直接按分则条文规定的法定刑处罚，这便没有免除处罚的可能性；二是帮助犯被正犯化后，不再以正犯实施符合构成要件的不法行为为前提，即无须坚持共犯的从属性；三是帮助犯被正犯化后，原本的帮助行为被提升为正犯行为，于是对该正犯行为的教唆、帮助行为又能成立共犯（教唆犯与帮助犯）。[①]

因为本罪行为就是正犯行为，所以本罪的成立不以恐怖活动组织或者人员

---

① 参见张明楷：《论〈刑法修正案（九）〉关于恐怖犯罪的规定》，载《现代法学》2016 年第 1 期。

实施具体的恐怖活动犯罪为前提。教唆或者帮助他人实施本罪的资助行为或者招募、运送人员的,成立本罪的教唆犯与帮助犯。

3.如何认定本罪的既遂?

本罪虽然是帮助犯的正犯化,但"犯罪的本质是侵犯法益,刑法的目的是保护法益,只有严重侵犯法益的行为才能作为犯罪处理"。虽然成立本罪不以恐怖活动组织或者人员实施具体的恐怖活动犯罪为前提,但只有行为人所提供的资助被恐怖活动组织或者人员所接收,才能成立本罪的既遂。若资助不被恐怖活动组织或者人员所接收,只能成立本罪的未遂。就招募、运送恐怖活动人员而言,只有所招募、运送的人员被恐怖活动组织或者人员所接收,才能成立本罪的既遂。若所招募、运送的人员未被恐怖活动组织或人员所接收,只能成立本罪的未遂。

第三节 准备实施恐怖活动罪

· 导 读 ·

虽然成立本罪不以他人实际实施恐怖活动犯罪为前提,但如果他人根本不打算实施恐怖活动犯罪,则对实施准备行为的人不能以本罪论处。"其他准备"不是《刑法》第120条之二第1款第4项的兜底规定,而是本条第1款的兜底规定。只要行为人完成了本罪行为,就构成本罪的既遂,不适用《刑法》总则关于预备犯的规定。"其他犯罪",也包括相应的从属预备罪。

/ 条 文 /

第一百二十条之二 【准备实施恐怖活动罪】有下列情形之一的,处五年以下有期徒刑、拘役、管制或者剥夺政治权利,并处罚金;情节严重的,处五年以上

有期徒刑,并处罚金或者没收财产:

(一)为实施恐怖活动准备凶器、危险物品或者其他工具的;

(二)组织恐怖活动培训或者积极参加恐怖活动培训的;

(三)为实施恐怖活动与境外恐怖活动组织或者人员联络的;

(四)为实施恐怖活动进行策划或者其他准备的。

有前款行为,同时构成其他犯罪的,依照处罚较重的规定定罪处罚。

罪名精释

1.成立本罪以他人实际实施恐怖活动犯罪为前提吗?

案1:甲以为乙会实施恐怖活动犯罪,而为乙准备了炸药、雷管等爆炸物。结果乙根本没打算实施恐怖活动犯罪。

本罪是独立预备罪和预备行为的实行行为化(预备犯的既遂犯)。在我国,从属预备罪不是由《刑法》分则规定的,而是由《刑法》总则规定的。《刑法》第22条规定:"为了犯罪,准备工具、制造条件的,是犯罪预备。对于预备犯,可以比照既遂犯从轻、减轻处罚或者免除处罚。"当行为人为了实行分则的具体犯罪而实施预备行为,如准备杀人的刀,因而成立犯罪预备时,不但要引用分则条文的规定,适用分则所规定的法定刑,而且要适用总则第22条的规定。独立预备罪的行为则由分则条文具体描述为构成要件行为。由于《刑法》分则一般规定的是实行行为,而且以既遂为模式,独立预备罪的设立可谓预备犯的既遂犯,或者称为预备行为的实行行为犯。例如,《刑法》第120条之二第1款的规定。本罪所规定的行为原本是恐怖活动的预备行为,但该款将其规定为独立的犯罪(准备实施恐怖活动罪),使之成为既遂犯罪,不再适用《刑法》总则关于预备犯的处罚规定。

本罪是预备行为的实行行为化,教唆、帮助他人实施本罪行为的,应当以教唆犯、帮助犯论处。本罪虽然是独立预备罪,但为他人实施恐怖活动而实施本罪的准备行为的,也能成立犯罪。由于"犯罪的本质是侵犯法益,刑法的目的是保护法益,刑法只会将严重侵犯法益的行为规定为犯罪",如果他人根本不打算实施恐怖活动犯罪,则对实施准备行为的人不能以本罪论处。上述案1中,对方根本没打算实施恐怖活动犯罪,故甲的行为不构成准备实施恐怖活动罪。

2."其他准备",是第120条之二第1款第4项的兜底规定,还是本条第1款的兜底规定?

《刑法》第120条之二第1款第4项规定,"为实施恐怖活动进行策划或者其他准备的"。倘若认为"其他准备"只是第4项的兜底规定,而不是本条第1款的兜底规定,则《刑法》第120条之二第1款前三项的规定就没有任何意义。因为相对于"为实施恐怖活动进行策划"而言,前三项的规定都可谓"其他准备"。所以只能认为,"其他准备"实际上是第120条之二第1款的兜底规定,此时其他准备行为都能被包括其中。也就是说,"其他准备"行为必须直接适用《刑法》第120条之二第1款的规定,并直接根据该款规定的法定刑处罚,而不必适用《刑法》总则关于从属预备罪的处罚规定。

3.如何认定本罪的既遂?

本罪是独立预备罪,是预备犯的既遂化,只要行为人完成了本罪行为,即构成本罪的既遂,不适用《刑法》总则关于预备犯的处罚规定。行为人已经着手实行本罪的准备行为,由于意志以外的原因而没有完成准备行为的,成立本罪的未遂犯。为了实施本罪而实施的准备行为(独立预备罪的预备行为),如果具有危害公共安全的抽象危险,也可能(但不是必然)适用《刑法》总则第22条关于从属预备罪的规定。

4.如何理解"同时构成其他犯罪"?

《刑法》第120条之二第2款规定,有前款行为,同时构成其他犯罪的,依照处罚较重的规定定罪处罚。这里的"同时"构成其他犯罪,是指准备实施恐怖活动犯罪本身又构成其他犯罪,例如,为实施恐怖活动而购买枪支、爆炸物的,既是实施恐怖活动的准备行为,又是非法买卖枪支、爆炸物罪的实行行为,一个行为成立准备实施恐怖活动罪与非法买卖枪支、爆炸物罪的想象竞合,从一重处罚。

所谓"其他犯罪",也包括相应的从属预备罪。例如,为实施杀人的恐怖活动犯罪而准备大量危险凶器的,既是实施恐怖活动犯罪的准备行为,又是故意杀人的预备行为,成立本罪与故意杀人罪的预备的想象竞合,有可能从一重按照故意杀人罪的预备定罪判处无期徒刑。

第四节　宣扬恐怖主义、极端主义、煽动实施恐怖活动罪

·导　读·

只有行为人明知所散发的是宣扬恐怖主义、极端主义的图书、音频视频资料或者其他物品,才能认为其具有本罪的故意而构成犯罪。本罪的实行行为只有散发、讲授、发布信息等方式,不包括单纯的制作行为。认为编写、印刷、复制载有宣扬恐怖主义内容的图书,以及设计、生产、制作带有宣扬恐怖主义内容的标识、标志、服饰,应以宣扬恐怖主义罪定罪处罚的司法解释规定,存在疑问,应予废除。既宣扬恐怖主义,又煽动实施恐怖活动的,能够数罪并罚。

/条　文/

第一百二十条之三　【宣扬恐怖主义、极端主义、煽动实施恐怖活动罪】以制作、散发宣扬恐怖主义、极端主义的图书、音频视频资料或者其他物品,或者通过讲授、发布信息等方式宣扬恐怖主义、极端主义的,或者煽动实施恐怖活动的,处五年以下有期徒刑、拘役、管制或者剥夺政治权利,并处罚金;情节严重的,处五年以上有期徒刑,并处罚金或者没收财产。

罪名精释

1. 应否明知所散发的是宣扬恐怖主义、极端主义的图书、音频视频资料或其他物品？

> 案1：甲是一个书店的老板，其不识英文，公安机关从其书店搜出含有宣扬恐怖主义、极端主义内容的英文图书。经查实，甲已经售出这样的图书上千册。

宣扬恐怖主义、极端主义的图书、音频视频资料或其他物品系规范的构成要件要素。根据责任主义，行为人只有认识到规范的构成要件要素的性质，才能认识到自己的行为的有害性。我国《刑法》第14条规定的是实质的故意概念。行为人只有认识到自己的行为的社会有害性，才能肯定其有犯罪的故意。就本罪而言，只有行为人明知其散发的是宣扬恐怖主义、极端主义的图书、音频视频资料或者物品，其才可能认识到自己的行为是有害的，才能对其进行非难，才能认为其具有犯罪故意。上述案1中，甲不识英文，若其也没有其他渠道得知所售图书的内容，即使客观上出售了宣扬恐怖主义、极端主义的图书，也因其没有认识到所出售的是宣扬恐怖主义、极端主义的图书而缺乏犯罪故意，不能认定成立本罪。

2. 认为制作宣扬恐怖主义的图书、标识构成犯罪的司法解释规定，有无疑问？

从条文中"以制作、散发宣扬恐怖主义、极端主义的图书、音频视频资料或者其他物品，或者通过讲授、发布信息等方式宣扬恐怖主义、极端主义"的表述来看，似乎制作也是宣扬恐怖主义、极端主义罪的实行行为。但单纯制作而不散发的，只具有抽象性危险，不可能对外界产生影响，虽然可能构成《刑法》第120条之六的非法持有宣扬恐怖主义、极端主义物品罪，但对于本罪而言只是预备。所以，制作不是本罪的实行行为。本罪的实行行为只有散发、讲授、发布信息等方式，不包括单纯的制作图书、音频视频资料的行为。从这个意义讲，认为编写、印刷、复制载有宣扬恐怖主义、极端主义内容的图书、报刊、文稿、图片或者音频视频资料,以及设计、生产、制作带有宣扬恐怖主义、极端主义内容的标识、标志、服饰、旗帜、徽章、器物、纪念品等物品,应以宣扬恐怖主义、极端主义罪定罪处罚的司法解释规定,[①]存在疑问,应予废除。

3.既宣扬恐怖主义,又煽动实施恐怖活动的,能够数罪并罚吗?

通说认为,本条是所谓选择性罪名,而选择性罪名是不能数罪并罚的。其实,即使是选择性罪名,也能数罪并罚。例如,既收买被拐卖的妇女,又收买被拐卖的儿童的,就应该以收买被拐卖的妇女罪与收买被拐卖的儿童罪数罪并罚。本条规定的不是选择性罪名,而是并列罪名。行为人既宣扬恐怖主义,又煽动实施恐怖活动的,应当以宣扬恐怖主义罪与煽动实施恐怖活动罪数罪并罚。

第五节 利用极端主义破坏法律实施罪

· 导 读 ·

本罪构成要件的设计有违罪刑法定原则的明确性要求。应对本罪的适用进行严格限制。只能将明确违反具体法律法规、不以刑罚手段就难以有效规制、不符合其他具体犯罪构成要件、严重侵犯法益的行为,作为本罪处理。

/ 条 文 /

第一百二十条之四 【利用极端主义破坏法律实施罪】利用极端主义煽动、胁迫群众破坏国家法律确立的婚姻、司法、教育、社会管理等制度实施的,处三年以下有期徒刑、拘役或者管制,并处罚金;情节严重的,处三年以上七年以下有期徒

[①] 参见最高人民法院、最高人民检察院、公安部、司法部《关于办理恐怖活动和极端主义犯罪案件适用法律若干问题的意见》(高检会〔2018〕1号)。

刑,并处罚金;情节特别严重的,处七年以上有期徒刑,并处罚金或者没收财产。

罪名精释

1. 本罪的设立符合罪刑法定原则的明确性要求吗?

罪刑法定原则的实质侧面包括两方面的内容:一是刑罚法规的明确性原则;二是刑罚法规内容的适正的原则。"罪刑法定的实质侧面,正是为了寻求刑法的实质和理性,旨在使刑法尊重个人自由、实现社会公平,不仅限制司法权而且限制立法权,从而实现实质的法治。"①明确性首先是对刑事立法的要求,是对立法权的限制。明确性首先要求的是犯罪构成的明确性。如果犯罪构成不明确,就不具有预测可能性的功能,那么,国民在行为前仍然不明确其行为是否构成犯罪,进而造成国民行动萎缩的效果,从而限制了国民的自由。缺乏明确性的主要表现是,不能确定法条适用的范围或者外延,导致轻微违法行为乃至合法行为都可能包含在法条的文字含义之内。

何为"破坏国家法律确立的婚姻、司法、教育、社会管理等制度实施"?显然不明确。这种模糊的规定可能导致对公民行使《宪法》第41条所赋予的对国家机关和国家机关工作人员的批评、建议、申诉、控告、检举的权利的行为,以及公民正常发表对公共性事务和事件的看法的行为,也作为犯罪处理。如此一来,这进一步导致司法解释试图明确本罪适用范围的相关规定被忽视,如"煽动、胁迫群众破坏国家法律确立的司法制度实施的""煽动、胁迫群众干涉未成年人接受义务教育,或者破坏学校教育制度、国家教育考试制度等国家法律规定的教育制度的""煽动、胁迫群众损毁居民身份证、居民户口簿等国家法定证件及人民币的""煽动、胁迫群众驱赶其他民族、有其他信仰的人员离开居住地,或者干涉他人生活和生产经营的""煽动、胁迫群众抵制人民政府依法管理,或者阻碍国家机关工作人员依法执行职务的"等。② 其实,这些行为,要么只是一般违法行为,

---

① 张明楷:《刑法学》(第6版)(上册),法律出版社2021年版,第58页。
② 参见最高人民法院、最高人民检察院、公安部、司法部《关于办理恐怖活动和极端主义犯罪案件适用法律法律若干问题的意见》(高检会〔2018〕1号)。

如损毁居民身份证、居民户口簿、人民币,要么可以以其他犯罪论处,如煽动、胁迫群众阻碍国家机关工作人员依法执行职务。由于本罪行为内容不明确,无论怎么解释,都很难明确其处罚范围。

2.如何限制本罪的适用?

本罪的构成要件不明确,为了保障人权,必须严格限制其适用。首先,应对本罪进行实质的解释。"犯罪的本质是侵犯法益,刑法的目的是保护法益,刑法只会将严重侵犯或者威胁法益的行为规定为犯罪",所以,即便条文未规定"情节严重",也应要求只有"情节严重"的,才能作为犯罪处理。其次,能构成其他犯罪的,应尽可能以其他构成要件相对明确的具体犯罪论处,如妨害公务罪、暴力干涉婚姻自由罪、寻衅滋事罪。再次,明显属于违反《治安管理处罚法》和行政法规的一般违法行为,应作为一般违法行为处理。例如,损毁居民身份证、居民户口簿、人民币,干涉未成年人接受义务教育,破坏学校教育制度、国家教育考试制度等国家法律规定的教育制度。最后,对于没有明确违反具体法律法规,违法程度难以把握,行为方式模糊的行为,应避免以犯罪论处,如"煽动、胁迫群众破坏国家法律确立的司法制度实施的"。总之,只能将明确违反具体法律法规、不以刑罚手段就难以有效规制、不符合其他具体犯罪构成要件、严重侵犯法益的行为,作为本罪处理。

第六节 强制穿戴宣扬恐怖主义、极端主义服饰、标志罪

·导 读·

强迫他人留有宣扬恐怖主义的发型、文身图案,不能构成本罪。本罪罪状的设计缺乏类型性。如果将罪状表述为"强制他人在公共场所显示宣扬恐怖主义、极端主义的服饰、标志",就可以将强迫他人留有宣扬恐怖主义

的发型、文身图案,在宠物身上穿着、车上、房屋窗前挂着宣扬恐怖主义的标志的行为,纳入本罪处罚的范畴。

条 文

第一百二十条之五 【强制穿戴宣扬恐怖主义、极端主义服饰、标志罪】以暴力、胁迫等方式强制他人在公共场所穿着、佩戴宣扬恐怖主义、极端主义服饰、标志的,处三年以下有期徒刑、拘役或者管制,并处罚金。

罪名精释

1. 强迫他人留有宣扬恐怖主义的发型、文身图案,构成本罪吗?

案1:甲以暴力相威胁,强制 A、B、C 等数人头上留着宣扬恐怖主义、极端主义的发型,要求他们每天必须上街行走一定时间,并且不准戴帽子。

按理说,强制他人留着宣扬恐怖主义、极端主义的发型比强制他人戴假发更为严重,但留发型不能评价为穿着与佩戴,故不能以本罪论处。

在日常生活中,虽然可以笼统地说穿着服饰,但是穿着是就衣服而言的,饰品不应叫穿着,而是叫佩戴。所以,留真发型不能算是佩戴行为,在额头上、肩膀上文身的,也不能算是佩戴行为。当然,强制他人在公共场所穿着、佩戴宣扬恐怖主义、极端主义服饰、标志的行为,也可成立《刑法》第120条之三的宣扬恐怖主义、极端主义罪的间接正犯。

2. 本罪罪状的设计具有类型性吗?

按照一般人的理解,穿着、佩戴是指能够随时取下和戴上的人身上的饰物,这导致强迫他人留有宣扬恐怖主义、极端主义的发型,强迫他人将宣扬恐怖主义、极端主义的标志作为文身图案,强迫他人在宠物狗身上穿着宣扬恐怖主义、极端主义的服饰,强迫他人在车上、房屋窗前挂着宣扬恐怖主义、极端主义的标志等,都因不符合"强制他人在公共场所穿着、佩戴宣扬恐怖主义、极端主义服饰、标志"的要求,而不能构成本罪。所以说,本罪罪状的设计缺乏类型性,但如果表述为"强制他人在公共场所显示宣扬恐怖主义、极端主义的服饰、标志",就可以将上述行为纳入本罪的处罚范畴。

第七节 非法持有宣扬恐怖主义、极端主义物品罪

·导 读·

本罪中的"持有",应限于对图书、光盘等有体物的现实控制和支配,不包括对手机、电脑中储存的电子信息的控制、支配。不删除他人发到手机微信上的宣扬恐怖主义的视频资料的,不属于非法"持有"宣扬恐怖主义的视频资料,不构成犯罪。"宣扬恐怖主义、极端主义的图书、音频视频资料或者其他物品",属于客观要素,根据责任主义的要求,行为人必须认识到客观要素的性质。

/条 文/

第一百二十条之六 【非法持有宣扬恐怖主义、极端主义物品罪】明知是宣扬恐怖主义、极端主义的图书、音频视频资料或者其他物品而非法持有,情节严重的,处三年以下有期徒刑、拘役或者管制,并处或者单处罚金。

罪名精释

1.不删除他人发到手机微信上的宣扬恐怖主义的视频资料,属于非法"持有"吗?

案1:宋某某使用手机加入 QQ 群、微信群并下载、存储大量内容恐怖、血腥的音视频。公安机关部门从宋某某手机中提取固定152部音视频,经鉴定,有46部音视频为暴恐音视频,其中一级暴恐音视频17部、二级暴恐

音视频 22 部、三级暴恐音视频 7 部。某日,宋某某向其加入的"青少年素质教育"微信群内发送 4 部音视频,其中一部为二级暴恐音视频。宋某某还两次公开播放暴恐音视频让其工友观看。宋某某辩解其是出于好奇下载、上传了视频,不知此种行为构成犯罪。其辩护人提出,宋某某主观上没有引起社会恐慌的目的或意图,没有犯罪的故意,客观上只在有共同爱好的群友之间转发了视频,对社会没有危害。

本案争议焦点:对下载暴恐音视频并进行转发的行为及主观故意的认定。

一审法院认为,宋某某明知是宣扬恐怖主义、极端主义的视频资料而下载并持有,主观故意明确,情节严重,其行为已构成非法持有宣扬恐怖主义、极端主义物品罪;之后将部分视频通过微信群转发或向工友播放的形式予以宣扬,其行为又构成宣扬恐怖主义、极端主义罪。应数罪并罚。二审予以维持。①

张明楷教授认为,行为人通过互联网下载宣扬恐怖主义、极端主义的音频视频资料后,存入自己的电脑的,属于非法持有宣扬恐怖主义、极端主义的物品,构成本罪。其理由是,持有不要求物理上的握有,不要求行为人时刻将物品握在手中、放在身上和装在口袋里,只要行为人认识到它的存在,能够对之进行管理或者支配,就是持有。行为人将宣扬恐怖主义、极端主义的音频视频资料存在自己的电脑时,就是对之进行了管理与支配,当然属于持有。但是,在他人向行为人的邮箱发送宣扬恐怖主义、极端主义的音频视频资料后,行为人单纯未删除的,不应认定为本罪(虽然属于持有,但难以评价为情节严重)。所谓"非法"持有,是指没有正当化根据而持有。②

本书认为,上述观点过于扩大了本罪的成立范围而不可取。认为在手机和电脑上下载后存入手机、电脑,就是持有,则意味着只要一个人的手机收藏夹、微信、微信群、QQ 群、短信、邮箱、电脑中存在宣扬恐怖主义、极端主义的音频视频资料,就是非法"持有"宣扬恐怖主义、极端主义物品,进而构成本罪。应该说,将宣扬恐怖主义、极端主义的音频视频资料存入手机、电脑,与存入自己的大脑

---

① 参见青海省西宁市中级人民法院刑事判决书,(2017)青 01 刑初 30 号。
② 参见张明楷:《刑法学》(第 6 版)(下册),法律出版社 2021 年版,第 907 页。

并无区别。手机、电脑其实不过是人的大脑记忆储存功能的延伸。将信息储存在自己的大脑,还是手机、电脑,抑或记在本子上,没有本质区别,都是对信息的记忆储存方式。可以认为,私人手机、电脑、记事本,都属于个人内心思想领域的范畴,此其一。其二,本罪属于持有型犯罪,而持有枪支、弹药、假币、毒品、国家绝密、机密的文件、资料、物品、伪造的发票,均限于对有体物的持有。本罪相对于持有枪支、弹药等持有型犯罪而言,法定刑相对较轻,这说明本罪的违法性相对较轻。将手机、电脑中存入音频视频资料的行为都认为是"持有"而构成犯罪,显然过于扩大了本罪的处罚范围而与本罪的法定刑不协调。

所以,本书坚持认为,本罪中的"持有"应限于对图书、光盘等有体物的现实控制和支配,不包括对手机、电脑中的电子信息的控制、支配。他人发到行为人电子邮箱、手机微信、微信群、QQ群、短信中的宣扬恐怖主义、极端主义的音频视频资料等电子信息资料,行为人不删除的,以及行为人从网上下载宣扬恐怖主义、极端主义的音频视频资料等电子信息存入电脑中的,都不能认定为非法"持有"宣扬恐怖主义、极端主义物品,不能构成犯罪。

2. 应否明知所持有的是宣扬恐怖主义、极端主义的物品?

案2:张某在其暂住地内,将1部暴恐视频上传至其百度网盘文件中分享,致使该视频被多人浏览、转存及下载;并使用其暂住地内的台式电脑在微信群内发布暴恐视频5部。张某还将包含上述视频在内的10部视频下载并保存在其台式电脑桌面的"新建文件夹"中。经审查,涉案视频内容均涉及宣扬恐怖主义和宗教极端思想,属于典型的暴力恐怖宣传品。

本案争议焦点:恐怖活动类案件主观故意的认定。

法院认为,被告人对于其下载并保存暴恐视频的客观行为予以认可,但不承认其有主观明知的故意。根据一般判断,作为能够熟练使用网络等现代化工具的成年人,具有相对较高学历,与社会其他人员交往正常,获取社会信息渠道正常,对事物正确与否能够作出正常的认知和判断,其应当意识到所下载并转发的这些反映极端组织实施暴恐活动的视频为法律所禁止。虽视频中文字不是汉语,但视频内容暴力、血腥、残忍,属于典型的暴力恐怖宣传品,危害极大,并且被告人聊天内容中存在"IS"字样,可以确定其知道该视频为暴恐视频,其在明知为暴恐视频的情况下,仍然下载并保存该视频,其行为应认定为非法持有宣扬恐怖主义、极端主义物品罪。①

"宣扬恐怖主义、极端主义的图书、音频视频资料或者其他物品",属于客观要素,根据责任主义的要求,行为人必须认识到客观要素的性质。宣扬恐怖主义、极端主义,属于规范的构成要件要素,行为人如果没有认识到其所持有的图书、音频视频资料具有宣扬恐怖主义、极端主义的内容,就不会认为自己的行为是有害的,就不能对其进行非难,缺乏犯罪故意,不能构成本罪。至于是否明知,应根据行为人的经历、职业、学历、认知水平等方面进行判断。

---

① 参见北京市第三中级人民法院刑事判决书,(2017)京03刑初13号。

第五章　枪支、弹药、爆炸物、危险物质犯罪

第一节　非法制造、买卖、运输、邮寄、储存枪支、弹药、爆炸物罪

> **·导　读·**
>
> 　　对成套的枪支散件按照说明书进行简单的组合,成立非法持有枪支罪。对非成套的枪支零配件进行创造性的组装、改造、改装的,属于制造枪支行为。不以出卖为目的的单纯购买枪支的行为,不构成非法买卖枪支罪,而构成非法持有枪支罪。被查获的待售枪支不应计入非法买卖枪支罪既遂的数量,只能认定为非法持有枪支罪。用枪支交换枪支、弹药、毒品、假币、抵债,可以评价为卖枪,但用枪支付彩礼、支付嫖资、行贿,不能评价为卖枪。不能认为只要是在行驶的交通工具上查获枪支、弹药的,就成立非法运输枪支、弹药罪。运输行为必须是与非法制造、买卖枪支相关联的行为,否则只能评价为非法持有、私藏枪支、弹药罪。既非法制造枪支,又非法买卖手榴弹的,可以数罪并罚。
>
> 　　为合法生产、经营而未经许可制造、买卖、运输、储存爆炸物的,不构成非法制造、买卖、运输、储存爆炸物罪;如果未以确保安全的方式生产、经营、

储存爆炸物,成立危险作业罪。通过"顺丰快递"等非邮政方式寄递枪支、弹药、爆炸物的,成立非法运输枪支、弹药、爆炸物罪。非法保存、控制大量枪支、弹药的行为,即使与他人非法制造、买卖、运输、邮寄枪支、弹药的行为没有关联,也应被认定为非法储存枪支、弹药罪。走私爆炸物的,完全可能评价为非法运输爆炸物罪。走私枪支、弹药进出国边境的,能以非法运输枪支、弹药罪判处死刑。

在刑事司法中,公安机关制定的枪支鉴定标准,只是判断相关枪形物是否属于刑法上的枪支的参考资料,而不能直接作为认定枪支犯罪的标准。枪支零配件不是"枪支"。或许将制造、买卖、运输、邮寄、储存成套枪支散件的行为,认定为非法制造、买卖、运输、邮寄、储存枪支罪,勉强可以接受,但认为盗窃、抢夺、持有、私藏、携带成套枪支散件,也能成立盗窃、抢夺"枪支"罪,非法持有、私藏"枪支"罪和非法携带"枪支"危及公共安全罪,就可能超出了一般人可能接受的范围。

不能认为烟花爆竹及其原料黑火药属于爆炸物。非法制造、买卖、运输、邮寄、储存、盗窃、抢夺烟花爆竹的,不能成立非法制造、买卖、邮寄、储存、盗窃、抢夺爆炸物罪。如果行为人未以确保安全的方式生产、经营、储存烟花爆竹,可以认定为《刑法》第134条之一的危险作业罪。依法被指定、确定的弹药、爆炸物制造、销售企业违规制造、销售弹药、爆炸物的,虽然可以被认定为非法制造、买卖弹药、爆炸物罪,但在处刑上应低于非依法被指定、确定的弹药、爆炸物制造、销售企业非法制造、买卖弹药、爆炸物的情形。

/ 条　文 /

第一百二十五条　【非法制造、买卖、运输、邮寄、储存枪支、弹药、爆炸物罪】非法制造、买卖、运输、邮寄、储存枪支、弹药、爆炸物的,处三年以上十年以下有期徒刑;情节严重的,处十年以上有期徒刑、无期徒刑或者死刑。

【非法制造、买卖、运输、储存危险物质罪】单位犯前两款罪的,对单位判处罚金,并对其直接负责的主管人员和其他直接责任人员,依照第一款的规定处罚。

罪名精释

1. 组装、改装枪支,是"制造"枪支吗?

案1:谢某通过网络平台购买钢管、快排阀、气室等零件,并在家中将上述零件组装成枪状物2支。经鉴定,均为以压缩气体为动力的枪支。

本案争议焦点:被告人购买气枪的关键零部件之后自行组装枪支的,构成非法持有枪支罪还是非法制造枪支罪。

法院认为,制造枪支是将不具备枪支使用功能的材料制成枪支,即将无社会危害可能性或者较低社会危害可能性的物品转变成具有社会危害性或者更大社会危害可能性的物品,本质上是在制造或者增大一个危险中心。而非法持有枪支的行为是将枪支这一本来就已经存在的危险物品置于自己的占有之下,行为人并未制造或者增大该危险中心,如果行为人要使用枪支去实施别的犯罪,系行为人制造了新的法所不容许的危险,已经不能被非法持有枪支罪所评价。如果行为人非法购买已经制造好的枪支零部件,将这些零件组装成枪并持有,属于非法买卖枪支散件的行为,可能构成非法买卖枪支罪。本案被告人所组装的枪支并非制式枪支,零件无通用标准,因而无法认定被告人购买的钢管、快排阀、气室等零件属于枪支散件。被告人购买钢管、快排阀、气室等零件的行为本身无社会危害性,然而其组装后的枪支具有了社会危害性,产生这个危险中心的关键节点是组装行为,该组装行为属于制造枪支的行为,谢某的行为应当定性为非法制造枪支罪。[①]

案2:李某卫在北京市其居住地内,通过网络多次购买射钉枪及相关配件等物品非法制造枪支,之后被公安机关查获。民警在其居住地起获枪状

[①] 参见北京市海淀区人民法院刑事判决书,(2018)京0108刑初448号。

物 8 支、钢珠弹等物。经鉴定,其中 4 支枪状物是以火药为动力的枪支、1 支枪状物是以压缩气体为动力的枪支。

本案争议焦点:对射钉枪进行改装的行为能否认定为非法制造枪支的行为。

法院认为,典型的制造行为是从无到有的过程,行为人把相应的材料按照枪支的构造及功能设定完成一系列的制造行为。但由于技术和设备原因,这种典型的制造行为很少发生在个人制造枪支的场合。司法实践中往往出现的是行为人购买具有一定基础功能的零部件,进而按照一定的教程进行改造、组装等行为。对于这种改造、组装行为是否能评价为"制造"的问题,在司法实践中应该区分来看:(1)行为人购买枪支的不同部件,收到后仅仅需要把各个部件拼凑在一起的组合行为难以评价为制造;(2)行为人购买到枪支的不同部件,运用一定的技术或是进行一定的加工、改动、调整、试验等进而配装成枪支的行为,这种行为可以评价为制造枪支。例如,本案中对火柴枪的改造,被告人对火柴枪更换枪管使火柴枪可以击发子弹,这已经完全脱离了火柴枪的原有功能。本案中被告人主观上存在使普通的工程用射钉枪变为不论从外形上还是射击功能上都接近阻击枪的意图。就其客观行为,如果只是简单地对零部件进行组装或是加一些普通的外形装饰用品当然无法评价为制造行为。但本案被告人多次购买射钉枪、无缝钢管、托把、铅珠铅球、钢夹等枪支零部件,并以具有一定射击功能的射钉枪为基础,在之上加长枪管、安装枪托和瞄准镜,这既更改了射钉枪自身原有的设置和功能,又明显增强了射钉枪的射击功能。被告人的行为并非简单的装饰行为,故对被告人行为应以非法制造枪支罪定罪处罚,从而吸收非法持有枪支罪。[①]

应该说,对成套的枪支散件按照说明书进行简单的组合,就如同网上购买家具后在家中按照说明书进行拼装而不是制造家具一样,不能谓之具有创造性的制造枪支活动。将成套的枪支散件进行组合的,成立非法持有枪支罪。对非成套的枪支零配件进行创造性的组装、改造、改装的,属于制造枪支。

---

① 参见北京市丰台区人民法院刑事判决书,(2017)京 0106 刑初 1305 号。

2.不以出卖为目的的单纯购买枪支的行为,能构成非法买卖枪支罪吗?

案3:公安民警对韩鹏某的暂住处搜查时发现其非法持有猎枪1支、子弹9发。经鉴定,查获的猎枪为以火药为动力的枪支,子弹为自制猎枪弹。此外,之前韩鹏某在许某的要求下,以13,000元的价格帮助许某从张店区购买仿六四式手枪1把及子弹6发。并将上述枪支、子弹悉数交予许某非法持有。经鉴定,该仿六四式手枪为以火药为动力的枪支。

本案争议焦点:不以出卖为目的单纯购买枪支行为应认定为非法买卖枪支罪还是非法持有枪支罪。

一审法院认为,韩鹏某、许某违反枪支管理规定,非法持有枪支,已构成非法持有枪支罪。一审判决生效后,检察机关抗诉认为,原审判决认定事实不清,本案应认定为非法买卖枪支的事实存在,原审两被告人应当以非法买卖枪支罪进行处罚。再审法院认为,许某曾经当过兵,比较喜欢枪,出于爱好的目的购买枪支,而且一直没有使用。其主要目的在于维持对枪支的持有,而不是实现对枪支的传播与流转,其行为并未引发枪支的传播与流动。因此,许某的行为以非法持有枪支罪定罪处罚更为适宜。韩鹏某帮助许某购买枪支的行为,也只是出于朋友间的友谊,满足许某爱好枪支的需要,其并非购买后的出售行为或纯出售行为或以出售为目的的购买行为。在整个购买仿六四式手枪过程中,韩鹏某不存在营利目的。其帮助许某购买枪支的行为应与许某一体评价,而不应单独作为非法买卖枪支罪定罪处罚。从公安机关侦查的事实情况来看,许某通过韩鹏某购买枪支时明确表示是个人爱好,两人虽支付13,000元购枪款,但并不表明其有卖的意图。而事实上截至案发前两人也没有卖枪的行为出现。因此,如果单纯将购买行为纳入"买卖"的概念范畴,不仅背离了语言的常识含义和通用信息,而且违背了罪刑法定主义的旨趣。原审认定两被告人构成非法持有枪支罪,适用法律正确,应予维持。[1]

案4:孔某出于个人爱好,违反枪支管理规定,在其居住地内,多次通过网站、微信朋友圈等方式购买仿真枪、瞄准镜、BB弹等物品予以收藏。之后

---

[1] 参见山东省淄博市临淄区人民法院刑事裁定书,(2016)鲁0305刑再字第13号。

孔某被公安机关抓获,民警当场起获枪状物9支及配件等物品。经鉴定,仿真枪支中5支为枪支。

法院认为,孔某违反枪支管理规定,非法持有枪支5支,其行为已构成非法持有枪支罪。以收藏为目的持枪行为,所持枪支的枪口比动能略高于法定枪支认定标准,即使枪支数量达到情节严重的标准,若无其他特殊情节,不宜认定为情节严重。认定孔某犯非法持有枪支罪,判处有期徒刑8个月,缓刑1年。[1]

应该说,首先,"买卖"的本质特征是一种买进卖出的商业经营活动,仅仅是为自己使用而买入的行为无法被称为"买卖"。其次,在枪支犯罪中,或者是出卖,或者是以出卖为目的的买入,才能成立买卖枪支行为。如果既没有出卖事实,也没有出卖目的,无论如何,不能被称为"买卖"行为。单纯的购买行为,应当认定为非法持有行为。正如"为了自己使用而购买的行为,不宜认定为购买假币罪;否则,会造成法定刑的不协调。为了自己使用而购买且已使用的,认定为使用假币罪,没有使用的,可认定为持有假币罪"[2]。再次,如果将单纯购买枪支行为认定为非法买卖枪支罪,则非法持有枪支罪的成立空间几乎被压缩殆尽。最后,《刑法》相对于非法持有枪支罪而言,对非法买卖枪支罪配置了更重的刑罚,是因为买卖行为相较持有行为具有更重的梯度危害:买卖行为引发了枪支的传播与扩散,导致国家对枪支管理的失控,继而成为各类暴力恐怖、黑恶犯罪案件的源头,对公共安全构成了实质的危害与威胁。而对于不以出售为目的的单纯购买枪支行为,行为人往往是基于爱好、收藏等动机或目的,购买后予以存储或者把玩,其终极目的在于维持对枪支的持有,而不是实现对枪支的传播与流转,其行为并未引发枪支的传播与流转,因此,不能认定为非法买卖枪支罪,而应认定为非法持有枪支罪。

《刑法》中的"买卖",应当理解为具有流转交易性质的行为,而正是这种流转交易破坏了国家对特定物品的管制秩序,形成刑事违法性的逻辑基础。这种"买卖"具体包括:(1)购买后的出售行为;(2)出售行为;(3)以出售为目的的购买行为。这三类行为均具有流转交易性质,可以认定为刑法意义上的"买卖"。

---

[1] 参见北京市东城区人民法院刑事判决书,(2018)京0101刑初162号。
[2] 张明楷:《刑法学》(第6版)(下册),法律出版社2021年版,第984~985页。

反之,则不能认定为刑法意义上的"买卖"。

总之,无论从解释原则还是刑事政策角度来看,不以出卖为目的的单纯购买枪支的行为不宜认定为非法买卖枪支罪,而应认定为非法持有枪支罪。

3. 被查获的待售枪支,能计入非法买卖枪支罪既遂的数量吗?

案5:高奇某通过尹某联系万某锋购买了2支钢笔枪。案发后,公安机关在高奇某处查获上述钢笔枪2支,在万某锋处查获代售的钢笔枪38支,在尹某处查获钢笔枪1支和手枪1把。经鉴定,上述钢笔枪及手枪均系以火药为动力的非军用枪支。

本案争议焦点:本案中万某锋处查获的38支钢笔枪的定性。

法院认为,本案中从万某锋处查获待售的38支钢笔枪,应计入非法买卖枪支罪既遂的数量。首先,从主观意图来看,被告人已经出售了2支,并且供述其被查获的38支钢笔枪就是用来出售的。根据主客观相一致的观点,定非法储存枪支罪或者非法持有枪支罪不妥。其次,根据刑法原则"入罪举轻以明重,出罪举重以明轻",以及关于毒品的会议纪要,查获的毒品数量计入贩卖的数量,枪支和毒品一样都是违禁物品,都受到国家的严控管制,被查获的枪支数量应当认定为买卖的数量。最后,从《刑法》关于本罪的规制目的上看,涉枪犯罪侵犯的客体是公共安全,即不特定多数人的生命、健康和公私财产的安全。只要出售1支钢笔枪(本案的钢笔枪是以火药为动力)即可构罪,未出售的钢笔枪虽然还未到达下一个买家,但已经形成对公共安全的危险。一般来说,枪支的来源有购买、制造、受赠、继承、拾得,无论来源怎样,对枪支的持有状态和流转都会构成犯罪。从立法目的上考虑,应将万某锋出售的枪支作为一个整体,不能简单地割裂评价。综上,万某锋被查获的待售的38支钢笔枪应构成非法买卖枪支罪,考虑到未流向社会,可以酌情从轻处罚。法院判决:万某锋犯非法买卖、邮寄枪支罪,判处有期徒刑10年6个月,剥夺政治权利3年;尹某犯非法买卖枪支罪,判处有期徒刑3年,犯非法持有枪支罪,判处有期徒刑1年,决定执行有期徒刑3年6个月;高奇某犯非法买卖枪支罪,判处有期徒刑3年,缓刑4年。[1]

---

[1] 参见江苏省常州市新北区人民法院刑事判决书,(2016)苏0411刑初字第812号。

显然,上述将从万某锋处查获待售的 38 支钢笔枪计入非法买卖枪支罪既遂数量的判决,是错误的。首先,从"被查获的 38 支枪支就是用来出售的",得不出待售等于已售出的结论。正如,不会有人认为为销售伪劣产品、侵权复制品而购入伪劣产品、侵权复制品的,就成立销售伪劣产品罪、销售侵权复制罪的既遂,即将购入待售的数量计入销售既遂的数量。购入待售的,因尚未着手出售,所以至多属于出售、销售的预备,何谈既遂?其次,根据所谓当然解释的原理也得不出待售就是出售的结论。虽然"根据关于毒品的会议纪要,查获的毒品数量计入贩卖的数量",但是,根据实行行为原理和罪刑法定原则,应该认为"贩卖毒品就是出卖毒品,购买毒品的行为就不是贩卖毒品的实行行为,出于贩卖目的而非法购买毒品的,属于贩卖毒品的预备行为(当然,可能同时触犯非法持有毒品罪)"[1]。也就是说,"贩卖毒品罪的实行行为是贩卖,不是'购买+贩卖',也不是购买或者贩卖,只有毒品实际转移给了买方才能评价为既遂。对于从行为人身上、住所等处查获的毒品,即便查明是行为人准备用于贩卖的,也因为没有实际转移交付给买方而不能认定为贩卖毒品罪既遂"[2]。认为"根据关于毒品的会议纪要,查获的毒品数量计入贩卖的数量",待售的枪支的数量也应是出售枪支的数量,属于"照葫芦画瓢""以讹传讹",而殊不可取。最后,虽然持有待售的枪支也"已经形成对公共安全的危险",但这相对于实际卖出枪支行为而言,对公共安全只具有抽象性危险。正如不能因为持有枪支的行为对公共安全具有威胁,就得出应将持有枪支的行为认定为出售枪支一样。至于"从立法目的上考虑,应将万某锋的出售的枪支作为一个整体,不能简单地割裂评价",更是无稽之谈。正是因为持有枪支的行为对公共安全只具有抽象性危险,而出售枪支的行为对公共安全可谓具体危险,所以立法者才将卖枪和持枪分别规定和设置轻重不同的法定刑。将待售持枪行为评价为卖枪既遂,反而有违立法目的,有悖罪刑法定和罪刑相适应原则。

总而言之,非法卖枪罪的实行行为只有出售,待售持枪行为只是非法卖枪罪

---

[1] 张明楷:《刑法学》(第 6 版)(下册),法律出版社 2021 年版,第 1508 页。
[2] 陈洪兵:《刑法常用百罪精解》,中国人民大学出版社 2023 年版,第 572 页。

的预备,待售枪支的数量无论如何不应计入非法卖枪罪既遂的数量。

4. 用枪支交换枪支、弹药、毒品、假币、抵债、付彩礼、支付嫖资、行贿,构成非法买卖枪支罪吗?

案6:甲有3支枪。甲用其中的一支枪与乙交换了1支不同型号的枪,用第二支枪向丙换取了子弹,还用第三支冲锋枪向丁换取了2支手枪。

《刑法》规定非法买卖枪支、弹药罪,是为了直接防止枪支、弹药的泛滥,而防止枪支、弹药的泛滥,是为了保护不特定或多数人的生命、身体和公私财产的安全,这便是公共安全。所以,要通过行为是否增加了枪支、弹药的泛滥来判断。本案中最为明显的是,甲将第二支枪交付给丙,将第三支冲锋枪交付给丁,因而增加了枪支的泛滥。至于"买卖",当然不限于以钱换物,最早的买卖就是以物易物。因此,本案中甲的行为构成非法买卖枪支、弹药罪,乙的行为构成非法买卖枪支罪,丙的行为非法买卖枪支、弹药罪,丁的行为构成非法买卖枪支罪。

张明楷教授认为,对于以枪支换枪支、以弹药换弹药或者以枪支换弹药的行为,需要判断其是否增加了公共危险,如果得出肯定结论,也应以本罪论处。例如,甲持有两支手枪而无相应的子弹,而乙持有多发子弹却无相应的手枪,乙用部分子弹换取甲的1支手枪。对此,应认定甲、乙成立非法买卖枪支、弹药罪。一般来说,交换行为都会增加公共危险,只有当交换对象的性能与数量完全相同时,才可能认为没有增加公共危险。[①]

只要有偿转让枪支,都是非法卖枪。用枪支交换毒品,己方属于非法卖枪,对方属于非法买枪和贩卖毒品。用枪支抵债,己方属于非法卖枪,对方属于非法买枪。用枪支换假币,己方属于非法卖枪和购买假币,对方属于非法买枪和出售假币。用枪支付彩礼,由于人口交易不被允许,己方行为不能评价为非法卖枪,只能评价为非法持枪共犯,对方行为也不能评价为非法买枪,只能评价为非法持枪。性交易也不被承认,所以用枪支付嫖资也不能被评价非法卖枪,只能评价为非法持枪共犯,对方的行为也不能评价为非法买枪,只能评价为非法持枪。权钱

---

① 参见张明楷:《刑法学》(第6版)(下册),法律出版社2021年版,第912~913页。

不能交易,所以用枪行贿,也不能认定为非法卖枪,只能评价为非法持枪共犯和行贿,对方行为也不能被评价为非法买枪,只能评价为非法持枪和受贿。

5. 在行驶中的交通工具上查获枪支、弹药的,就是非法运输枪支、弹药吗?

不能认为只要是在行驶的交通工具上查获枪支、弹药的,就成立非法运输枪支、弹药罪。"运输"是与"制造""买卖"并列规定的行为,并且适用同样的最高刑为死刑的法定刑。所以,运输行为必须是与非法制造、买卖相关联的行为,否则只能评价为法定最高刑仅为7年有期徒刑的非法持有、私藏枪支、弹药罪。

6. 既非法制造枪支,又非法买卖手榴弹的,能否数罪并罚?

虽然通说认为选择性罪名不能数罪并罚,但针对不同对象实施的犯罪,出于罪刑相适应的考虑,原则上应当并罚。例如,既收买被拐卖的妇女,又收买被拐卖的儿童的,就应以收买被拐卖的妇女罪与收买被拐卖的儿童罪数罪并罚。另外,有关枪支、弹药、爆炸物犯罪的司法解释并未像毒品犯罪那样规定不同种类毒品之间的折算方法,所以对于既非法制造枪支,又非法买卖手榴弹的,应该考虑以非法制造枪支罪与非法买卖爆炸物罪数罪并罚。尤其是一个既遂一个未遂时,与其认定为非法制造、买卖枪支、爆炸物罪,还不如准确地评价为非法制造枪支罪既遂与非法买卖爆炸物罪未遂数罪并罚。

7. 为合法生产、经营,未经许可制造、买卖、运输、储存爆炸物的,构成犯罪吗?

案7:伍某为开山采石修建公路,购买了50千克硝酸钾肥料和10千克硫磺,在家中将硝酸钾肥料、硫磺、木炭和水按比例制成黑火药约70千克。之后,民警在伍某处查获黑火药47.94千克。经鉴定,该黑火药中检出硝酸钾、硫磺和单质碳。

本案争议焦点:本案中所涉黑火药数量已达到法律规定的情节严重,是否应当认定属于情节严重。

法院认为,伍某非法制造、储存爆炸物,其行为已构成非法制造、储存爆炸物罪。虽然涉案的黑火药数量已达到司法解释规定的情节严重的数量标准,但伍某制造、储存黑火药是为了修建集体公路,加快修路效率,是为了生产、生活需要,并且没有造成严重社会危害,确有悔改表现,可以不认定为该罪规定的情节严重情形。认定伍某犯非法制造、储存爆炸物罪,判处有期徒刑3年。二审维持。①

上述判决存在疑问。为合法生产、经营而未经许可制造、买卖、运输、储存爆炸物的行为的危害性,显然轻于为实施恐怖活动犯罪而非法制造、买卖、运输、储存爆炸物的行为。所以,因筑路、建房、打井、整修宅基地和土地等正常生产、生活需要,以及因从事合法的生产经营活动而非法制造、买卖、运输、邮寄、储存爆炸物的,如果以确保安全的方式生产、经营、运输、储存爆炸物,不宜以犯罪论处;如果未以确保安全的方式生产、经营、运输、储存爆炸物,可以认定为从事"危险物品生产、经营、储存等高度危险的生产作业活动",而构成《刑法》第134条之一的危险作业罪。

8. 通过快递等方式寄递枪支、弹药、爆炸物的,无罪吗?

虽然通过快递等方式寄递枪支、弹药、爆炸物难以认定为非法"邮寄"枪支、弹药、爆炸物,但无疑属于非法运输枪支、弹药、爆炸物(间接正犯),而构成非法运输枪支、弹药、爆炸物罪。

9. 认为非法"储存"是指明知是他人非法制造、买卖、运输、邮寄的枪支、弹药而为其存放的行为的司法解释规定,有无疑问?

案8:刘某某经营一家手机维修点,兼从事快递收寄业务。刘某某因张某某在寄递业务中一来二去熟悉了,一次刘某某在未开箱查验的情况下帮张某某寄递了一箱快递后被退回。刘某某打开纸箱发现箱内有疑似枪支、弹夹、塑料子弹及气瓶的物品,随后刘某某与张某某联系,声称其邮递物品被邮递公司查扣并让张某某缴纳罚款。之后张某某仍将疑似枪支等物品存

---

① 参见四川省眉山市中级人民法院刑事裁定书,(2019)川14刑终223号。

放在刘某某手机维修点内,因刘某某与朋友视频聊天过程中拿出1支涉案手枪进行炫耀,被他人举报案发。公安机关在刘某某手机维修店内查获3支涉案枪支及高压气瓶11瓶、弹夹10个等物品。经鉴定,3支嫌疑枪支均系以压缩气体为动力的枪支,具有杀伤力。

本案争议焦点:作为负有寄件接收、邮递业务的刘某某,在对他人邮寄的枪支进行储存保管的过程中,如何根据在案证据确定刘某某"明知"保管物系枪支并如何根据其"明知"之下的行为目的进行定罪。

法院认为,根据相关司法解释规定,"非法储存"是指明知是他人非法制造、买卖、运输、邮寄的枪支、弹药而为其存放的行为。结合上述案件事实及司法解释,刘某某对张某某买卖、邮寄枪支的行为并不明知,其不符合非法储存枪支罪的主观构成要件,相反刘某某之行为对涉案枪支仅仅是一种持有的状态和故意,故公诉机关指控刘某某非法储存枪支罪不成立,而辩护人提出刘某某构成非法持有枪支罪的辩护意见成立,应予采纳。[①]

案9:蔡某瑶告知高某宝欲购买手枪。经高某宝介绍和联系,蔡某瑶从李某(作出本判决时在逃)处以人民币6000元购得仿六四式自制手枪1支、六四式手枪子弹5发(其中1发被蔡某瑶试枪时所用)。蔡某瑶购得手枪后,将购得的手枪向高某宝出示。嗣后,蔡某瑶欲前往外地打工,将手枪交由余某军保管,并将弹匣及4发子弹取出自行保管。余某军将蔡某瑶委托其保管的手枪藏至其住房外墙墙洞内。

法院认为,余某军明知系他人非法买卖的枪支而予以存放,其行为已构成非法储存枪支罪。认定余某军犯非法储存枪支罪,判处有期徒刑3年。[②]

该案中,被告人替人保管1支枪,仅仅因为明知是他人非法买卖的枪支而为其存放,就被认定为非法储存枪支罪而判处3年有期徒刑。但是,行为人持有枪支的法益侵害性的大小与枪支的来源毫无关系。不能认为,明知是他人非法买卖的1支枪支而为其存放的行为法益侵害性一定大于明知是他人盗窃或者拾得

---

① 参见山东省济宁市中级人民法院刑事裁定书,(2019)鲁08刑终449号。
② 参见浙江省丽水市莲都区人民法院刑事判决书,(2003)莲刑初字第118号。

的 1 支枪而为其保管的行为。前者以非法储存枪支罪论处将面临至少 3 年有期徒刑的刑罚,而后者以非法持有枪支罪定罪只能判处 3 年以下的有期徒刑、拘役或者管制的刑罚。该案余某军替人保管 1 支枪的行为应认定为非法持有枪支罪,判处 3 年以下有期徒刑、拘役或者管制。

案 10:马某成从其亲戚处找来一根钢管,用木头等做配件,在其父马某顺的帮助下,自制了 1 支长 1.65 米的单管火药枪,用于打猎及防盗。马某成结婚后将该枪带回自己家中存放。之后,龙某学(系马某成的妻子龙某春之兄,已治安处罚)将 1 支长 1.71 米的自制单管火药枪存放于马某成家中至今。

法院认为,马某成违反法律规定,非法制造火药枪 1 支,其行为已构成非法制造枪支罪;另外,马某成明知是他人非法制造的枪支,却仍为其存放,其行为又构成非法储存枪支罪。公诉机关指控的罪名成立,法院予以采纳。马某成关于其行为构成非法持有枪支罪,而不构成非法储存枪支罪的辩解,因最高人民法院《关于审理非法制造、买卖、运输枪支、弹药、爆炸物等刑事案件具体应用法律若干问题的解释》中对这两个罪名有明确的界定:第 8 条第 2 款规定"非法持有"是指不符合配备、配置枪支、弹药条件的人员,违反枪支管理法律、法规的规定,擅自持有枪支、弹药的行为。马某成的行为不符合上述规定。而第 8 条第 1 款规定"非法储存"是指明知他人非法制造、买卖、运输、邮寄的枪支、弹药而为其存放的行为。马某成的行为符合该罪的构成要件。因此,马某成的行为构成非法储存枪支罪。其不构成非法储存枪支罪,而构成非法持有枪支罪的辩解与法律规定不相符合,法院不予采纳。认定马某成犯非法制造枪支罪,判处有期徒刑 1 年;犯非法储存枪支罪,判处有期徒刑 3 年,决定执行有期徒刑 3 年 6 个月。①

该案中,马某成自己制造 1 支枪的行为构成非法制造枪支罪,仅被判处 1 年有期徒刑,而替人保管 1 支单管火药枪却构成非法储存枪支罪被判处 3 年有期徒刑,两者不协调。本书认为,即便明知是他人非法制造的枪支,由于只有 1 支

---

① 参见四川省攀枝花市西区人民法院刑事判决书,(2001)攀西刑初字第 135 号。

民用枪支,应认定为非法持有枪支罪,适用3年以下有期徒刑、拘役或者管制的法定刑幅度;对被告人应以非法制造枪支罪与非法持有枪支罪数罪并罚。

最高人民法院《关于审理非法制造、买卖、运输枪支、弹药、爆炸物等刑事案件具体应用法律若干问题的解释》指出,"非法储存"是指明知是他人非法制造、买卖、运输、邮寄的枪支、弹药而为其存放的行为,或者非法存放爆炸物的行为。这一司法解释虽然对区分储存行为与持有行为具有意义,但使储存行为的范围过于窄小,导致非法储存大量枪支、弹药的行为仅成立法定最高刑为7年有期徒刑的非法持有、私藏枪支、弹药罪,或者被地方司法机关认定为以危险方法危害公共安全罪,而与非法储存大量爆炸物的行为的处理不协调。所以说,除司法解释所规定的情形之外,非法保存、控制大量枪支、弹药的行为,即使与他人非法制造、买卖、运输、邮寄枪支、弹药的行为没有关联,也应被认定为非法储存枪支、弹药罪。

本书认为,所谓"非法储存",应是未经许可存放相当数量的枪支、弹药、爆炸物、危险物质的行为;立法者之所以仅将非法持有、私藏枪支、弹药罪的法定最高刑设置为7年有期徒刑,是因为还有法定最高刑为死刑的非法储存枪支、弹药罪的存在。为体现非法储存枪支、弹药罪与非法持有、私藏枪支、弹药罪之间法益侵害性的差异,应规定持有、私藏较少数量枪支、弹药的,构成非法持有、私藏枪支、弹药罪,达到一定数量的,构成非法储存枪支、弹药罪。现有的司法解释规定,导致只要不属于"明知是他人非法制造、买卖、运输、邮寄的枪支、弹药而为其存放"的情形,即便行为人所持有、私藏的枪支、弹药能够武装一个军团的队伍,也只能以非法持有、私藏枪支、弹药罪定罪,最重判处7年有期徒刑;相反,只要属于上述情形,即便仅持有1支民用枪支,也应认定为非法储存枪支罪(法定最低刑为3年有期徒刑),而不是非法持有、私藏枪支罪(法定最低刑为管制)。由于非法储存爆炸物罪和非法储存危险物质罪没有相应的非法持有、私藏爆炸物、危险物质罪罪名,在规定立案标准时,只需考虑违法性和有责性是否达到值得科处刑罚的程度。

基于上述立场,本书认为相关罪名的立案标准和司法实践中的做法值得商榷。最高人民法院《关于审理非法制造、买卖、运输枪支、弹药、爆炸物等刑事案件具体应用法律若干问题的解释》第1条规定:"个人或者单位非法制造、买卖、运输、邮寄、储存枪支、弹药、爆炸物,具有下列情形之一的,依照刑法第一百二十五条第一款的规定,以非法制造、买卖、运输、邮寄、储存枪支、弹药、爆炸物罪定罪处罚:(一)非法制造、买卖、运输、邮寄、储存军用枪支1支以上的;(二)非法制造、买卖、运输、邮寄、储存以火药为动力发射枪弹的非军用枪支1支以上或者以压缩气体等为动力的其他非军用枪支2支以上的……"第5条规定:"具有下列情形之一的,依照刑法第一百二十八条第一款的规定,以非法持有、私藏枪支、弹药罪定罪处罚:(一)非法持有、私藏军用枪支1支的;(二)非法持有、私藏以火药为动力发射枪弹的非军用枪支1支或者以压缩气体等为动力的其他非军用枪支2支以上的……"可见,司法解释将非法储存枪支罪与非法持有、私藏枪支罪规定了同样的立案数量标准。这有违储存的本来含义,本书并不赞成。正确的做法是,应将非法储存枪支、弹药罪的数量标准规定略高于非法持有、私藏枪支、弹药罪。

10. 将为在庙会上燃放而制作烟火药的行为认定为非法制造爆炸物罪的判决,有无疑问?

案11:公安干警当场查获杨某申为过庙会而用于制造"梨花瓶"的烟火药15千克、"梨花瓶"成品200个(每个瓶内药量约为1.46千克)以及其他原料和工具。经鉴定,烟火药具有爆炸性。检察机关认为,杨某申的行为构成非法制造爆炸物罪。辩护律师提出,被告人制作烟火药不是为了出售谋利或者出于其他违法目的,而是在举办"五道古火会"时进行燃放。法院以非法制造爆炸物罪判处杨某申有期徒刑4年6个月。[1]

我国《宪法》第22条第2款规定:"国家保护名胜古迹、珍贵文物和其他重要历史文化遗产。""五道古火会"属于非物质文化遗产。即使认为杨某申的行为符合非法制造爆炸物罪的构成要件,也可以根据《宪法》进行法益衡量,认为其具有实质的违法阻却事由,而不应以犯罪论处。河北赵县人民法院的判决是

---

[1] 参见河北赵县人民法院刑事判决书,(2017)冀0133刑初4号。

错误的,应当坚决予以纠正。

11. 走私爆炸物的,无罪吗?

《刑法》规定了走私武器、弹药罪,未规定走私爆炸物罪,但不能认为走私爆炸物的行为无罪。走私,其实就是将物品从国(境)内运输到国(境)外、从国(境)外运输到国(境)内。走私爆炸物的行为,完全可能被评价为非法运输爆炸物罪。

12. 走私枪支、弹药进出国边境的,能以非法运输枪支、弹药罪判处死刑吗?

虽然《刑法修正案(九)》废除了走私武器、弹药罪的死刑,对于走私枪支、弹药的行为,不能以走私武器、弹药罪判处死刑,但走私行为也是运输行为,故走私枪支、弹药的,可以认定为非法运输枪支、弹药罪而判处死刑。

13. 枪口比动能达到1.8焦耳/平方厘米,就是刑法意义上的枪支吗?

案12:赵某华在某地摆设气枪射击摊位进行营利活动。公安机关在巡查过程中发现赵某华的上述行为并将其抓获归案,当场查获涉案枪形物9支及相关枪支配件、塑料弹。经公安局物证鉴定中心鉴定,涉案9支枪形物中的6支为能正常发射以压缩气体为动力的枪支。

本案争议焦点:(1)赵某华对其所持有枪形物及其持有行为是否存在违法认识;(2)公安部制定的规范性文件能否作为涉案枪支认定的依据;(3)如何认定赵某华非法持枪行为的社会危害性。

法院认为,赵某华对其所持有的枪形物具有一定杀伤力和危险性这一事实具有明确的认知,该认知基于社会意义上的枪支本身的危险性而存在,不需要其认识到其所持有枪形物的枪口比动能已达到大于1.8焦耳/平方厘米的标准。换言之,赵某华是否知晓法定的枪支认定标准并不影响其对所持有枪形物具有社会意义上的危险性的明确认识,这也就足以肯定其对违法事实具有明确认识。《刑法》第128条第1款明确规定的"违反枪支管理规定",并不限于有关枪支管理的法律、行政法规,还包含枪支管理的部门规范性文件。同时,《枪支管理法》

第 4 条明确规定了"国务院公安部门主管全国的枪支管理工作"。据此,公安部作为枪支管理主管部门,有权制定非制式枪支的具体标准。况且,如果在个案中鉴定每一支枪是否"足以致人伤亡或者丧失知觉",既难以在技术上准确实现,又会严重影响到枪支管理法制统一性,故"鉴定工作规定"与"鉴定判据"均合法有效,应当适用。一审法院认定被告人赵某华犯非法持有枪支罪,判处有期徒刑3年6个月。二审改判有期徒刑3年,缓刑3年。①

公安部于2010年12月7日印发的《公安机关涉案枪支弹药性能鉴定工作规定》指出:"对不能发射制式弹药的非制式枪支,按照《枪支致伤力的法庭科学鉴定判据》(GA/T718—2007)的规定,当所发射弹丸的枪口比动能大于等于1.8焦耳/平方厘米时,一律认定为枪支。"赵某华所持有的气枪,就是据此直接认定其符合非法持有枪支罪的构成要件要素的。二审判决书指出,公安部作为枪支管理主管部门有权制定相关规定,本案鉴定所依据的《公安机关涉案枪支弹药性能鉴定工作规定》《枪支致伤力的法庭科学鉴定判据》均合法有效,应当适用。② 但是,行政规章的合法有效,并不意味着可以直接适用于刑事案件。换言之,在刑事司法中,必须对枪支这一构成要件要素进行独立判断。

首先,非法持有枪支罪是抽象危险犯。一方面,《刑法》之所以将有关枪支的犯罪规定在"危害公共安全罪"一章中,就是因为枪支的显著杀伤力具有导致不特定人或者多数人伤亡的危险。换言之,《刑法》分则规定的枪支犯罪,不是以保护枪支管理秩序为目的的,而是以保护公众的生命、身体安全为目的的。因此,不能将行政机关出于枪支管理目的所认定的枪支,直接作为刑法上的枪支。另一方面,虽然抽象的危险是不需要司法工作人员具体判断的危险,但是,如果具体案件中的特别情况导致行为根本不存在任何危险,则不能认定为抽象危险犯。换言之,既然抽象危险是某个犯罪的处罚根据,那么,当行为确实不存在抽象危险时,就应当否认行为的构成要件符合性与违法性。1.8焦耳/平方厘米比动能的弹丸远远不能击穿人体皮肤,而一个不能击穿人体皮肤的比动能作为对

---

① 参见天津市第一中级人民法院刑事判决书,(2017)津01刑终41号。
② 参见天津市第一中级人民法院刑事判决书,(2017)津01刑终41号。

人体的致伤力标准是不合适的。此前因为贩卖同类枪支而被追究刑事责任的王某其曾做过这样一个试验,他用自己买卖的仿真枪打自己,最多就是红一点点,有点痛,都不至于流血。还有被告人说:"请用我买的枪枪毙我,如果能打死我,我就承认我有罪!如果打不死我,就放我回家!"这充分说明,公安机关所确定的枪支,不能成为刑法上的枪支。

其次,《枪支管理法》第47条第1款规定:"单位和个人为开展游艺活动,可以配置口径不超过4.5毫米的气步枪。具体管理办法由国务院公安部门制定。"据此,为了开展游艺活动而使用的气步枪原本就不属于《枪支管理法》所规制的枪支,更不可能属于刑法上的枪支。所以,倘若赵某华使用的气步枪的口径没有超过4.5毫米,就连行政法规也没有违反;即使其持的气步枪的口径超过了4.5毫米,也只是可能违反行政法规,而不会构成犯罪。

总之,在刑事司法中,公安机关制定的枪支鉴定标准,只是判断相关枪形物是否属于刑法上的枪支的参考资料,而不能直接作为认定枪支犯罪的标准。[①]

14. 枪支零配件是"枪支"吗?

案13:郑某龙、方某冬分别通过网络渠道销售恒压阀等气枪零配件。郑某龙给汤某提供图纸让汤某为其加工恒压阀零部件。方某冬从郑某龙处购买恒压阀再销售给他人。某日,县公安局民警在郑某龙住处将郑某龙、方某冬抓获,随后在郑某龙、方某冬处分别查获大量恒压阀等疑似气枪零部件,并予以扣押。经鉴定,郑某龙处扣押的疑似气枪零件中,193件可认定为气步枪零件;方某冬处扣押的疑似气枪零件中,94件可认定为气步枪零件。其中,在方某冬处查获橙色盒子所装的72件气枪零件及捷豹商贸盒子所装的15件气枪零件共计87件气枪零件,系方某冬从郑某龙处购买的。

本案争议焦点:对非法买卖气枪零配件行为的定罪量刑,如何综合评估其社会危害性,实现罪责刑相适应。

[①] 参见张明楷:《避免将行政违法认定为刑事犯罪:理念、方法与路径》,载《中国法学》2017年第4期。

法院认为,郑某龙通过网络渠道销售恒压阀等气枪零配件,之后给汤某提供图纸让其加工恒压阀零部件,方某冬从郑某龙处购买恒压阀再销售给他人。经折算,郑某龙买卖的枪支散件已达 9 支有余,方某冬买卖的枪支散件不足 1 支。被告人主观上明知恒压阀是枪支配件,为了牟利,客观上实施了通过网络向不特定人非法销售枪支主要零配件的行为,达到了刑事处罚标准,侵犯了枪支、弹药的管理规定和正常的管理秩序,故被告人的行为构成非法买卖枪支罪。虽然郑某龙非法买卖的枪支散件达到了规定的最低数量标准,但是该枪支零配件并没有很大的致伤力,未造成严重的危害后果,社会危害性相对较小。认定郑某龙犯非法买卖枪支罪,判处有期徒刑 6 年;方某冬犯非法买卖枪支罪,判处有期徒刑 3 年。[①]

应该说,将销售枪支零配件的行为认定为非法买卖"枪支"罪的上述判决存在疑问。的确,《关于审理非法制造、买卖、运输枪支、弹药、爆炸物等刑事案件具体应用法律若干问题的解释》第 7 条规定,非法制造、买卖、运输、邮寄、储存、盗窃、抢夺、持有、私藏、携带成套枪支散件的,以相应数量的枪支计;非成套枪支散件以每 30 件为一成套枪支散件计。或许将制造、买卖、运输、邮寄、储存只需简单组合即可形成具有杀伤力的枪支的成套枪支散件的行为,认定为非法制造、买卖、运输、邮寄、储存枪支罪,勉强可以接受,但认为盗窃、抢夺、持有、私藏、携带成套枪支散件,也能成立盗窃、抢夺"枪支"罪,非法持有、私藏"枪支"罪和非法携带"枪支"危及公共安全罪,就可能超出了一般人可能接受的范围。正如,不会有人认为持有成套的枪支散件抢劫与持"枪"抢劫一样。至于将非成套的枪支散件看作是"枪支",就更不可接受。刑法禁止非法制造、买卖、运输、邮寄、储存、盗窃、抢夺、持有、私藏、携带的是"枪支",而非枪支零配件。若认为刑法禁止非法制造、买卖、运输、邮寄、储存、盗窃、抢夺、持有、私藏、携带非成套的枪支散件,应当由刑法进行明确规定。就像《刑法》第 350 条将非法生产、买卖、运输醋酸酐、乙醚、三氯甲烷或者其他用于制造毒品的原料、配剂或者携带上述物品进出境明确规定为犯罪一样。更何况,很多枪支散件、零配件完全可能用于其

[①] 参见河南省郏县人民法院刑事判决书,(2018)豫 0425 刑初 203 号。

他合法的用途,而不是只能用于制造枪支。或许,对非法制造、买卖、运输、邮寄、储存、盗窃、抢夺、持有、私藏、携带非成套的枪支散件的行为进行行政处罚更可行,但直接认定为刑法意义上的"枪支",还是明显超出了一般人的认知范围而有违罪刑法定原则。

15. 烟花爆竹,是刑法意义上的"爆炸物"吗?

案14:钟某波在未办理烟花爆竹安全生产许可证的情况下,在某村村民黄始某家中私自配制烟火药用于非法生产爆竹"大炮"。在非法生产爆竹过程中,钟某波将硫黄、银粉、高氯酸钾、珍珠粉按比例混合配置成烟火药,再将配制好的烟火药装入空纸筒,插入引线后用固引剂封口制成爆竹"大炮"成品。县公安局现场查获其生产的大炮1676扎,计40,224个。经抽样检验,"大炮"内含药物为烟火药,药量为2.18克/个,1676扎"大炮"的烟火药总含量为87.69千克。

本案争议焦点:钟某波非法生产的"大炮"是否属于爆炸物。

法院认为,钟某波违反法律规定,未经国家有关部门批准,非法制造爆炸物,并且数量已达到"烟火药三千克"的5倍以上,情节严重,其行为已构成非法制造爆炸物罪。相关司法解释明确规定烟火药属于爆炸物。钟某波为非法制造爆竹而非法制造烟火药,并且数量达到犯罪最低标准的五倍以上,符合非法制造爆炸物罪的构成要件。认定钟某波犯非法制造爆炸物罪,判处有期徒刑10年。①

案15:严某与黎某(另案处理)经事先商议,欲将一批烟花爆竹瞒报为普通货物经上海港出口。某日,上述烟花爆竹被以普通货物名义,通过道路运输至某集装箱码头有限公司场地堆放,后于同日被查获。经查,上述集装箱内含26种烟花爆竹,共计6087箱,经鉴定,上述烟花爆竹火药总量约为70,093千克,黑火药总量约为5391千克。

本案争议焦点:本案指控严某犯罪的证据是否充分,并且本案的犯罪行为本身是否与放火、爆炸等行为具有同质性和危险相当性,能否认定为以危险方法危

---

① 参见湖南省邵阳市绥宁县人民法院刑事判决书,(2016)湘0527刑初字第43号。

害公共安全罪。

　　法院认为,以危险方法危害公共安全罪中的"其他危险方法",无论以何种行为方式,都应具有导致不特定多数人重伤、死亡或财产重大损失的现实危险性。本案中,将5个集装箱的烟花爆竹瞒报为普通货物运输、仓储、出口,在道路上高速行驶,存放在消防、监管等设施欠缺的仓库、出口至货轮上,与普通货物一并堆放,一路瞒报,缺乏必要的监管及特殊处理,发生爆炸的可能性极大。根据相关检验报告证实,装有1.3项、1.4项烟花爆竹的单个集装箱燃烧产生的热辐射,人员在半径约10米范围1分钟内的死亡概率可达到100%,可见上述行为的高度危险性、现实危险发展成为实际损害的快速性及危险后果的迅速蔓延性、不可控性,符合以危险方法危害公共安全罪的构成要件,应以以危险方法危害公共安全罪论处。认定严某犯以危险方法危害公共安全罪,判处有期徒刑5年。[1]

　　应该说,上述判决存在疑问。即便认为烟花爆竹属于爆炸物,也只能认定成立非法运输爆炸物罪(抽象危险犯)。即使认为将烟花爆竹瞒报为普通货物运输仓储出口具有危险性,也难以认为已经像放火罪、爆炸罪一样,形成对不特定多数人的生命、健康的具体、现实、紧迫的危险,所以不可能符合作为具体危险犯的以危险方法危害公共安全罪的构成要件。本案中被告人的行为,在《刑法修正案(十一)》之后,可以被认定为《刑法》第134条之一的危险作业罪。

　　由于烟花爆竹被普遍接受,本身不属于刑法意义上的爆炸物,但制造烟花爆竹所需的黑火药属于爆炸物。"由于烟花爆竹的普遍被接受性、娱乐性、爆炸力被分散性等特点,将烟花爆竹认定为爆炸物会扩大打击面,也与普通民众的认识观念、传统习俗不符,因此,最高人民法院的司法解释没有将烟花爆竹认定为爆炸物"[2],这就说明,烟花爆竹在现代风险社会是可接受的危险。既如此,就不能认为烟花爆竹及其原料黑火药属于爆炸物。非法制造、买卖、运输、邮寄、储存、盗窃、抢夺烟花爆竹的,不能成立非法制造、买卖、运输、邮寄、储存、盗窃、抢夺爆

---

[1] 参见上海市虹口区人民法院刑事判决书,(2018)沪0109刑初474号。
[2] 最高人民法院研究室《关于生产烟花爆竹配置烟火药行为是否构成非法制造、买卖爆炸物罪的答复》。

炸物罪。如果行为人未以确保安全的方式生产、经营、储存,可以认定为《刑法》第134条之一的危险作业罪。

16. 违规制造、销售弹药、爆炸物的,构成非法制造、买卖弹药、爆炸物罪吗?

《刑法》第126条规定了依法被指定、确定的枪支制造、销售企业,违规制造、销售枪支的,构成法定刑低于非法制造、买卖枪支罪的违规制造、销售枪支罪,却没有规定依法被指定、确定的弹药、爆炸物制造、销售企业违规制造、销售弹药、爆炸物的犯罪。这种行为不可能无罪。可行的解决方案是,虽然也认定为非法制造、买卖弹药、爆炸物罪,但在处刑上要低于非依法被指定、确定的弹药、爆炸物制造、销售企业非法制造、买卖弹药、爆炸物的情形。因为前者可谓法定犯,后者是自然犯。法定犯的危害性通常轻于自然犯。这是我国自然犯与法定犯一体化的立法体例下必须面临的问题。

第二节 非法制造、买卖、运输、储存危险物质罪

· 导 读 ·

不能因为本罪中存在"危害公共安全"的表述,就认为本罪是具体危险犯。本罪是一种准抽象危险犯,"危害公共安全"的表述,旨在限制或者明确处罚范围,是对行为对象属性的要求,而非对行为本身危险程度的要求。依法被指定、确定的危险物质制造、销售企业违规制造、销售危险物质的,如果是以确保安全的方式生产、经营的,不值得作为犯罪科处刑罚;如果未以确保安全的方式生产、经营,则可能成立《刑法》第134条之一的危险作业罪。走私核材料以外的危险物质,可评价为非法运输危险物质罪。非法邮寄危险物质的,可认定为非法运输危险物质罪。

条 文

第一百二十五条第一款 【非法制造、买卖、运输、邮寄、储存枪支、弹药、爆炸物罪】

【非法制造、买卖、运输、储存危险物质罪】非法制造、买卖、运输、储存毒害性、放射性、传染病病原体等物质,危害公共安全的,依照前款的规定处罚。

单位犯前两款罪的,对单位判处罚金,并对其直接负责的主管人员和其他直接责任人员,依照第一款的规定处罚。

罪名精释

1.能否因为本罪中存在"危害公共安全"的表述,就认为本罪是具体危险犯?

张明楷教授认为,本罪罪状中存在"危害公共安全"的表述,因此本罪与《刑法》第114条的放火罪、决水罪、爆炸罪、投放危险物质罪一样,属于具体危险犯。①

《刑法》第114条规定的放火罪、决水罪、爆炸罪、投放危险物质罪等罪中"危害公共安全"的表述,是为了区分危害公共安全犯罪与普通的人身、财产犯罪,只有形成具体、现实、紧迫的危险才能成立危害公共安全罪,所以可以认为"危害公共安全"的表述是具体危险犯的标志。但同样是制造、买卖、运输、储存行为,当对象是枪支、弹药、爆炸物时,不强调"危害公共安全",而对象是"毒害性、放射性、传染病病原体等物质"时,却强调必须"危害公共安全",显然是因为枪支、弹药、爆炸物的危险性或者杀伤力众所周知,其公共危险性不言而喻,无须证明,而毒害性、放射性、传染病病原体等危险物质种类繁多,危害性、危险性千差万别,为了限制处罚范围,只有制造、买卖、运输、邮寄、储存这种危险物质对公共安全的威胁,能达到与非法制造、买卖、运输、邮寄、储存枪支、弹药、爆炸物相

---

① 参见张明楷:《刑法学》(第6版)(下册),法律出版社2021年版,第914页。

当的程度,才值得科处同样的刑罚,此其一。其二,之所以《刑法》第114条规定的投放毒害性、放射性、传染病病原体等物质成立犯罪需要"危害公共安全",是因为只有投放危险物质的行为本身形成具体、现实、紧迫的危险才能与放火罪、决水罪、爆炸罪相当,才能与《刑法》第115条第1款规定的作为结果犯的投放危险物质罪相区分。《刑法》第125条第2款没有像《刑法》第115条第1款那样明确"致人重伤、死亡或者使公私财产遭受重大损失",而是只要求情节严重即成立加重犯。司法实践中也认为,只要"非法制造、买卖、运输、储存原粉、原液、制剂500克以上,或者饵料20千克以上",即属于"情节严重",处10年以上有期徒刑、无期徒刑或者死刑。① 其三,从立法沿革也能看出,本罪中的"危害公共安全"旨在限制处罚范围。1997年《刑法》第125条第2款规定的是"非法买卖、运输核材料的,依照前款的规定处罚"。2001年通过的《刑法修正案(三)》将该款修改为现在的表述:非法制造、买卖、运输、储存毒害性、放射性、传染病病原体等物质,危害公共安全的,依照前款的规定处罚。应该说,核材料的危险性众所周知,范围也容易确定,无须强调"危害公共安全",而"毒害性、放射性、传染病病原体等物质"的范围很广泛,危害性千差万别,所以必须强调"危害公共安全"以明确或者限制处罚范围。

所以说,《刑法》第125条第2款非法制造、买卖、运输、储存危险物质罪中的"危害公共安全"的表述,旨在限制或者明确处罚范围,而不是表明本罪是具体危险犯。只要对象是毒鼠强、氰化钠之类剧毒物质,非法制造、买卖、运输、储存这种危险物质就成立犯罪。事实上,司法实践也认为,只要非法制造、买卖、运输、储存了一定数量的毒鼠强等剧毒化学品就成立非法制造、买卖、运输、储存危险物质罪,非法制造、买卖、运输、储存较大数量的毒鼠强等剧毒化学品,就成立"情节严重"的非法制造、买卖、运输、储存危险物质罪。②

可以认为,非法制造、买卖、运输、储存危险物质罪是一种准抽象危险犯。

---

① 参见最高人民法院、最高人民检察院《关于办理非法制造、买卖、运输、储存毒鼠强等禁用剧毒化学品刑事案件具体应用法律若干问题的解释》(法释〔2003〕14号)第2条。
② 参见最高人民法院、最高人民检察院《关于办理非法制造、买卖、运输、储存毒鼠强等禁用剧毒化学品刑事案件具体应用法律若干问题的解释》(法释〔2003〕14号)第1条、第2条。

"危害公共安全"的表述,旨在限制或者明确处罚范围,是对行为对象属性的要求,而非对行为本身危险程度的要求。

2. 违规制造、销售危险物质的,无罪吗?

《刑法》第 126 条针对依法被指定、确定的枪支制造、销售企业违规制造、销售枪支的行为规定了法定刑相对较低的违规制造、销售枪支罪,却没有规定违规制造、销售危险物质罪。由于危险物质的危险性或者杀伤力不及枪支,对于依法被指定、确定的危险物质制造、销售企业违规制造、销售危险物质的,如果以确保安全的方式生产、经营,可进行行政处罚,不值得作为犯罪处理;如果未以确保安全的方式生产、经营,则可能成立《刑法》第 134 条之一的危险作业罪。

3. 走私核材料以外的危险物质,无罪吗?

走私核材料以外的危险物质,虽然不能构成走私核材料罪,但完全可以评价为运输危险物质罪。

4. 邮寄危险物质的,无罪吗?

不像非法制造、买卖、运输、邮寄、储存枪支、弹药、爆炸物罪,《刑法》第 125 条第 2 款未规定非法邮寄危险物资罪。应该说,邮寄也是一种运输(间接正犯),非法邮寄危险物质的行为,完全可以以非法运输危险物质罪论处。

第三节 违规制造、销售枪支罪

·导 读·

"依法被指定、确定的枪支制造企业、销售企业",系表面的构成要件要素、划分界线的要素。误以为自己具有制造、销售枪支的资格而制造、销售枪支的,成立违规制造、销售枪支罪。本罪是短缩的二行为犯,违规制造了无号、重号、假号枪支的,就成立本罪既遂。本罪的销售,是指违反规定将枪支销售给具有购枪资格或者持枪许可的单位或者个人。将枪支销售给一般人的,应认定为非法买卖枪支罪。

条 文

第一百二十六条 【违规制造、销售枪支罪】依法被指定、确定的枪支制造企业、销售企业,违反枪支管理规定,有下列行为之一的,对单位判处罚金,并对其直接负责的主管人员和其他直接责任人员,处五年以下有期徒刑;情节严重的,处五年以上十年以下有期徒刑;情节特别严重的,处十年以上有期徒刑或者无期徒刑:

(一)以非法销售为目的,超过限额或者不按照规定的品种制造、配售枪支的;

(二)以非法销售为目的,制造无号、重号、假号的枪支的;

(三)非法销售枪支或者在境内销售为出口制造的枪支的。

罪名精释

1."依法被指定、确定的枪支制造企业、销售企业",是必须具备的客观要素吗?

案1:甲是某军工企业的法定代表人,以为企业的营业执照还没有到期,企业还有制造、销售枪支的资格,而安排企业员工继续制造、销售枪支。

甲认为企业具有制造、销售枪支的资格,故没有非法制造、买卖枪支的故意,不构成非法制造、买卖枪支罪。如果认为"依法被指定、确定的枪支制造企业、销售企业"是必须具备的客观要素,则甲的行为系过失违规制造、销售枪支,不构成犯罪,最终甲无罪。可是,如果企业真的具有制造、销售枪支的资格,甲无疑构成违规制造、销售枪支罪,而现在由于企业不具有制造、销售枪支的资格,甲反而是无罪,显然有悖刑法的公平正义性。

应当认为,"依法被指定、确定的枪支制造企业、销售企业"并不是为违法性、有责性提供根据的客观要素,不是必须要具备的要素,而系表面的构成要件要素、划分界线的要素。甲以为自己企业具有制造、销售枪支的资格,其具有违规制造、销售枪支的故意,虽然客观上不具备制造、销售枪支的资格,但不妨碍违规制造、销售枪支罪的成立。甲的行为成立违规制造、销售枪支罪。

2. 只有实际销售了所违规制造的无号、重号、假号的枪支,才成立犯罪既遂吗?

《刑法》第126条第2项规定:以非法销售为目的,制造无号、重号、假号的枪支的。问题是,是否只有实际售出了所违规制造的无号、重号、假号的枪支,才能成立违规制造、销售枪支罪的既遂?

应该说,本罪属于短缩的二行为犯。实行行为为"制造",不是"制造+销售",只要行为人以非法销售为目的,完成了违规制造无号、重号、假号枪支的行为,就成立违规制造枪支罪的既遂。当然,行为人实际销售了所违规制造的无号、重号、假号枪支的,也只需认定为违规制造、销售枪支罪一罪。

3. 依法被指定、确定的枪支制造、销售企业将枪支销售给一般人的,还构成违规销售枪支罪吗?

《刑法》第126条第3项规定:非法销售枪支或者在境内销售为出口制造的枪支的。应该说,之所以本罪的法定刑轻于非法制造、买卖枪支罪,是因为行为人只是违反了行政法规使得违法性、有责性相对较低。依法被指定、确定的枪支制造、销售企业只有违反规定将枪支销售给具有购枪资格或者持枪许可的单位和个人的,才是单纯的违规行为,才是法定犯。如果将枪支销售给一般人,就不再是单纯的违规行为,而成了自然犯,其违法性、有责性与一般的非法销售枪支无异,所以成立的不是违规销售枪支罪,而是非法买卖枪支罪。

第四节　盗窃、抢夺、抢劫枪支、弹药、爆炸物罪

> **·导　读·**
>
> 发现既有钱又有枪而一并盗走的,不是成立想象竞合,而应以盗窃罪与盗窃枪支罪数罪并罚。成立盗窃、抢夺、抢劫枪支、弹药、爆炸物罪不需要具有非法占有目的,出于报复目的窃取警察枪支后藏匿的,成立盗窃枪支罪。行为人将他人占有下的枪支、弹药、爆炸物转移为自己或者第三者占有时,才能成立本罪的既遂。盗窃、抢夺枪支的,能够转化为抢劫罪。骗取枪支、弹药、爆炸物的,成立盗窃枪支、弹药、爆炸物罪。侵占受委托保管的和捡拾的枪支、弹药的,成立非法持有、私藏枪支、弹药罪。侵占受委托保管的和捡拾的爆炸物的,成立侵占罪。敲诈勒索他人枪支、弹药、爆炸物的,成立盗窃枪支、弹药、爆炸物罪。故意毁坏他人枪支、弹药、爆炸物的,成立故意毁坏财物罪。

条　文

第一百二十七条　【盗窃、抢夺枪支、弹药、爆炸物、危险物质罪】盗窃、抢夺枪支、弹药、爆炸物的,或者盗窃、抢夺毒害性、放射性、传染病病原体等物质,危害公共安全的,处三年以上十年以下有期徒刑;情节严重的,处十年以上有期徒刑、无期徒刑或者死刑。

【抢劫枪支、弹药、爆炸物、危险物质罪】【盗窃、抢夺枪支、弹药、爆炸物罪】抢劫枪支、弹药、爆炸物的,或者抢劫毒害性、放射性、传染病病原体等物质,危害公共安全的,或者盗窃、抢夺国家机关、军警人员、民兵的枪支、弹药、爆炸物的,处十年以上有期徒刑、无期徒刑或者死刑。

罪名精释

1. 发现既有钱又有枪而一并盗走的,是想象竞合还是应数罪并罚?

案1:甲到公安局局长家中行窃,发现公安局局长家里既有大量的美钞又有枪支,行为人用一麻袋将美钞和枪支全部装走。

刑法理论通常探讨的是,行为人不明知是枪支而盗窃的,只能评价为盗窃罪,发现是枪支而持有、私藏的,再评价为非法持有、私藏枪支罪,与盗窃罪数罪并罚。问题是,在既遂之前就已发现对象中既有普通财物又有枪支而统统取走的,如案1,是一个行为还是两个行为,是成立盗窃罪与盗窃枪支罪的想象竞合,还是应以盗窃罪与盗窃枪支罪数罪并罚?或许可以设想存在多种情形:(1)一袋钞票和一袋枪支,行为人左右手各提一袋走出门去;(2)将钞票和枪支装在一个袋子里,一手提走;(3)将钞票和枪支各装一麻袋,行为人分两次搬运出门;等等。我们能否认为在第二种情形中只有一个行为,应作为想象竞合处理,而在第一种和第三种情形中明显存在两个行为,而应数罪并罚?

本书认为,对刑法中的行为应当进行规范性评价,上述三种情形均存在盗窃普通财物和盗窃枪支两个行为,侵害了两个法益,同时符合两个犯罪的构成要件,应当数罪并罚。上述案1,对甲应以盗窃罪与盗窃枪支罪数罪并罚。

案2:詹某兵窜至王某华家,用木棍撬开厨房窗户防护栏后,翻窗入室行窃,盗得五四式手枪一支、子弹26发、金项链一条、金戒指一枚。所盗金首饰变卖后挥霍。

一审法院认为,对詹某兵应以盗窃罪与盗窃枪支罪数罪并罚。二审法院则认为,原判对上诉人詹某兵以秘密窃取公私财物为目的所实施的盗窃枪支弹药及金首饰的行为,分别定性盗窃罪和盗窃枪支弹药罪实行数罪并罚不当,对此犯罪行为应当择一重罪处罚,即只定盗窃枪支弹药罪,而不再定盗窃罪,二审法院依法纠正。①

从案情描述看,在盗窃既遂之前,行为人已经认识到对象的性质,应该评价

---

① 参见贵州省高级人民法院刑事判决书,(2000)黔刑终字第522号。

为两个行为,构成两罪而实行数罪并罚。一审认定为数罪是正确的,二审改判为一罪是错误的。

案3:余某、谢某辉、王某、李某四人在前往海某村的路途中,余某、谢某辉提出"现在大家没钱花了,一起去搞点钱来花"的主张,李某、王某也表示同意。接着四人看见一对男女,李某、王某及谢某辉便冲上去抓住男的(王某1),余某用水果刀指着王某1说"不许动",之后抢走王某1携带的七七式手枪1支,子弹7发,摩托罗拉手机1部,谢某辉抢走王某1传呼机1台。随后四人逃离作案现场。之后,余某、王某及谢某辉在附近工地找到李某财,将七七式手枪和6发子弹卖给李某财,李某财当场付给他们三人300元。

法院认为,余某、李某、王某结伙持刀进行抢劫,其行为均已构成抢劫罪,余某在抢劫中抢得七七式手枪1支,其行为已构成抢劫枪支、弹药罪。余某还伙同王某等人将抢来的枪支卖给他人,其行为均已构成非法买卖枪支、弹药罪。李某财明知是枪支、弹药还予以购买,其行为已构成非法买卖枪支、弹药罪。[1]

行为人在抢劫时就认识到了枪支的存在,法院以抢劫罪与抢劫枪支、弹药罪数罪并罚是正确的。不过,行为人抢劫枪支后出售的,由于没有侵犯新的法益(抢劫枪支、弹药罪与非法买卖枪支、弹药罪均为公共危险犯),属于刑法理论上的包括的一罪,因此,在抢劫枪支、弹药罪之外另定非法买卖枪支、弹药罪数罪并罚不妥。

2. 出于报复的目的盗窃警察枪支后藏匿的,构成盗窃枪支罪吗?

案4:乙为了让警察丙丢掉工作,盗窃丙的枪支后进行藏匿。

如果认为成立盗窃枪支罪必须具有非法占有目的(排除意思和利用意思),则因为乙没有利用的意思,不构成盗窃枪支罪,而只能构成故意毁坏财物罪。倘若认为成立盗窃枪支罪无须具有非法占有目的,则乙的行为构成盗窃枪支罪。

刑法理论通说一直坚定地认为,成立盗窃、抢夺、抢劫枪支、弹药、爆炸物罪,

---

[1] 参见海南省海口市中级人民法院刑事判决书,(2001)海中法刑初字第36号。

行为人主观上必须具有非法占有目的。① 可是,人们之所以公认非法占有目的是盗窃罪的不成文的构成要件要素,是因为在盗窃罪之外还有故意毁坏财物罪,需要通过有无非法占有目的来区分二者。然而,在盗窃枪支罪之外,并无故意毁坏枪支罪,不存在需要区分二者的问题。况且,即便不具有利用的意思,出于报复的目的窃取警察枪支后藏匿的,也对公共安全存在威胁。所以说,成立盗窃、抢夺、抢劫枪支、弹药、爆炸物罪无须具有非法占有目的,即便出于报复目的盗窃警察枪支后加以藏匿,也不妨碍盗窃枪支罪的成立。上述案4中乙的行为成立盗窃枪支罪。

3. 盗窃、抢夺、抢劫枪支、弹药、爆炸物罪的既遂标准是什么?

本罪侵犯的主要法益是公共安全。本来,法益是否受到侵害是判断既未遂的一种重要考虑因素,盗窃、抢夺、抢劫枪支、弹药、爆炸物,属于抽象的危险犯;只要行为人实施了盗窃、抢夺、抢劫枪支、弹药、爆炸物的行为,便可根据人们的一般生活经验,得出具有公共危险的结论。但这并不意味着一着手实行就成立本罪的既遂,只有发生了替代的侵害结果,即行为人将他人占有下的枪支、弹药、爆炸物转移为自己或者第三者占有时,才能成立本罪的既遂。

案5:派出所干警陈某带领联防队员全某汪到某酒店处,向正在吃夜宵的高某表明身份后,依法口头传唤高某回派出所调查其涉嫌敲诈勒索邢某云一案,但高某以自己是南田农场人,派出所无权处理为由拒绝,当陈某再次要求高某回所接受调查时,高某竟然拿起所坐的塑料椅朝全某汪砸去,但被全某汪将椅子夺下,高某欲再打全某汪时,陈某上前制止,高某便转身扑上去抱住陈某欲将陈某摔倒,陈某挣脱后即拔出随身带的七七式手枪以防不测,高某见状又先后两次扑向陈某企图抢下其手枪,两人纠缠在一起,陈某奋力挣脱。此时,联防队员全某汪和闻讯赶来的张某奇等人冲上去将高某制服并扭送派出所。

---

① 参见高铭暄、马克昌主编:《刑法学》(第10版),北京大学出版社、高等教育出版社2022年版,第353、354页;张明楷:《刑法学》(第6版)(下册),法律出版社2021年版,第915、916页。

法院一审认为,高某采用暴力手段劫取公安干警的枪支,其行为已构成抢劫枪支罪(未遂),应依法处罚。鉴于高某系犯罪未遂,依法比照既遂犯对其减轻处罚,依照《刑法》(1999年修正)第127条第2款、第23条之规定,以高某犯抢劫枪支罪,判处有期徒刑6年。二审维持原判。①

应该说,上述判决认定成立抢劫枪支罪的未遂是正确的。

4. 盗窃、抢夺枪支的,能转化为抢劫吗?

《刑法》第269条规定犯盗窃、诈骗、抢夺罪可以转化为《刑法》第263条的抢劫罪,但《刑法》并未专门规定犯盗窃、抢夺枪支、弹药、爆炸物罪可以转化为抢劫罪或者抢劫枪支、弹药、爆炸物罪。对此,有人认为,在盗窃、抢夺枪支、弹药、爆炸物过程中,为窝藏赃物、毁灭罪证或抗拒抓捕而当场使用暴力或者以暴力相威胁的,是否成立准抢劫枪支、弹药、爆炸物罪?按照严格解释的立场,应当否认准抢劫罪的成立。"因为在侵犯财产罪中,准抢劫罪的成立是以法律有明文规定为限的,该规定属于特别规定,不能无限扩大适用到非财产犯罪的情形。所以,在法无明文规定可以转化为准抢劫枪支、弹药、爆炸物、危险物质的场合,认定准抢劫罪的成立,可能与罪刑法定原则相悖。"②

的确,由于《刑法》第269条明文规定只能转化为第263条的抢劫罪,盗窃、抢夺枪支(以枪支为例)过程中使用暴力,无论如何不能转化为抢劫枪支罪。但是,枪支也是财物,盗窃、抢夺枪支也符合盗窃罪的构成要件,因此,盗窃、抢夺枪支过程中完全可能转化为抢劫罪,但不是转化为抢劫枪支罪。这样处理具有合理性:一是不能说犯普通盗窃罪、抢夺罪能够转化为抢劫罪,而实施法益侵害性更为严重的盗窃、抢夺枪支罪反而不能转化为抢劫罪。二是《刑法》第17条第2款规定已满14周岁不满16周岁的对抢劫罪(本书认为就是指《刑法》第263条的抢劫罪)承担刑事责任,而通说认为该年龄段人实施盗窃、抢夺行为是能够转化为抢劫罪的。显然不能认为,该年龄段的盗窃、抢夺普通财物能转化为抢劫

---

① 参见海南省三亚市中级人民法院刑事裁定书,(2001)三亚刑终字第10号。
② 周光权:《刑法各论》,中国人民大学出版社2008年版,第195页。

罪,而实施法益侵害性更为严重的盗窃、抢夺枪支、弹药的行为反而不能转化为抢劫罪。

还有人认为,应当在《刑法》第127条后增设一条:犯盗窃、抢夺枪支、弹药、爆炸物罪,为窝藏赃物、抗拒抓捕或者毁灭罪证而当场使用暴力或者以暴力相威胁,依照《刑法》第127条的规定按抢劫枪支、弹药、爆炸物罪处罚。[①] 其实,立法者仅在第269条规定转化型抢劫,而不在第127条也规定转化型抢劫,是因为考虑到一般预防的需要。也就是说,即便发生了盗窃、抢夺枪支转化为抢劫的情形,立法者认为评价为抢劫罪(评价为抢劫罪可以追究已满14周岁不满16周岁的行为人的刑事责任),或者直接认定为盗窃、抢夺枪支罪情节严重,而适用10年以上有期徒刑、无期徒刑或者死刑的法定刑幅度,与评价为抢劫枪支罪效果一样。

5. 骗取、侵占、敲诈勒索、故意毁坏枪支、弹药、爆炸物的,无罪吗?

《刑法》仅规定了盗窃、抢夺、抢劫枪支、弹药、爆炸物罪,却没有规定诈骗、侵占、敲诈勒索、故意毁坏枪支、弹药、爆炸物罪。对于这类行为,除非能够规范性地评价为盗窃、抢夺、抢劫枪支、弹药、爆炸物罪或者非法、持有私藏枪支、弹药罪,否则只能评价为普通的诈骗罪、侵占罪、敲诈勒索罪、故意毁坏财物罪(因为枪支、弹药、爆炸物也是财物)。诈骗是违反被害人的真实意志取得财物的行为,可谓盗窃的间接正犯,所以骗取枪支、弹药、爆炸物的,可以认定为盗窃枪支、弹药、爆炸物罪。侵占受委托保管的和捡拾的枪支、弹药的,可认定为非法持有、私藏枪支、弹药罪;侵占受委托保管的和捡拾的爆炸物的,可以认定为侵占罪。盗窃罪是夺取罪的兜底性犯罪,即只要违反被害人真实意志转移占有他人财物的,至少成立盗窃罪,故敲诈勒索他人枪支、弹药、爆炸物的,可认定为盗窃枪支、弹药、爆炸物罪。至于故意毁坏他人枪支、弹药、爆炸物的,由于枪支、弹药、爆炸物也是财物,可以认定为故意毁坏财物罪。

---

① 参见储硕、粟昌德:《刑法应增设转化型抢劫枪支、弹药、爆炸物、危险物质罪条款》,载《检察实践》2003年第3期。

第五节 盗窃、抢夺、抢劫危险物质罪

·导 读·

本罪中的"危害公共安全"的表述,是对行为对象性质的要求,而非对行为本身危险程度的要求。本罪不是具体危险犯,而是一种介于具体危险犯与抽象危险犯之间的准抽象危险犯。成立盗窃、抢夺、抢劫危险物质罪,不需要具有非法占有的目的。只有行为人将他人占有下的危险物质转移为自己或者第三者占有时,才成立本罪的既遂。

/条 文/

第一百二十七条 【盗窃、抢夺枪支、弹药、爆炸物、危险物质罪】盗窃、抢夺枪支、弹药、爆炸物的,或者盗窃、抢夺毒害性、放射性、传染病病原体等物质,危害公共安全的,处三年以上十年以下有期徒刑;情节严重的,处十年以上有期徒刑、无期徒刑或者死刑。

【抢劫枪支、弹药、爆炸物、危险物质罪】【盗窃、抢夺枪支、弹药、爆炸物】抢劫枪支、弹药、爆炸物的,或者抢劫毒害性、放射性、传染病病原体等物质,危害公共安全的,或者盗窃、抢夺国家机关、军警人员、民兵的枪支、弹药、爆炸物的,处十年以上有期徒刑、无期徒刑或者死刑。

罪名精释

1. 本罪是具体危险犯吗?

本罪中存在"危害公共安全"的表述,理论上普遍认为,盗窃、抢夺、抢劫危险物质罪属于具体危险犯,需要根据危险物质的种类,盗窃、抢夺、抢劫的行为方

式等判断行为是否发生了具体的公共危险。① 有人明确指出,行为人虽盗窃、抢夺了危险物质,但是对公共安全并没有造成危害的,不构成盗窃、抢夺危险物质罪,可能构成盗窃罪、抢夺罪,如行为人以不法所有为目的而采用了科学合理的方法将盗窃的危险物质加以储存,不可能危害公共安全。② 可是,实践中认定危险物质犯罪,并未进行是否存在具体的现实的危险的判断,而是只要实施了上述行为,即便行为人采取了科学合理的方法防范危害,仍以上述罪名予以定罪处罚。

案1:胡某某至本区电镀厂第三车间仓库,趁无人之机,窃得氰化钠约5.5公斤,随后储藏于本区四团镇新桥村其暂住处。法院认为,胡某某秘密窃取毒害性物质,危害公共安全,其行为已触犯刑律,构成盗窃危险物质罪,判处有期徒刑3年。③

该案中,法院并未就盗窃危险物质行为本身是否形成具体、现实、紧迫的危险进行判断,而是根据行为人盗窃了一定数量的危险物质的事实直接认定构成盗窃危险物质罪。

本罪中"危害公共安全"的表述,并非具体危险犯的标志,"危害公共安全"仅仅是表明并非针对所有有毒有害的物质实施的都构成该罪,只有这种毒害性达到一定程度、具有相当程度的公共危险性的,才能成为本罪的对象。换言之,"危害公共安全"是对行为对象性质的要求,而非对行为本身危险程度的要求。本罪可谓介于具体危险犯与抽象危险犯之间的准抽象危险犯。

2.成立盗窃、抢夺、抢劫危险物质罪,是否必须具有非法占有的目的?

刑法理论普遍认为,构成取得型财产犯罪必须具有非法占有的目的(排除的意思和利用的意思)。但是,盗窃危险物质罪(仅以盗窃为例)不仅侵害了财产权,而且从其位于危害公共安全罪一章来看,立法者认为该罪侵犯的主要法益是公共安全。为了与故意毁坏财物罪相区分,构成盗窃罪必须具有排除的意思

---

① 参见张明楷:《刑法学》(第6版)(下册),法律出版社2021年版,第915、916页。
② 参见陈兴良主编:《刑法学》(第2版),复旦大学出版社2009年版,第445~447页。
③ 参见上海市奉贤区人民法院刑事判决书,(2010)奉刑初字第69号。

与利用的意思,而出于毁弃或者隐匿的目的排除他人的占有的,因行为人缺乏利用的意思,而否认具有非法占有的目的,否定成立盗窃罪;只有行为人按照财物可能具有的用法进行利用的,才能认定具有利用的意思。构成盗窃危险物质罪是否也需要行为人具有利用的意思,而且必须具有按照财物可能的用法进行利用的意思?或者说,虽然行为人不具有按照财物可能的用法进行利用的意思,但因为行为人排除了他人对于危险物质的占有而具有了公共危险,能否认定成立盗窃危险物质罪?

案2:王某利曾在陆海公司从事操作探伤仪(装有危险性的放射性物质)的工作,因怀疑自己身体健康与操作探伤仪工作有关,与王某江密谋,准备从陆海公司的车库内,盗窃 Ir-192 伽马射线探伤仪后向该公司负责人魏某敲诈勒索。王某利用事先配好的钥匙打开了车库门进入室内,窃取 Ir-192 伽马射线探伤仪一部。之后,王某利在明知该探伤仪装有放射性物质,一旦泄漏会对人体产生严重伤害的情况下,将窃取的 Ir-192 伽马射线探伤仪丢弃在本市河中。随后,王某利、王某江两人多次向魏某发送手机短信索要人民币 7 万元,因魏某拒绝并报警而未得逞。王某利所窃 Ir-192 伽马射线探伤仪价值人民币 27,992 元。被窃探伤仪根据王某利、王某江发给魏某的短信提供的地点被打捞起获。

一审法院认为,王某利伙同他人盗窃放射性物质,危害公共安全,其行为已构成盗窃危险物质罪,判处有期徒刑 5 年。二审法院认为,王某利对于 Ir-192 伽马射线探伤仪系具有危险性的放射性物质,主观上是明知的。王某利为达到敲诈他人钱财的目的,将具有放射性的危险物质弃于河道内,而全然不顾此物质可能对周围的环境和人们的身体健康造成损害,其行为在客观上对社会公共安全已造成了危害。裁定驳回上诉,维持原判。

显然,王某利窃取放射性的物质不具有按照财物可能具有的用途进行利用的意思,法院只考虑到行为具有公共危险性的一面,而忽视了盗窃危险物质罪具有财产犯罪的一面。作为财产犯,只有行为人具有按照财物可能具有的用途进行利用的意思时,才能认为行为人具有非法占有的目的。本案中,行为人一开始就没有非法占有的目的,只具有通过排除单位对于放射性物质的占有而借机向单位勒索财物的目的。若该案行为人一开始就具有非法占有放射性物质的意图，只是后来改变主意，决定抛弃放射性物质后借机向单位勒索财物，则由于前面的盗窃行为已经既遂，能够评价为盗窃危险物质罪，而本案显然不属于这种情形。

盗窃危险物质罪所侵犯的主要法益是公共安全，即便行为人出于毁弃、隐匿的目的获取、支配危险物质，也会侵害公共安全，上述案2就是如此。认定盗窃、抢夺、抢劫危险物质罪，只要求行为人具有排除的意思，并且排除占有的行为本身具有公共危险性的，就可以肯定盗窃、抢夺、抢劫危险物质罪的成立。之所以相对于盗窃罪等财产犯，对于非法占有目的中的利用意思要件进行了一定程度的缓和，源于两点：一是强调盗窃罪等取得罪必须同时具有利用的意思，是为了与故意毁坏财物罪相区分，而盗窃、抢夺、抢劫危险物质罪之外，并不存在需要与之相区分的故意毁坏危险物质罪罪名；二是盗窃罪等取得罪侵犯的主要法益是财产权（本权或者占有），而盗窃、抢夺、抢劫危险物质罪侵犯的主要法益是公共安全，前者是财产犯，后者是公共危险犯。判断构成要件具备与否，必须考虑该罪所保护的主要法益。成立盗窃、抢夺、抢劫危险物质罪，不需要行为人具有按照财物可能具有的用法进行利用的意思。上述案2的判决结论，是正确的。

3. 盗窃、抢夺、抢劫危险物质罪的既遂标准是什么？

盗窃、抢夺、抢劫危险物质罪是一种准抽象危险犯，所侵害的主要法益是公共安全，但公共危险是否受到侵犯很难判断，若以公共危险是否受到侵犯作为认定既未遂的标准，则很难统一把握既未遂的认定标准。所以，对于盗窃、抢夺、抢劫危险物质罪，也只能按照夺取罪的既遂标准——财物占有转移与否，来判断该罪的既未遂，即只有行为人将他人占有下的危险物质转移为自己或者第三者占有时，才成立本罪的既遂。

第六节 非法持有、私藏枪支、弹药罪

> **·导 读·**
>
> 将非法持有的枪支进行切割销毁的,不能构成非法持有枪支罪。非法持枪后再卖给他人的,应以非法持有枪支罪与非法买卖枪支罪数罪并罚。从理论上讲,将大炮评价为枪支是可能的,非法保存、控制、支配大炮的,构成非法持有枪支罪。手榴弹、手雷、炮弹不是弹药,而是爆炸物,非法持有的,不能构成非法持有弹药罪。"持有""私藏""储存"三个概念之间不是对立关系,私藏和储存都可谓持有,一定量的持有,就可谓储存。妻子明知丈夫将枪支藏于家中而放任不管的,不能成立非法持有、私藏枪支罪的共犯。非法持有、私藏枪支、弹药罪属于继续犯,追诉时效不是从开始持有之日起计算,而是从结束持有、不再持有之日起计算。

条 文

第一百二十八条第一款 【非法持有、私藏枪支、弹药罪】违反枪支管理规定,非法持有、私藏枪支、弹药的,处三年以下有期徒刑、拘役或者管制;情节严重的,处三年以上七年以下有期徒刑。

罪名精释

1. 将非法持有的枪支进行切割销毁的,还能构成非法持有枪支罪吗?

案1:仝某辉将其持有的1支单管猎枪、1支双管猎枪、1支气枪切割后丢入其担任法定代表人的某钢结构公司渗水坑。公安机关立案后,侦查人员对仝某辉开展侦查工作,仝某辉带领侦查人员在某钢结构公司渗水坑中打捞出疑似气枪1支、疑似猎枪2支(切割散件)。随后侦查人员在某小区

仝某辉的家中及某钢结构公司的办公室查获疑似步枪弹9发、疑似手枪弹25发、疑似小口径枪弹84发，疑似猎枪弹药11发等物品。经鉴定，疑似气枪为以气体为动力的制式枪支（气枪）零部件；疑似制式枪支为以火药为动力的制式枪支（单管猎枪）零部件；疑似制式枪支为以火药为动力的制式枪支（双管猎枪）零部件；9发疑似步枪弹为五六式7.62mm步枪制式弹；25发疑似手枪弹为五四式手枪制式弹；84发疑似小口径弹为制式小口径弹药；11发疑似猎枪弹药为制式猎枪弹。

本案争议焦点：查扣在案的疑似枪支经鉴定系枪支零部件，能否认定为枪支。

一审法院认为，辩护人关于查扣的（涉案）枪支系枪支零部件，并非以火药为动力发射枪弹的非军用枪支的辩护意见，与原审查明的事实相符，故认为原审公诉机关指控仝某辉非法持有枪支罪错误。认定仝某辉犯非法持有弹药罪，判处有期徒刑1年6个月，宣告缓刑2年。宣判后，原审公诉机关抗诉提出，原审仝某辉非法持有2支以火药为动力发射枪弹的枪支和1支以压缩气体为动力发射枪弹的枪支，该行为延续至2019年。原审法院仅以查扣的枪支系枪支零部件为由，未认定原审被告人在切割枪支前非法持有枪支的行为，属于认定事实错误，导致认定罪名不正确。仝某辉主张，2018年其将枪支切割丢弃，其行为不会对社会构成危害。辩护人李某提出，仝某辉曾经持有完整枪支的指控事实只有被告人的供述证实，缺乏其他证据佐证。查扣在案的疑似枪支经鉴定系枪支零部件，不是枪支，也不能击发，公诉机关指控仝某辉非法持有枪支的事实不能成立。

二审法院认为，原审被告人非法持有以火药为动力发射枪弹的非军用枪支2支和以气体为动力的非军用枪支1支，于2018年年底予以切割丢弃。上述事实有物证、鉴定意见、鉴定人崔某和郭某的证言、证人吴某军的证言、原审被告人的供述予以证实，应当依法对其非法持有枪支的行为予以认定并追究刑事责任。原审判决认定事实错误，致使适用法律错误、量刑不当，依法应予纠正。原审被告人非法持有以火药为动力发射枪弹的非军用枪支2支和以气体为动力的非军用枪支1支，非法持有军用子弹34发和其他非军用子弹95发，属情节严重。认定原审被告人犯非法持有枪支、弹药罪,判处有期徒刑3年。①

关于持有的行为性质,刑法理论上有"作为说""不作为说""独立行为说"三种观点。"不作为说"认为,法律规定持有型犯罪,旨在命令持有人将特定物品上缴给有权管理该物品的部门,以消灭这种持有状态;如果违反该义务而不上缴该物品,就构成非法禁止的不作为。应该说,"刑法规定持有型犯罪时,旨在禁止人们持有特定物品,进而禁止人们利用特定物品侵害法益,而不是命令人们上缴特定物品。例如,甲发现乙将毒品放在自己家中后,并未上缴至所谓有权管理毒品的部门,而是立即销毁了毒品。如果说持有属于不作为,则甲的行为仍然成立非法持有毒品罪,因为他没有履行上缴毒品的义务。但本书不能赞成这种结论。正当的结论应是:由于甲发现毒品后没有继续支配、控制毒品,故并不成立非法持有毒品罪"②。

应该说,持有型犯罪是一种作为,不是不作为。行为人非法持有枪支的行为本身对公共安全具有抽象性危险。行为人对非法持有的枪支进行了切割处理,就是消除了这种危险状态。不能因为行为人没有上缴枪支给有权管理枪支的部门而构成不作为犯罪。虽然在行为人切割枪支之前,非法持有枪支的状态也对公共安全具有抽象性危险,但毕竟行为人通过切割枪支的方式消除了这种抽象性危险,并未对公共安全造成具体性危险和实害,故可以认为行为人及时中止了犯罪。根据《刑法》第24条第2款,对于中止犯,没有造成损害的,应当免除处罚。不能认为切割枪支之前形成的所谓抽象危险也是"损害"。所以,即便按照中止犯理论和《刑法》规定,对于切割所持有枪支的行为,不应认定为非法持有枪支罪而科处刑罚。正如,行为人放火后即便形成了具体的危险状态,只要行为人主动及时灭火,没有造成人身、财产损害的,也应认定为没有造成损害的放火罪的中止而应免除处罚。更何况,非法持枪对公共安全还只是具有抽象性危险。所以,上述案1二审改判认定仝某辉切割枪支还是构成非法持有枪支罪,是错误的。

---

① 参见新疆维吾尔自治区哈密市中级人民法院刑事判决书,(2020)新22刑终4号。
② 张明楷:《刑法学》(第6版)(上册),法律出版社2021年版,第208~209页。

2.非法持有枪支后再卖给他人的,是一罪还是数罪?

案2:李某将2支射钉枪、1支气枪存放于家中,某日,李某将其中一支射钉枪以人民币600元的价格卖与张某,张某将该枪支存放于家中。经群众举报,公安民警在张某家当场查获1支射钉枪,之后在李某甲查获1支射钉枪、1支气枪。经鉴定,查获的2支射钉枪均是以火药为动力的非制式枪支,具有致伤力;1支气枪是以气体为动力的非制式枪支,具有致伤力。

本案争议焦点:是否评价李某卖枪前对同一支枪的非法持有行为,是否对李某非法持有枪支以情节严重量刑。

法院认为,李某、张某违反枪支管理规定,非法买卖射钉枪1支,其行为已构成非法买卖枪支罪;但李某非法卖出射钉枪之前持有该枪支不应再评价非法持有行为而对同1支枪支的持有和出卖行为数罪并罚,因此李某非法持有射钉枪1支而非2支。认定李某犯非法买卖枪支罪(1支射钉枪),判处有期徒刑2年;犯非法持有枪支罪(1支射钉枪、1支气枪),判处有期徒刑8个月;决定执行有期徒刑2年6个月;张某犯非法买卖枪支罪,判处有期徒刑3年,缓刑4年。[1]

非法持有枪支罪是继续犯,在非法持有枪支过程中出售所持有的枪支的,行为的主要部分并不重合,应以非法持有枪支罪与非法买卖枪支罪数罪并罚。正如醉酒驾驶一段路程后肇事致人死亡,行为的主要部分并不重合,应以危险驾驶罪与交通肇事罪数罪并罚一样。故上述案2认为"李某非法卖出射钉枪之前持有该枪支不应再评价非法持有行为而对同1支枪支的持有和出卖行为数罪并罚"的判决,存在疑问。

3.非法持有大炮的,构成犯罪吗?

《刑法》规定了非法持有枪支、弹药罪,却没有规定非法持有大炮罪。虽然说,家里架着几门山炮更瘆人,但如果不能将大炮评价为枪支、弹药、爆炸物,则不能规制非法持有、储存大炮的行为。大炮无论如何不能被评价为弹药和爆炸物。应该说,大炮发射原理其实跟枪支差不多,只是"枪管"粗一些而已。所以

---

[1] 参见四川省安岳县人民法院刑事判决书,(2019)川2021刑初69号。

从理论上讲,将大炮评价为枪支是可能的,非法保存、控制、支配大炮的构成非法持有枪支罪。当然,这可能超出了一般人的预测可能性范围,被认为系不当的扩大解释。

4. 将手榴弹解释为弹药的司法解释规定,有无疑问?

《刑法》规定了非法持有、私藏枪支、弹药罪,却没有规定非法持有爆炸物罪。有观点认为,这是不能容忍的立法空白,建议立法机关适时修改我国《刑法》第128条规定的非法持有枪支、弹药罪的规定,将爆炸物也纳入其中,设立涵盖完整的"非法持有枪支、弹药、爆炸物罪"。有观点则认为爆炸物属于弹药。

值得注意的是,《关于审理非法制造、买卖、运输枪支、弹药、爆炸物等刑事案件具体应用法律若干问题的解释》第5条第1款第4项规定,非法持有、私藏手榴弹1枚以上的,构成非法持有、私藏弹药罪。可是,若认为爆炸物属于弹药的话,为何司法解释仅规定非法持有、私藏手榴弹的构成非法持有、私藏弹药罪,而没有规定非法持有手雷等其他爆炸物的也构成非法持有、私藏弹药罪?这说明,最高司法机关在将不通过枪管发射而可以自动爆炸的爆炸物解释为弹药时也持谨慎态度。理论界也主张区分弹药与爆炸物,认为所谓弹药,应当是指通过各种军用、民用枪支或者仿真枪支发射的、本身无引爆装置的各种弹药。枪榴弹、手榴弹、炮弹等不属于"弹药",而属于爆炸物。[①]

从法益保护和罪刑均衡考虑,持有几颗弹药尚且构成犯罪,而持有手榴弹、手雷的反而不构成犯罪,的确不利于保护公共安全和实现罪刑均衡。但是,立法者仅规定非法持有、私藏枪支、弹药罪,而没有规定非法持有、私藏爆炸物罪,是出于一般预防的考虑,而非立法疏漏。对于非法持有、私藏爆炸物的行为,一是可以以非法储存爆炸物罪进行规制,二是若系动态意义上持有爆炸物,可以认定为非法运输爆炸物罪,三是非法携带爆炸物进入公共场合或公共交通工具,危及公共安全的,可以以《刑法》第130条的非法携带危险物品危及公共安全罪论

[①] 参见赵志华:《枪支、弹药、爆炸物、危险物质犯罪的定罪与量刑》,人民法院出版社2006年版,第27页。

处;四是行为人出于爆炸、杀人等目的而控制爆炸物的,可以评价为爆炸罪、故意杀人罪的犯罪预备;等等。

总之,虽然《刑法》没有设置非法持有、私藏爆炸物罪的罪名,不将爆炸物硬性解释为弹药,也不至于形成处罚漏洞。手榴弹是爆炸物,不是弹药,上述将手榴弹解释为弹药的司法解释规定,是类推解释,应予废除。非法持有、私藏手雷的,不能认定为非法持有、私藏弹药罪。大量存放手榴弹、手雷、炮弹等爆炸物的,可以认定成立非法储存爆炸物罪。

5. 司法解释严格界分"持有""私藏""储存",合理吗?

2008年6月25日最高人民检察院、公安部印发的《关于公安机关管辖的刑事案件立案追诉标准的规定(一)》第4条第2款指出,"非法持有",是指不符合配备、配置枪支、弹药条件的人员,擅自持有枪支、弹药的行为;"私藏",是指依法配备、配置枪支、弹药的人员,在配备、配置枪支、弹药的条件消除后,私自藏匿所配备、配置的枪支、弹药且拒不交出的行为。2009年11月16日修正后的最高人民法院《关于审理非法制造、买卖、运输枪支、弹药、爆炸物等刑事案件具体应用法律若干问题的解释》第8条第1款规定,"非法储存",是指明知是他人非法制造、买卖、运输、邮寄的枪支、弹药而为其存放的行为,或者非法存放爆炸物的行为。

上述严格界分"持有""私藏""储存"的司法解释规定存在疑问:第一,若认为"私藏"不是持有,就会得出私藏假币、毒品、伪造的发票、国家绝密或机密文件资料或物品、宣扬恐怖主义或极端主义物品等违禁品无罪的结论,事实上私藏这类违禁品,只能评价为持有假币罪、非法持有毒品罪、持有伪造的发票罪、非法持有国家绝密、机密文件、资料、物品罪、非法持有宣扬恐怖主义、极端主义物品罪。第二,依法配备、配置枪支、弹药的人员,在配备、配置枪支、弹药的条件消除后将枪支、弹药丢弃的,不再事实上支配枪支、弹药的,难以评价为"私藏",但如果只有行为人知道枪支、弹药藏于何处,则仍然属于非法持有枪支、弹药,而应评价为非法持有枪支、弹药罪。第三,既然上述解释认为,不要求明知是他人非法制造、买卖、运输、邮寄的爆炸物,而单纯存放爆炸物的行为,就成立非法储存爆炸物罪,就没有理由认为,对于单纯非法存放大量枪支、弹药的行为,不被评价为非法储存枪支、弹药罪。第四,《刑法》没有规定非法持有、私藏危险物质罪,对于大量保存、控制、支配危险物质的,不可能不作为犯罪处理,而应该认定为非法储存危险物质罪。

所以说,"持有""私藏""储存"三个概念之间不是对立关系,私藏和储存都可谓持有,一定量的持有,就可谓储存。

6. 妻子明知丈夫将枪支藏于家中而放任不管,构成非法持有、私藏枪支罪的共犯吗?

认定持有型犯罪的共犯的关键是认定行为人的作为义务问题。例如,妻子目睹丈夫将枪支藏于家里而不举报的,是否构成非法持有枪支罪的共犯?又如,父母目睹成年儿子将毒品藏于家里而不阻止的,是否构成非法持有毒品罪的共犯?

案3:应某伙同李某窜到一火车站伺机盗窃旅客钱财。当一旅客列车进站时,由李某顶着应某爬上车,应某拉开一节软卧车厢8号包房的窗户,盗得旅客曾某的公文包一个,交给李某,两人一同逃离现场。随后李某打开公文包进行清点,发现包内有1支六四式手枪和7发子弹,李某拿走了枪支和子弹,应某未提出异议。之后,李某携带枪支弹药被公安机关抓获,应某亦被公安机关抓获。

关于本案,对李某构成非法持有枪支、弹药罪没有异议,但对应某行为如何定性存在四种不同意见:第一种意见认为,应某的行为构成盗窃枪支、弹药罪;第二种意见认为,应某的行为构成私藏枪支、弹药罪;第三种意见认为,应某的行为构成非法持有枪支、弹药罪;第四种意见认为,应某的行为构成盗窃罪。认为应某不构成私藏枪支罪共犯的理由是应某不符合司法解释规定的私藏枪支、弹药罪的主体要件,认为应某不构成非法持有枪支、弹药罪共犯的理由是,"本案中,应某只实施一个行为——盗窃。盗窃意外所得枪支弹药后,由李某持有,应某没有持有枪支弹药的行为。所以,应某不构成非法持有枪支弹药罪的共犯"[①]。

应该说,由于盗窃时不知包中有枪支,盗窃既遂后才发现包中有枪支弹药,显然不能认定二人构成盗窃枪支、弹药罪,此其一;其二,因为二人的盗窃行为使

---

① 杨兴辉:《"意外"偷得枪支任由同伙拿走构成何罪》,载《人民检察》2008年第6期。

得原枪支的控制支配(不管原来状态是合法还是非法)发生转移,相应地也接管了枪支、弹药所伴随的公共危险,二行为人都有义务消除这种公共危险状态,应某不阻止同伙拿走枪支弹药,因为没有履行消除公共危险的作为义务,应当构成非法持有枪支罪的不作为共犯。

从上述案例可以看出,行为人能否构成非法持有枪支罪的不作为共犯,关键在于行为人是否具有消除危险、保护法益的义务。一般可以认为,夫妻之间,父母与精神正常的成年子女之间没有阻止对方犯罪的义务,也没有保护法益的义务,但一方负有危险源监督义务(如精神病儿子将枪支带回家),或者存在法益保护义务(如上述案3中先前的犯罪行为使法益处于恶化状态,行为人因此产生了法益保护义务),不主动消除非法持有枪支这种抽象危险状态的,就可能构成非法持有枪支罪的不作为共犯。妻子明知丈夫将枪支藏于家中而放任不管的,不成立非法持有、私藏枪支罪的共犯。但如果妻子将该枪支转移至更隐秘的场所藏匿,则能成立非法持有、私藏枪支罪的共犯。

7. 非法持有、私藏枪支、弹药罪,是继续犯吗?

刑法理论通说认为,持有型犯罪都是继续犯。本书亦赞成将非法持有、私藏枪支、弹药罪看作继续犯,因为非法持有枪支、弹药的过程会对公共安全形成持续性的抽象危险,可以认为法益每时每刻都受到同等程度的侵害,从而可以持续性地肯定构成要件的符合性。所以,非法持有、私藏枪支、弹药罪的追诉时效,不是从开始持有之日起计算,而是应从结束持有、不再持有之日起计算。

第七节 非法出租、出借枪支罪

·导 读·

《刑法》第128条第2款规定的是抽象危险犯,第3款规定的是实害犯,犯罪成立条件明显不同,最高人民法院、最高人民检察院将两款罪名统一确定为"非法出租、出借枪支罪",实为不妥。依法配备、配置枪支的人员将枪支无偿赠与他人的,应认定为非法出借枪支罪。非依法配备、配置枪支的人员非法出租、出借枪支的,只能成立非法持有枪支罪的共犯和租借枪支者使用枪支所实施犯罪的共犯。依法配备、配置枪支的人员将枪支作为质押物质押给对方的,可以评价为非法出租枪支罪,而对方成立非法持有枪支罪。非法出租、出借配置枪支犯罪的责任形式是故意。

条　文

第一百二十八条第一款　【非法持有、私藏枪支、弹药罪】

【非法出租、出借枪支罪】依法配备公务用枪的人员,非法出租、出借枪支的,依照前款的规定处罚。

【非法出租、出借枪支罪】依法配置枪支的人员,非法出租、出借枪支,造成严重后果的,依照第一款的规定处罚。

单位犯第二款、第三款罪的,对单位判处罚金,并对其直接负责的主管人员和其他直接责任人员,依照第一款的规定处罚。

罪名精释

1. 最高人民法院、最高人民检察院将两款规定统一确定为"非法出租、出借枪支罪",妥当吗?

《刑法》第128条第2款规定的是"依法配备公务用枪的人员,非法出租、出借枪支的,依照前款的规定处罚",第3款规定的是"依法配置枪支的人员,非法出租、出借枪支,造成严重后果的,依照第一款的规定处罚"。很显然,第2款规定的是抽象危险犯,而第3款规定的是实害犯。两款规定的犯罪成立条件明显不同,最高人民法院、最高人民检察院却统一将其确定为"非法出租、出借枪支罪",会导致人们对构成要件产生误解,进而影响个罪的规范适用。正确的做法是,将两款规定分别确定为"非法出租、出借公务用枪罪"与"非法出租、出借配置枪支罪"。

2. 依法配备、配置枪支的人员将枪支无偿赠与他人的,无罪吗?

案1:派出所所长甲特别喜欢其外甥乙,一日兴起就将其配置的公务用枪送给了乙。

"买卖"必然限于有偿,因此对无偿赠与枪支的行为无法以非法"买卖"枪支罪评价。《刑法》第439条规定了非法转让军队武器装备的构成非法转让武器装备罪,故无偿将军用枪支、弹药、爆炸物赠与他人的,应定非法转让武器装备罪。虽然在民法上区分永久转让所有权的赠与和一时转让使用权的出借,但刑法目的不同于民法的目的,完全可以根据刑法的目的将永久性转让所有权的行为也评价为"出借"。所以,依法配备、配置枪支的人员将枪支无偿赠与他人的,可评价为非法出借枪支。上述案1中甲的行为可评价为非法出借枪支罪。

3. 非依法配备、配置枪支的人员非法出租、出借枪支的,无罪吗?

案2:李某红将自己的单管猎枪、折叠式五连发猎枪及猎枪子弹16发交由朱某明在其家中存放。某日,白某向李某红借枪,李某红将存放于朱某明处的枪支及子弹一并借给白某使用。白某将上述枪支、子弹交给刘某亮及小伟(作出本裁定时在逃)等人欲用于抢夺冬枣配货客户市场,刘某亮、小伟持枪窜至目的地,但没有使用所持枪支。之后,白某将枪支、子弹归还朱某明,朱某明又将枪支、子弹交由周某峰存放。

法院一审认为,白某、朱某明、周某峰违反枪支管理规定,非法持有以火药为动力发射枪弹的非军用枪支2支,情节严重,其行为均构成非法持有枪支罪。刘某亮违反枪支管理规定,非法持有以火药为动力发射枪弹的非军用枪支1支,其行为构成非法持有枪支罪。二审予以维持。[1]

该案中,李某红将枪支借给白某,白某又将枪支借给刘某亮和小伟,由于李某红和白某均不属于依法配备、配置枪支的人员,其行为不构成非法出借枪支

---

[1] 参见山东省东营市中级人民法院刑事裁定书,(2008)东刑一终字第29号。

罪。李某红和白某若明知他人将用所借枪支进行抢夺(抢劫)犯罪活动,除构成非法持有枪支罪之外,还构成抢夺(抢劫)罪的共犯。本案中,对李某红和白某应以非法持有枪支罪与抢夺(抢劫)罪的预备数罪并罚;若不知悉借枪者的犯罪意图,二被告人的行为仅构成非法持有枪支罪。上述判决没有评价抢夺(抢劫)罪的预备行为是错误的。

非法出租、出借枪支罪的主体限于依法配备公务用枪和依法配置枪支的人员,没有任何疑问。问题是,非上述人员出租、出借枪支的如何处理?显然,不能构成非法出租、出借枪支罪。从理论上讲,不是依法配备、配置枪支的人员持有枪支本身必然是非法的,也就是说,其非法出租、出借枪支前的非法控制枪支的行为已经构成非法持有、私藏枪支罪,其将枪支出租、出借给他人的行为,可与接受枪支的人成立非法持有枪支罪的共犯,属于包括的一罪,仅以非法持有枪支罪定罪处罚;若行为人明知他人将所出租、出借的枪支用于违法犯罪活动,则因为增加了风险,除构成非法持有枪支罪之外,还构成承租人、借用人利用枪支所实施犯罪的共犯。

4. 如何评价用枪支作为质押物借债的行为?

案3:警察甲以配枪作为质押担保向朋友乙借款1万元。

依法配备、配置枪支的人员将枪支作为质押物质押给对方的,可以评价为非法出租枪支罪,而对方成立非法持有枪支罪。如果没有赎回枪支,则构成非法买卖枪支罪。上述案3中警察甲的行为构成非法出租枪支罪,乙构成非法持有枪支罪。

5. 非法出租、出借配置枪支犯罪的责任形式是什么?

《刑法》第128条第3款规定,依法配置枪支的人员非法出租、出借枪支以"造成严重后果"为成立犯罪的条件。虽然理论界对于丢失枪支不报罪(也是针对"造成严重后果"的主观态度)的罪过形式存在激烈争论,但对于非法出租、出借枪支罪的罪过形式,理论上似乎高度一致,均认为是故意犯罪,分歧仅在于:有的笼统地认为是故意犯罪;有的认为只能由直接故意构成;有的指出包括直接故意和间接故意。

非法出租、出借枪支罪所评价的是非法出租、出借行为,行为人的罪过形式也是针对该行为而言的,该行为产生的是一种抽象性危险,行为人只要故意实施非法出租、出借枪支的行为,就能够认识到非法出租、出借枪支的行为会产生抽象性公共危险,而希望或者放任这种抽象性危险的存在,因此,只要有意实施非法出租、出借枪支的行为,就具备了非法出租、出借枪支罪的故意。或许正是基于此,立法者亦认为,对于依法配备公务用枪的人员只要非法出租、出借了枪支,就构成了犯罪;为了限制处罚范围,对依法配置枪支的人员(身份有责性不如依法配备公务用枪的人员重),除有意实施非法出租、出借枪支的行为之外,还要求所出租、出借的枪支客观上已经造成了严重后果方构成犯罪;"造成严重后果"相对于非法出租、出借枪支行为所形成的抽象性公共危险而言,可谓间接结果,是一种限制处罚的条件,是对行为人有利的条件设置,因此,不需要行为人对这种间接结果也需要有现实的认识并对之持希望或者放任的态度,这并不违背责任主义原理和人权保障精神。所以,还是应当认为非法出租、出借配置枪支犯罪的责任形式是故意。

第八节 丢失枪支不报罪

· 导 读 ·

丢失枪支不报罪的责任形式是故意。"不及时报告"与"造成严重后果"之间必须具有因果关系。依法配备公务用枪的国家机关工作人员对丢失枪支有过错,发现枪支丢失后又不及时报告造成严重后果的,成立玩忽职守罪与丢失枪支不报罪的包括的一罪,从一重处罚。枪支"被盗""被抢",也属于丢失。

条文

第一百二十九条 【丢失枪支不报罪】依法配备公务用枪的人员,丢失枪支不及时报告,造成严重后果的,处三年以下有期徒刑或者拘役。

罪名精释

1. 丢失枪支不报罪的责任形式是什么?

关于本罪的责任形式,理论上存在形形色色的观点,但都承认,行为人不及时报告的行为是故意,对于造成的严重后果基本上是过失。

首先,因为缺乏"法律有规定"的前提,该罪不可能是过失犯罪。其次,丢失枪支只是该罪成立的前提,"不及时报告"才是该罪的实行行为,不及时报告产生枪支继续处于失控状态所导致的抽象性公共危险是本罪的直接结果,确定罪过形式只要评价行为人对于实行行为和直接结果的态度即可,显然,行为人对实行行为和直接结果具有现实的认识并持希望或者放任的态度。最后,丢失枪支不及时报告属于违反枪支管理法的行政违法行为,为了限制处罚范围,特意加上只有"造成严重后果"才值得科处刑罚,"造成严重后果"可谓间接结果。成立犯罪加上这一限制性条件,是对行为人有利的评价,因此即便行为人对"造成严重后果"没有现实的认识并持希望或者放任的态度,也不违背责任主义原理。况且,行为人对于"造成严重后果"至少具有预见的可能性,因而也并非结果责任。

总之,丢失枪支不报罪的罪过形式只能是故意,故意的内容是对丢失枪支后不及时报告的实行行为,以及由此产生的使枪支继续处于失控状态所导致的抽象性公共危险,具有认识并持希望或者放任的态度。

2. 是否需要"不及时报告"与"造成严重后果"之间具有因果关系?

案1:甲一个月前丢失了枪支,半个月前枪支被人捡到用于抢劫银行。甲丢失枪支一个月后才发现枪支丢失,之后怕处分而迟迟不向组织报告枪支丢失一事。随后案发。

本案中,甲丢失枪支不及时报告,也造成了严重后果,但严重后果发生在其发现枪支丢失之前,能不能追究甲丢失枪支不报罪的刑事责任,就成为问题。

"丢失枪支"与"造成严重后果"之间必须具有因果关系,毫无疑问。问题是,是否要求"不及时报告"与"造成严重后果"之间也必须具有因果关系?质言之,若严重后果在行为人发现枪支丢失之前就已经造成,是否还构成该罪?对此,理论上存在肯定说和否定说两种观点。否定说认为,"'不及时报告'与'严重后果'之间并不存在因果关系,报告的及时与否在一般情况下不能保证'严重后果'的不发生。如果必须谈及因果关系,倒是丢失枪支的行为本身与'严重后果'在某种程度上存在因果关系"[1]。肯定说认为,"'不及时报告'行为与'严重后果'之间具有引起和被引起关系,造成'严重后果'的原因应该是'不及时报告'行为"[2]。

本书赞成肯定说。"法律不强人所难。"法律只能将行为人可以控制或者说可以避免的结果归责于行为人。若严重后果在行为人能够及时报告之前已经造成,由于不是行为人可以控制的结果,行为人也没有违反及时报告的义务,不应将严重后果归责于行为人,否则就是结果责任。若不及时报告与严重后果之间没有因果关系,不能以丢失枪支不报罪追究行为人刑事责任,但如果行为人对于枪支的丢失负有责任,则可能构成玩忽职守罪。上述案1中,不及时报告与严重后果之间没有因果关系,甲不能构成丢失枪支不报罪;若甲对枪支丢失有过错,可以成立玩忽职守罪。

3. 能认为丢失枪支不及时报告的成立丢失枪支不报罪,及时报告的成立玩忽职守罪吗?

案2:警察甲持配枪深夜在外边跟朋友痛饮,第二天酒醒后发现枪支丢失,第一时间向单位报告枪支丢失一事。

案3:警察乙持配枪乘火车到外地抓人,其将装枪的挎包放在座位上边

---

[1] 随庆军:《丢失枪支不报罪的立法缺陷与完善》,载《河北法学》2005年第3期。
[2] 徐立、韩光军:《关于丢失枪支不报罪客观方面若干问题的认定》,载《河北法学》2004年第8期。

的货架上独自到餐车吃饭饮酒两小时。下车后发现枪支丢失,怕被处分而没有向单位报告枪支丢失一事。其枪支被人偷走半年后用于抢劫银行。

若认为丢失枪支不及时报告仅成立丢失枪支不报罪,而及时报告的成立玩忽职守罪,则意味着对乙适用的是法定刑为3年以下有期徒刑的丢失枪支不报罪,而对甲适用的是法定最高刑为7年有期徒刑的玩忽职守罪。这似乎很不公平。为此,张明楷教授提出,"依法配备公务用枪的国家机关工作人员丢失枪支及时报告,但造成严重后果的,认定为玩忽职守罪;依法配备公务用枪的国家机关工作人员丢失枪支,不及时报告,造成严重后果的,是丢失枪支不报罪与玩忽职守罪的想象竞合,从一重处罚;其他依法配备公务用枪的非国家机关工作人员丢失枪支不及时报告,造成严重后果的,认定为丢失枪支不报罪"①。

本书认为,依法配备公务用枪的国家机关工作人员不管枪支丢失后是否及时报告,只要对丢失枪支本身有过错,就不能否认玩忽职守罪的成立;若对枪支丢失没有过错,如枪支被抢,则不能成立玩忽职守罪;若发现枪支丢失后因不及时报告而造成严重后果,则成立丢失枪支不报罪;若严重后果发生在发现枪支丢失能够及时报告之前,则不能构成丢失枪支不报罪,只能构成玩忽职守罪;若行为人丢失枪支有过错,发现枪支丢失后又不及时报告造成严重后果,由于只有一个严重后果,成立玩忽职守罪与丢失枪支不报罪的包括的一罪,从一重处罚。上述案2中的甲构成玩忽职守罪,案3中的乙构成玩忽职守罪与丢失枪支不报罪的包括的一罪,从一重处罚。

4. 枪支被盗、被抢,属于"丢失"枪支吗?

通说认为"丢失"枪支,是指因疏于管理使枪支被盗或者遗失,或者因被抢、被骗而失去对枪支控制的情况。但有学者质疑通说:"《枪支管理法》第44条第4项规定了枪支被盗、被抢或者丢失,不及时报告的情况。但在刑法中规定的丢失枪支不报罪的罪状,并没有像《枪支管理法》中那样,将枪支被盗、被抢或者丢失后不及时报告都规定在条文中,而只规定了枪支丢失后不及时报告,造成严重后果的,构

---

① 张明楷:《刑法学》(第6版)(下册),法律出版社2021年版,第1643页。

成犯罪。'丢失'一词,按现代汉语词典的解释,是指'因保管不善而遗失'。尽管通说的观点认为造成'丢失'使枪支处于失控状态,当然可以包括'被盗''被抢',甚至被骗的情况,但明显与《枪支管理法》第44条第4项的规定这一附属刑法规范相矛盾,因为《枪支管理法》第4项是将'被盗''被抢'与'丢失'并列规定的,显然没有把枪支的被盗、被抢涵盖于丢失之中,法律规范不仅要求语言的规范性,还要求词义的确定性,通说的观点显然有类推解释之嫌,是与罪刑法定这一基本原则相悖的。因此建议条文中增加枪支被盗、被抢、被骗的情形。"①

本书赞成同通说的观点。刑法有自己特有的任务和目的,有自己特殊的规范表述要求,理解刑法用语的含义应当考虑刑法的法益保护目的,在法益保护和人权保障之间寻求平衡。固然《枪支管理法》第44条第1款第4项将被盗、被抢与丢失并列规定,但刑法不可能照搬附属刑法的规定,而且照搬附属刑法的规定也会存在缺陷,如仅规定被盗、被抢、丢失,会遗漏被骗、被敲诈勒索以及行为人故意赠与、丢弃的情形。法律的语言表述是有限的,但其含义根据刑法的目的进行解释却是无穷的。丢失枪支不报罪的规范保护目的在于,公务用枪失去后会使枪支处于失控状态,而行为人不及时报告会使这种失控状态继续,立法者认为配备公务用枪者失去枪支后有义务及时报告,以最大限度地减少或避免枪支失控所可能带来的严重后果。因此,该罪关注的不是失去枪支的原因,而是失去枪支后的态度。

第九节 非法携带枪支、弹药、管制刀具、危险物品危及公共安全罪

· 导 读 ·

本罪不是具体危险犯,而是准抽象危险犯。本罪法定刑之所以轻于非法持有枪支、弹药罪,是因为本罪仅评价了行为人将枪支、弹药等危险物品

---

① 随庆军:《丢失枪支不报罪的立法缺陷与完善》,载《河北法学》2005年第3期。

从非公共场所携带到公共场所而因此增加了公共危险的部分。本罪与非法持有枪支、弹药罪，非法运输枪支、弹药、爆炸物罪和非法运输危险物质罪等罪之间可能发生竞合，若行为的主要部分并不重合，还可能数罪并罚。

条 文

第一百三十条【非法携带枪支、弹药、管制刀具、危险物品危及公共安全罪】非法携带枪支、弹药、管制刀具或者爆炸性、易燃性、放射性、毒害性、腐蚀性物品，进入公共场所或者公共交通工具，危及公共安全，情节严重的，处三年以下有期徒刑、拘役或者管制。

罪名精释

1. "危及公共安全"的表述，是否表明本罪是具体危险犯？

案1：甲因为不执行法院判决而被列入失信名单。某天，甲骑摩托车去法院执行局，在进入法院执行局第一道门内10米左右，就与案件承办人发生争执。随后甲乘人不备，从摩托车里拿出了事先准备好的装满汽油的两个矿泉水瓶，将汽油泼洒在摩托车上，在被制止的过程中，他自己身上和法警身上都被泼洒了汽油。法警将甲控制之后，从他身上搜出了手机、打火机和香烟。

即使道路上属于公共场所，甲携带两瓶汽油穿行在道路上，也不足以危及公共安全。法院是公共场所，但甲只是进入法院执行局第一道门就被阻止，尚未真正进入法院，难以评价为"情节严重"，不能构成非法携带危险物品危及公共安全罪。危及人身安全的是甲后来拿出汽油导致泼洒到自己和法警身上的行为，而这个行为本身不是携带危险物品，难以单独构成犯罪。所以，本案中甲的行为不构成犯罪。

由于本罪中存在"危及公共安全"的表述，张明楷教授认为，"本罪是具体危险犯，故需要根据携带物品的种类、数量、杀伤力的强弱，公共场所与公共交通工具的特点,携带的方式、方法、次数,已经形成的危险状态等判断携带行为是否危及公共安全"[1]。

应该说,认为本罪是具体危险犯的观点存在疑问。如果"危及公共安全"与"危害公共安全"均表述的是具体危险犯,立法者完全应该统一用"危害公共安全"的表述。立法者弃"危害公共安全"而用"危及公共安全"进行表述,说明成立本罪无须像放火罪、爆炸罪那样对公共安全形成具体、现实、紧迫的危险。况且,本罪的法定最高刑只有3年有期徒刑,倘若要像放火罪、爆炸罪那样对不特定多数人的生命、身体安全形成具体、现实、紧迫的危险,显然罪刑不相适应。

管制刀具、危险物品的范围非常广泛,公共场合和公共交通工具的情况也千差万别,为了限制处罚范围,才要求必须"危及公共安全"才成立犯罪。所以,本罪不是具体危险犯,而是一种准抽象危险犯。司法实践中,只要携带的是枪支、手榴弹、爆炸装置、一定数量的炸药,就认为已经危及公共安全且情节严重,而应以本罪立案追诉。[2] 这说明,只要携带的是具有一定杀伤力、危险性的枪支、弹药、管制刀具、危险物品进入公共场所或者公共交通工具,就认为危及公共安全且情节严重,而构成本罪。

2. 为何本罪的法定刑轻于非法持有枪支、弹药罪?

案2:乙在火车餐车捡到一支枪,之后将枪支带到乘客车厢。

从行为方式、"危及公共安全"以及"公共场所或者公共交通工具"的表述可以看出,《刑法》第130条旨在使公共场所、公共交通工具不存在危及公共安全的管制刀具等危险物品,从而保证公共场所、公共交通工具的安全性。因此,本罪的行为必须表现为将管制刀具等危险物品带入公共场所或者公共交通工具。例如,上述案2中,乙将枪支从人少的餐车带到人多的乘客车厢,显然增加了公共危险,所以乙构成本罪。又如,张某在去车站的路上捡到一支枪,之后将枪支

---

[1] 张明楷:《刑法学》(第6版)(下册),法律出版社2021年版,第920页。
[2] 参见最高人民检察院、公安部《关于公安机关管辖的刑事案件立案追诉标准的规定(一)》(公通字〔2008〕36号)第7条;最高人民法院《关于审理非法制造、买卖、运输枪支、弹药、爆炸物等刑事案件具体应用法律若干问题的解释》(法释〔2009〕18号)第6条。

带到火车上,也成立本罪。因为街上虽然属于公共场所,但其将枪支带到人更稠密的火车上,无疑增加了公共危险。

本罪法定刑之所以轻于非法持有枪支、弹药罪,是因为本罪仅评价了行为人将枪支、弹药等危险物品从非公共场所携带到公共场所而因此增加了公共危险的部分。至于非法持有枪支、弹药的行为本身完全可以而且应当以非法持有枪支、弹药罪另行评价。即便行为人具有持枪资格,非法将枪支带到公共交通工具上的,也能构成本罪。

3. 如何处理本罪与其他犯罪之间的罪数竞合关系?

本罪与非法持有枪支、弹药罪,非法运输枪支、弹药、爆炸物罪和非法运输危险物质罪等罪之间可能发生竞合,若行为的主要部分并不重合,还可能数罪并罚。

案3:甲是一名大学生,其在寒假回家去高铁站的路上捡到一支枪,携枪乘坐高铁,之后将枪带回家藏匿起来。

应该说,甲在路上捡到一支枪加以控制,就已经构成了非法持有枪支罪,之后将枪支带到高铁上无疑增加了公共危险,又构成非法携带枪支危及公共安全罪。由于规范性意义上存在两个行为,侵害了两个法益,符合两个犯罪构成,应当以非法持有枪支罪与非法携带枪支危及公共安全罪数罪并罚。

案4:孔某明驾船协助他人进行水下工程施工爆破。工程完工后,孔某明将施工后剩下的20根炸药私自存放在自己的船上。之后,孔某明驾驶存放有20根炸药的船到某码头装尿素,随后为争生意与水运公司职工发生纠纷,孔某明即拿出3根炸药威胁。此时,公安干警闻讯赶到并当场将孔某明存放在船上的20根炸药予以收缴。经公安厅刑事技术鉴定,孔某明所存放的炸药共计3.85千克,内含硝酸铵和TNT成分。

法院认为,孔某明违反国家有关法规,非法携带危险物品炸药3.85千克进出公共场所,危及公共安全,情节严重,其行为已构成非法携带危险物品危及公共安全罪,公诉机关指控的事实成立。但根据最高人民法院的司法解释,非法储存是指明知是他人非法制造、买卖、运输、邮寄的枪支、弹药、爆炸物而为其存放的行为,孔某明存放的炸药是他人以合法手续领的,并非他人非法制造、买卖、运输、邮寄的炸药,不属非法储存,故公诉机关指控孔某明的行为构成非法储存爆炸物罪的罪名不能成立。认定孔某明犯非法携带危险物品危及公共安全罪,判处拘役5个月。

应该说,被告人携带炸药进入公共场所之前,非法储存爆炸物的行为已经既遂,按照《关于审理非法制造、买卖、运输枪支、弹药、爆炸物等刑事案件具体应用法律若干问题的解释》,构成了非法储存爆炸物罪。因此,本案应以非法储存爆炸物罪与非法携带危险物品危及公共安全罪数罪并罚。

案5:蒙某某为狩猎,使用钢管、弹簧、螺丝等材料,非法制造了枪支1支。狩猎后,蒙某某在乘火车回家途中被巡逻警察从其西服左内口袋里查获子弹12发(蒙某某从老家的一沟渠里捡得),从其迷彩服左侧口袋内查获枪把1个,又从其棉袄内查获了枪管1根。经公安司法鉴定中心技术鉴定,缴获的类枪物被认定为以火药为动力发射枪弹的枪支,12发子弹被认定为军用五六式步枪弹。

法院认为,蒙某某非法制造、运输以火药为动力发射枪弹的非军用枪支,并非法运输军用子弹,其行为已构成非法制造、运输枪支、弹药罪。认定蒙某某犯非法制造、运输枪支、弹药罪,判处有期徒刑3年,缓刑3年。[1]

被告人行为既符合非法制造、运输枪支、弹药罪构成要件,又符合非法携带枪支、弹药危及公共安全罪构成要件。非法运输枪支、弹药罪与非法携带枪支、弹药罪之间存在竞合关系,虽然竞合的结果应以重罪非法运输枪支、弹药罪定罪处罚,但因为非法运输枪支、弹药罪与非法制造枪支、弹药罪之间是选择性罪名关系,所以可以以非法制造枪支、弹药罪与非法携带枪支、弹药危及公共安全罪数罪并罚。

---

[1] 参见杭州铁路运输法院刑事判决书,(2010)杭铁刑初字第28号。

第六章　责任事故类犯罪

第一节　重大飞行事故罪

·导读·

非航空人员违反规章制度致使发生重大飞行事故的,虽不能成立重大飞行事故罪,但可以构成交通肇事罪。航空人员违反规章制度发生非飞行事故的,不成立重大飞行事故罪,可能成立交通肇事罪、重大责任事故罪等责任事故犯罪。航空人员违反规章制度致使发生重大飞行事故后逃逸的,可能成立《刑法》第133条所规定的"交通运输肇事后逃逸"与"因逃逸致人死亡"。

条　文

第一百三十一条　【重大飞行事故罪】航空人员违反规章制度,致使发生重大飞行事故,造成严重后果的,处三年以下有期徒刑或者拘役;造成飞机坠毁或者人员死亡的,处三年以上七年以下有期徒刑。

罪名精释

1. 非航空人员违反规章制度致使发生重大飞行事故的,无罪吗?

案1:甲是风筝爱好者。在某个春光明媚的早晨,甲在机场附近放风筝,因风筝飞行过高,被吸进正在下降的飞机的发动机中,导致飞机坠毁。

重大飞行事故罪是特殊主体的犯罪,非航空人员不能构成本罪,但并不意味着非航空人员实施此类行为就无罪。案1中的甲违反有关净空的航空管理规定,虽然其不是航空人员,不能构成重大飞行事故罪,但航空管理规定属于交通运输管理法规,故甲的行为构成交通肇事罪。由于甲的行为构成交通肇事罪,甲发现飞机坠毁在荒郊野外,不打报警电话而独自溜走的,还可能成立"交通运输肇事后逃逸"和"因逃逸致人死亡"。

2. 航空人员违反规章制度导致安全事故的一定构成重大飞行事故罪吗?

航空人员只有违反有关飞行的规章制度,致使发生重大飞行事故,才能构成重大飞行事故罪。若机场的地面工作人员在机场运输作业过程中违反规章制度,撞在已经停稳的飞机上导致人员伤亡,不能谓之飞行事故,故不成立重大飞行事故罪,只成立交通肇事罪。机长下班开车回家途中因疲劳驾驶发生交通事故的,不是飞行事故,违反的也不是有关航空的规章制度,只可能成立交通肇事罪。

3. 航空人员发生重大飞行事故后逃逸的,能认定成立"交通运输肇事后逃逸"和"因逃逸致人死亡"吗?

有关航空的规章制度也属于交通运输管理法规,航空人员违反规章制度发生重大飞行事故的,除成立重大飞行事故罪外,还成立交通肇事罪,二者是竞合关系。航空人员在发生重大飞行事故后逃逸,成立《刑法》第133条所规定的"交通运输肇事后逃逸"和"因逃逸致人死亡"。

第二节 铁路运营安全事故罪

· 导 读 ·

非铁路职工违反规章制度致使发生铁路运营安全事故的,虽不成立铁路运营安全事故罪,但可能成立交通肇事罪。铁路职工违反规章制度发生非铁路运营安全事故的,可能成立重大责任事故罪、交通肇事罪等犯罪。铁路职工违反规章制度致使发生铁路运营安全事故后逃逸的,符合交通肇事罪构成要件,可能成立"交通运输肇事后逃逸"与"因逃逸致人死亡"。铁路运营安全事故罪与重大责任事故罪、交通肇事罪、重大劳动安全事故罪、工程重大安全事故罪等罪之间可能发生竞合,竞合时法定刑相同的,按照特殊法条铁路运营安全事故罪定罪处罚,法定刑不同的从一重处罚。

条 文

第一百三十二条 【铁路运营安全事故罪】铁路职工违反规章制度,致使发生铁路运营安全事故,造成严重后果的,处三年以下有期徒刑或者拘役;造成特别严重后果的,处三年以上七年以下有期徒刑。

罪名精释

1.非铁路职工违反规章制度致使发生铁路运营安全事故的,无罪吗?

案1:甲是放牛娃,在傍晚牵牛回家时,未在指定的道口过铁路,而是就近横穿铁路。这时正巧一列火车飞驰而来,造成车和牛相撞致使火车脱轨的重大铁路运营安全事故。

铁路运营安全事故罪是特殊主体的犯罪,非铁路职工不能构成本罪,但并意味着其就无罪。铁路规章制度是交通运输管理法规的一部分,案1中的甲违反铁路规章制度,致使发生铁路运营安全事故,虽不构成铁路运营安全事故罪,但可能构成交通肇事罪。若上述案件发生在荒郊野外,甲不打报警电话而是弃牛逃跑,可以评价为"交通运输肇事后逃逸"和"因逃逸致人死亡"。

2.铁路职工违反规章制度发生安全事故,只能构成铁路运营安全事故罪吗?

本罪虽然是特殊主体犯罪,但不意味着铁路职工违反规章制度发生安全事故的只构成本罪。倘若铁路职工违反规章制度发生的不是铁路运营安全事故,而是普通的交通事故等安全事故,则不构成铁路运营安全事故罪,只构成交通肇事罪、重大责任事故罪等责任事故犯罪。例如,铁路职工在装货过程中发生安全事故的,能构成重大责任事故罪,从货运仓库载货运往车站途中发生交通事故的,可能构成交通肇事罪。

3. 发生铁路运营安全事故后逃跑的,能否成立"交通运输肇事后逃逸"与"因逃逸致人死亡"?

铁路规章制度是交通运输管理法规的一部分,铁路运营安全事故也属于交通事故,因此铁路职工违反规章制度致使发生铁路运营安全事故的,除构成铁路运营安全事故罪外,还成立交通肇事罪。二者是竞合关系,行为人肇事后逃走的,可能成立《刑法》第133条所规定的"交通运输肇事后逃逸"和"因逃逸致人死亡"。

4. 铁路运营安全事故罪与其他责任事故犯罪之间是什么关系?

案2:蒋某云、徐某艾、马某运负责架桥工程的施工工作。某日,在施工过程中,三人在既未发现无缝线路轨温已超过锁定轨温值,又对施工没有精心组织防护、合理分工的情况下,盲目违章作业,致使施工现场管理混乱,进而产生轨枕两端无道钉固定,四根轨枕无垫板、道钉固定,轨枕与钢轨之间最大间隙达70毫米的现象。三人发现此情况后,既未组织民工采取补救措施,又没有采取有效的防护措施,而是盲目轻信列车能够通过,加上某列车8位至18位共11辆车存在严重超载和偏载现象,致使该次列车在运行过程中发生颠覆,进而引发行车中断数小时、车辆报废数辆、钢轨损坏数百米等情况,造成直接经济损失214万元。法院判定三人的行为构成铁路运营安全事故罪。[①]

本案中三人的行为属于在生产、作业中违反有关安全管理的规定而发生重大责任事故的情况,同时符合铁路运营安全事故罪和重大责任事故罪的构成要

---

① 参见武威铁路运输法院刑事判决书,(2000)武铁刑初字第39号。

件。由于二罪的法定刑相同,铁路运营安全事故罪相对于重大责任事故罪而言属于特殊法条,同时符合二罪构成要件时,通常应以铁路运营安全事故罪定罪处罚。

铁路规章制度属于交通运输管理法规和有关安全的管理规定,铁路运营安全事故也属于重大安全事故,故铁路职工违反规章制度致使发生铁路运营安全事故的,可能同时符合重大责任事故罪、交通肇事罪、重大劳动安全事故罪、工程重大安全事故罪等罪的构成要件。法定刑相同时,按照特殊法条铁路运营安全事故罪定罪处罚;法定刑不同时,从一重处罚。

第三节 交通肇事罪

·导 读·

"违反交通运输管理法规,因而发生重大事故",是指交通违章行为是交通事故发生的原因。交通肇事罪的实行行为,是指具有类型性地导致交通事故发生危险性的交通违章行为。行人、非机动车驾驶者也能构成交通肇事罪,肇事后逃逸的,还能成立"肇事逃逸"和"逃逸致死"。如果交通事故的发生超出了交通法规的规范保护目的,就不能认定为违反交通运输管理法规,"因而"发生重大交通事故,构成交通肇事罪。信赖高度自动驾驶系统的无过错的"驾驶员",虽不能成立交通肇事罪和"肇事逃逸"与"逃逸致死",但可以成立不作为的故意杀人罪、故意伤害罪或者遗弃罪。对于肇事后逃逸导致被害人被后车碰撞碾压致死的,只要不能证明第一次肇事已对被害人形成不可逆转的致命伤,第一次肇事者应承担交通肇事"因逃逸致人死亡"的刑事责任,而不是仅承担交通运输肇事后逃逸的刑事责任;若证明第一次肇事已经对被害人形成了不可逆转的致命伤(没有救助的可能性),则第一次肇事者承担交通运输肇事后逃逸的刑事责任,后续肇事者不承担刑事责任。

公共交通领域的基本特点是"公共性""开放性",即非私有属性,可以同时供多人使用,具有非排他和非竞争的特点。"逃逸"事实不能同时作为定罪情节和加重情节进行评价。禁止肇事逃逸的规范保护目的是促使肇事者积极履行救助义务,而不是防止逃避法律追究。应对"肇事逃逸"和"逃逸致死"的规范保护目的进行相对性解读,即便被害人当场死亡,肇事者逃逸的还是应成立"肇事逃逸"。不符合交通肇事罪成立条件的,不能以过失致人重伤罪、过失致人死亡罪定罪处罚。无能力赔偿达到一定数额可认定成立交通肇事罪的基本犯与加重犯的司法解释规定,有违刑法的公平正义性,应予以废止。即便停留在事故现场不逃跑,只要不履行保护现场、抢救伤者、设置警示标志的义务,就是"逃逸";即便逃跑了,但履行了保护现场、抢救伤者、设置禁止标志的义务,则非"逃逸"。

诸多原因使"因逃逸致人死亡"条款虚置化。交通肇事罪有自首成立的余地。"逃逸致死"的规范保护目的在于,当交通肇事产生不能自救的被害人(如受伤或虽未受伤但昏迷在道路中间)时,要求肇事者对被害人及时予以救助以避免其死亡,以及设置警示标志或者清除路障,以避免后续事故发生致人死亡。成立"逃逸致死",不以交通肇事行为本身构成交通肇事罪为前提;只要交通肇事行为导致他人受伤或者处于昏迷状态而不能自救,肇事者不予及时救助致被害人死亡,以及交通肇事后不设置警示标志、清除路障,导致发生后续事故进而致人死亡,均应认定为"因逃逸致人死亡"。法院在审理交通肇事刑事案件时,只能将交通事故认定书视为一种参考性的勘验证据材料,而不能直接将其视为交通肇事罪成立与否及其轻重的根据。

"逃逸者负全责"的规定与做法具有一定的合理性,只是应对其适用进行一定的限制。有关"移置逃逸"一律构成故意伤害罪、故意杀人罪的司法解释规定,存在疑问。交通肇事罪与以危险方法危害公共安全罪构成要件存在区别,但二者不是对立关系。我国《关于审理交通肇事刑事案件具体应用法律若干问题的解释》(以下简称《交通肇事解释》)对交通肇事罪定罪起点和升格标准的设定过高,进而与过失致人重伤罪、过失致人死亡罪明显不协调。"指使逃逸的以共犯论处"的司法解释规定本身并无问题,只是应明确成立的是交通肇事"因逃逸致人死亡"的共犯,而非交通肇事罪的共犯。

/ 条 文 /

第一百三十三条 【交通肇事罪】违反交通运输管理法规,因而发生重大事故,致人重伤、死亡或者使公私财产遭受重大损失的,处三年以下有期徒刑或者拘役;交通运输肇事后逃逸或者有其他特别恶劣情节的,处三年以上七年以下有期徒刑;因逃逸致人死亡的,处七年以上有期徒刑。

罪名精释

1. 何为"违反交通运输管理法规,因而发生重大事故"?

案1:某日晚上,兰某与张某、曲某在拉面馆和歌厅先后两次饮酒。兰某在没有取得驾驶资格的情况下,经张某同意,驾驶由张某所有的黑色小客车搭载张某、曲某,违反信号灯指示闯红灯通过路口,进而与正常行走的被害人张某某、盛某某、祁某某发生碰撞,造成被害人张某某、盛某某两人死亡和祁某某轻伤。发生交通事故后兰某驾车逃离现场。兰某、张某于当日向公安机关自动投案。

本案争议焦点:机动车辆所有人违反道路交通管理法规,发生重大事故致人死亡的,能否依据在案证据认定成立交通肇事罪。

法院认为,本案中,机动车辆所有人张某同意兰某在未取得机动车辆驾驶资格的情况下,酒后驾驶机动车上路行驶,违反了交通运输管理法规,交通肇事后未予以阻拦或制止不法行为,未及时救助被害人,未能履行监督管理职责,为逃避法律追究,默许兰某驾车离开,共同放任危害结果的发生,与兰某具有同样的主观恶性和社会危害性,应对危害结果承担法律责任。张某违反道路交通管理法规,发生重大交通事故致人死亡,其行为构成交通肇事罪。认定兰某犯交通肇事罪,判处有期徒刑6年6个月;张某犯交通肇事罪,判处有期徒刑4年。[①]

"违反交通运输管理法规,因而发生重大事故",是指交通违章行为是交通事故发生的原因。交通违规种类繁多,交通违规行为未必就是交通事故发生的原因。

首先,根据交通法规是单纯指向交通行政管理还是直接关系到交通运输安全,可以将交通法律规范分为交通行政管理规范与交通运输安全规范。

《道路交通安全法》中属于交通行政管理规范的,主要是第8条、第11条、第15条、第16条、第17条、第18条、第98条所规定的关于机动车、非机动车登记,机动车相关标志、图案、警报器或标志灯具等的合法合规使用,以及第三者责任强制保险等方面的内容。对于仅存在违反交通行政管理规范的交通违章行为,由于违章行为与交通事故之间通常缺乏刑法意义上的因果关系,不符合交通肇事罪中"因而"的要求,不应成立交通肇事罪。然而司法实践中存在一种现象:公安机关的交通管理部门将违反交通行政管理规范的违章行为直接作为认定交通事故责任的根据,而检察院在起诉书中"照收照转"、法院则在判决中"照单全收"。

例如,有法院认为,"郑某违反交通安全管理规范,驾驶未经登记、无牌号和行驶证的车辆在路况良好的路段行驶时,未能确保安全通行,将被害人廖某撞倒,造成廖某死亡的重大交通事故,其行为已构成交通肇事罪,且在肇事后逃逸"[②]。显然,"驾驶未经登记、无牌号和行驶证的车辆"不可能是事故发生的原因。法院之所以将其写进判决书中,是因为交警部门作出的交通事故责任认定书中记载了上述违反交通行政管理规范的所谓违章事实。法院在审理交通肇事案件时,应当从行为人违反交通运输安全规范的违章行为中,找出发生交通事故的具体原因,认定存在交通肇事罪的具体实行行为,进而肯定交通肇事罪的成立。

《道路交通安全法》中属于交通运输安全规范的,主要是第13条、第14条、第19条、第21条、第22条、第38条、第42条、第43条、第44条、第47条、第48

---

① 参见北京市石景山区人民法院刑事附带民事判决书,(2019)京0107刑初329号。
② 重庆市江北区人民法院刑事判决书,(2004)江刑初字第497号。

条、第49条、第51条、第56条、第61条、第62条、第70条所规定的关于机动车行驶规则、载物、载人规则、机动车停放规则、行人通行规则以及交通事故发生后的处理要求等方面的内容。需要指出的是，即使行为人存在违反交通运输安全规范的行为，也应具体分析该违章行为是否本起事故发生的原因，是否属于交通肇事罪的实行行为，否则，会因为不符合"因而"的要求而不成立交通肇事罪。如实际车况良好，驾驶未经年检或者超过报废期限的车辆，就不能认定为交通事故发生的原因。

例如，张某驾驶未定期进行安全技术检验的轿车撞死横过道路的77岁被害人。法院认为，"张某驾驶未定期进行安全技术检验的轿车行驶过程中疏于观察前方路面车辆动态，遇有情况未采取必要的处置措施且案发后逃逸"，其行为构成交通肇事罪。[1] 判决在未查明张某驾驶的未定期年检的车辆是否存在技术质量隐患的情况下，就将驾驶未定期年检的车辆作为事故的原因，显然有失妥当。

其次，交通法律规范可分为保证自身安全的规范与保证他人安全的规范。

《道路交通安全法》第51条规定，机动车行驶时，驾驶人、乘坐人员应当按规定使用安全带，摩托车驾驶人及乘坐人员应当按规定戴安全头盔。要求使用安全带、戴安全头盔，旨在保障行为人自身的安全，而不在于保证其他交通参与人的安全。同理，在前车未开车灯，后车也未开车灯，致使前车发生事故的案件中，要求后车行驶时应当打开车灯，显然是为了保证自身行车的安全，而不是要求其车灯在行驶中起公共照明灯的作用，故未开车灯的后车驾驶员不应对事故发生的结果负责。

最后，交通法律规范可分为原则性规范与规则性规范。

当存在具体的规则性规范时，不应适用原则性规范进行责任认定。《道路交通安全法》第22条第1款关于"机动车驾驶人应当遵守道路交通安全法律、法规的规定，按照操作规范安全驾驶、文明驾驶"的规定，即原则性规范。在具体案件中，法院应当查明是否存在违反具体规则性规范且与事故发生结果之间存在因果关系的违章行为，而不能直接适用原则性规范认定交通事故的责任。

---

[1] 参见江苏省泰州市中级人民法院刑事判决书，(2006)泰刑一终字第69号。

例如,有交警部门认定,"黄某驾驶机件不符合技术标准的小型普通客车未保持安全车速且未按照操作规范安全驾驶、文明驾驶是造成事故的原因,承担事故主要责任"①。其中所谓"未按照操作规范安全驾驶、文明驾驶是造成事故的原因",即直接适用原则性规范认定责任,故而不妥。

2. 如何把握认定交通肇事罪的实行行为?

案2:某日夜晚时分,陈某鑫醉酒后无证驾驶无号牌二轮摩托车行驶时,碰撞到刘某立临时停放在公路右侧的重型仓栅式货车左后角,陈某鑫连人带车倒地时,被跟在后面由黄某群驾驶的小型客车再次碰撞、推行,进而引发陈某鑫当场死亡、车辆损坏的重大交通事故。黄某群报警处理,刘某立则驾车逃离现场。

本案争议焦点:交警部门没有查清造成事故的原因,而仅依据行政法规规定的"当事人逃逸的,承担全部责任或者主要责任"作出的事故责任认定,能否在刑事案件中适用。

对于本案,一审法院认为,刘某立的行为已构成交通肇事罪,依法判处其有期徒刑10个月。二审法院则认为,其一,根据在案证据分析,发生事故时路面完好,路面两侧路灯较亮,视线良好。刘某立的重型货车后车厢开了双闪灯进行警示。从陈某鑫驾车至发生碰撞时没有刹车痕迹分析。陈某鑫严重醉酒导致其驾车时注意力严重下降,进而导致其没有发现路边停放车辆,并且其无驾驶资质驾驶未经检测合格的无牌照车辆,未保持安全车速,是发生碰撞的最主要原因。刘某立夜间在道路临时停车时未开启后位灯及黄某群驾车未保持安全车速,只是一般违章行为,对事故的发生起次要作用。另外,陈某鑫在非机动车道行驶未戴安全头盔还会使事故后果进一步扩大。其二,道路交通事故责任认定书认定刘某立负本起事故的主要责任,是根据刘某立发生事故后驾车逃逸的情节,适用《道路交通安全法实施条例》第92条第1款的规定,其负主要责任的结果是一种行政推定责任形式,不适用于刑事案件。刑事案件的根据是行为与结果之间存

---

① 广西壮族自治区玉林市中级人民法院刑事裁定书,(2014)玉中刑一终字第226号。

在刑法意义上的因果关系。当事人事后的逃逸行为,并不是引起事故发生的原因,与危害结果之间没有刑法意义上的因果关系,除法律或者司法解释明确规定可以作为构成要件外,一般均不得作为犯罪构成要件予以评价。因而,本案道路交通事故责任认定书的责任认定以刘某立肇事逃逸为由,推定刘某立负该事故的主要责任与刑事法相悖且与其他证据矛盾,不能予以采信。综上,现有材料足以证明陈某鑫的严重违章行为是本次交通事故发生的主要原因力,上诉人刘某立违章停车只是引发本起事故的次要原因力,也即依法应认定上诉人刘某立在本起事故中负次要责任。而交通肇事造成一人死亡,行为人只有负事故的全部或者主要责任的才构成交通肇事罪,否则不负刑事责任。因此,上诉人刘某立的行为依法不构成交通肇事罪,改判其无罪。[①]

应该说,本案中刘某立将重型货车停在路边,可谓一般违章行为,不是犯罪行为。刘某立之所以不构成交通肇事罪,不是因为其仅负本起事故的次要责任,而是因为其根本没有实施交通肇事罪的实行行为,根据"无行为无犯罪"原理,当然不构成犯罪。

一般认为,过失犯跟故意犯一样有实行行为,交通肇事罪作为过失犯也不例外。交通肇事罪的实行行为,是指具有类型性地导致交通事故发生危险性的交通违章行为。如果行为人虽然存在所谓交通违章行为,但这种违章行为不可能是交通事故发生的原因,就不能认为行为人实施了交通肇事罪的实行行为。例如,行为人驾驶未上车牌的车辆上路行驶,不可能是具体交通事故发生的原因,因而不能评价为交通肇事行为。又如,行为人虽然驾驶了未经年检但车况良好的车辆上路行驶,即使发生了交通事故,也不能将驾驶未经年检车辆的行为评价为交通肇事罪的实行行为。再如,行为人醉酒驾驶车辆上路行驶,在等红灯时被开车接打电话的后车司机追尾发生交通事故,行为人的醉酒驾驶车辆上路行驶的行为不可能是本起交通事故发生的原因,不能认为行为人存在交通肇事罪的实行行为。所以,在交通肇事案中,一定要具体判断行为人有没有实施具有类型性地导致交通事故发生危险性的实行行为,行为人的交通违章行为是否为本起

[①] 参见广东省潮州市中级人民法院刑事判决书,(2020)粤 51 刑终 169 号。

交通事故发生的原因,若没有或者不是,就应否定存在交通肇事罪的实行行为和交通肇事罪的成立。

3.行人也能构成交通肇事罪?

案3:某日清晨,罗某驾驶轻便二轮摩托车行驶时,遇行人陈某跨越道路中心隔离护栏横过机动车道,造成罗某所驾车与陈某发生碰撞,车辆受损,罗某、陈某均受伤,之后罗某因颅脑损伤抢救无效死亡。经认定,陈某承担事故的主要责任,罗某承担事故的次要责任。

本案争议焦点:行人违反交通运输管理法规造成重大交通事故的,是否构成交通肇事罪。

法院认为,我国《刑法》第133条规定了交通肇事罪,旨在保护公共安全,维护社会交通秩序安全、顺畅、稳定。对交通中参与人予以刑法规制,在于强化交通参与人遵守交通运输管理法规意识,外化规范行为,共同营造良好的社会交通秩序,切实保障公共安全。本案中,陈某违反《道路交通安全法》第62条"行人通过路口或者横过道路,应当走人行横道或者过街设施"和第63条"行人不得跨越、倚坐道路隔离设施"之规定,为节约时间,在明知有人行横道的情况下仍跨越道路中心隔离护栏横过机动车道,其行为违反了上述交通运输管理法规,造成他人死亡且负事故主要责任。认定陈某犯交通肇事罪,判处有期徒刑1年6个月。①

案4:某日清晨,缪某在步行横过道路过程中,因突然折返向南,与亦经该地段行驶的陈某所驾电动自行车前部左侧发生碰撞,致陈某跌倒受伤,之后陈某经医院抢救无效于当日死亡。经交警认定,缪某承担本起事故的主要责任。

本案争议焦点:行人是否可以构成交通肇事罪的主体。

法院认为,《道路交通安全法》第62条规定,行人通过路口或者横过道路,应当走人行横道或者过街设施。因此,所有与道路活动有关的个人和单位均可

---

① 参见四川省成都市锦江区人民法院刑事判决书,(2017)川0104刑初547号。

成为本罪的实施主体。本案中,行人缪某横过道路时在有人行横道的情况下不走人行横道,并且在走到路中间时突然折返,与陈某驾驶的电动自行车前部发生碰撞,造成陈某跌倒并因受伤抢救无效死亡,其行为违反了《道路交通安全法》,理应承担法律责任。认定缪某犯交通肇事罪,判处有期徒刑1年,缓刑2年。①

行人和非机动车驾驶者是公共交通的参与者,也是交通肇事罪的犯罪主体。行人闯红灯、横穿高速公路、在高速公路上拉车乞讨引起交通事故的,可能构成交通肇事罪。交通肇事罪规定了"交通运输肇事后逃逸"和"因逃逸致人死亡"两个加重处罚情节。既然行人、骑自行车的人、驾驶电动车的人可以成为交通肇事罪的主体,在发生交通事故后,其同样具有保护现场、及时报警、抢救伤者的义务,若其逃逸,同样应评价为"交通运输肇事后逃逸"和"因逃逸致人死亡"。

4. 如何把握交通肇事罪中的"因而"?

案5:某日清晨,王某在路口交叉处违反交通信号规定驾驶两轮摩托车(后乘杨某某)由东向西行驶,适遇胡某某驾驶小型普通客车由北向南驶来,胡某某车辆前部与王某车辆右侧接触,胡某某车辆前部又与由北向南驶来的赵某某驾驶的自行车后部接触,造成赵某某、王某、杨某某受伤,三车损坏。之后赵某某经抢救无效死亡。经鉴定,赵某某符合颅脑损伤死亡,杨某某所受损伤属轻伤一级。经交警认定,王某负事故主要责任,胡某某负次要责任,赵某某、杨某某无责任。

本案争议焦点:交通肇事犯罪中,共同致死情况下多方交通事故的责任归属。

法院认为,王某违反交通信号通行的行为,导致胡某某的车辆躲避不及而与赵某某的自行车接触,造成赵某某死亡结果发生。没有王某的前行为就没有赵某某的死亡结果,前者就是后者的条件,胡某某的开车撞人行为依赖于王某的先前行为,若没有王某先前违反交通信号通行,则胡某某开车不可能撞到被害人,因此该两个行为都是事故发生的原因,王某某负主要责任,胡某某负次要责任,

---

① 参见江苏省海安市人民法院刑事判决书,(2018)刑初字第120号。

赵某某、杨某某无责任。认定王某犯交通肇事罪,判处有期徒刑10个月。①

交通运输管理法规都有自己的规范保护目的或者立法目的。交通肇事的结果必须由违反规范保护目的的交通违章行为所引起。换言之,行为虽然违反了交通运输管理法规,也发生了交通事故,但倘若交通事故的发生超出了交通法规的规范保护目的,就不能认定为违反交通运输管理法规"因而"发生重大交通事故,进而构成交通肇事罪。例如,禁止驾驶未经年检的车辆的规范保护目的,是防止车辆故障导致交通事故。如果行为人驾驶未经年检的车辆,但该车并无故障,而是由于被害人横穿高速公路造成了交通事故,就不能对行为人以交通肇事罪论处。下面举例说明。

(1)无证驾驶

禁止无证驾驶的交通法规的规范保护目的,旨在防止没有驾驶车辆技能的人上路行驶而发生交通事故。虽然未取得机动车驾驶证的人,通常不具有驾驶和控制车辆的能力,但不能认为未取得机动车驾驶证的人就一定不具有驾驶车辆的能力,也不能认为具有机动车驾驶证的人就一定具有驾驶能力(如取得驾驶证以后多年未驾驶机动车)。易言之,是否具有驾驶技术与是否取得机动车驾驶证并无直接关系。况且,即便行为人缺乏驾驶技术,在具体个案中,缺乏驾驶技术也未必就是事故发生的原因,如行人跨越护栏突然闯入封闭的高速公路,驾驶者刹车不及撞死行人。所以,即使存在无证驾驶的违章行为,在具体个案中也应具体分析无证驾驶是不是交通事故发生的原因,否则会导致"因而"的认定错误。

案6:刘某无证驾驶面包车,与骑电动自行车横过道路的薛某相撞,致薛某颅脑损伤当场死亡。刘某事后找陈某"顶包"。法院认为,"刘某无证驾驶机动车辆,发生重大交通事故,肇事后逃逸,致一人死亡,承担事故的全部责任,其行为构成交通肇事罪"②。

显然,本起事故发生的主要原因应是骑电动自行车的薛某突然横过道路,而

---

① 参见北京市朝阳区人民法院刑事判决书,(2019)刑初字第99号。
② 江苏省徐州市中级人民法院刑事裁定书,(2014)徐刑二终字第88号。

不是刘某的无证驾驶行为。或许,刘某无证驾驶以及为逃避法律追究找人"顶包"的事实,可以作为交警部门认定交通事故责任的重要根据,但不应成为法院认定成立交通肇事罪的主要依据。法院应当查明事故发生的具体原因,分析违章行为是否满足"因而"的要求,进而认定交通肇事罪成立与否。

总之,除非能够证明事故是行为人缺乏驾驶技能所致,否则难以肯定无证驾驶的违章行为符合交通肇事罪构成要件中"因而"的要求。

(2) 超速驾驶

禁止超速驾驶的规范保护目的是防止在出现险情时来不及采取制动措施。如果行为人即使不超速,也几乎不可能避免结果的发生,则难以认为超速驾驶是事故发生的原因。对于夜间以58公里/小时行驶在限速50公里/小时的市区道路上,撞伤突然穿越马路的行人致其死亡的案件,德国判例认为,即使行为人不超速,也难以避免交通事故的发生,则事故的原因不能归咎于超速驾驶。也就是说,即使超速驾驶,仍有适用信赖原则的余地。① 总之,不能简单地认为,只要存在超速驾驶的违章行为,就满足了交通肇事罪中"因而"的要求,而应具体查明超速驾驶是否具体案件中导致交通事故发生的原因。

案7:杨某驾驶出租车在某街道工会会馆楼前路段,以73.9公里/小时的时速撞倒推自行车横过街道的顾某,顾某后经抢救无效死亡。法院认为,杨某超速行驶,发生重大事故,构成交通肇事罪。②

应该说,上述判决是正确的。虽然判决书没有交代事发路段的限速是多少,但从案情描述来看,在人来人往的街道上以每小时73.5公里速度行驶,明显属于超速行驶。如果不超速行驶,当发现推自行车横过街道的被害人时,杨某应该来得及采取制动措施以避免事故的发生。

案8:赵某以77公里/小时速行驶在限速60公里/小时的城市快速路段时,其所驾车辆轧在散放于路面的一个雨水井盖上后失控,冲过隔离带进入辅路后与驾驶轿车正常行驶的杨某和骑自行车正常行驶的刘某、相某、张

---

① 参见1963年12月20日德国联邦最高法院判决(BGH VRS 26,203)。
② 参见辽宁省丹东市振兴区人民法院刑事判决书,(1999)兴刑初字第53号。

某、薛某相撞,造成刘某、相某当场死亡,张某经抢救无效死亡,杨某、薛某受伤。法院认为,"该路段设有明显的限速60公里/小时交通标志牌,赵某事发时行驶速度高于77公里/小时,由于赵某违章超速驾驶车辆,且未尽到注意义务,在其发现散落在路中的雨水井盖时,采取措施不及,是导致事故发生的原因",故赵某的行为构成交通肇事罪。[1]

本案中除非能够通过侦查实验证明,如果不超速就能避免事故的发生,否则只能将该起事故归咎为意外事件,即超速驾驶行为不能满足"因而"的要求,不构成交通肇事罪。法院显然未能查明该事实,故判决存在疑问。

(3) 酒后驾驶

禁止酒后驾驶的规范保护目的在于防止驾驶者饮酒而导致驾驶能力减退或者丧失进而造成交通事故。不过,对于一名醉酒的驾驶员,当别人不尊重他的道路先行权而这个事故对于清醒的驾驶员来说本来也是不可避免的时候,尽管他处于无驾驶能力状态之中,也仍然应以信赖原理为根据宣告无罪。但在我国司法实践中,存在将酒后违章驾驶的行为作为责任事故原因的现象。

案9:杨某夜晚醉酒驾驶(血液中乙醇浓度为193.6mg/100ml)轿车,搭载严重醉酒的罗某(血液中乙醇浓度为353.37mg/100ml),在行驶过程中罗某突然拉开车后门跳下车,跌出车外与路面搓擦后撞到人行道边沿当场死亡。法院认为,"杨某违反交通运输管理法规,醉酒后驾驶机动车并发生交通事故致人死亡的行为,构成交通肇事罪。杨某醉酒后驾驶机动车,搭载大量醉酒后可能失去行为控制能力的罗某,未尽到应当预见危险性并采取必要防范措施的责任,行驶中车速过快,且在转弯时未减速,杨某的上述行为系此次事故的主要原因,对事故的发生起主要作用,应当承担主要责任",故构成交通肇事罪。[2]

本案中即便杨某不是醉酒驾驶,对于作为成年人的罗某在车辆快速行驶过程中突然拉开车后门跳下车的举动,也难以预见和避免,故醉酒驾驶不是该起事

---

[1] 参见北京市第一中级人民法院刑事裁定书,(2005)一中刑终字第3679号。
[2] 参见四川省宜宾市中级人民法院刑事判决书,(2014)宜中刑一终字第172号。

故的原因,法院以醉酒驾驶为由认定成立交通肇事罪,明显存在疑问。

案10:张某甲酒后驾驶正三轮摩托车载其子张某乙行驶过程中,摩托车上装载的超出摩托车前方纵向装置的矩形方钢前端面与行人赵某相撞、摩托车装载的垂直于摩托车行进方向(横向装置)超出摩托车货斗右端宽度的移动脚手架圆柱钢管工作位置下端与行人裴某相撞,致赵某当场死亡,裴某送医院后死亡。①

本案中酒后驾驶不是事故的原因,违章装载才是事故的真正原因,故法院认定酒后驾驶也系事故发生的原因,明显不当。

(4)超载驾驶

禁止超载驾驶的规范保护目的在于保障汽车的安全行驶。具体而言,汽车超载会导致稳定性较差,转弯时离心力增加,如果车速较快则极易翻车,而且汽车超载时其制动效果会明显降低,尤其是在遇到下坡时加速度会增快而致机动车重心前移,容易失去控制而引发交通事故。在具体个案中,虽然存在超载事实,但当即使不超载,事故也难以避免时,就不能简单地认为超载是引发事故的原因进而认定成立交通肇事罪。

案11:被告人超载驾驶(核载31,400千克,实载36,980千克)重型半挂货车行驶过程中,货车上的六根树桩滚落到对向车道,并与对向车道上余某驾驶的小型普通客车及肖某驾驶的普通二轮摩托车发生碰撞,造成余某当场死亡、肖某经抢救无效死亡、小型客车上赵某受伤的重大交通事故。交通事故认定书确认超载是事故发生的原因之一,法院予以认可。②

显然,本起事故的原因应是被告人驾驶前未固定好所载货物,导致行驶中货物滚落到对向车道而引发事故。也就是说,即使不超载,事故也难以避免。故法院不应将超载驾驶认定为交通事故发生的原因。

综上所述,只有违反交通管理法规的行为,同时违背规范保护目的地引起了具体交通事故的发生,才能肯定违反交通运输管理法规"因而"发生重大事故,

---

① 参见安徽省蚌埠市中级人民法院刑事判决书,(2014)蚌刑终字第00261号。
② 参见浙江省温州市中级人民法院刑事裁定书,(2014)浙温刑终字第1227号。

而肯定交通肇事罪的成立。

5.信赖高度自动驾驶系统的无过错的"驾驶员",能否成立"肇事逃逸"和"逃逸致死"?

在使用高度自动驾驶系统的车辆中,车主也是乘客,发生交通事故后,车主不承担交通肇事罪的刑事责任,只能追究车辆制造者和高度自动驾驶系统的设计者的产品质量责任。问题在于,恰好坐在车上的车主有无保护现场、报警和抢救伤者的义务,若其逃逸,应否追究其"交通运输肇事后逃逸"和"因逃逸致人死亡"的刑事责任。按照通说的观点,成立"交通运输肇事后逃逸"和"因逃逸致人死亡"以行为构成交通肇事罪为前提。若如此,因为车主不构成交通肇事罪,自然也就不成立"交通运输肇事后逃逸"和"因逃逸致人死亡"。但是,车主在使用高度自动驾驶系统的车辆中虽可谓"乘客",但并非真正意义上的乘客,而是一种危险源的监督者,在发生交通事故后应负有"危险源监督义务",不履行义务的,应成立不作为的故意杀人罪、故意伤害罪或者遗弃罪的刑事责任。

6.如何认定二次碰撞碾压的交通事故的刑事责任?

案12:某日深夜,向某国驾驶白色小轿车(案发时未上牌照)行驶在国道上,对前方行人动态观察不周,将秦芙某撞倒在地。事故发生后,向某国未保护现场、未对被害人采取抢救措施、未报警,将秦芙某遗弃在事故现场,驾车逃离。一分钟后,杨泽某驾驶小型普通客车经过事故路段,碾压躺在道路上的秦芙某,经重庆市黔江区公安局物证鉴定所鉴定,秦芙某系颅脑损伤合并胸部损伤死亡。事后,向某国主动到公安机关投案。经交警认定,向某国承担本次事故的主要责任,杨泽某承担次要责任。

本案争议焦点:第三方因素的介入造成交通肇事行为与被害人死亡结果之间因果关系的认定。

法院认为,从本案来看,此案发生于深夜,向某国将秦芙某撞倒在地仅一分钟,杨泽某驾驶的车辆随即从秦芙某身上碾压而过,若当时向某国及时下车保护现场,报警并抢救伤者,或许秦芙某不会死亡。但恰恰是向某国肇事逃逸的行为,导致后车在视线盲区的情况下未发现受伤躺在地上的秦芙某从而碾压而过,这种第三方因素的介入并非异常,向某国本身将受伤倒地的秦芙某遗弃在道路中央的行为就极有可能导致秦芙某被二次碾压。因此,杨泽某驾驶车辆对秦芙某的二次碾压中断不了向某国交通肇事行为与秦芙某死亡结果之间的因果关系,故向某国的行为构成交通肇事罪。认定向某国犯交通肇事罪,判处有期徒刑4年6个月。①

法院似乎认定向某国仅成立"交通运输肇事逃逸"。应该说,只要能够证明向某国第一次碰撞秦芙某并未造成致命伤,秦芙某是死于二次碾压,则按照本书的观点,向某国的行为应成立"因逃逸致人死亡",而适用交通肇事罪的第三档法定刑(7年以上有期徒刑)。

案13:某日,汤某某驾驶电动三轮车行驶至某小学门前路段,由于夜雨天行驶,观察疏忽,遇行人横过道路而未采取有效措施避让、确保行车安全,碰撞了横过道路的纪某某,随后驾车逃逸。同日,张某某驾驶电动四轮车行至事故地点,再次碰撞倒地的纪某某。纪某某经抢救无效死亡。经物证鉴定:纪某某符合交通事故致头面部及躯干部严重复合性损伤死亡。经交警认定,汤某某承担本起事故的主要责任,张某某承担本起事故的次要责任,纪某某无责任。

法院认为,汤某某违反道路交通运输管理法规驾车,因而发生重大事故,致一人死亡,负事故主要责任,并且肇事后逃逸,汤某某犯交通肇事罪,判处有期徒刑3年。二审维持原判。②

应该说,只要能够证明第一次碰撞没有形成致命伤,被害人是被二次碰撞致死的,则汤某某的行为就不只是成立"交通运输肇事后逃逸",而应成立"因逃逸致人死亡"。

案14:某日凌晨5时许,杨某驾驶白色小型轿车(无号牌)行驶至某交叉路口时,与同方向行驶的宁国某驾驶的农用三轮车(无号牌,旁边乘坐其

---

① 参见重庆市黔江区人民法院刑事判决书,(2017)渝0114刑初116号。
② 参见江苏省南通市中级人民法院刑事裁定书,(2020)苏06刑终223号。

妻张志某)后部相撞,致使张志某被甩出车下倒地,事故发生后杨某驾车逃逸,宁国某即下车救助张志某,适有一辆机动车驶来,将宁国某及倒地的张志某撞出、碾压,该肇事车辆逃逸。之后宁国某、张志某经抢救无效死亡。经鉴定,宁国某的死亡原因符合颅脑损伤合并创伤性休克死亡;张志某的死亡原因符合创伤性休克死亡。经交警认定,杨某对第一起事故负全部责任,在逃的另一位行为人对第二起事故负全部责任(另案处理)。

法院认为,根据案发时间、地点,结合普通人的认知水平,倒在机动车道上的张志某被另外一辆机动车碾压,是一种高概率事件,并不能中断杨某的交通肇事行为与张志某死亡之间的因果关系,杨某应当对张志某的死亡承担刑事责任,其行为符合交通肇事罪的构成要件,并且杨某肇事后逃逸,依法应当予以惩处。宁国某因救助张志某被另一辆机动车撞击致死,杨某的肇事行为与宁国某的死亡结果之间无刑法意义上的因果关系,因此,对杨某的犯罪行为致宁国某死亡的指控证据不足,不予认定。认定杨某犯交通肇事罪,判处有期徒刑4年。[①]

应该说,只要不能证明张志某第一次被碰撞已形成致命伤,也就是张志某是死于第二次碰撞,则杨某应承担的不是"交通运输肇事后逃逸",而是"因逃逸致人死亡"的责任。妻子张志某被撞出车外,作为丈夫的宁国某第一时间予以救助并不异常,其被随后车辆撞死的结果也应当归属于杨某,就如放火后消防人员救火死亡的结果也应归属于放火者一样。所以,杨某应对被害人张志某和宁国某两个人的死亡承担交通肇事"因逃逸致人死亡"的刑事责任。

案15:某日凌晨6时许,叶某无证驾驶一部无牌二轮摩托车行驶至某路段时,与前方同向行走的行人詹某发生碰撞,造成詹某受伤倒地、二轮摩托车损坏的后果。事故发生后,叶某未保护现场和抢救伤者,驾车逃离现场。不久后,朱某驾驶轻型厢式货车行驶至事故地点时,货车车头与行李车在道路南侧路面上发生碰撞,随后轻型厢式货车左前轮、左后轮碾压詹某的身体,之后朱某驾车离开现场。事后,詹某被他人发现后报警并送至医院经抢救无效死亡。经道路交通事故责任认定:第一次事故,叶某无证驾驶未注

---

① 参见北京市第二中级人民法院刑事附带民事裁定书,(2016)京02刑终字第555号。

意前方交通情况,发生事故后未保护现场、未报警、未抢救伤员,驾车逃逸,负事故的全部责任;第二次事故,朱某驾车未注意前方交通情况,发生事故后未立即停车排查事故情况,未保护现场、未报警、未抢救伤员,驾车逃逸,负事故的全部责任。道路交通事故责任认定书补充认定:对第二起事故,朱某负事故全部责任,叶某不负事故责任。

本案争议焦点:(1)叶某第一次事故的碰撞行为与被害人的死亡结果之间是否具有刑法上的因果关系;(2)其后的驾车逃逸行为是否属于加重情节。

法院认为,叶某驾驶摩托车碰撞詹某致伤,发生事故后未保护现场、未抢救伤员,驾车逃逸,而引发第二起交通事故的发生,致詹某死亡,在第一起事故中负全部责任,其行为已构成交通肇事罪;但因叶某的碰撞行为和驾车逃逸行为只是詹某死亡的条件,是构成交通肇事罪的客观条件,不能认定叶某的驾车逃逸行为是构成交通肇事罪后逃逸的行为而适用加重情节予以处罚。认定叶某犯交通肇事罪,判处有期徒刑2年;朱某犯交通肇事罪,判处有期徒刑9个月,缓刑1年。[①]

只要证明被害人第一次被撞没有形成致命伤,而是死于第二次碰撞,则叶某应承担交通肇事"因逃逸致人死亡"的刑事责任;若第二次碰撞也未形成致命伤,则朱某也应承担交通肇事"因逃逸致人死亡"的刑事责任;若能证明第一次碰撞被害人已经形成致命伤,即死亡结果已经不可逆转,则叶某承担"交通运输肇事后逃逸"的刑事责任,朱某无罪;若第二次碰撞才形成致命伤,则朱某承担"交通运输肇事后逃逸"的刑事责任。

案16:某日夜晚,王某某酒后驾驶小型客车行驶,与被害人驾驶的无号牌二轮摩托车追尾相撞,造成被害人受伤后倒在路面及双方车辆受损的交通事故,王某某未停车施救也未报警,驾车逃离现场。2分钟后,周某某驾驶变型拖拉机超速行驶至事故路段,发现路边停放一辆大货车,遂从货车左侧超车。周某某在超车过程中发现倒在路面的被害人,即打方向避让,致其驾驶的变型拖拉机左后轮碾压过被害人身体后发生倒翻,之后经医生现场

---

① 参见福建省厦门市同安区人民法院刑事判决书,(2018)闽0212刑初491号。

确认被害人死亡。经鉴定，交通事故致被害人颅脑损伤，是其死亡的主要原因，躯体严重的毁损性碾压伤，是其死亡的次要原因。交警认定，王某某负第一次事故的全部责任，被害人无责任。经法院核查认定，周某某负第二次事故的主要责任，王某某负次要责任，被害人无责任。经鉴定，周某某驾驶的变型拖拉机在制动拖痕起点处速度为54～58km/h。案发路段限速30km/h。

法院认为，前起肇事者在发生事故后，未停车救助伤者，将伤者遗留在路面上，此时，伤者应当推定尚未死亡（鉴定意见载明第一次事故虽是死亡的主要原因，但并未说明已经死亡，而二次事故仍在加速伤者的死亡进程），导致被超速行经此处的后一肇事者驾驶的车辆碾压，最终导致被害人死亡。前起肇事者在事故后，未保护现场、报警，并且将伤者遗留在路面上，未加以救助，也未将伤者转移至安全地带，而是驾车逃离现场的肇事逃逸行为，与伤者被后车碾压后死亡之间存在因果关系，即如果前起肇事者及时救助伤者，伤者未被后续车辆碾压，则具有抢救的可能性，故前起肇事者应对该逃逸致人死亡的后果承担责任，其行为构成逃逸致人死亡。认定王某某犯交通肇事罪，判处有期徒刑8年；周某某犯交通肇事罪，判处有期徒刑10个月，缓刑1年。①

应该说，上述判决肯定王某某驾车逃逸导致被害人被后车碾压致死成立交通肇事"因逃逸致人死亡"，是完全正确的。

从司法实践看，肇事后逃逸导致被害人被后车碰撞碾压致死的，大多仅认定成立"交通运输肇事后逃逸"，处3年以上7年以下有期徒刑，而没有认定成立交通肇事"因逃逸致人死亡"，处7年以上有期徒刑。应该说，只要不能证明第一次肇事已经对被害人形成不可逆转的致命伤，即没有救助的可能性，则应认为因为肇事者驾车逃逸不保护现场、不报警、不救助伤者，导致被害人被后车碾压致死，第一次肇事者应承担交通肇事"因逃逸致人死亡"的刑事责任，而不是仅承担交通运输肇事后逃逸的刑事责任。若证明第一次肇事已经对被害人形成了不可逆转的致命伤（没有救助的可能性），则第一次肇事者承担交通运输肇事后逃

---

① 参见安徽省濉溪县人民法院刑事判决书，(2018)皖0621刑初422号。

逸的刑事责任,后续肇事者不承担刑事责任。

7. 何为"公共交通领域"?

案17:某日14时30分许,方某驾驶重型货车在某甲钢材市场内倒车时,疏忽大意导致在其车辆正后方的电动车避让不及被碾压,造成该电动车的驾驶人郑用某受伤,乘车人陈佩某当场死亡。方某随即报案,并等候在现场。

法院认为,本案事发地甲钢材市场虽偶尔有物业保安对社会车辆进行指挥,但对这些车辆的出入并无限制,允许其自由进出。故该钢材市场具有开放性和进出车辆的不确定性,符合虽在单位管辖范围但是允许社会车辆通行的特点,因此事发地应当属于道路交通安全法意义上的公共道路,在该钢材市场违反交通运输管理法规驾驶车辆发生事故的,属于道路交通安全事故的范围。认定方某犯交通肇事罪,判处有期徒刑1年3个月。①

区分交通肇事罪与其他过失犯罪的关键在于,事故是否发生在公共交通领域。如果在公共交通领域内发生事故致人重伤、死亡或者使公私财产遭受重大损失,以交通肇事罪定罪处罚。在公共交通领域外驾驶车辆或者使用其他交通工具发生重大事故的,根据不同情况,分别以重大责任事故罪、重大劳动安全事故罪、过失致人死亡罪、过失致人重伤罪等定罪处罚。

公共交通领域的基本特点是"公共性""开放性",即非私有属性,可以同时供多人使用,具有非排他和非竞争的特点。《道路交通安全法》第119条第1项规定,"道路"是指公路、城市道路和虽在单位管辖范围但允许社会机动车通行的地方,包括广场、公共停车场等用于公众通行的场所。据此,虽在单位管辖范围内但允许社会车辆通行的地方也是《道路交通安全法》上的"道路"范畴,属于公共交通领域范围。

8. 加重处罚"逃逸"的根据是什么?

案18:某日夜晚,刘某驾驶轿车由南向北行驶,将酒后由东向西横过道

---

① 参见上海市松江区人民法院刑事判决书,(2016)沪0117刑初字第187号。

路的刘锐某撞倒。刘某随即停车,与刘锐某的朋友崔某一起将被害人抬上车,由刘某驾车将其送往医院救治。之后刘某将其母亲杨小某留在医院,其本人以筹措钱款为由先行离开。之后崔某报警,民警到达医院寻找刘某未果,告知杨小某让刘某去公安机关处理问题。刘某及家属到医院为被害人缴纳了部分医疗费用。被告人与被害人双方始终保持联络。之后,刘某到朝阳交通支队劲松大队投案。经鉴定,刘锐某属重伤二级,刘某负事故全部责任。

对于本案,检察院指控,刘某违反交通管理法规,未按规定避让行人,发生交通事故,造成一人重伤的后果且发生事故后逃逸,应以交通肇事罪追究其刑事责任。法院认为,本案中,刘某将伤者送至医院,将亲属留在医院协助救治,本人离开后筹措费用,最终使伤者得到及时治疗。其间,刘某亦到医院探望伤者且未与受害方中断联系。其虽未主动报警,投案亦欠缺及时性,但刘某在被害人得到一定救治后,即主动要求与被害方前往交通队说明情况并随即投案。刘某的行为充分证明其具有救治被害人的积极性及接受公安机关处理的主动性,故其虽客观离开事故现场,但系救治伤者所需,亦无逃跑行为,不能认定其具有逃避法律追究的主观目的。本案依据现有证据不能认定刘某有逃避法律追究的主观目的,其离开事故现场的行为不符合"为逃避法律追究逃离事故现场"的入罪条件,故刘某不构成交通肇事罪。①

案19:某日,周某驾驶无牌黄色翻斗车逆向行驶至某路段时,与李某某驾驶的无牌正三轮摩托车相撞,致使李某某当场死亡,周某某驾车逃离现场。

法院认为,周某违反交通运输管理法规,驾驶车辆发生重大交通事故,致一人死亡且负事故全部责任,其行为构成交通肇事罪,并且周某肇事后逃逸。认定周某犯交通肇事罪,判处有期徒刑3年。二审维持原判。②

上述案件中,交通肇事致被害人当场死亡。法院仍认定成立"交通运输肇

---

① 参见北京市第三中级人民法院刑事裁定书,(2016)京03刑终字第527号。
② 参见湖北省襄阳市中级人民法院刑事裁定书,(2020)鄂06刑终156号。

事后逃逸"。

案20：某日，凌某持超过有效期的驾驶证，驾驶未年检的小型面包车因过度疲劳未注意路况，与迎面行走的林某发生碰撞，造成车辆损害及林某当场死亡的交通事故。事后发生后，凌某打电话通知其母，让其母叫来自己的女友黄某，并未离开案发现场。在与其母、女友等候"120"急救车辆抵达现场的过程中，凌某记起此时驾驶证已过有效期，就让其女友"顶包"报警，黄某报警称系自己驾车撞倒被害人，之后案发。

本案争议焦点：交通肇事犯罪中，凌某指使他人冒充肇事司机"顶包"，意图逃避法律责任，但其并未离开事故现场且积极报警施救的行为，是否构成"交通肇事逃逸"。

法院认为，凌某在案发后，为逃避交通肇事和无证驾驶带来的法律责任，唆使自己的女友黄某"顶包"报警，冒充肇事者，其主观上有逃避法律追究的故意；就其客观表现而言，凌某在肇事后，虽然曾冒充乘车者而非肇事者，但凌某一直未离开犯罪现场，并且积极拨打急救电话与报警电话对林某进行施救，其在客观上并不存在"逃离事故现场"的行为。《刑法》规定将逃逸作为交通肇事罪的法定刑升格的条件，其目的是让肇事者履行保护案发现场、救助伤员、承担法律责任等义务，从法益保护的角度出发，"逃离事故现场"不能也不宜作为认定逃逸情节的唯一依据。如果交通肇事后现场有需要救助的伤者，肇事者留在事故现场，积极履行救助伤员、保护案发现场等义务，即使指使他人"顶包"冒充肇事者，也不应认定其行为构成逃逸。对于交通肇事逃逸情节的认定，应当遵循综合判断的标准，从法益保护的角度出发，结合肇事者肇事后义务履行情况进行认定，不能机械地理解和适用司法解释中关于逃逸的相关规定。法院认为，检察机关对凌某交通肇事逃逸的指控不当，认定凌某犯交通肇事罪，判处有期徒刑1年。[1]

案21：某日，郑某没有摩托车驾驶证，驾驶普通二轮摩托车在左转弯时，与杨某驾驶的普通二轮摩托车发生碰撞，造成杨某重伤。事故发生后，

---

[1] 参见福建省福州市鼓楼区人民法院刑事判决书，(2017)闽0102刑初第826号。

郑某离开现场,之后杨某报警,杨某被送往医院治疗。

法院认为,从立法目的看,1979年《刑法》第113条规定的交通肇事罪中没有明文规定对交通肇事后逃逸的应如何处罚。但是在实践中,有很多人在交通肇事后畏罪逃逸,给案件的侦查工作造成很大困难,造成交通肇事案的破案率降低,加上立法对逃逸行为惩罚的严厉程度不够高,严重削弱了刑罚对交通肇事后逃逸行为的威慑效果;尤其是有的人在交通肇事后当场致人重伤,应当抢救并且能够抢救也不抢救,为逃避法律追究而逃跑,以致被害人因丧失抢救时间而未能避免死亡的,后果十分严重,情节十分恶劣。鉴于此,修改后的《刑法》第133条交通肇事罪特别规定,"交通运输肇事后逃逸或者有其他特别恶劣情节的,处三年以上七年以下有期徒刑;因逃逸致人死亡的,处七年以上有期徒刑"。据此,《刑法》及相关司法解释将交通肇事逃逸作为入罪要件或者量刑加重情节,其目的在于重点打击、严加惩罚不抢救伤员及给侦破案件带来难度的逃逸行为。基于此,本案郑某在具有"无驾驶资格驾驶机动车辆"已构成交通肇事罪的情况下,不将交通肇事逃逸行为作为构成交通肇事罪的情形,而作为判处"三年以上七年以下有期徒刑"的法定加重情节,既符合司法解释规定,也符合对交通肇事逃逸严厉打击的立法目的。法院认定,郑某行为已构成交通肇事罪且在交通肇事后逃逸,具有自首情节,判处有期徒刑1年9个月。①

关于交通肇事罪,《刑法》规定了"交通运输肇事后逃逸"和"因逃逸致人死亡"两种情形,2000年11月15日最高人民法院发布的《关于审理交通肇事刑事案件具体应用法律若干问题的解释》(以下简称《交通肇事解释》)确定了"定罪逃逸""指使逃逸""移置逃逸"三种情形。《交通肇事解释》规定:(1)交通肇事致1人以上重伤,负事故全部或者主要责任,"为逃避法律追究逃离事故现场的",以交通肇事罪定罪处罚,这可谓"定罪逃逸";(2)"交通运输肇事后逃逸",是指行为人在发生交通事故构成交通肇事罪后,"为逃避法律追究而逃跑的行为",这可谓"肇事逃逸";(3)"因逃逸致人死亡",是指行为人在交通肇事后"为逃避法律追究而逃跑",致使被害人因得不到救助而死亡的情形,这可谓"逃逸

---

① 参见福建省南安市人民法院刑事判决书,(2017)闽0583刑初184号。

致死";(4)交通肇事后,单位主管人员、机动车辆所有人、承包人或者乘车人指使肇事人逃逸,致使被害人因得不到救助而死亡的,以交通肇事罪的共犯论处,这可谓"指使逃逸";(5)行为人在交通肇事后"为逃避法律追究",将被害人带离事故现场后隐藏或者遗弃,致使被害人无法得到救助而死亡或者严重残疾的,应当分别依照故意杀人罪、故意伤害罪定罪处罚,这可谓"移置逃逸"。

可见,关于禁止交通肇事逃逸的规范保护目的,司法解释始终坚持"逃避法律追究说"立场。实务中也是一如既往地以司法解释为准绳。

关于"定罪逃逸",如陈某驾驶小客车,行经人行横道时未减速慢行,刹车不及碰撞骑自行车的钟某并致其重伤(经鉴定损伤达到一级伤残)后,驾车逃离现场。一审法院认定成立"肇事逃逸"。二审法院则认为,"陈某的交通肇事行为只造成一人重伤的后果,其逃逸行为已作为交通肇事罪的定罪要件,故不能再作为交通肇事罪的法定加重情节在量刑时重复评价,因此,对上诉人的量刑应在三年以下有期徒刑或者拘役这一量刑幅度内进行"[1]。

关于"肇事逃逸",司法实务的主流做法一直是,即便被害人当场死亡(没有需要救助的被害人),肇事者也因所谓为逃避法律追究而逃跑而被认定为"肇事逃逸"。[2] 甚至肇事者在将被害人及时送医后逃离(履行了抢救伤者的义务),也因所谓为逃避法律追究而逃跑,而被认定为"肇事逃逸"。[3]

关于禁止"逃逸"的规范保护目的,刑法理论通说支持司法解释所持的"逃避法律追究说"立场,但理论界一直有学者旗帜鲜明地反对"逃避法律追究说",而主张"逃避救助义务说"。例如,张明楷教授明确指出,将"逃逸"解释为"为逃避法律追究而逃跑"不具有合理性。犯罪后为逃避法律追究而逃跑,因不具有期待可能性而可谓"人之常情";正因如此,自首才成为法定从宽处罚情节;"逃避法律追究说"难以说明刑法为何不将逃逸规定为其他犯罪的加重情节;刑法之所以将逃逸规定为交通肇事罪加重情节,是因为交通事故中往往存在需要救助的被害人,加重处罚逃逸行为是为了促使肇事者积极救助被害人,故而应以不

---

[1] 广东省广州市白云区人民法院刑事判决书,(2011)穗花刑初字第816号。
[2] 参见安徽省阜阳市中级人民法院刑事裁定书,(2015)阜刑终字第00110号。
[3] 参见山东省济宁市中级人民法院刑事裁定书,(2014)济刑终字第269号。

救助被害人(不作为)为核心理解和认定逃逸;发生交通事故后,肇事者留在现场不逃也不救的,也成立逃逸;肇事者让自己的家属、朋友救助伤者的,即使自己徒步离开现场,也不应认定为逃逸;交通事故现场没有需要救助的被害人,行为人逃走的,不应认定为逃逸;将"因逃逸致人死亡"的逃逸动机限定于为逃避法律追究,明显不当;行为人在骑摩托车追杀仇人过程中发生交通事故致人重伤后,为继续追杀仇人而不救助事故被害人致其死亡的,按照《交通肇事解释》,由于行为人不是"为逃避法律追究而逃跑",不成立"因逃逸致人死亡",这显然不合理。① "逃避救助义务说"立场在理论界得到了不少学者的响应与支持。

本书认为,只要因交通违规致人重伤,就达到了值得以交通肇事罪科处刑罚的程度(《刑法》条文如此规定),没有必要承认所谓的"定罪逃逸";致人重伤后逃逸的,成立作为交通肇事罪加重情节的"肇事逃逸"。关于禁止交通肇事逃逸的规范保护目的,虽然总体上说"逃避救助义务说"具有合理性,但对于"肇事逃逸"与"逃逸致死"的规范保护目的应进行相对性解读。"肇事逃逸"的规范保护目的即加重处罚的根据在于,促使交通肇事者及时抢救伤者、保护现场(包括设置警示标志以避免后续事故的发生)并报警,以便分清责任、迅速处理交通事故、保障道路的畅通、避免损失的进一步扩大。"逃逸致死"的规范保护目的在于,促使交通肇事者及时抢救伤者(包括躺在道路中间的昏迷者),避免被害人因得不到及时救助而死亡,以及根据需要设置警示标志、清除路障,以避免发生后续事故致人死亡。理由有以下三点。

首先,在刑法中,不仅不同条款中的相同用语的含义具有相对性,而且根据需要对同一条款中同一个概念的含义作出不同的解释,也并不鲜见,如贪污罪中"利用职务上的便利"。

其次,交通事故发生在正在通行的道路上,车流频繁,发生交通事故后,必须迅速分清责任、疏通道路,以保障交通的顺畅,这明显有别于发生在非公共交通领域的、日常生活中发案率相对较低的过失致人重伤、死亡案件。正因如此,其他国家和地区通常会在刑法典或者附属刑法中,将擅自离开事故现场,不履行救

---

① 参见张明楷:《张明楷刑法学讲义》,新星出版社2021年版,第475~476页。

助义务和报告义务的逃逸行为,单独规定为犯罪。

最后,"逃逸"条款的表述以及两个"逃逸"规定的法定刑差异表明,可以而且应当对两个"逃逸"的规范保护目的进行相对性解读。

总之,根据法益保护的要求、交通事故的特殊性以及一般预防的需要,可以而且应当对交通肇事罪中两个"逃逸"的规范保护目的进行相对性解读。

9. "逃逸"事实能同时作为定罪情节和加重情节进行评价吗?

案22:某日,李某醉酒驾驶小型越野客车行驶中将在主路行走的张某撞倒,致张某重伤。事故发生后李某未停车保护现场,而是驾车逃逸。经交警认定,李某负事故主要责任,张某负事故次要责任。

本案争议焦点:道路交通事故责任认定书中认定行为人因醉酒驾驶负事故主要责任,并且事故致一人重伤,行为人事后逃逸,如何准确评价醉酒驾驶情节在犯罪构成中的作用,从而判断事后逃逸情节究竟是犯罪构成要件还是加重量刑情节,最终准确量刑。

法院认为,本案中,李某醉酒后在城市快速路行驶,发生交通事故致一人重伤后逃逸。该行为乍一看,符合交通肇事罪"承担事故主要责任+致一人重伤+酒后驾车情节"的罪状描述,因而构成交通肇事罪。同时李某具有逃逸情节,那么基本思路是认为行为人李某量刑应当在3年以上有期徒刑。但是,这种思路存在的问题是,对案件的关键证据(道路交通事故责任认定书)的认定结论作形式层面的机械承认,既忽略了对事故责任认定过程进行实质判断,又忽略了道路交通事故责任认定书中明确表述的"李某因醉酒驾车,负主要责任,被害人夜间出现在城市快速路中间,负次要责任"这一重要事实,以致对醉酒驾驶情节重复评价。本案中,醉酒驾驶是行为人李某负担主要责任的直接原因。本案正确的思路应该是,李某交通肇事致一人重伤,因有醉酒驾驶情节,故李某负事故主要责任,构成《交通肇事解释》第2条第2款之大前提,因醉酒驾驶情节在大前提中已经评价完毕,故不再考虑。李某明知发生交通事故,在事故发生后未停车保护现场或报警,继续驾车离开现场,这一情节符合《交通肇事解释》第2条第2款第6项之规定,交通肇事致一人重伤,负主要责任,并且逃离现场,因此,李某的行为构成交通肇事罪,至此,逃逸情节也在犯罪构成要件中评价完毕,从而不再作为量刑升档的情节考虑。认定李某犯交通肇事罪,判处有期徒刑6个月。①

应该说,按照《交通肇事解释》的规定,上述判决是正确的。

案23:某日,胡某某驾驶无号牌小型客车行驶中与寇某某驾驶的电动自行车发生碰撞,造成寇某某重伤,之后胡某某驾车逃逸。交警认定,胡某某存在驾驶机动车发生交通事故后逃逸、驾驶未登记的机动车上道路行驶两个违法行为,负事故主要责任,寇某某存在驾驶非机动车进入机动车道内行驶发生交通事故、驾驶未登记的非机动车上道路行驶两个违法行为,负事故次要责任。

本案争议焦点:胡某某逃逸行为属于定罪情节还是属于加重处罚情节。

法院认为,本案中,行为人购买新车后,办理过临时牌证,在临时牌证过期后一个多月,仍继续驾驶无牌证机动车,并且在发生交通肇事后逃逸,逃逸情节作为交通事故责任认定的依据之一,在入罪时被评价;同时逃逸情节又属于量刑时的结果加重情节,在量刑时被评价,不违反禁止重复评价原则,因为分别是对"驾驶无牌证车辆"和"肇事后逃逸"的两种情节分别评价。而从证据的角度看,作出交通责任事故认定的民警在接受询问时表示责任认定是"根据整个现场情况具体分析判断"得出的结论,即本案无证据证明"肇事后逃逸"是认定行为人主要责任的唯一或核心因素,不存在违反禁止重复评价的相关证据。法院认定,胡某某驾驶无牌证机动车发生交通事故,并致一人重伤,负事故主要责任,并且其肇事后逃逸,具有自首情节,认定胡某某犯交通肇事罪,判处有期徒刑3年。二审维持原判。②

应该说,按照《交通肇事解释》的规定,或许上述判决基本上是成立的。但是,按照常理,驾驶无牌证车辆违反的只是交通行政管理法规,而不是交通运输安全法规。换言之,驾驶无牌证车辆不可能是事故发生的原因,不应将驾驶无牌证车辆作为认定交通肇事罪的成立条件。寇某某驾驶非机动车进入机动车道内

---

① 参见北京市朝阳区人民法院刑事判决书,(2019)京0105刑初2862号。
② 参见北京市第一中级人民法院刑事裁定书,(2016)京01刑终字第406号。

行驶,不能只负事故的次要责任。如果寇某某不将非机动车驶入机动车道,事故就不会发生,故对交警所称的责任认定是"根据整个现场情况具体分析判断"的辩解存在疑问。

案 24:某日,黄某昌驾驶三轮摩托车从王某容驾驶的二轮摩托车左侧超车。与此同时,陈某荣驾驶大型普通客车从黄某昌驾驶三轮摩托车的左侧越过双实线向前超车,在超车后没有保持足够的安全距离后,陈某荣驾驶大客车右拐弯驶回原车道,黄某昌遂驾驶三轮摩托车进行闪避,在往右拐弯摆方向时与王某容驾驶的二轮摩托车发生碰撞,造成二轮摩托车倒地及乘车人刘某英受伤,经送医抢救无效死亡。交警认定,陈某容驾驶机件不符合技术标准的大型普通客车不按交通标准线指示通行及违规操作,发生事故后逃离现场,黄某昌驾驶机件不符合技术标准的三轮摩托车,发生事故后逃离现场,二人均负事故主要责任。检察院指控二人均具有交通肇事行为和逃逸情节,应认定为"交通运输肇事后逃逸"。

本案争议焦点:二人均被交警部门认定在事故发生后具有逃逸情节,其逃逸行为均作为事故责任认定的情节之一,逃逸行为是作为交通肇事罪定罪情节,还是作为加重情节进行量刑。

法院认为,黄某昌肇事后的逃逸行为已在交通事故中作为主要情节,进而认定负主要责任,构成本罪,不能重复评价而予以加重处罚。本案中交警部门进行事故认定,主要是依照《道路交通安全法实施条例》第 92 条"发生交通事故后当事人逃逸的,逃逸的当事人承担全部责任"的规定。也就是说,认为黄某昌在事故中负主要责任的情节是黄某昌的逃逸行为,而其驾驶机件不符合技术标准的三轮摩托车则是次要责任。由于在定罪(交通肇事罪)时已使用了逃逸这一情节,在量刑时则不再适用法律升格条款而加重处罚。本案中陈某荣被认定为"交通运输肇事后逃逸"并非基于上述原则。也就是说,虽然其被交警部门认定负事故主要责任的情节中包括逃逸情节,但除逃逸行为外,其不按交通标线指示通行及违规超车的行为亦是作为事故认定的主要情节之一。即便本案证据不足以证实其主观明知发生交通事故,也可认为其构成交通肇事罪。若陈某荣的逃逸行为成立,由于逃逸行为既不是认定事故责任的主要情节,又不是交通肇事犯罪事故责任认定的必要条件,则不作为交通肇事罪的定罪情节,仅在量刑环节上对逃逸行为作为提升法定刑的加重情节进行处罚。认定陈某荣犯交通肇事罪,判处有期徒刑1年5个月;黄某昌犯交通肇事罪,判处有期徒刑1年4个月。[①]

按照《交通肇事解释》第2条第2款的规定,交通肇事致一人重伤,负事故全部或者主要责任,具有6种情形之一,包括"为逃避法律追究逃离事故现场",构成交通肇事罪。若因逃逸而被认定负事故的主要责任,根据《道路交通安全法实施条例》第92条"发生交通事故后当事人逃逸的,逃逸的当事人承担全部责任"的规定,则逃逸已经作为定罪情节进行评价。因其他情节而被认定负事故的全部或者主要责任,如逆向、闯红灯、超速,没有《交通肇事解释》第2条第2款规定的第1项至第5项规定的情形之一,逃逸也是作为定罪情节进行了评价,不能再被评价为"肇事逃逸"和"逃逸致死"。简单地讲,只有逃逸行为没有被作为定罪情节进行评价,也就是不考虑逃逸情节,行为人已经构成交通肇事罪,对逃逸才可以作为量刑加重情节"肇事逃逸"进行评价。也就是说,对逃逸行为不能既作为入罪的情节,也作为量刑加重的情节进行评价。同样,逃逸行为作为"肇事逃逸"进行评价的,也不可能再作为"逃逸致死"情节进行评价,否则就违反了禁止重复评价原则。总之,一个逃逸情节不能被两次评价。

10. 不符合交通肇事罪成立条件,能否以过失致人重伤罪、过失致人死亡罪定罪处罚?

案25:某日,张某某醉酒驾驶轿车与丁某驾驶的轿车及胡某某驾驶的轿车相撞,致使丁某受重伤。交警认定,张某某因醉酒驾驶机动车承担此次事故的同等责任,丁某、胡某某因不按指示标线行驶(逆向行驶)亦承担此次事故的同等责任。

本案争议焦点:张某某超过醉酒驾驶标准造成他人重伤后果,在未满足交通肇事罪构成要件的情况下,应当被认定构成危险驾驶罪还是过失致人重伤罪。

法院认为,张某某醉酒驾驶机动车的行为与交通事故的发生存在一定的联

[①] 参见广东省云浮市中级人民法院刑事裁定书,(2017)粤53刑终85号。

系,存在一定的过错,但除此之外未发现张某某存在其他违法违规行为,并且张某某醉酒驾驶机动车在道路上行驶并非造成此次交通事故的直接原因。相反,事故另一方丁某、胡某某因不按指示标线行驶(逆向行驶)是造成此次交通事故的直接原因。因此,交警部门认定张某某负事故同等责任,丁某、胡某某亦负事故同等责任,合情合理。张某某的行为不宜认定为对造成丁某的重伤后果存在明显过错,不宜评价为过失致人重伤罪中的过失。此外,交通肇事罪的基准法定刑与过失致人重伤罪的法定刑一致,均为3年以下有期徒刑或者拘役。由此可见,刑法中将交通肇事罪与过失致人重伤罪放在同一量刑维度进行评价。本案中,张某某的行为尚未达到交通肇事罪的评价维度,从量刑均衡的角度考虑,也不应以过失致人重伤罪追究其刑事责任。认定张某某犯危险驾驶罪,判处拘役4个月。①

《交通肇事解释》规定交通肇事致人重伤、死亡成立交通肇事罪的条件是负全部、主要或者同等责任。问题在于,不符合负责任条件的,如"重伤1人仅负事故同等责任","死亡1人或者重伤3人仅负事故同等责任",或者"死亡3人以上仅负事故次要责任",则不符合交通肇事罪成立的条件,能否以过失致人重伤罪、过失致人死亡罪追究行为人的刑事责任。应该说,之所以在交通肇事罪的成立条件上有负责任大小的要求,是因为发生在公共交通领域的交通运输事故的参与各方,均负有的一定交通安全注意义务,才有所谓"过失相抵原则",这明显不同于发生在日常生活领域的普通过失致人死伤的案件。因而,对于发生在公共交通领域的交通肇事致人死伤的案件,若不符合责任分配的要求,就可以认为没有达到值得科处刑罚的程度,不应作为犯罪处理,更不能成立法定刑更重的过失致人死亡罪与过失致人重伤罪。

不过,张明楷教授认为,在造成特别严重交通事故的情况下,对违反交通运输法规但负次要责任的行为人,也应以交通肇事罪定罪处罚。② 本书认为,该观点与本书的主张并不冲突。因为司法解释对于应当承担交通肇事罪刑事责任的

---

① 参见北京市第三中级人民法院刑事裁定书,(2018)京03刑终988号。
② 参见张明楷:《刑法学》(第6版)(下册),法律出版社2021年版,第924页。

情形只是一种不完全的列举。也就是说,不能说成立交通肇事罪仅限于司法解释所明文列举的情形。《交通肇事解释》只是规定"死亡三人以上,负事故同等责任"的,应以交通肇事罪处3年以下有期徒刑或者拘役,并没有排除负事故的次要责任但造成特别严重交通事故的成立交通肇事罪的可能。这与"死亡1人或者重伤3人以上,负事故全部或者主要责任",以及"交通肇事致1人以上重伤,负事故全部或者主要责任,并具有六种情形之一的"构成交通肇事罪,因而"死亡1人或者重伤3人以上,负事故同等责任",以及"交通肇事致1人重伤,不负事故全部或者主要责任,或者负事故全部或者主要责任,但不具有六种情形之一"的就不构成交通肇事罪,也不能构成过失致人死亡罪与过失致人重伤罪,并不矛盾。

11. 如何认定"交通运输肇事后逃逸"?

案26:某日凌晨2时左右,刘云某驾驶制动不合格的大货车沿公路第一、二机动车道间行驶至90公里100米处,因超速行驶,其车左前部在第一条机动车道内将行人王晶某和孙凤某撞倒,致王晶某被撞倒后又被该车第三轴左轮碾压拖带,当场死亡;孙凤某被撞出30余米,之后又被其他车辆碾压,当场死亡。刘云某驾车驶离现场后发现其车左侧车灯不亮,遂驾车驶过某电厂桥(桥长700余米)后将车停在路边检查,发现其车前部左侧损坏,前部保险杠及车牌欲掉,当即将保险杠及车牌摘下,驾车驶入公路并掉头返回现场,返回事故现场后摆放警示牌并报警。经物证鉴定所鉴定,王晶某死亡原因为重型颅脑损伤;孙凤某死亡原因为身体重要脏器损伤,符合机动车多次碾压形成。交警认定,第一次事故,刘云某负事故的全部责任,王晶某、孙凤某不负事故责任;第二次事故,刘云某负事故的全部责任,碾压孙凤某车辆驾驶人负事故的全部责任,孙凤某不负事故责任。肇事时肇事车辆行驶速度为63km/h(该路段限速60km/h)。

本案争议焦点:被告人刘云某的行为是否构成交通肇事逃逸。

法院认为,本次事故发生在凌晨2时左右,事故地点没有路灯,事故现场没有刹车痕迹。根据刘云某供述其肇事时已经驾车20个小时左右,其间仅休息了半个小时,案发前一直驾车行驶在第一条机动车道,但现场图、现场勘查笔录等证据显示肇事时被告人驾车行驶在第一、二条机动车道之间,上述证据证实刘云某在发生事故时属疲劳驾驶。事故发生后,在发现其车左侧前部大灯不亮时,意识到可能发生事故但因在桥下无法停车和掉头,驶过桥后,刘云某立即将车停在路边,查看车辆情况,发现其车前部损坏较大,当即返回现场,只用时3分55秒,上述证据及本案案件来源及到案经过等证据均可证实刘云某发现可能发生事故后当即返回现场,设置路障,电话报警,拨打急救电话,并在现场等候处理。综上,刘云某在发生事故后虽然驾车驶离现场,但在案证据不能认定刘云某在主观上有逃避法律追究的故意,故刘云某的行为不构成肇事逃逸。刘云某违反道路交通管理法规,驾驶制动不合格机动车辆上道行驶,未注意行车安全,发生事故,造成二人死亡且负事故全部责任,其行为危害了公共安全,已构成交通肇事罪。刘云某犯交通肇事罪,判处有期徒刑3年,缓刑4年。①

应该说,上述判决未认定"肇事逃逸"是正确的,但还是存在一定疑问:(1)限速60km/h,肇事车速仅为63km/h,这种微弱超速很难是事故发生的原因;(2)即便被告人驾驶制动不合格车辆上道行驶,但本案中车辆肇事时行为人因没有认识到发生事故而根本就没有踩刹车制动,所以驾驶所谓制动不合格机动车上道行驶不是本起事故的原因;(3)即便行为人因疲劳驾驶致其车辆行驶在第一、二条机动车道之间,但还是行驶在机动车道上,显然是行人违规横过机动车道导致事故发生的,所以被害人不可能没有责任。

案27:某日下午,李顺某驾驶两轮摩托车与吴瑞某发生交通事故,致使吴瑞某受伤,吴瑞某经抢救无效死亡。经物证鉴定,吴瑞某系颅脑损伤死亡。交警认定,李顺某负事故的全部责任。事故发生后李顺某也受伤,其与吴瑞某一同被"120"急救车接到医院救助。当天傍晚时分,在医院的李顺某向前来询问的民警如实陈述了本案发生的经过和其个人基本情况。吴瑞某死后,交警找不到李顺某,便上网追逃。之后李顺某主动投案,并如实供述了自己的罪行。

---

① 参见天津市蓟州区人民法院刑事判决书,(2016)津0225刑初字第424号。

本案争议焦点：交通肇事后，肇事者接受公安机关的首次询问并如实陈述了案件发生的经过和其个人基本情况，其在受害人虽经及时抢救但抢救无效死亡后逃跑的行为是否应认定为交通肇事逃逸。

一审法院认定李顺某犯交通肇事罪，判处有期徒刑1年，缓刑1年。检察院以"李顺某构成肇事后逃逸，一审判决量刑不当"为由提起抗诉。二审法院认为，李顺某肇事后被送往医院救治，公安民警到医院后对李顺某进行首次询问，李顺某如实交代了事故经过和其个人的基本情况，此时肇事行为人已能确定为李顺某，并且被害人已到医院救治，此后李顺某在得知被害人死亡后逃跑，不会再扩大对被害人的危害后果，也不影响事故的认定和肇事行为人的确认，李顺某的逃跑行为在对其犯罪情节中予以考虑即可，不应认定为肇事后逃逸。故抗诉机关的抗诉理由不能成立。二审维持原判。①

案28：某日，卢中某驾驶灯光不合格的变形拖拉机行驶至设有方向指示交通信号灯控制的路口，在信号灯为红灯亮起的状态下进入路口继续左转弯时，正值陈步某驾驶未经公安机关交通管理部门登记的电动自行车也在信号灯为红灯亮起的状态下进入路口左转弯行驶，两车发生碰撞，致电动自行车向左侧倒地，陈步某跌地受伤。事故发生后，卢中某驾车驶离现场；陈步某被送往医院救治，后经抢救无效死亡。司法鉴定，陈步某符合外伤性颅脑损伤死亡的特征。交警认定，卢中某驾驶机件不符合安全技术标准的机动车行经交叉路口疏忽大意、未注意观察路面动态且违反交通信号灯指示通行，并在事故发生后驾车离开现场，其违法行为是造成事故的直接原因，应负事故的主要责任；陈步某驾驶未经公安机关交通管理部门登记的电动自行车在直行机动车道内提前驶入路口通行且未确保安全，其违法行为是造成事故发生的一定原因，应负事故的次要责任。卢中某经公安电话通知到案，但表示其当时并不知道发生了事故。

本案争议焦点：本案现有证据能否证明卢中某主观上明知发生事故，进而判定其行为是否构成"交通运输肇事后逃逸"。

---

① 参见河南省安阳市中级人民法院刑事裁定书，(2016)豫05刑终字第224号。

法院认为，现有证据无法达到确实、充分的证明要求，不能排除合理怀疑，证明卢中某在明知发生交通事故的情况下，为逃避法律追究而逃跑。由此，基于刑法的谦抑性，本着存疑有利于被告人的原则，依法不能认定卢中某"交通运输肇事后逃逸"。法院认定卢中某犯交通肇事罪，判处有期徒刑 1 年 6 个月。[1]

案 29：李保某安排郭来某驾驶挂重型半挂货车到某地食品厂与罗某一起装载酱糟，装货后运往另一地点，同时安排不具备该车驾驶资格的该车合伙人潘某随车押车并与郭来某替换驾驶。某日凌晨，潘某驾驶该挂重型半挂货车沿大广高速公路行驶至 2300 公里 400 米处，捆扎挂车中部钢丝绳断裂，致左侧第三块车厢板张开，车上所载酱糟泄漏。事故发生后，潘某乘坐郭来某驾驶的该挂重型半挂货车离开现场。因酱糟使路面湿滑，郭建某驾驶的超速行驶至此处的大型普通客车失控侧翻，叶红某驾驶的重型仓栅式货车在避让已侧翻的上述大型普通客车过程中，同样因路面湿滑，其车又与上述大客车行李箱底部发生碰撞后失控侧翻。事故导致 11 人死亡、18 人受伤、多车受损的特大事故。

本案争议焦点：非碰撞情形下造成其他车辆发生交通事故，行为人离开现场的，能否一概认定其构成"交通肇事后逃逸"。

法院认为，从本案证据难以确信潘某明知他车侧翻与己车酱糟泄漏之间具有相当因果关系，本着"排除一切合理怀疑"的刑事证据规则和"存疑有利于被告人"的刑事政策精神，应当采纳潘某"不明知"的辩解。潘某离开事故现场是由于精神高度紧张慌乱，而非意欲逃避法律追究。因此，从"为逃避法律追究"这个层面来讲，也不宜认定潘某属交通肇事后逃逸。认定潘某犯交通肇事罪，判处有期徒刑 6 年 4 个月；李保某犯交通肇事罪，判处有期徒刑 5 年 4 个月；郭建某犯交通肇事罪，判处有期徒刑 4 年 10 个月。[2]

应该说，上述案件之所以没有认定为逃逸，是因为现有证据不能证明被告人明知发生了酱糟泄漏的事故。如果行为人明知自己驾驶的卡车发生了酱糟泄

---

[1] 参见江苏省无锡市新吴区人民法院刑事判决书，(2019) 苏 0214 刑初 34 号。
[2] 参见河南省信阳市中级人民法院刑事裁定书，(2016) 豫 15 刑终字第 284 号。

漏,也明知酱糟泄漏会使路面湿滑而引起后续交通事故,而驾车离开现场,则不仅能够成立"肇事逃逸",还可能成立"逃逸致死"。也就是说,即便是非碰撞情形下造成其他车辆发生交通事故,行为人不报警、保护现场、不设置警示标志的,也可能认定为"逃逸"。

关于"肇事逃逸",理论与实务的主要分歧在于:(1)交通事故致被害人当场死亡,没有需要救助的被害人,或者导致被害人形成不可逆转的致命伤,没有抢救的可能性时,行为人逃离事故现场的,能否认定为"肇事逃逸"?(2)肇事者本人或其委托亲属、朋友将被害人及时送医后逃离的,是否成立"肇事逃逸"?(3)肇事者留在事故现场不逃跑,也不救助被害人的,是否成立肇事逃逸?

在"逃逸"的规范保护目的问题上,主张"逃避法律追究说"或者折中说的学者通常认为,"逃逸"是一种作为,或者包括了作为与不作为,因而,肇事者本人或其委托亲属、朋友及时将被害人送医后逃离的,仍然成立"肇事逃逸";现场没有需要救助的被害人而逃离现场的,也能成立"肇事逃逸";留在现场不逃也不救的,不是"肇事逃逸";离开现场第一时间去公安机关报案,哪怕没有及时救助被害人,也不应认定成立"肇事逃逸"。持"逃避救助义务说"的学者通常会认为,"逃逸"属于不履行救助义务的不作为,因而只要没有需要救助的被害人,就不成立"肇事逃逸";肇事者本人或其委托亲属、朋友及时将被害人送医后逃离的,不成立"肇事逃逸",因为已经履行了救助义务;即便留在现场不逃跑,甚至及时报警,但只要没有及时救助被害人,仍能成立肇事逃逸。

实务中基本上按照司法解释所持的"逃避法律追究说"立场处理案件。

案30:李某驾驶机动三轮车将同向骑自行车的王某撞倒后,将王某送到医院,垫付400元医疗费后因怕承担法律责任而逃跑。王某经抢救无效死亡。法院认定李某的行为属于"肇事逃逸"。[1]

案31:马某驾驶轻型货车与他人驾驶的重型货车发生碰撞,导致本车乘客马某宾被烧伤。事故发生后,马某跟随救护车将被害人送医后逃离,第二天又主动投案。法院认为,"马某交通肇事并在随车将被害人送到医院

---

[1] 参见河南省桐柏县人民法院刑事判决书,(2005)桐刑初字第69号。

后,以筹集治疗费用为名从医院逃离,属于肇事后逃逸"①。

案32:陈某违章驾驶重型自卸货车将骑摩托车的许某撞伤后,主动报警并在现场等候交警的调查处理,许某经送医抢救无效死亡。陈某虽然能如实供述犯罪事实并提供担保人,但在随后的事故处理阶段逃离厦门,直到3年后投案。法院认定其为"肇事逃逸"②。

案33:苦某违章驾驶农用车碾压被害人吉某头部,致其头部颅骨粉碎性骨折,脑组织外流休克死亡。事故发生后被告人逃离现场。法院认定苦某属于"肇事逃逸"③。

案34:李某违章驾驶轿车与路边大树相撞,致乘车人赵某颈椎骨折脱位伴四肢瘫痪,后经抢救无效死亡。李某让黎某赶至现场为其"顶包"承担责任。法院认为,"李某在发生事故后虽未逃离现场,但其找人冒充肇事者接受处罚,意在使自己逃避承担法律责任;且其在得知被害人死亡后继续指使他人冒充肇事者,进一步说明其具有逃避法律追究之意图,其行为已经符合法律规定的交通肇事后逃逸的情节"④。

案35:卢某酒后驾驶小型普通客车撞上骑乘电动车的徐某,致其颅脑损伤而死亡。肇事后卢某拨打"110"报警,告知本人姓名、面包车车牌号、手机号码及发生交通事故致人受伤的情况,实施一定救助行为后逃离现场。法院认为,"卢某在交通肇事后,虽能主动报警,但在其没有受到人身伤害紧迫危险的情况下,为逃避法律追究主动离开事故现场,成立交通运输肇事后逃逸"⑤。

实务中也存在否定成立"肇事逃逸"的判例。

案36:杨某驾驶小型轿车撞伤吴某,得知万某某报警后,便离开现场去筹措救治被害人的资金。检察院指控杨某成立"肇事逃逸"。法院认为,

---

① 山东省济宁市中级人民法院刑事裁定书,(2014)济刑终字第269号。
② 参见福建省厦门市海沧区人民法院刑事判决书,(2009)海刑初字第122号。
③ 参见四川省金阳县人民法院刑事判决书,(2001)金刑初字第19号。
④ 北京市海淀区人民法院刑事判决书,(2009)海刑初字第3号。
⑤ 江苏省盐城市中级人民法院刑事判决书,(2015)盐刑终字第00006号。

"杨某离开现场的目的是向他人借款用于弥补被害人经济损失,其主观上不具有逃避法律责任的目的",故公诉机关指控杨某肇事逃逸不当。①

案37:徐某雇用的司机孟某违章驾驶发生事故后步行离开现场。当时乘坐该车的系徐某之子,其在孟某离开现场后,电话拨打"120",并和该车留在现场等待处理。案发后由徐某支付被害人现金4万元。孟某第二天投案。法院认定为自首,未认定"肇事逃逸"。②

案38:张某酒后无证驾驶小客车,将行人安某撞倒后,未停车而离开现场,后于当日晚上到派出所投案。事故发生后,与安某同行的师某用手机报警,安某经抢救无效死亡。法院认为,"公诉机关提供的证据不足以证明张某未停车抢救伤者及保护现场是为逃避法律追究实施的逃跑行为,故对张某认为自己的行为不构成交通肇事逃逸的辩解意见,予以采纳"③。

案39:陶某骑自行车因未让直行车优先通行,与骑自行车的唐某相撞,造成被害人严重颅脑损伤,经医院抢救无效死亡。肇事后,陶某带着自行车向其单位方向逃跑。二审法院认为,"上诉人陶某肇事后离开现场属实,但因其本人同时受伤并伴有脑震荡,其在向单位走途中被发现而送医院救治,原判就此认定其肇事后为逃避法律追究而逃离现场证据不足,该上诉理由及辩护意见成立"。故而,陶某的行为不成立肇事逃逸。④

案40:李某交通肇事致人一死一伤后,主动报警并抢救伤者,但在接受公安机关询问后一直未归案,直至被公安机关抓获。法院未认定其成立肇事逃逸。⑤

案41:石某肇事致人一死一伤后,叫其亲属张某赶来后,及时叫救护车并报警,死者家属赶到后,石某害怕被殴打而逃离现场。法院认为,石某的

---

① 参见四川省乐山市市中区人民法院刑事判决书,(2014)乐中刑初字第225号。
② 参见山东省济宁市中级人民法院刑事附带民事裁定书,(2015)济刑终字第7号。
③ 北京市大兴区人民法院刑事判决书,(2005)大刑初字第165号。
④ 参见江苏省南通市中级人民法院刑事判决书,(2005)通中刑一终字第0060号。
⑤ 参见河南省安阳市中级人民法院刑事裁定书,(2014)安中刑一终字第214号。

行为不是为了逃避法律追究而逃跑,故不构成肇事逃逸。①

案42:陶某违章驾驶农用车与他人车辆发生碰撞后造成本车中乘车人受伤。事故发生后,陶某及时将被害人送至医院治疗,在支付部分医疗费用后,见被害人伤势严重遂逃跑。法院认为,"陶某犯罪后及时报案,又为被害人交了治疗费并在医院进行了照顾,接受公安机关的讯问,公安机关当时没有采取任何强制措施,陶某因无钱给被害人治病,逃回原籍,故陶某的行为不属于肇事逃逸"②。

如前所述,"肇事逃逸"的规范保护目的在于,促使肇事者及时抢救伤者、保护现场并报警,而不是促使肇事者主动将自己交给司法机关处理以保证国家刑事追诉权的实现。要求肇事者保护现场并报警,旨在迅速处理交通事故、分清事故责任、及时恢复道路的畅通。因此,(1)及时将受伤的被害人送医后逃离,或者离开事故现场是为了给事故受伤者筹措医疗费的,由于行为人在义务冲突的情况下已经履行了主要义务,不应认定为"肇事逃逸";(2)事故发生后找人"顶包"的行为,增加了事故责任认定以及被害人民事赔偿权实现的难度,应认定为"肇事逃逸";(3)不及时抢救伤者、保护现场和报警,而擅自离开事故现场,除非已被他人及时报警并将被害人送医,行为人离开现场是为了避免被被害人家属殴打且事后及时投案,否则原则上应当认定为"肇事逃逸";(4)交通事故造成被害人当场死亡,没有需要救助的被害人的,行为人虽然不负有抢救伤者的义务,但仍然负有保护现场(包括设置警示标志)及报警的义务,擅自离开事故现场的,应当认定为"肇事逃逸";(5)事故未使被害人当场死亡,但已经造成了颅脑严重损伤等不可逆转的致命伤,只要不及时将被害人送医,就应认为此行为具有升高被害人死亡的抽象性危险,事故发生后逃离的,亦成立"肇事逃逸";(6)如果肇事者本人也因事故身负重伤或处于昏迷状态,不具有及时抢救伤者和报警的作为可能性,即便事后逃离,也不宜认定为"肇事逃逸"。

综上所述,本书认为,案33、案34、案36、案40、案41以及案42的判决结论是

---

① 参见北京市第一中级人民法院刑事裁定书,(2009)一中刑终字第1907号。
② 河南省中牟县人民法院刑事判决书,(2012)牟刑初字第308号。

正确的,而案 30、案 31、案 32、案 35、案 37、案 38 以及案 39 的判决结论存在疑问。

12. 无能力赔偿达到一定数额可认定成立交通肇事罪基本犯与加重犯的司法解释规定,有无疑问?

《交通肇事解释》规定,造成公共财产或者他人财产直接损失,负事故全部或者主要责任,无能力赔偿数额在 30 万元以上的,应以交通肇事罪处 3 年以下有期徒刑或者拘役;无能力赔偿数额在 60 万元以上的,属于"有其他特别恶劣情节",处 3 年以上 7 年以下有期徒刑。

上述规定在实践适用中可能存在歧义。例如,甲交通肇事造成他人 31 万元的财产损失,倾其所有仅赔偿几千元,由于其无能力赔偿数额在 30 万元以上,其应以交通肇事罪被判处 3 年以下有期徒刑或者拘役。而乙交通肇事造成他人 310 万元的财产损失,由于其赔偿了他人 280 多万元的财产损失,无能力赔偿数额不到 30 万元,因而其不构成交通肇事罪。又如,丙交通肇事造成他人 61 万元的财产损失,倾其所有仅赔偿了几千元,由于其无能力赔偿数额在 60 万元以上,根据司法解释属于"有其他特别恶劣情节",应处 3 年以上 7 年以下有期徒刑。而丁交通肇事造成他人 600 万元的财产损失,其赔偿了他人 540 多万元的财产损失,无能力赔偿数额不到 60 万元,因而不属于"有其他特别恶劣情节",只能处 3 年以下有期徒刑或者拘役,如果丁赔偿了他人 570 多万元的财产损失,无能力赔偿数额不足 30 万元,便不成立交通肇事罪。这种解释难免受到非议,应当休矣。

13. 停留在事故现场不逃跑的,能认定为"逃逸"吗?

案 43:某日,王真某驾驶重型厢式货车与朱扣某驾驶的三轮汽车发生碰撞,致被害人朱扣某当场死亡,事故发生后,与其同车的王敬某(系王真某的父亲)向王真某提出由其冒充肇事驾驶人员,王真某未予反对。王敬某遂在事故现场向公安机关报警并向前来处理交通事故的警察谎称其系重型厢式货车事发时的驾驶员。其间,王真某一直未离开事故现场。

本案争议焦点:王真某是否构成交通肇事逃逸。

法院认为,交通肇事逃逸仅限定以逃跑方式逃避法律追究才构成肇事逃逸并依法予以加重处罚。本案王真某在事故发生后,并未离开事故现场,不具有逃跑行为,不符合本罪肇事逃逸的法定条件,此其一。其二,将肇事逃逸作为交通肇事罪法定的加重处罚情节,其根本目的是预防行为人不及时履行救助义务,对受害人人身损害或财产损失持放任态度,加大受害人所受到的伤害。本案王真某在事故发生后,与同车人员王敬某及时履行报警义务,并在事故现场等候处理,其主观上并未对他人人身损害或财产损失持放任态度,客观上也无造成他人人身损害或财产损失的扩大,无论从其主观故意还是行为的客观后果来看,均不具备以肇事逃逸予以加重处罚的必要。认定王真某犯交通肇事罪,判处有期徒刑2年,缓刑3年。①

应该说,本案中王真某的行为之所以不被认定为肇事逃逸,不应是因为其没有离开事故现场逃跑,而是因为其履行了保护现场、报警、抢救伤者和设置警示标志避免后续交通事故发生的义务。

案44:某日,李某政无驾驶资格驾驶小型汽车与行人杨某现发生碰撞,造成杨某现受伤经送医院抢救无效死亡及车辆损坏的道路交通事故。李某政承担事故的主要责任。事故发生后,李某政拨打电话叫其儿媳妇胡某芳到现场,随后李某政与胡某芳合谋,确定由胡某芳冒充肇事车辆驾驶员。

本案争议焦点:李某政交通运输肇事后找人顶包的行为是否应认定为"逃逸"。

法院认为,李某政主观上是为了逃避法律制裁,客观上实施了与其儿媳胡某芳串通,编造胡某芳交通肇事的虚假事实,企图逃避法律制裁的潜逃藏匿行为,即使李某政未离开肇事现场,亦无法掩盖其交通肇事后逃逸的本质,其符合《道路交通事故处理程序规定》第112条第1项的规定,应当认定为交通运输肇事后逃逸。②

案45:某日夜晚,秦某醉酒驾驶小型轿车与正沿人行横道横过道路的

---

① 参见江苏省宝应县人民法院刑事判决书,(2016)苏1023刑初字第326号。
② 参见广西壮族自治区贺州市中级人民法院刑事裁定书,(2021)桂11刑终123号。

行人陆某平、马某伶发生碰撞,造成马某伶当场死亡、陆某平受重伤。事故发生后,秦某让李某波顶包。

法院认为,案发时秦某虽未逃离现场,但在其安排下其在场身份已由肇事者变成了旁观者,故本案中秦某在事故发生后主观上为逃避追责,客观上实施了逃避追责的行为,应当认定肇事逃逸成立。认定秦某犯交通肇事罪,判处有期徒刑3年6个月;李某波犯包庇罪,判处有期徒刑1年,缓刑1年。①

案46:某日夜晚,侯某生醉酒驾驶小型轿车与行人吴某怀相撞,造成吴某怀死亡。发生事故后侯某生拨打报警电话,待办案民警到达现场后,侯某生谎称其为肇事车主,侯某生的叔兄弟侯全某为驾驶员。

本案争议焦点:交通肇事后主动拨打报警电话并在现场等候,待交警到达后谎称不是肇事司机,并找他人"顶包"的,是否构成逃逸。

法院认为,根据《交通肇事解释》的规定,交通肇事逃逸的构成要件包括主客观两个方面:主观方面是肇事者有逃避法律追究的故意;客观方面是未积极履行法定报警、救助、维持现场、等待等义务,实施了逃跑行为。对逃跑不能仅作字面上的、机械的解释,这样不能解释《交通肇事解释》中逃逸的真实含义,而应进行目的性解释,肇事逃逸不仅包括积极离开现场的逃跑行为,也应包括消极的逃跑行为,如在现场躲藏、指使他人"顶包"等"逃跑"行为,也即《道路交通事故处理程序规定》中所明确的"潜逃藏匿"之行为。此外,肇事后不如实供述事实,而是通过他人冒名顶替,违背社会正义价值观,增加公安机关查清事实的困难,妨害正常的诉讼活动的,该行为应被依法严惩。本案中,侯某生在发生事故后,找人顶替,主观上具有逃避法律责任的故意,客观上实施了试图隐瞒肇事者真实身份的"顶包"行为,即便本人未离开事故现场,本质上也属于为逃避法律追究逃跑,应认定为交通肇事逃逸。认定侯某生犯交通肇事罪,判处有期徒刑3年,缓刑5年。②

应该说,禁止交通肇事逃逸的规范保护目的在于,促使肇事者积极履行停车

---

① 参见云南省文山壮族苗族自治州中级人民法院刑事附带民事裁定书,(2020)云26刑终95号。

② 参见山东省茌平区人民法院刑事判决书,(2019)鲁1523刑初24号。

保护现场、报警、抢救伤者、设置警示标志的义务,而不是将自己交给司法机关处理。因为犯罪后逃跑是人之本能,杀人之后逃跑都不可能成为加重处罚的理由,而作为过失犯的交通肇事罪更不可能强人所难。交通肇事的特殊性在于发生在车来车往的公共交通道路上,发生事故后只有报警、保护现场、抢救伤者、设置警示标志,才能保证及时查清责任、迅速恢复道路畅通、避免伤者死亡、防止后续事故的发生。即便行为人不离开事故现场,即不逃跑,但只要不履行报警、抢救伤者、保护现场、设置警示标志的义务,就还是应认定为逃逸。相反,即便行为人离开了事故现场逃跑了,但只要履行了报警、抢救伤者、保护现场、设置警示标志的义务,保证了道路的迅速恢复畅通、伤者的救助,避免了后续事故的发生,还是不能认定为逃逸。所以,问题不在于是否离开事故现场,而在于是否履行了报警、抢救伤者、保护现场、设置警示标志的义务。履行义务后即使逃跑了,也不是逃逸,没有履行义务的,即使留在事故现场不逃跑,也是逃逸。

14. "因逃逸致人死亡"条款何以虚置化?

案47:崔某雄驾驶集装箱货船在我国领海水域内航行时与英属巴斯籍杂货船发生碰撞,导致后者船上12名船员溺水死亡。事故发生后崔某雄未按规定报告主管机关,未留在事故现场积极施救,下令不要停船,恢复原速继续航行,指挥驾驶船舶逃离现场。

法院认为,崔某雄明知发生碰撞后,既未按规定留在现场积极施救,也未向主管机关报告,反而返回驾驶室下令恢复原速继续航行,途中下令关闭AIS设备逃避追踪,不按照船舶管理公司要求备份VDR数据致事故期间音频记录数据被覆盖清除,在接受海事部门调查时又有意否认,足见其是明知发生碰撞,为逃避法律追究而决意逃跑。法院对崔某雄明知发生船舶碰撞事故而逃逸的事实应予认定。认定崔某雄犯交通肇事罪,判处有期徒刑5年,驱逐出境。[①]

应该说,上述案件中,若能证明崔某雄及时报告主管机关进行施救能避免溺水船员死亡,那么,崔某雄驾船逃离现场的行为,不仅成立"肇事逃逸",还应成

---

① 参见上海市第二中级人民法院刑事裁定书,(2019)沪02刑终1151号。

立"逃逸致死"。

1997年全面修订《刑法》时在交通肇事罪中增设了"因逃逸致人死亡的,处七年以上有期徒刑"条款,将交通肇事罪的法定最高刑由7年提高到15年有期徒刑,学者对此修订予以充分肯定和高度期待,但几十年的司法实践表明,该款事实上处于虚置状态而很少得到适用。"因逃逸致人死亡"条款何以虚置化?

首先,司法解释不当缩小了"因逃逸致人死亡"的适用范围。《交通肇事解释》第5条第1款规定,"因逃逸致人死亡",是指行为人在交通肇事后为逃避法律追究而逃跑,致使被害人因得不到救助而死亡的情形。该解释至少存在两点不当:一是强调逃逸的动机必须是"为逃避法律追究",致使在驾车追杀仇人过程中交通肇事致他人重伤,为继续追杀仇人而不救助致他人死亡的行为人,因不是"为逃避法律追究"而逃跑,而不能成立"逃逸致死"。这显然不合理。二是强调"逃跑",意味着只有离开事故现场的作为的形式才能构成"逃逸致死",而虽留在事故现场但不救助被害人的不作为方式不能成立"逃逸致死"。这显然有违立法本意,也不利于保护法益。因为等待而不救助的行为比救助后逃跑的行为更应受价值上的非议。

其次,理论上多数说认为,成立"逃逸致死",以逃逸前的肇事行为构成交通肇事罪为前提,意味着交通肇事致人重伤、轻伤、昏迷在马路中央,而肇事者逃逸致伤者死亡、昏迷者被随后车辆碾压致死的,仅成立交通肇事罪的基本犯,而不能成立"逃逸致死"。这可能不当缩小了"逃逸致死"的适用范围,也有悖一般人关于"因逃逸致人死亡"条款理解上的常识、常理与常情。

再次,理论上多数说认为,肇事者对于逃逸致人死亡的结果只能持过失态度,若明知不及时救助会导致被害人死亡而持希望或放任态度,则成立不作为的故意杀人罪。如此理解,恐会不当限制"逃逸致死"的成立范围,也不符合客观事实和司法实践的要求。

最后,成立因逃逸"致"人死亡,显然要求逃逸而不救助的行为与被害人的死亡结果之间存在因果关系。然而,司法实践中极少有医院愿意证明,如果及时送医就能避免死亡,致使在绝大多数逃逸并发生死亡结果的案件中,都是无法采证或即使采证也不可能达到排除合理怀疑的证明标准,只剩被害人受伤后因长时间得不到救助而致失血性休克死亡的一种情形能够证明。即便在被害人因失血性休克死亡的案件中,实务部门也怠于证明逃逸行为与死亡结果之间的因果关系,而简单地认定为"交通运输肇事后逃逸",适用交通肇事罪第二档次法定刑幅度量刑。

15. 交通肇事罪有自首成立的余地吗?

案48:某日夜晚,郭某因驾驶的超重重型自卸货车车胎漏气,将车辆停靠在路边,恰有范某某驾驶重型半挂牵引车/重型罐式半挂车(内乘申某某)经过,范某某驾驶的挂车前部右侧与郭某停靠在路边的重型自卸货车后部左侧相撞后起火燃烧,造成范某某、申某某死亡。发生交通事故后,郭某电话报警,并在现场等待。交警认定,郭某因未按规定摆放安全警示标志和未及时报警负事故主要责任,范某某因未安全驾驶负事故次要责任,申某某无责任。

法院认为,从自首的价值判断上看,交通事故发生后,郭某主动拨打报警电话,并在现场等待处理,没有逃避法律上可能面临的处罚,体现其投案的主动性和自发性,并且在讯问中始终承认系交通肇事者,其供述已够还原案发前后事故现场的基本情况,体现了较好的认罪态度,同时没有浪费司法资源,使刑事侦查、诉讼程序顺利进行,符合自首制度的核心内容,应在法律上予以积极评价,故应认定郭某有如实供述的情节,构成自首。认定上诉人郭某犯交通肇事罪,判处有期徒刑3年。①

案49:某日夜晚,曾亚某驾驶小型客车,因夜间行驶未注意观察道路情况,与路边行人蒲世某、杨东某发生碰撞,造成杨东某受伤、蒲世某受伤后死亡的交通事故。事故发生后,杨东某报警,警察到达现场时,曾亚某隐瞒自己驾车肇事的事实,让章永某为其顶替。次日,曾亚某主动到公安机关交代了其驾驶小型客车肇事的犯罪事实。

本案争议焦点:曾亚某是否构成交通肇事逃逸,是否构成自首。

---

① 参见北京市第三中级人民法院刑事判决书,(2019)京03刑终198号。

法院认为,曾亚某虽未离开事故现场,但其为逃避法律追究,指使他人为其"顶包",在民警询问时隐瞒其肇事者身份,妨碍交通管理部门及时查清事实、确定责任承担,符合交通运输肇事后逃逸的本质特征,应当认定为交通运输肇事后逃逸。曾亚某在司法机关尚未掌握其犯罪事实时自动投案,如实供述罪行,系自首。曾亚某的逃逸行为不影响其自首情节的认定,逃逸行为成立仅仅是法定刑升格的根据,不能因为其有较大社会危害的逃逸行为就否认其自首情节的认定。①

案50:某日,张某某酒后驾驶小型轿车与一行人相撞。事故发生后,张某某在明知发生事故的情况下继续驾车向前行驶,之后将车停放在路边距离肇事地点2.4公里处,乘出租车返回事故现场将被撞的行人送往医院救治,该行人经医院抢救无效死亡。经鉴定,该行人符合颅脑损伤、胸部损伤合并失血性休克引起死亡。交警认定,张某某负事故的全部责任。

法院认为,发生交通事故的人员负有在第一时间抢救伤者的重要义务,任何延误都可能导致被害人生命危险的加剧,张某某明知发生交通事故而逃离事故现场,其逃逸行为已经成立,其逃离现场的距离远近、逃逸时间的长短以及逃逸后返回的行为不影响对其逃逸行为性质的认定,但法院对其在逃离现场不远处后又返回现场将伤者送往医院的举止以及之后积极配合民警工作的行为予以肯定,并在量刑时酌情予以考虑。张某某经电话传唤到案,到案后如实供述犯罪事实,系自首。"肇事后逃逸"的情节和自首情节并不存在冲突。认定张某某犯交通肇事罪,判处有期徒刑2年6个月。②

案51:某日,燕光某持A2驾驶证驾驶重型半挂牵引车行驶中,遇到袁某勇驾驶的小型越野车因发生事故,袁某勇与罗某容、袁某江、袁某然站在应急停车道等待救援,燕光某驾车失控撞上停在应急车道上的越野车以及袁某勇、罗某容、袁某江、袁某然,造成罗某容、袁某江当场死亡,袁某勇、袁某然受伤的重大道路交通事故,燕光某负本次事故的全部责任。前事故发

---

① 参见重庆市第一中级人民法院刑事裁定书,(2019)渝01刑终322号。
② 参见北京市第一中级人民法院刑事裁定书,(2017)京01刑终808号。

生时已有高速公路工作人员到场指挥、施救。事故发生后,在场群众参与了救援,燕光某拨打"120"急救电话、"122"报警电话但未拨通,仅下车查看情况后便返回驾驶室,并且在有人叫其救援后不予理会,直至公安民警将其带离现场调查。

本案争议焦点:肇事后,燕光某虽未拨通报案电话,但有主动报案的意愿,仅下车查看情况后便返回驾驶室且在有人叫其救援后不予理会,对被告人不积极施救,直至民警将其带离现场调查,其行为能否认定为自首。

本案处理重点在于对交通肇事后不逃逸但未履行法定义务的是否构成自首的理解。对此,一审、二审法院审理思路出现分歧。一审法院认为,《道路交通安全法》第70条明确规定保护现场、抢救伤者、向公安机关报告是被告人交通肇事后必须履行的法定义务,本案中,燕光某未履行上述任何一项法定义务,仅下车查看后便返回驾驶室等待,认定其构成自首,明显会导致与其他履行了法定义务的交通肇事罪不协调。但二审法院认为,燕光某虽未能拨通报案电话,但有主动报案的意愿且明知他人报案而留在现场等待,对其抓捕时无拒捕的行为属于自动投案,归案后其如实供述自己的罪行,故认定其行为构成自首,遂对一审判决予以改判。①

应该说,不能认为杀人、放火之后自动投案的,可以成立自首,而实施法定刑要轻得多的作为过失犯的交通肇事罪之后反而不能成立自首。虽然《道路交通安全法》规定发生交通事故后车辆驾驶人有立即停车、保护现场、报警、抢救伤者、设置警示标志的行政法义务,但履行行政法规定的义务与自首并不矛盾。不能因为行为人的行为属于履行行政义务,就直接否认其为自首。《道路交通安全法》规定车辆驾驶者履行行政义务,是为了正确确定肇事者的责任(保护现场)和迅速救助受伤人员(立即抢救受伤人员)。而刑法规定自首的根据,一是因为行为人有悔罪表现,特殊预防的必要性减少(法律理由),二是为了减轻刑事司法负担(政策理由)。所以,履行《道路交通安全法》规定的行政义务,并不意味着对自首的否认。将肇事者履行《道路交通安全法》规定的行政义务的行

---

① 参见四川省达州市中级人民法院刑事判决书,(2017)川17刑终221号。

为认定为刑法上的自首,也不存在重复评价的问题。将肇事后保护现场、抢救伤者、向公安机关报告,同时符合自首条件的行为认定为自首,也符合罪刑相适应原则。一般来说,交通肇事(达到定罪起点,不具备法定刑升格条件)后没有逃逸的适用《刑法》第 133 条第一档法定刑,不具有法定从宽情节;交通肇事后没有逃逸且符合自首条件的,适用《刑法》第 133 条第一档法定刑,并认定具有自首情节;交通肇事后逃逸,没有自首的,适用《刑法》第 133 条第二档法定刑,不具有法定从宽情节;交通肇事后逃逸,后来又投案自首的,适用《刑法》第 133 条第二档法定刑,并认定具有自首情节。这样认定,完全符合罪刑相适应原则,既能使刑罚与行为人所犯之罪相适应,又能使犯罪之间的刑罚相均衡。

所以说,行为人交通肇事后保护现场、抢救伤者、向公安机关报告(履行行政义务)同时符合自首条件的,应当认定为自首。之所以增加"同时符合自首条件"这一表述(要求),一方面是因为,"向公安机关报告"不等于"如实供述自己的罪行",也不等于接受审查与裁判,只有符合了自首条件,才能认定自首;另一方面是因为,部分乃至多数交通肇事者保护现场、抢救伤者、向公安机关报告的行为,也可能(并不必然)同时符合了自首条件。本书所称的"保护现场、抢救伤者、向公安机关报告,同时符合自首条件"包括两种情形:一是行为人保护现场、抢救伤者、向公安机关报告的行为本身不完全符合自首条件,但其进一步的行为符合了自首条件的情形;二是行为人保护现场、抢救伤者、向公安机关报告的行为本身就符合了自首条件的情形(如向公安机关报告的行为同时符合自动投案和如实供述自己的罪行的条件)。显然,即使在后一种情形下,也不意味着保护现场、抢救伤者、向公安机关报告就是自首。

16. 如何认定"因逃逸致人死亡"?

"逃逸致死"条款一直处于虚置化状态。我们应该以禁止逃逸的规范保护目的激活"逃逸致死"条款的适用。"逃逸致死"的规范保护目的在于,当交通肇事产生不能自救的被害人(如受伤或虽未受伤但昏迷在道路中间)时,要求肇事者对被害人及时予以救助以避免其死亡,以及设置警示标志或者清除路障,以避免后续事故发生致人死亡。立法者之所以特意加重逃逸致死的法定刑,是因为立法者深知"驾驶者撞伤路人,即因该行为而承担救助义务",正如房顶施工者不小心砸伤路人而产生救助义务,不救助而导致路人死亡的可能成立不作为的故意杀人罪。同时,立法者考虑到肇事者对被害人的死亡通常持放任的心理态度而非积极追求,而且行为本身属于相对作为犯而言期待可能性较低的不作为,为了避开肇事逃逸是否成立不真正不作为犯的理论争议,而笼统地规定"因逃逸致人死亡的,处七年以上有期徒刑"。应该说,这是一种明智的做法,而且能够做到罪刑相适应。由此,我们可以得出如下结论。

第一,"逃逸致死"的本质是不履行救助义务的不作为,只要不及时救助需要救助的被害人,即便被告人报警后在现场等候警察的到来,或者第一时间跑到离现场遥远的交警大队投案,仍有可能成立"逃逸致死"。应当否定所谓"二次肇事说",即认为"逃逸致死"包括以作为方式进行二次肇事致人死亡的情形。对于肇事后明知被害人被卡在车上或者躺在车轮下而继续拖拽、碾压致被害人死亡的,应成立作为的故意杀人罪;肇事后逃跑过程中又肇事的,应根据情形成立交通肇事罪或以危险方法危害公共安全罪,与已经成立的交通肇事罪数罪并罚。

第二,不应将逃逸的动机限定于"为逃避法律追究",只要肇事者认识到存在需要救助的被害人而不救助致其死亡的,即成立"逃逸致死"。

第三,成立"逃逸致死"不以肇事行为已经构成交通肇事罪为前提,即便肇事只是导致被害人轻伤,只要死亡结果与肇事者的不救助行为之间存在相当的因果关系,都应成立"逃逸致死"。

第四,对于不救助与被害人死亡结果之间因果关系的证明,无须达到绝对确信的程度,只要达到如果救助就十有八九能够避免死亡结果的程度即可。具体言之,根据肇事行为发生的时间、地点、环境(如距离医院的远近、医疗的条件、水平等)以及伤害的程度等,认真分析如果行为人不逃逸而是立即予以救助,是否可能避免死亡。就逃逸导致被害人因失血性休克死亡而言,若能大致推断出从受伤到流血致死需要多少时间,再根据事故现场距离最近医院的距离,算出及时送医抢救可能需要多长时间,应当不难证明若及时送医是否可能避免被害人死亡。应该说,只要肇事没有导致被害人形成颅脑粉碎性骨折等不可逆转的致命伤,从受伤到死亡间隔时间并不短,而且医院距离事故现场并不远,肇事者完全可能亲自驾车,或者拦车,或者及时拨打"120"、"110"电话求救,因不救助导致被害人死亡的,通常应能认定为"逃逸致死"。然而,虽然肇事逃逸案件频发,实务部门却往往吝于证明"逃逸致死"的因果关系,以致极少适用"因逃逸致人死亡"条款,使立法的初衷基本落空。

实践中认定成立"逃逸致死"的判例极为罕见。

案52:某日凌晨4时50分左右,任某驾驶自卸车违章驶入逆行车道,与对面正常行驶的载有16人的农用汽车相撞,造成农用汽车司机及乘客4人当场死亡,4人重伤,5人轻伤,1人轻微伤的后果。任某肇事后逃逸。公安局接到报案后当天5时35分赶到现场抢救。之后重伤员中有2人经抢救无效死亡。法院认为,任某肇事后逃逸致2人因延误抢救时间而死亡,属于肇事后因逃逸致人死亡的情形,故以交通肇事罪判处被告人任某有期徒刑12年。

本案发生的时间是天亮前,他人报警后警察45分钟后才赶到现场。很显然,在事故当时,被告人更有条件驾驶自卸车及时将受伤的被害人送医。因其逃逸而延误了抢救时间致使两名重伤员死亡。或许,本案认定为逃逸致死的深层次的原因在于,任某一次交通肇事导致了4人当场死亡、2人经抢救无效死亡的特大交通事故,若仅论以交通肇事罪中"其他特别恶劣情节",最重判处7年有期徒刑,这样的处理结果难以为民众所接受。

案53:某日夜晚,邹某驾驶小客车将骑自行车的叶某撞倒后,即驾车逃逸。逃逸途中,邹某电话报警但未述详情,致使叶某被随后李某驾驶的小客车再次碾压而当场死亡。一审法院认定,邹某的行为属于逃逸致死,故以交通肇事罪判处其有期徒刑7年6个月。二审法院认为,"上诉人邹某深夜在道路上发生事故后置被害人的安危不顾驾车逃离现场,致被害人因未得到恰当保护而被其他车辆二次碾压死亡,其逃逸行为与被害人的死亡后果间具有直接的因果关系,且其在逃逸途中电话报案的行为并未避免被害人死亡后果的发生,也不影响对其逃逸事实的认定",故维持原判。①

---

① 参见四川省宜宾市中级人民法院刑事裁定书,(2014)宜中刑一终字第168号。

应该说,法院认定为逃逸致死是正确的。只要肇事者不对被害人进行恰当的处置(如移到路边),即使报警后等候警察的到来,或者第一时间赶到交警大队投案,也应对被害人被二次碾压致死承担责任,而成立"逃逸致死"。

司法实务中不乏否定"逃逸致死"的判例。

案54:检察院指控冯某逃逸致死,但法院认为,"事故发生后,路旁行人及巡警及时拨打了"120",将薯某、林某送往医院救治,后林某因伤势过重抢救无效死亡。因此,林某的死亡系冯某驾车肇事所致,而非逃逸延误其治疗所致。被告人虽然存在逃逸的情形,但不符合逃逸致人死亡的特征"①。

应该说,上述判决是正确的。

案55:钱某于凌晨6时许将一精神病男子撞倒在车轮下,急忙下车扶起被害人,问其"要紧否",该男子嘴里嘟囔着走向路边。钱某见状开车离开继续来回拖运石头,上午8时许返回时发现该男子仍坐在路边。后来该男子倒在路边被人发现后送医,最终因失血性休克死亡。一审法院认定钱某成立逃逸致死。二审法院则认为,上诉人钱某"主观上无逃避法律追究而逃跑的故意,其行为不构成交通肇事逃逸致人死亡"。

应该说,本案不成立"逃逸致死",并非因为钱某"主观上无逃避法律追究而逃跑的故意",而是因为其不明知存在需要救助的被害人,即缺乏不作为的故意。

案56:某日凌晨2时许,被告人酒后无证驾驶撞倒行人后弃车逃离现场。被害人因创伤失血性休克经抢救无效死亡。法院仅认定被告人成立肇事逃逸,而未认定成立逃逸致死。②

应该说,这是一起典型的逃逸致死案。法院没有查明从被害人受伤到死亡经过多长时间,从而判断如果及时送医,是否可能避免被害人因失血过多而死亡。从本案案发时间和地点,以及被害人死于创伤性失血性休克死亡来看,应该不难证明,如果肇事者及时将被害人送医,是有可能避免被害人死亡的。故而,

---

① 安徽省阜阳市颍东区人民法院刑事判决书,(2005)东刑初字第95号。
② 参见广东省中山市中级人民法院刑事判决书,(2014)中中法刑一终字第140号。

法院的判决存在疑问。

17. 如何看待"交通事故认定书"的性质？

案57：某日夜晚，田某无驾驶证驾驶一辆无号牌二轮摩托车摔倒，摩托车及驾驶员在滑至对向车道时被迎面而来的由余某华驾驶的重型半挂牵引车牵引的挂号重型厢式半挂车左后轮碾压、碰撞，造成田某因碰撞致颅脑损伤、多发性骨折、出血而当场死亡。事故发生后，余某华驾车逃逸。公安局交通警察大队出具的交通事故责任认定书认定，余某华驾驶重型半挂牵引车牵引的挂号重型箱式半挂车发生交通事故后驾车逃逸，承担此次事故的全部责任。

本案争议焦点：如何审查和采信公安机关出具的交通事故认定书。

一审法院认为，余某华违反交通运输管理法规，加上机动车辆发生交通事故，造成一人当场死亡，肇事后驾车逃逸，负事故的全部责任，其行为已构成交通肇事罪，判处有期徒刑3年。

二审法院认为，根据《道路交通安全法》第73条的规定，交通事故认定书是处理交通事故的证据。作为证据，法院就应该按照证据规则审查其效力性及证明力，若有其他证据证明其存在错误，法院不应采信该证据，而应以自己审理认定的事实作为定案根据。从司法实务来看，人民法院审查交通事故认定书要遵守以下原则：(1)审查事故认定的程序是否合法。作出责任认定书的主体资格是否适合、是否向当事人送达等。(2)审查事故认定的事实与其他证据间是否存在矛盾。责任的认定应当建立在公安机关依法调查收集的证据基础上，也就是事故认定的事实应当与证据证明的事实是同一的。如果存在矛盾必须对事故的责任作出重新判定。(3)审查事故认定的责任是否得当。一般来说，当事人对交通事故认定书有异议，并提出证据证明存在下列情形之一的，人民法院对交通事故认定书可以不予采信：(1)作出事故认定的主体不符合法律规定的；(2)认定书的制作、送达程序严重违法的；(3)认定书所依据的证据材料采集违法或明显证据不足的。

结合本案证据来看，该份重新认定书存在以下问题：(1)汕尾市交通警察支队在受理田某的亲属对事故认定书的复核申请后,没有书面通知余某华,违反了《道路交通事故处理程序规定》(2008年)第52条关于公安机关交通管理部门受理复核申请的,应当书面通知各方当事人,以及任何一方当事人就该事故向法院提起诉讼并经法院受理的,交通部门应当终止复核的规定,剥夺了余某华提出意见的权利。(2)汕尾市交通警察支队重新作出事故认定时,没有召集双方当事人到场,在没有新证据的情况下,仅根据原有的证据改为认定余某华发生交通事故后驾车逃逸,承担此事故的全部责任。根据在案的现场勘查笔录、现场照片、鉴定意见及证人林炳某、张陆某的证言,本案事故于夜晚发生,事发时路面没有路灯,田某驾驶二轮摩托车行至国道G324线645公里780米处时,摩托车遇到异样情况失控跑偏滑倒后向左前方摔倒,摩托车及田某在滑至对向车道时与迎面而来由上诉人余某华驾驶的重型厢式半挂车左后轮碰撞。余某华辩解其当时正常行驶,并未发现有与其他车辆发生交通事故,目击证人林炳某的证言证实田某驾驶的摩托车摔倒在地后撞向余某华驾驶的牵引车的左后轮,证人张陆某证实余某华被民警拦下后,被告知其驾驶的货车发生交通事故时,听后表情惊愕,并表示愿意配合调查。据现有证据,尚不足以证实余某华主观上明知其驾驶的重型牵引车发生了交通事故,为逃避法律追究而驾车逃跑,余某华辩解其没有发现其驾驶的车辆发生交通事故具有合理性。因此,陆丰市交通警察大队作出的第一份交通事故认定书程序合法,事实清楚,证据确实、充分,适用法律正确,对事故双方的责任进行了适当的划分认定,应当作为定案依据,而汕尾市交通警察支队作出的道路交通事故重新认定书程序违法,责任认定不当,不能作为定案证据使用。原判认定构成交通肇事罪的事实不清、证据不足,指控的犯罪不能成立,依法应予纠正,宣告上诉人余某华无罪。①

案58:某日夜晚,徐某男驾驶小型轿车行驶中与同向行驶的谷某峰驾驶的电动三轮车发生相撞,谷某峰被撞入道路东侧水沟内,同车人许某被撞伤,之后又将道路东侧的树木撞倒,两车辆不同程度损坏,树木亦被损坏。

---

① 参见广东省汕尾市中级人民法院刑事判决书,(2016)粤15刑终字第32号。另参见《道路交通事故处理程序规定》(2008年)(已失效)。

谷某峰经医院抢救无效死亡。经鉴定,死者谷某峰系道路交通事故致复合伤,因颅脑损伤、溺水窒息而死亡,许某的损伤程度属轻伤一级。事故发生后徐某男弃车逃离现场。

本案争议焦点:(1)对于鄢陵县公安局交通管理大队出具的道路交通事故认定书有无审查的必要;(2)对于徐某男肇事后逃逸这一情节,量刑时是否应作为加重情节。

法院认为,交通管理部门认定事故责任的思路,与刑事审判的思路并不一致,刑事审判更强调行为与结果之间的因果关系。刑事审判中,法庭在考虑逃逸行为是否应作为较重处罚的量刑情节时,不能仅看交通管理部门出具的事故认定书的表述判断逃逸行为是否已经作为入罪要件,而应结合案情客观分析逃逸行为对责任划分的影响程度;如果被告人没有逃逸行为,仍然负全部责任或者主要责任,则可以作为加重处罚的情节。交通肇事刑事案件中道路交通事故认定书作为证据之一,当庭应当审查判断,决定是否适用。尤其在判断逃逸行为是否已经作为入罪要件时,对道路交通事故认定书的审查会影响到法庭对逃逸行为的正确评价。本案中,公诉机关当庭出具的鄢陵县公安局交通管理大队出具的道路交通事故认定书,仅依据徐某男肇事后逃逸认定其负事故全部责任不当,不予采纳。徐某男违反交通运输管理法规,驾驶机动车夜晚雨天在道路上行驶,未尽到安全、注意义务,与同向行驶的机动车没有保持足以采取紧急制动措施的安全距离,违反了《道路交通安全法》第22条、第43条规定,因而发生重大交通事故,致一人死亡,一人受伤,应负事故的全部责任,其行为已构成交通肇事罪。徐某男肇事后逃逸,应加重处罚。徐某男犯罪以后自动投案,并如实供述自己的犯罪事实,系自首。判定徐某男犯交通肇事罪,判处有期徒刑3年,缓刑3年。[1]

《道路交通安全法》第73条规定:"公安机关交通管理部门应当根据交通事故现场勘验、检查、调查情况和有关的检验、鉴定结论,及时制作交通事故认定书,作为处理交通事故的证据。交通事故认定书应当载明交通事故的基本事实、成因和当事人的责任,并送达当事人。"《道路交通安全法实施条例》第91条规

---

[1] 参见河南省鄢陵县人民法院刑事判决书,(2018)豫1024刑初101号。

定:"公安机关交通管理部门应当根据交通事故当事人的行为对发生交通事故所起的作用以及过错的严重程度,确定当事人的责任。"

《交通肇事解释》第2条及第4条直接根据行为人在交通事故中是负全部、主要责任,还是同等责任,确定交通肇事行为是否成立交通肇事罪的基本犯和加重犯。虽然《道路交通安全法》第73条肯定交通事故认定书只是"作为处理交通事故的证据",但在有关交通肇事罪的审判实践中,交通事故认定书事实上成为法院认定交通肇事罪成立与否及其轻重的重要依据,甚至是唯一依据。[1] 在我国司法实践中,交通肇事案实际上异化为由公安机关的交通管理部门主导,有失司法公正。

对此,刑法理论上毫无争议地认为,刑事司法机关在审理行为是否构成交通肇事罪时,不能直接采纳交通管理部门的责任认定,而应根据《刑法》所规定的交通肇事罪的构成要件进行实质的分析判断,避免直接将《道路交通安全法》上的责任转移为刑事责任。

之所以交通事故认定书不能直接作为认定当事人刑事责任的根据,是因为:(1)道路交通行政管理的目的与刑法的目的存在明显区别,《道路交通安全法》上的责任明显不同于刑事责任;交管部门在认定当事人的责任时,并没有考虑刑事责任的根据与条件,常常只是简单地综合行为人是否违章与情节作出责任认定。(2)众所周知,行政责任的基本原则是效率优先;交通事故认定书系公安机关依据其职权作出的关于事故当事人责任划分的一种行政责任认定。(3)从刑事诉讼法角度讲,交通事故认定书并不符合证据要求,不属于刑事司法机关必须采纳的证据材料。(4)交管部门的交通事故认定系行政行为,着重于事先预防,一般只考虑事故双方各自有无违章行为,不重视违章行为与危害结果之间的因果关系,而刑事责任的认定,在客观方面强调行为人的违法行为与危害结果之间必须存在因果关系,即行为人的交通违章行为必须是造成交通事故的原因。概言之,由于行政责任与刑事责任的认定,在事实证据、构成要件等方面的认定原则、方法、要求不同,如果将行政责任认定结论直接作为认定当事人构成犯罪的

---

[1] 参见广西壮族自治区玉林市中级人民法院刑事裁定书,(2014)玉中刑一终字第202号。

依据,则意味着刑事案件的审理实质上演变为由公安机关主导,司法审查流于形式,而有损司法公正。

综上所述,刑法目的明显不同于行政管理的目的,法院在审理交通肇事刑事案件时,只能将由公安机关的交通管理部门单方作出的、缺乏必要制约和救济程序的交通事故认定书,视为一种参考性的勘验证据材料,而不能直接作为认定交通肇事罪成立与否及其轻重的根据。

18. 通说关于成立"逃逸致死"以行为构成交通肇事罪为前提的观点,合理吗?

一直以来,刑法理论上的多数说认为,成立"因逃逸致人死亡"的前提是逃逸前的交通肇事行为本身已经构成交通肇事罪(基本犯),这可谓"构罪前提肯定说"。与之相反,当然是认为成立"逃逸致死"无须以肇事行为构成交通肇事罪为前提的所谓"构罪前提否定说"。如果认为成立"逃逸致死"以肇事行为构成交通肇事罪为前提,根据《交通肇事解释》第2条关于交通肇事罪立案标准的规定,则意味着在通常情况下,交通肇事造成1人重伤,逃逸导致重伤者死亡的,仅成立交通肇事罪的基本犯;只有肇事至少造成1人当场死亡,并且负事故全部或者主要责任,进而逃逸导致伤者死亡的,或者肇事造成3人以上重伤,负事故全部或者主要责任,进而逃逸导致伤者死亡的,方可能成立"逃逸致死"。如此理解,将直接导致交通肇事造成1人重伤后逃逸致人死亡的常态案件,无法适用"逃逸致死"进行处罚。事实上,持"构罪前提肯定说"的张明楷教授就明确指出:"行为人超速驾驶致一人重伤后逃逸,进而导致其死亡的,不能适用'因逃逸致人死亡'的规定,只能认定为一般的交通肇事罪(处3年以下有期徒刑或者拘役)。"①

持"构罪前提肯定说"论者,要么只有结论而没有论证,要么将"逃逸致死"看作交通肇事罪的结果加重犯或者情节加重犯,因为理论上通常认为,成立结果加重犯和情节加重犯,均以行为成立基本犯为前提。

---

① 张明楷:《刑法学》(第6版)(下册),法律出版社2021年版,第928页。

本书认为,"构罪前提肯定说"存在疑问。

首先,司法解释关于交通肇事致1人重伤成立交通肇事罪条件的规定,过于限制了交通肇事罪的成立范围,导致与过失致人重伤罪的处罚不相协调。

其次,"逃逸致死"的规定既不是交通肇事罪的结果加重犯,也不是交通肇事罪的情节加重犯,而是一种独立性条款;只要交通违规行为使他人处于需要救助的状态(包括重伤、轻伤以及虽未受伤但被撞昏在道路中央),肇事者不予救助进而导致死亡的,均应成立"逃逸致死"。

最后,将"逃逸致死"理解为因交通肇事致他人受伤或者昏迷后逃逸致其死亡,符合一般人的常识、常理与常情。

综上所述,成立"逃逸致死",不以交通肇事行为本身构成交通肇事罪为前提;只要交通肇事行为导致他人受伤或者处于昏迷状态而不能自救,肇事者不予及时救助致被害人死亡的,以及交通肇事后不设置警示标志、清除路障,导致发生后续事故致人死亡的,均应认定为"因逃逸致人死亡"。

19. 如何看待"逃逸的,负全责"的规定和实践做法?

案59:某日,侯某朋驾驶小型普通客车与相对方向侯某飞驾驶的无牌号两轮摩托车发生交通事故,致侯某飞胸腔脏器损伤而死亡。发生交通事故后,侯某朋驾车逃逸。交警部门认定,侯某朋未按照操作规范安全文明驾驶,发生交通事故后驾车逃逸,是此事故发生的全部原因,对此事故负全部责任。

本案争议焦点:被告人驾车逃逸的行为是其构成交通肇事罪的构成要件,量刑方面对该逃逸行为是否要作重复评价。

法院认为,交警部门是根据侯某朋未按照操作规范安全文明驾驶,并且在事故发生后以驾车逃逸为由,认定其负事故全部责任的,即侯某朋驾车逃逸的行为是其构成交通肇事罪的构成要件,在量刑方面对该逃逸行为就不能重复评价。认定被告人犯交通肇事罪,判处有期徒刑2年6个月。①

---

① 参见河南省驻马店市中级人民法院刑事裁定书,(2018)豫17刑终386号。

案60：某日，卢某驾驶电动自行车行驶在交叉路口时，车辆左前侧与蒋某驾驶的电动自行车右侧中部相撞，造成蒋某受伤，经送医抢救无效死亡。事发后，卢某驾驶电动车逃离现场。交警认定，卢某驾驶电动自行车行驶至交叉路口时，未察明路口内情况以确保安全，造成事故，事发后，卢某驾车逃逸，其违法行为是造成此事故的主要原因；蒋某驾驶电动自行车行驶至交叉路口左转弯时未确保安全，未让直行的车辆优先通行，其违法行为是造成此事故的一定原因，认定卢某负事故的主要责任，蒋某负事故的次要责任。

法院认为，关于本案道路交通事故的认定，交警部门根据卢某及蒋某驾驶电动车发生交通事故的经过及卢某在发生事故后驾车逃离现场的情节，综合认定卢某负事故主要责任。公诉机关认定卢某的行为构成交通肇事罪且肇事后逃逸，是对卢某逃逸情节的重复评价，该逃逸行为不应作为本案法定刑升格的情节。认定卢某犯交通肇事罪，判处有期徒刑1年，缓刑1年。①

很显然，要是不考虑卢某的逃逸情节，卢某不可能承担事故的主要责任，也就不构成犯罪。法院根据交警作出的"逃逸的，负全责"的事故认定书直接认定卢某的行为构成交通肇事罪，存在疑问。

《道路交通安全法实施条例》第92条第1款规定："发生交通事故后当事人逃逸的，逃逸的当事人承担全部责任。但是，有证据证明对方当事人也有过错的，可以减轻责任。"这就是所谓"逃逸的，负全责"的规定。我国司法实务部门一如既往地遵循该规定，只要肇事后逃逸，基本上就直接认定逃逸者负全部责任。②

"逃逸的，负全责"的规定与做法遭到了理论界的一致批评：因逃逸行为发生在事故结果之后，该规定明显有违原因不可能发生在结果之后的基本常识，即事后逃逸行为不可能成为交通事故发生的原因。本书认为，"逃逸的，负全责"的规定与做法具有一定的合理性，只是应对其适用进行一定的限制。

首先，众所周知，立法者之所以在1997年全面修订《刑法》时，增加作为交

---

① 参见江苏省江阴市人民法院刑事判决书，(2017)苏0281刑初1863号。
② 参见江苏省苏州市虎丘区人民法院刑事判决书，(2008)虎刑初字第0365号。

通肇事罪加重处罚情节的"交通运输肇事后逃逸"以及"因逃逸致人死亡"的规定,是因为当时交通肇事逃逸的现象非常普遍。据称,当时司法实践中近50%的司机在发生交通事故后选择逃逸。交通肇事逃逸行为的危害性,毋庸赘言。国务院在2004年颁布《道路交通安全法实施条例》时,明确增设"逃逸的,负全责"的规定,也是为了遏制日趋严重的交通肇事逃逸的势头。

其次,虽然逃逸不会成为其他犯罪进行过错推定的根据,但交通肇事逃逸具有特殊性。众所周知,发生在车流频繁的道路上的交通事故,不仅发案率高,而且发生后需要迅速抢救伤者、分清责任、恢复道路畅通。一旦当事人选择逃逸,不仅伤者得不到及时救治,而且事故的责任难以分清,发生事故路段的交通也无法迅速恢复。正因如此,域外国家和地区通常将肇事后逃离事故现场、不履行报告义务和救助义务的行为单独规定为犯罪。既然域外普遍存在将肇事后逃逸单独作为犯罪处罚的刑事立法例,我国作出对逃逸者推定负全责的规定,也就不足为奇。目前的不足在于,关于"逃逸的,负全责",不应由立法位阶较低的行政法规进行规定,而应由全国人大常委会在《道路交通安全法》中直接予以规定,而且应表述为:"发生交通事故后当事人逃逸的,逃逸的当事人承担全部责任,但有证据证明对方当事人有过错的除外。"

最后,我国交通肇事罪的处罚轻于普通过失犯罪,规定"逃逸的,负全责"并承担基本犯的责任,不至于使逃逸者承受过重的刑罚。从域外刑事立法例看,交通肇事罪作为典型的业务过失犯罪,其法定刑应当重于普通过失犯罪,但我国交通肇事罪的法定刑(结合司法解释规定的立案及法定刑升格的条件),明显轻于过失致人死亡罪与过失致人重伤罪。既然交通肇事罪的法定刑及入罪门槛不及普通过失犯罪,推定逃逸者负全责,既能满足一般预防的需要,又能最大限度地震慑犯罪分子和减少交通肇事逃逸现象,也不至于使逃逸者承受过重的刑罚。考虑到逃逸者负全责毕竟只是一种推定,无论事故结果多么严重,对于逃逸者应限定在交通肇事罪基本犯的法定刑幅度内处罚。

虽然司法实践中普遍按照"逃逸的,负全责"规定处理交通肇事逃逸案,但也有个别法院在查明事故原因后,实事求是地按照责任大小进行处理。

案61:陈某将大货车停靠路边等人,其间张某酒后驾驶小型客车追尾碰撞陈某的大货车尾部,导致张某当场死亡、客车上乘客关某受伤的交通事故。事故发生后陈某驾车逃逸。交通事故认定书认定,陈某发生交通事故后逃逸,负事故的主要责任;张某酒后驾驶机动车,负事故的次要责任。

一审法院认为,陈某驾车发生事故,造成一人死亡,肇事后逃逸,违反了《道路交通安全法》第70条第1款、《道路交通安全法实施条例》第92条第1款的规定,负事故的主要责任,其行为已构成交通肇事罪。陈某以其事后逃逸行为与交通事故的发生不存在法律上的因果关系,其行为不构成交通肇事罪为由,提起上诉。二审法院认为,交通事故发生在前,陈某的逃逸行为发生在后,其逃逸行为并非引发本次交通事故的原因。至于陈某有无其他与本次事故发生有因果关系违反交通运输管理法规的行为,一审法院没有查明。在事实不能查明的情况下,应按照"疑罪从无"的原则处理。如果陈某有在禁止停车的路段停放车辆从而妨碍其他车辆正常通行的违规行为,结合本案事实,陈某也只应负同等责任以下的事故责任。而公诉机关仅指控陈某有逃逸的违规行为。因此,本案现有证据尚不足以认定陈某的行为构成交通肇事罪。原判认定的事实不清,证据不足,适用法律错误,故撤销原判,发回重审。①

应该说,二审法院的分析和裁定是正确的。

案62:吴某驾驶普通客车由西向东行驶,与同向在前由王某驾驶的电动三轮车的后部发生碰撞后,致电动三轮车向左前方滑移,使得电动三轮车的前部左侧又与宗某驾驶的由东向西行驶的重型自卸半挂车的前部左侧发生碰撞,导致王某当场死亡。事故发生后宗某驾车逃逸。交通事故认定书认定,宗某负此次事故的主要责任,法院予以确认,判定其行为构成交通肇事罪。②

本案中,虽然宗某事后逃逸,但法院没有推定其负全责,而是认定其负主要责任,应该是考虑到先前吴某与王某的追尾碰撞也系事故的原因。不过,从案情描述来看,如果宗某系正常驾驶,当时来不及采取制动措施,则其碾压被害人的

---

① 参见广东省佛山市中级人民法院刑事裁定书,(2006)佛刑一终字第68号。
② 参见安徽省亳州市中级人民法院刑事裁定书,(2014)亳刑终字第00354号。

行为属于意外事件,不应对事故结果负责,不构成交通肇事罪。

20. 如何处理交通肇事罪与以危险方法危害公共安全罪的关系?

案63:某日凌晨,黄某某(另案处理)驾驶一辆白色无牌锐志小车搭载林某甲(坐后排座)、黄某飞(坐副驾驶位)经过某路段时,发现三辆助力摩托车在其小车前行驶,黄某某按喇叭示意对方让路,但三辆助力摩托车没有让路,其中李某某驾驶一辆助力摩托车搭载林某乙在黄某某驾驶的小车正前方行驶。黄某飞认为对方态度嚣张,遂叫黄某某驾车去追逐李某某驾驶的助力摩托车,黄某某驾驶小车追逼李某某驾驶的助力摩托车至某路口转弯处,黄某飞在副驾驶室内拿起一把防盗锁,将半个身体探出车窗外,向李某某与林某乙挥舞,但未打中。李某某驾车搭载林某乙加速逃离,因车速太快失控撞到路边的花基和树,李某某、林某乙两人摔倒在地,黄某某驾车离开后又回到现场,见李某某、林某乙摔倒受伤在地,警告二人不要嚣张后离开现场。之后李某某经送医院抢救无效身亡。经司法鉴定,李某某系闭合性颅脑损伤而死亡。

本案争议焦点:黄某飞的行为应如何定性,是构成故意伤害罪,还是以危险方法危害公共安全罪。

法院认为,黄某飞在车上让驾驶员驾车追逐在城市道路上行驶的摩托车,并拿工具击打摩托车上的人员,造成一人死亡的严重后果,依法应予惩处,并且本案案发时间是深夜,被告人的行为极有可能导致其他过往车辆或行人造成重大交通事故或重大人员伤亡,这种手段与放火、决水、爆炸等手段的危险性相当,其行为应定性为以危险方法危害公共安全罪。认定黄某飞犯以危险方法危害公共安全罪,判处有期徒刑10年6个月。①

应该说,在道路上追逼车辆和恐吓驾驶人员,只是违反了交通运输管理法规,行为的危险性难以与放火、爆炸等相当,应认定成立交通肇事罪。

案64:某日11时许,周某和在叔叔周某元家吃午饭时使用一次性塑料

---

① 参见广东省阳江市中级人民法院刑事裁定书,(2017)粤17刑终269号。

杯饮用了半杯的一两多谷酒,当日 14 时许,周某和在明知自己无驾驶证的情况下,酒后驾驶自己的一辆悬挂套牌的白色面包车给岳父家送菜秧,在途经某路段时违章行驶,与由李某朋驾驶并载有沈某祖、李某贤的一辆红色二轮摩托车相撞,因车速过快及醉酒驾驶,周某和驾车将李某朋撞飞至越过公路左边的护栏,跌落在护栏边的草坪里,将沈某祖、李某贤撞飞至公路左边水深一米多的蓄水区内,造成李某朋、沈某祖、李某贤三人当场死亡。交警作出的初步意见,认定周某和醉酒驾车且无证驾驶伪造的机动车牌面包车逆行,初步认定应负此次事故的主要责任,李某驾车超载且未戴安全头盔,初步认定负事故的次要责任。

本案争议焦点:对周某和应认定为以危险方法危害公共安全罪还是交通肇事罪。

法院认为,以驾车冲撞的危险方法危害公共安全罪与交通肇事罪之间存在明确的界限。本案中周某和违反国家交通运输管理的法律规定,无驾驶证且醉酒驾驶套牌车辆高速行驶造成三人死亡、两车受损的特大交通事故,其行为构成交通肇事罪。检察官指控周某和犯以危险方法危害公共安全罪不当。认定周某和犯交通肇事罪,判处有期徒刑 6 年。[①]

应该说,交通肇事罪与以危险方法危害公共安全罪的构成要件并不相同。

首先,成立《刑法》第 133 条规定的交通肇事罪以违反交通运输管理法规为前提,但不要求违章行为本身通常会发生不特定或者多数人伤亡的结果,发生伤亡实害结果属于例外。所以,只有发生伤亡实害结果时,才以犯罪论处;但《刑法》第 114 条规定的以危险方法危害公共安全罪,通常会发生不特定多数人伤亡的实害结果,没有发生伤亡实害结果属于例外。

其次,《刑法》第 133 条的交通肇事罪,不要求行为产生与放火、爆炸等相当的具体的公共危险,而以危险方法危害公共安全罪,则要求行为产生与放火、爆炸等相当的具体的公共危险。

最后,成立《刑法》第 133 条规定的交通肇事罪,不要求行为人希望或者放

---

① 参见湖南省岳阳县人民法院刑事判决书,(2017)湘 0621 刑初 409 号。

任具体的公共危险;但成立以危险方法危害公共安全罪,要求行为人希望或者放任具体的公共危险。

据此,下列行为不可能成立以危险方法危害公共安全罪,但在发生伤亡实害结果的情况下,能成立交通肇事罪:行为违反交通运输法规,虽然具有公共危险,但不具有与放火、爆炸等相当的具体的公共危险;行为虽然具有与放火、爆炸等相当的具体的公共危险,但行为人对该具体的公共危险仅有过失。所以,并不是任何危险驾驶行为都成立以危险方法危害公共安全罪。

虽然交通肇事罪与以危险方法危害公共安全罪的构成要件存在区别,但不能认为交通肇事罪与以危险方法危害公共安全罪之间是对立关系。

可以认为:(1)行为人实施危险驾驶行为,对具体的公共危险与伤亡的实害结果仅有过失时,可能同时触犯交通肇事罪与过失以危险方法危害公共安全罪,形成竞合关系。例如,行为人应当预见到刹车存在缺陷,仍然以危险的高速度驾驶车辆的,属于一个行为同时触犯交通肇事罪与过失以危险方法危害公共安全罪,一般宜认定为交通肇事罪。(2)行为人实施危险驾驶行为,客观上存在与放火、爆炸等相当的具体的公共危险,行为人对具体的公共危险具有认识并持希望或放任态度,但对已经发生的伤亡实害结果仅有过失的,成立交通肇事罪与以危险方法危害公共安全罪的想象竞合犯,应当认定为以危险方法危害公共安全罪。概言之,任何危险驾驶行为,凡是造成伤亡实害结果的,只要不是意外事件,首先成立交通肇事罪。

但是,在此前提下,还需要作出进一步的判断:其一,行为是否已经产生了与放火、爆炸等相当的具体的公共危险,行为人对具体的公共危险是否具有故意,如得出肯定结论,就应认定为以危险方法危害公共安全罪;其二,在行为产生了与放火、爆炸等相当的具体的公共危险且发生了伤亡实害结果的前提下,如果行为人对伤亡实害结果持过失,则是过失的结果加重犯,适用《刑法》第 115 条第 1 款;如果行为人对伤亡实害结果有故意,则是结果犯(也可能被人们认定为故意的结果加重犯),依然适用《刑法》第 115 条第 1 款;不过,对二者的量刑是应当有区别的。

司法实践中已经存在对危险驾驶车辆造成具体公共危险的行为适用《刑

法》第114条认定为以危险方法危害公共安全罪的判例。

案65：某日夜晚，张某华驾驶大货车行至某路段遇到城管队员检查，张某华为了逃避处罚，不顾趴在副驾驶车门外的城管协管员曹某涛的生命安全，强行将副驾驶车窗关闭后驾驶解放牌大货车超速逃跑，在高速路、二环路逆行，并将车上装载的沙子卸在京津塘高速路上，逃至某处时撞到隔离墩后被抓获。被告人的行为造成桥梁护栏、绿地损坏，经鉴定价值人民币4503.7元。法院认为，张某华无视国法，以危险方法危害公共安全，尚未造成严重后果，其行为已构成以危险方法危害公共安全罪，判处有期徒刑3年6个月。

应该说，这一判决具有合理性。因为在车辆很多的高速路上逆向高速行驶的行为所产生的危险与放火、爆炸等行为产生的具体的公共危险具有相当性。

案66：单某伟、王某1、王某2的车均经过改装。某日夜晚，三人给朋友过生日，席间都喝了不少酒，随后他们开车准备去一家歌厅唱歌。在路口等红灯时，他们踩着油门使汽车发出轰鸣，于是兴奋起来决定飙车。在飙车过程中单某伟的车先后与两辆轿车发生碰撞，并在撞第一辆车时引发了连环事故，但他未加理会继续行驶。直至将车开到快速路上后，单某伟弃车而逃。经交管部门认定，单某伟在两起车祸中负全部责任。法院认定，单某伟、王某1、王某2开着改装车在三环主路上高速行驶，互相飙车，并发生两起车祸，其行为构成以危险方法危害公共安全罪，因此判处单某伟有期徒刑3年，王某1有期徒刑1年半，王某2有期徒刑1年。这一判决也值得肯定。因为酒后在车辆很多的道路上严重超速行驶，并且任意变换车道的行为所造成的危险与放火、爆炸等行为产生的具体的公共危险没有差异。当然，在《刑法修正案（八）》增设危险驾驶罪后，对本案以危险驾驶罪定罪也是可能的。

司法实践中，同样存在对危险驾驶车辆造成伤亡实害结果的行为适用《刑法》第115条第1款认定为以危险方法危害公共安全罪的判例。

案67：某日下午，孙某铭大量饮酒后，驾驶轿车在一路口从后面冲撞与其同向行驶的一轿车的尾部。发生事故后，孙某铭继续行驶。当车行至限速每小时60公里的卓锦城路段时,其严重超速驾车越过禁止超越的道路中心黄色双实线,先后撞向对面正常行驶的4辆轿车,直至其轿车不能启动,造成4人死亡1人重伤。经鉴定,孙某铭驾驶的轿车在碰撞前瞬间的时速为134~138公里/小时,孙某铭的血液中乙醇的浓度为135.8mg/100ml。法院认为,孙某铭违反交通法规,无证醉酒驾车于车辆、行人密集之处,已经对公共安全造成直接威胁。在发生事故后,其仍然继续高速行驶,冲过黄色双实线,以超过限定速度1倍以上的车速冲向相向行驶的车辆,其行为已构成以危险方法危害公共安全罪。

应该说,对孙某铭的行为适用《刑法》第115条第1款,认定为以危险方法危害公共安全罪,具有合理性。因为孙某铭醉酒后逆向严重超速行驶的行为,不管是否造成伤亡实害结果,都产生了具体的公共危险,而且能够肯定行为人对此具有故意。即使孙某铭对严重伤亡实害结果没有故意,也可以认定为过失的结果加重犯,适用《刑法》第115条第1款。

当然,本书并不认为司法实践中的判决都是妥当的。换言之,有的危险驾驶行为并没有造成与放火、爆炸等相当的具体的公共危险,但司法机关却认定为以危险方法危害公共安全罪。

案68:陈某与辛某驾驶一辆套牌小轿车行至某路段时,与驾驶集装箱货车的张某发生争吵,遂下车对张某进行殴打,还将货车前挡风玻璃砸破,张某逃离现场后报警。当天,值班民警A、协警B发现套牌小轿车停在某建设银行门口时,遂打开该车车门,要求坐在车内的辛某到派出所接受审查,遭辛某极力反抗。陈某闻讯后,即从车外进入驾驶室,驾驶汽车高速向后倒车欲逃离现场。陈某倒车过程中,将民警A、协警B撞倒在地后仍不停车,又接连撞坏停放在路边的3辆轿车和一辆普通货车,共造成经济损失计人民币11,783元。经法医鉴定,民警A、协警B损伤程度均为轻微伤。某中级人民法院认为,陈某为逃避公安部门的审查,伙同他人在闹市区高速倒车,致二人受轻微伤及造成他人财产遭受重大损失,危害公共安全,尚未造成严重后果,其行为已构成以危险方法危害公共安全罪。

应该说,单纯的短时间极短距离的高速倒车,以及与路边车辆的一般碰撞,还难以评价为造成了与放火、爆炸等相当的具体的公共危险。

21. 有关"移置逃逸"一律构成故意伤害、杀人罪的司法解释规定，有无疑问？

案69：某日夜晚，文思某无证驾驶摩托车将行人陈运某撞倒在地。随后文思某将陈运某拖移至案发现场路边一树下后逃逸。次日清晨，陈运某被群众发现后送医抢救无效死亡。经法医鉴定，陈运某因交通事故造成全身多处损伤，在低温、雨水环境下，长时间未得到救治，导致呼吸循环衰竭死亡。对于本案，检察院指控，文思某在交通肇事后为逃避法律追究，将被害人带离事故现场后遗弃，致使被害人死亡，其行为构成故意杀人罪。

本案争议焦点：文思某交通肇事后将陈运某拖移至路边人行道树下的行为属于"将被害人带离事故现场后遗弃"还是"因逃逸致人死亡"。

法院认为，被告人肇事后，将被害人拖移至中心现场附近位置放置的情形，是否属于带离事故现场，应当结合拖移距离、放置位置的隐蔽程度、与撞击后的位置被发现的可能性是否相当等因素综合判断。如拖移离中心现场较近、放置位置无障碍物隐蔽、与撞击后倒地的位置被发现的可能性基本相当，应当认定为未将被害人带离事故现场。反之，则可以判断是将被害人带离了事故现场。本案中，第一，文思某在国道上肇事后，将陈运某拖移至路边放置的位置距离中心现场较近。现场勘验笔录及照片证实，从国道的边缘白线至路边树下陈运某身体下方血迹的距离只有1.2米，该位置虽处于事故现场边缘，但仍属于事故现场的范围。第二，陈运某斜躺的路边树下的位置与道路之间无障碍物遮挡或隐蔽，与撞击后倒地的位置被发现的可能性基本相当。第三，文思某的拖移放置的行为，不仅未明显加重被害人的不利处境，反而客观上起到了防止过往车辆对被害人造成二次碾压的作用，故文思某未将被害人带离事故现场。文思某违反交通运输管理法规，因而发生交通事故，致一人死亡，其行为构成交通肇事罪。文思某在交通肇事后为逃避法律追究而逃跑，致使被害人陈运某因得不到救助而死亡，其行为属于"因逃逸致人死亡"的情形，应依法惩处。但文思某未将被害人带离事故现场后隐藏或者遗弃，其行为不构成故意杀人罪。认定文思某犯交通肇事罪,判处有期徒刑 8 年。①

应该说,如果行为人只是单纯的逃逸,致使被害人因得不到救助而死亡,仅成立"逃逸致死"。从我国司法实践看,对于因没有及时将不能自救的被害人从道路中间移开而被后续车辆碾压致死,只是认定为"逃逸致死"(如案 16)来看,交通肇事后如果只是消极地不救助受伤的被害人,虽然属于不作为的故意杀人,也只需以"因逃逸致人死亡的,处七年以上有期徒刑"进行评价。司法解释及刑法理论之所以认为"移置逃逸"成立作为的故意杀人罪,可能是误以为将伤者留在现场就一定有人救助。然而,如果事故发生在深夜的偏僻的路段,有充分的证据表明(如有现场监控证明),在被害人死亡之前并无其他人车经过(不考虑就算有人车经过也未必会施救),则肇事者将伤者搬至自己车上而延误抢救时机,与将被害人留在现场(让被害人继续躺在道路中间可能死得更快)相比,并没有增加其死亡风险,何以成立作为的故意杀人罪?况且,将"移置逃逸"一概认定为作为的故意杀人罪,与留在事故现场被后续车辆碾压致死仅论以"因逃逸致人死亡"(如案 16)甚至"交通运输肇事后逃逸"(如案 12、案 13、案 14、案 15)的处罚也不协调。所以,只要没有证据证明(事实存疑时根据有利于被告人原则处理)如果将被害人留在事故现场就有被救助而避免死亡的可能性,就应将"移置逃逸"的情形作为单纯逃逸(不作为)处理,根据具体情形认定为"交通运输肇事后逃逸"(肇事已形成不可逆转的致命伤)或者"因逃逸致人死亡"(肇事未形成不可逆转的致命伤)。

司法实践中,由于难以证明移置被害人的行为增加了其死亡危险,而极少作为故意杀人罪处理。

案 70:倪某酒后驾驶三轮摩托车撞伤行人严某后,当即将严某送到附近的村卫生室救治,被医务人员告知必须速送县人民医院急救。被告人驾驶摩托车送被害人到达县城后,因害怕承担责任,最终将被害人抛弃在河滩上,两小时后被人发现时,被害人已因外伤性脾破裂失血性休克死亡。被告人辩称,曾三次叫被害人均无应答,故认为被害人已经死亡、没有救治必要

---

① 参见重庆市第一中级人民法院刑事判决书,(2016)渝 01 刑初字第 32 号。

才产生抛"尸"的想法。医学专业人员证实：脾破裂如果脾脏前面损伤程度较深，累及脾门，并大血管损伤或者伤者有心脏疾病，则伤者可能在短时间内死亡，但没有严格的时间界限；如果损伤程度较浅未累及脾门及脾门血管，则较短时间（1小时）内死亡的可能性较小。经现场测试，以肇事车辆的时速从事故地行驶至县人民医院约需10分钟。检察院指控倪某的行为构成故意杀人罪。

法院认为，被告人后来遗弃被害人是在认为被害人已死亡的主观状态下作出的。本案现有证据无法证明被害人在被遗弃前却没有死亡，也无法证明被害人的死亡是因为被遗弃无法及时得到救助而造成的，故其行为不符合《交通肇事解释》第6条关于交通肇事转化为故意杀人的条件。本着疑情从轻的原则，对倪某只能以交通肇事罪定罪处罚。被告人的行为符合交通肇事逃逸的特征，以交通肇事罪判处被告人倪某有期徒刑4年。[①]

应该说，上述判决是正确的。

案71：某日夜晚，陈某等人运行自制铁轨车在铁路上运输石料，当满载石料的铁轨车正向前运行时，突然发现前方铁轨上坐着一个人，因无法紧急制动，而撞倒严某，车轮从被害人小腿上压过。陈某等人将还在呻吟的被害人放到一条无水水沟中。之后三人以为被害人已经死亡，遂用自行车将被害人丢弃在某敬老院旁的田角上。检察院指控被告人过失致人死亡罪。法院认为，被告人的行为构成交通肇事罪；被告人在撞伤被害人后，不积极采取抢救措施，延误了抢救时间，致被害人死亡，具有特别恶劣情节。

应该说，本案中，从受伤部位（小腿受伤）来看，如果及时送医，应该不至于死亡。不过，从案发的时间及地点来看，即使将被害人留在现场，也几乎不可能得到其他人救助，故被告人虽有移置行为，但实质上还是相当于单纯逃逸致人死亡，故应认定为逃逸致死。法院一方面认为被告人的行为延误了抢救时间，另一方面却未认定为逃逸致死，前后矛盾。

[①] 参见最高人民法院刑事审判第一庭、第二庭编：《刑事审判参考》（2003年第1辑），法律出版社2003年版，第5~10页。

22. 我国《交通肇事解释》对交通肇事罪定罪起点和升格标准是否设定过高？

我国的法定刑与整体量刑远远重于日本，但对危险驾驶构成交通肇事罪的量刑却明显轻于日本。其中一个重要原因是《交通肇事解释》对《刑法》第133条的交通肇事罪设定的定罪起点过高，并且对其中的"特别恶劣情节"的解释过于狭窄。《交通肇事解释》第2条规定："交通肇事具有下列情形之一的，处三年以下有期徒刑或者拘役：（一）死亡一人或者重伤三人以上，负事故全部或者主要责任的；（二）死亡三人以上，负事故同等责任的；（三）造成公共财产或者他人财产直接损失，负事故全部或者主要责任，无能力赔偿数额在三十万元以上的。交通肇事致一人以上重伤，负事故全部或者主要责任，并具有下列情形之一的，以交通肇事罪定罪处罚：（一）酒后、吸食毒品后驾驶机动车辆的；（二）无驾驶资格驾驶机动车辆的；（三）明知是安全装置不全或者安全机件失灵的机动车辆而驾驶的；（四）明知是无牌证或者已报废的机动车辆而驾驶的；（五）严重超载驾驶的；（六）为逃避法律追究逃离事故现场的。"这样的解释明显与刑法关于过失致人死亡罪、过失致人重伤罪的规定不协调。质言之，对于交通肇事造成1人重伤，负事故主要责任的，就应当以交通肇事罪论处，而不应当附加其他条件。上述解释第4条规定："交通肇事具有下列情形之一的，属于'有其他特别恶劣情节'处三年以上七年以下有期徒刑：（一）死亡二人以上或者重伤五人以上，负事故全部或者主要责任的；（二）死亡六人以上，负事故同等责任的；（三）造成公共财产或者他人财产直接损失，负事故全部或者主要责任，无能力赔偿数额在六十万元以上的。"显然，该规定只是考虑了实害结果，而没有考虑危险结果，对"情节"的规定并不全面。

应该说，对于醉酒驾驶、飙车、逆向高速行驶、闯红灯行驶造成他人伤亡的均应认定为"有其他特别恶劣情节"，处3年以上7年以下有期徒刑。此外，对于"交通肇事后逃逸"的解释，既不能将主观动机限定为逃避法律追究，也不能将客观行为限定为逃跑。交通肇事后不履行救助义务、不保护现场的行为，即使行为人留守在现场，也应认定为交通肇事后逃逸。

23."指使逃逸"构成交通肇事罪共犯的司法解释规定,有无疑问?

《交通肇事解释》第5条第2款规定,交通肇事后,单位主管人员、机动车辆所有人、承包人或者乘车人指使肇事人逃逸,致使被害人因得不到救助而死亡的,以交通肇事罪的共犯论处。此解释一出,立即被理论界质疑,认为其违反了共犯的基本原理及"共同犯罪是指二人以上共同故意犯罪"的刑法规定。如果认为交通肇事罪的主观罪过只能是过失,肯定指使逃逸的行为成立交通肇事罪的共犯,的确违反了《刑法》第25条关于共同犯罪的规定。

《交通肇事解释》中所称的"交通肇事罪",其实是指《刑法》第133条中的"因逃逸致人死亡",而非作为过失的交通肇事罪的基本犯。肇事"逃逸"与"逃逸"致死,不可能是过失。况且,我们最终适用的是刑法条文,而非"罪名"。我国交通肇事罪属于典型的司法罪名。我们完全可以将《刑法》第133条确定为交通肇事罪、交通肇事逃逸罪及交通肇事逃逸致死罪三个罪名。易言之,司法解释所称指使逃逸的成立交通肇事罪的共犯,是指成立交通肇事逃逸致死的共犯,而非指成立交通肇事罪基本犯的共犯。正如指使绑架者杀人的,成立故意杀人罪的共犯,而非绑架罪的共犯;指使拐卖妇女者奸淫被拐卖的妇女的,成立强奸罪共犯,而非拐卖妇女罪的共犯。

因此,对于司法解释中共犯的规定,问题仅在于两点:一是其仅规定了指使逃逸致死的成立交通肇事罪的共犯,而未规定指使肇事逃逸的亦应成立交通肇事罪的共犯;二是其未将《刑法》第133条确定为交通肇事罪、交通肇事逃逸罪与交通肇事逃逸致死罪三个罪名。但即便这样,在具体判决书中,我们只需要指明,被指使者成立《刑法》第133条中的逃逸致死,指使者成立其共犯即可。

司法实践中,指使醉驾者逃逸又连续肇事的,多被认定成立以危险方法危害公共安全罪的共犯。① 对于车主指使交通肇事致人当场死亡者逃逸的案件,检察官指控构成交通肇事罪,法院认定单独成立包庇罪。②

我国司法实务中也发生过指使逃逸致死的案件。

---

① 参见河南省高级人民法院刑事附带民事裁定书,(2012)豫法刑一终字第10号。
② 参见河北省孟村回族自治县人民法院刑事判决书,(1999)孟刑初字第57号。

案72:某日夜晚,时某驾驶客货两用车送本单位同事许某回家,在行驶途中违章将骑自行车的吴某撞伤后,准备下车抢救,坐在车上的许某讲,抢救人其单位有多少钱花,并唆使时某逃走。时某上车后,因车子不能启动,时某叫车上的许某、张某、刘某、高某下车推车。之后时某与上述几人连夜将车子喷漆并更换被撞坏的灯罩。被害人于次日凌晨被送至医院抢救,因交通事故造成其严重颅脑外伤经抢救无效死亡。

对于本案,检察院指控许某、张某、刘某的行为构成包庇罪。法院认为,"三人在主观上与时某有着共同的逃离现场躲避单位和个人赔偿责任的故意,在客观上亦正是由于三人指使、帮助行为的介入,才使直接肇事者时某与他们一起逃逸,从而也使时某的肇事行为发展成交通肇事罪,三人的行为对本案交通肇事罪的形成不可或缺,故三人与时某一起同时构成交通肇事罪。针对检察机关所提的许某、张某、刘某三人行为应定包庇罪的抗诉意见,由于许某、张某、刘某在实施教唆、帮助时某逃逸的行为时,吴某尚未死亡,作为交通肇事罪成立必要条件——一人死亡的结果尚未发生,且在逃逸之前时某应否负交通事故的全部责任不能确定,故在当时的情况下时某尚未构成交通肇事罪,许某等三人由于实施教唆、帮助的对象尚不属于包庇罪所要求的'犯罪的人',因此不具有包庇罪的构成要件,不应认定三被告人的行为构成包庇罪"①。

由于本案发生在1979年《刑法》施行期间,而1979年《刑法》中交通肇事罪条文并未规定"逃逸致死"。如果该案发生在现行《刑法》施行期间,许某等人的行为则完全可能成立交通肇事逃逸或者交通肇事逃逸致死的共犯。

24. 对因危险驾驶、妨害安全驾驶致人死伤构成的交通肇事罪,能够判处罚金刑吗?

由于交通肇事罪包括单纯的过失犯和作为危险驾驶罪与妨害安全驾驶罪的结果加重犯两种情形。危险驾驶(追逐竞驶、醉酒驾驶、超员超速行驶、违规运输危化品),或者妨害安全驾驶(对驾驶人员使用暴力、抢控驾驶操纵装置、驾驶

---

① 江苏省淮安市中级人民法院刑事裁定书,(2000)淮刑一抗字第3号。

人员擅离职守与人互殴、殴打他人），致人重伤、死亡或者使公私财产遭受重大损失的，构成危险驾驶罪、妨害安全驾驶罪与交通肇事罪的竞合，以交通肇事罪定罪处罚。虽然交通肇事罪未规定罚金，但因为竞合时被排除的法条规定的附加刑仍能得到适用，所以当成立的是作为危险驾驶罪、妨害安全驾驶罪的结果加重犯的交通肇事罪时，可以对所认定的交通肇事罪并处罚金附加刑。

第四节　危险驾驶罪

·导　读·

危险驾驶罪的责任形式是故意。《刑法》第133条之一第2款规定的机动车所有人、管理人负有直接责任，不是指负有管理、监督过失责任，而是指负有故意责任。自以为是酒后驾驶，实际是醉酒驾驶的，不影响危险驾驶罪的认定。在封闭的居民小区、大学校园内追逐竞驶、醉酒驾驶的，也能构成危险驾驶罪。若认为空中航线、水上航道也是"道路"，飞机、轮船也可谓"机动车"，则醉酒开飞机、轮船的行为，也能成立危险驾驶罪。追逐竞驶、醉酒驾驶、超员超速行驶型危险驾驶罪是抽象危险犯，违规运输危险化学品型危险驾驶罪是准抽象危险犯。醉驾短距离挪车、在荒野道路上醉驾，不构成危险驾驶罪。饮酒时没有驾驶车辆的意思，饮酒后萌生驾驶的念头而驾车的，不能成立危险驾驶罪。不能以血液中酒精消除速率推算结果作为危险驾驶案件的认定依据。只要不是醉驾时当场查获呼气酒精含量或者血液酒精含量达到醉驾的标准，就不能认定成立危险驾驶罪。若符合紧急避险的其他条件，醉驾送医应作为紧急避险处理，不构成危险驾驶罪。

接送幼儿园幼儿、高中生、大学生的车辆属于"校车"，超员超速行驶的，能构成危险驾驶罪。单位接送职工上下班的车辆，因从事的不是具有商业性质的"客运"活动，其超员超速行驶的，不能成立危险驾驶罪。危险驾驶致人重伤、死亡或者使公私财产遭受重大损失的，构成交通肇事罪或者危险物品肇事罪。危险驾驶罪与以危险方法危害公共安全罪的关键区别在于,行为本身是否具有与放火、决水、爆炸、投放危险物质相当的具体的公共危险,行为人主观上对这种具体的公共危险是否存在认识。"同时构成其他犯罪的,依照处罚较重的规定定罪处罚"的规定,并未排斥数罪并罚。断断续续追逐竞驶或者醉酒驾驶,能以同种数罪并罚。不能因为危险驾驶罪案件数量大和定罪所伴随的非刑罚后果严重,就提高醉酒驾驶型危险驾驶罪的定罪标准或者废除危险驾驶罪。

条 文

第一百三十三条之一 【危险驾驶罪】在道路上驾驶机动车,有下列情形之一的,处拘役,并处罚金:

(一)追逐竞驶,情节恶劣的;

(二)醉酒驾驶机动车的;

(三)从事校车业务或者旅客运输,严重超过额定乘员载客,或者严重超过规定时速行驶的;

(四)违反危险化学品安全管理规定运输危险化学品,危及公共安全的。

机动车所有人、管理人对前款第三项、第四项行为负有直接责任的,依照前款的规定处罚。

有前两款行为,同时构成其他犯罪的,依照处罚较重的规定定罪处罚。

罪名精释

1. 危险驾驶罪的责任形式是什么?

案1:某日,吴育某与蔡某某(已判决,系未成年人)一起饮酒后,明知蔡某某无驾驶资格且已饮酒,仍教唆蔡某某驾驶小型普通客车,并主动发动该车,放开该车手刹,告知蔡某某车内油门、离合器等设置。在吴育某的协助下,蔡某某在某商业广场通道前路段倒车,车尾正面与范某某所驾驶的小型普通客车正面相撞,造成车辆损坏的道路交通事故。经鉴定,蔡某某血液酒精浓度为 115.26mg/100ml,已达到醉酒驾驶机动车标准。经交警认定,蔡某某应承担本起事故的全部责任。

本案争议焦点:吴育某明知未成年人蔡某某无驾驶资格且已饮酒,仍唆使并协助蔡某某在交通道路上醉酒驾驶,造成车辆损坏的交通事故,该行为是否应构成本案的共犯。

法院认为,危险驾驶罪的主体为一般主体,除了机动车驾驶人以外,其他人如教唆、指使危险驾驶的也应当成为危险驾驶罪的主体。本案吴育某在明知蔡某某无驾驶资格且已饮酒的情况下,仍教唆蔡某某醉酒驾驶,其间其主动发动该车、放开该车手刹并告知蔡某某车内油门、离合器等设置。我国《刑法修正案(九)》和相关司法解释都只是对危险驾驶罪的客观构成要件及处罚情节加以明确规定,但未明确规定危险驾驶罪的犯罪主体。问题在于,对危险驾驶罪共犯的定性又必须涉及对犯罪主体的界定。因而,在司法实践中,对此类问题要依据具体案情和相关证据妥善处理。本案中,吴育某教唆并协助无驾驶资格的人在道路上醉酒驾驶机动车,其行为已构成危险驾驶罪且系共同犯罪。[1]

应该说,只要认为危险驾驶罪是故意犯罪,教唆、帮助他人实施危险驾驶行为,当然成立危险驾驶罪的共犯。上述案件中吴育某之所以构成危险驾驶罪,不是因为危险驾驶罪是一般主体,而是因为认为危险驾驶罪是故意犯罪,教唆、帮助他人实施故意犯罪的,自然成立故意犯罪的共犯。

案2:毕业分别多年的甲去外地出差,晚上和乙在餐馆喝酒。酒后,乙准备打车把甲送回宾馆,但甲明知乙喝多了,还是执意要求乙开车送自己回去。在甲的反复唆使下,乙决定开车送甲回去。但在经过第二个路口时,乙遇到红灯未能及时刹车,造成一名行人死亡。

如果认为危险驾驶罪的责任形式是故意,则甲成立危险驾驶罪的教唆犯,而且按照结果加重犯原理,甲还成立交通肇事罪。若认为危险驾驶罪的责任形式是过失,则甲唆使乙危险驾驶的行为不构成犯罪。

---

[1] 参见福建省厦门市思明区人民法院刑事判决书,(2016)闽 0203 刑初字第 1573 号。

在理论上,关于醉酒型危险驾驶罪的责任形式存在争议。有人认为是过失。我国《刑法》第15条第2款规定"过失犯罪,法律有规定的才负刑事责任"。结合《刑法》规定的实际,成立过失犯罪,要么存在"过失致人死亡"这样的明文规定,要么存在"造成重大事故""严重不负责任""玩忽职守"这样的文理根据,否则只能认为责任形式是故意。而从《刑法》第133条之一第1款第2项"醉酒驾驶机动车的"的表述来看,找不到过失犯的明文或者文理根据。所以,必须承认醉酒驾驶型危险驾驶罪的责任形式是故意,行为人必须认识到自己是在醉酒状态下驾驶机动车。但是,对于醉酒状态的认识不需要十分具体(不需要认识到血液中的酒精具体含量),只要有大体上的认识即可。一般来说,只要行为人知道自己喝了一定量的酒,实际又达到了醉酒状态,并驾驶机动车的,就可以认定其具有醉酒驾驶的故意。

上述案2中,甲明知乙已经醉酒,还唆使乙驾车送自己回去,乙当然成立危险驾驶罪,甲成立危险驾驶罪的教唆犯。由于交通肇事罪是危险驾驶罪的结果加重犯,而结果加重犯是可以成立教唆犯的,例如,教唆他人实施故意伤害行为,结果导致死亡结果的,成立故意伤害致死的教唆犯。所以,乙成立危险驾驶罪和交通肇事罪(既可能认为是包括的一罪,也可能数罪并罚),甲既成立危险驾驶罪的教唆犯,还成立交通肇事罪,可以认为是想象竞合。

不仅醉酒型危险驾驶罪的责任形式是故意,其他危险驾驶犯罪的责任形式也只能是故意,因为缺乏过失犯罪的"法律有规定"。

2.机动车所有人、管理人"负有直接责任",是指管理、监督过失责任吗?

《刑法》第133条之一第2款规定,机动车所有人、管理人员对前款第3项、第4项行为负有直接责任的,依照第1款的规定处罚。第1款第3项、第4项分别规定的是"从事校车业务或者旅客运输,严重超过额定乘员载客,或者严重超过规定时速行驶的"与"违反危险化学品安全管理规定运输危险化学品,危及公共安全的"。从"负有直接责任"的表述来看,似乎机动车所有人、管理人对危险驾驶行为负有管理、监督过失责任的,就应依照危险驾驶罪定罪处罚,其实不是。因为危险驾驶罪是故意的抽象危险犯。机动车所有人、管理人只具有管理、监督过失,对危险驾驶所具有的抽象危险缺乏认识的,不能成立危险驾驶罪,当然,实际危险驾驶行为造成重伤、死亡或者使公私财产遭受重大损失的实害结果的,可以以交通肇事罪追究机动车所有人、管理人的刑事责任。总之,机动车所有人、管理人员只有对他人的危险驾驶行为具有故意的,才能成立危险驾驶罪。

3. 自以为是酒后驾驶,实际是醉酒驾驶的,构成犯罪吗?

案3:甲和朋友聚会后,拿出随身携带的酒精测量仪,测了一下自己血液中的酒精浓度,发现低于醉酒驾驶的标准,就放心地开车上路。结果途中遇到交警检查,测得酒精浓度超过了醉酒驾驶的标准。原来甲的测量仪出了故障,测的数值是错的。

喝了酒的人通常并不知道自己是否达到了醉酒标准,所以并不需要行为人认识到自己血液中酒精的具体含量,只要有大体上的认识就可以了。也就是说,如果行为人知道自己喝了一定量的酒,事实上也达到了醉酒状态,并且驾驶机动车,就可以认定他主观上有醉酒驾驶的故意。即便行为人辩解说自己只是酒后驾驶,不是醉酒驾驶,也不能排除故意的成立,否则所有醉酒的人都会这样辩解,而这显然不合适。上述案3中,甲自己用测量仪检测的结果是没有达到醉酒状态,但他知道自己喝了不少酒,不然也不会自己先测一下。所以,即使测量仪出故障误导了甲,也不影响对他有醉酒驾驶故意的判断,其行为仍然成立危险驾驶罪。

4. 在封闭的居民小区、大学校园内追逐竞驶、醉酒驾驶,构成危险驾驶罪吗?

案4:某日夜晚,郭某某酒后驾驶小型轿车在某小区北区内沿小区道路行驶的过程中,与王某某驾驶的小型轿车因错车发生争执,群众报警后,派出所民警将双方带至派出所进行处理,其间王某某报警称郭某某涉嫌酒后驾驶机动车。交通民警到场发现郭某某有酒后反应。经检验,郭某某静脉血液中乙醇含量为220.24mg/100ml。

本案争议焦点:案涉小区是否属于封闭小区、该小区内道路是否属于法律规定的"道路"。

法院认为,认定居民小区内道路是否属于《道路交通安全法》第 119 条第 1 项规定的在单位管辖范围但允许社会机动车通行的"道路",实践中通常以小区是否实行封闭式管理作为标准。如果小区采取开放式管理模式,社会车辆可自由进出小区,则该类小区内道路具有公共性,属于法律规定的在单位管辖范围但允许社会机动车通行的地方的"道路";如果小区采取封闭式管理,非小区业主车辆不允许进入小区,或者因特定事由需要进入小区须征得受访业主和管理单位同意,则该类小区内道路不具有公共性,不属于"道路";如果小区采取的是半封闭式管理模式,非业主车辆在履行登记手续或者交纳一定费用后即可进入小区,则该类小区内道路因允许社会车辆通行,具有一定的公共性,属于法律规定的"道路"。分析居民小区属于开放式管理小区还是封闭、半封闭式管理小区,应当进行实质性审查,而不能仅依据小区四周有无围墙或者门口有无拦车杆、保安人员等进行判断。本案中,案涉小区门口的挡车杆一直处于抬起状态,在车辆进入小区时,门口保安人员并未进行查询、登记、阻拦,并且视频显示外卖、快递等社会车辆均可随意进入小区,故案涉小区并非社会车辆不允许进入的封闭管理状态,小区内道路具有公共性,属于法律规定的"道路"。郭某某违反道路交通安全法规,在小区内道路上醉酒驾驶机动车,其行为构成危险驾驶罪。[1]

应该说,简单地以居民小区是否实行封闭式管理,是否允许社会车辆自由出入小区,作为判断是否属于《刑法》第 133 条之一所规定的在"道路"上驾驶机动车进而认为成立危险驾驶罪,是一种抛开保护法益、机械适用法律条文的观点。危险驾驶罪所保护的法益是公共安全,只要不是私人院落、独栋别墅,而是有众多人车通行的道路,即便实行所谓封闭式管理的居民小区、大学校园、大型厂矿区,在其中危险驾驶的,也会危害不特定或者多数人的人身、财产安全,故应论以危险驾驶罪。尤其是动辄几千上万人的居民小区、占地七八千亩的大学校园,道路上人来车往,即便只是限于本小区、本大学的车辆出入,在其中追逐竞驶、醉酒驾驶,对人、车安全的威胁,并不亚于在所谓开放的公共道路上的危险驾驶行为造成的威胁。所以,只要是在不特定或者多数人车通行的路上危险驾驶机动车

---

[1] 参见山东省威海市中级人民法院刑事裁定书,(2021)鲁 10 刑终 107 号。

的,都可谓在"道路"上驾驶机动车,而能构成危险驾驶罪。

5. 醉酒开飞机、轮船,能构成危险驾驶罪吗?

醉酒开飞机、轮船是否构成危险驾驶罪,取决于对"道路"和"机动车"的理解。若认为空中航线、水上航道也是"道路",飞机、轮船也可谓"机动车",则醉酒开飞机、轮船的行为成立危险驾驶罪。应该说,至少醉酒驾驶飞机在跑道上滑行,以及醉酒驾驶不能飞行只能在机场来回搬运货物的"飞机",可以评价为危险驾驶罪。

6. 危险驾驶罪是具体危险犯还是抽象危险犯?

具体危险犯中的危险是需要司法工作人员在个案中进行具体判断的危险,而抽象危险犯中的危险,是人们根据一般的生活经验得出的、由立法推定或者拟制的危险。张明楷教授认为,追逐竞驶、醉酒驾驶、超员超速行驶型危险驾驶都是抽象危险犯,而违规运输危险化学品型危险驾驶罪,因为存在"危及公共安全"的表述,而属于具体危险犯。[1]

应该说,从"危及公共安全"的表述得不出违规运输危险化学品型危险驾驶罪系具体危险犯的结论。一是立法者明知作为典型具体危险犯的放火罪等罪用的是"危害公共安全"的表述,而特意用"危及公共安全"的表述,说明立法者不认为该罪也是具体危险犯。二是如果认为违规运输危险化学品的行为要对公共安全形成具体、现实、紧迫的危险,就不是成立法定刑仅为拘役罚金的危险驾驶罪了,而应成立基本刑为3年以上10年以下有期徒刑的以危险方法危害公共安全罪。三是若认为违规运输危险化学品属于具体危险犯,会导致该罪与以危险方法危害公共安全罪难以区分。四是通常认为具体危险犯比抽象危险犯的法益侵害更重,将具体危险犯与抽象危险犯并列规定在同一条款适用同一法定刑,也显得不协调。

本书认为,"危及公共安全""危及飞行安全""足以"的表述,并非具体危险

---

[1] 参见张明楷:《刑法学》(第6版)(下册),法律出版社2021年版,第930~933页。

犯的标志,而是一种介于抽象危险犯与具体危险犯之间的准抽象危险犯。在实施一定行为的基础上,还需要进行有无危险的具体判断,但又不需要达到具体、现实、紧迫危险的程度。例如,只要剪断刹车油管、将一块石头放在正在运营的高铁铁轨上,就认为已经"足以使火车、汽车、电车、船只、航空器发生倾覆、毁坏危险",而构成破坏交通工具罪、破坏交通设施罪,而不需要等到刹车油管被剪断的汽车快要下坡、火车就要到来,危险现实、紧迫时才构成犯罪。

综上所述,本书认为追逐竞驶、醉酒驾驶、超员超速行驶型危险驾驶罪是抽象危险犯,违规运输危险化学品型危险驾驶罪是准抽象危险犯。

7. 如何认定追逐竞驶"情节恶劣"?

案5:覃某等9人约定驾驶大功率摩托车到仙公山景区飙车。其间,他们驾车沿途经过多个公交站点、居民小区、学校和宾馆等人流量较为密集的地方,在车流中反复并线、曲折穿插、大幅度超速行驶。经司法鉴定,各被告人驾驶摩托车在经过仙公山景区山门路段(限速30km/h)及某宾馆路段(限速20km/h)时,行驶速度超过规定时速的50%。

本案争议焦点:覃某等人的行为是否构成追逐竞驶型危险驾驶罪。

法院认为,追逐竞驶虽未造成人员伤亡或财产损失,但综合考虑超过限速、闯红灯、强行超车、抗拒交通执法等严重违反道路交通安全法的行为,足以威胁他人生命、财产安全,属于危险驾驶罪中"情节恶劣"的情形。对追逐竞驶"情节恶劣"的认定应坚持主客观相统一的原则,具体可从以下几个方面加以判断:一是主体。包括行为人人数、主观心态、动机等。从逻辑上讲,追逐竞驶的人数越多,威胁他人生命、财产安全的程度就越高。出于寻求刺激、逞强好胜等动机以及实现有预谋的飙车或者多次追逐竞驶、无证驾驶等,均能从某种角度反映出行为人的主观恶性。二是车辆。相对驾驶性能合格的车辆而言,驾驶报废的、非法改装的大功率的、技术性能存在安全隐患等机动车具有更大的杀伤力。三是时间、地点。人流量、车流量等交通状况随着时间、地点的不同而变化,追逐竞驶的时间、空间要素与情节恶劣程度相关。一般来说,在交通高峰期以及主干道、人行道或狭窄的道路上追逐竞驶的危险性相对更高。四是速度。虽然追逐竞驶型危险驾驶罪不强制要求超速行驶,但不容否认的是,速度的高低与行为危险性的大小成正比关系,越是高速、超速行驶,其行为的危险性就越大。五是后果。追逐竞驶造成人员死伤等重大后果,同时构成其他犯罪的,根据《刑法》第 133 条之一第 3 款规定应依照处罚较重的罪名定罪处罚。未造成人员伤亡或财产损失但存在其他危害结果的(如闯红灯、频繁并线、逆行、抗拒交通执法等),均可综合认定为"情节恶劣"的表现。

本案中,覃某等 9 人(包括 2 名未成年人)事先预谋并参与飙车,人数较多,其中柯某等 4 被告人系无证驾驶;柯某等 3 被告人驾驶的摩托车系改装或加装,除覃某驾驶的摩托车持有合法的牌照外,其余摩托车均系无牌或假牌,车辆安全性能存在较大隐患;追逐竞驶的地点是仙公山景区,景区内道路狭窄,限速 20～30km/h,沿途经过公交站点、居民小区、学校和宾馆等人流量较为密集的地方,7 被告人驾车行驶速度均超过规定时速的 50%,并且途中反复并线、曲折穿插;会合前除洪某外,其余 6 被告人均存在其他飙车记录。综上,本案虽未造成人员伤亡或财产损失,但综合前述五方面内容考量,覃某等人追逐竞驶的行为系"情节恶劣",构成危险驾驶罪。①

应该说,上述判决对追逐竞驶"情节恶劣"的判断和认定是合理的。

8. 醉驾短距离挪车、在荒野道路上醉驾,能构成危险驾驶罪吗?

案 6:某日,哈某去某镇参加婚礼并在那里喝了酒,回来时让同事阿某代为驾驶小型轿车,车开到自己所居住的小区后,同事阿某将车停在小区门口后离开。次日凌晨 1 时许,哈某喝酒驾驶小型轿车,在小区门口由北向后倒车时,与停靠在东侧路边的田某驾驶的小型轿车发生碰撞,造成两车损坏的道路交通事故。经鉴定,哈某血液中酒精含量为 176.20mg/100ml。交警认定,哈某负事故全部责任,田某无责任。

本案争议焦点:被告人酒后挪车是否构成危险驾驶罪,危险驾驶罪是否属故意犯罪。

---

① 参见福建省泉州市洛江区人民法院刑事判决书,(2019)闽 0504 刑初 99 号。

法院认为,醉酒驾驶行为人明知自己的行为是有危害的,仍然实施危害行为,因此危险驾驶罪就是故意犯罪。本案中,被告人饮酒后让同事代驾,到小区马路边停车后自己驾驶车辆,倒车过程跟后面的车辆发生碰撞,造成了车辆损坏的交通事故。哈某自己饮酒让同事代驾,应该让同事继续驾驶车辆到小区内停车,让同事停在马路边后自己驾驶车辆时,可能哈某认为距离近不会遇到交警让代驾走就是案件高发的罪魁祸首。人在饮酒后,对光、声刺激的反应时间延长,从而无法准确判断距离和速度,饮酒后酒精的麻木作用,使人认定手、脚触觉较平时降低,往往无法正常控制油门、刹车及方向盘。本案中,哈某违反道路交通安全法的规定,在道路上醉酒驾驶机动车辆,其行为已构成危险驾驶罪。①

应该说,凌晨1点多,街上几乎没有行人和车辆,行为人醉酒在小区门口短距离倒车,不能认为对公共安全具有抽象性危险。事实上也只是撞坏了一辆小轿车,而没有造成人员伤亡,将哈某的行为认定为危险驾驶罪,显然是将危险驾驶罪理解为行为犯或者是认为抽象危险犯不允许反证。故上述判决存在疑问。

案7:2018年2月6日19时许,王某锋饮酒后在步行街驾驶小型轿车78.83米。经检测,王某锋血液中酒精含量为96.36mg/100ml。

本案争议焦点:"挪车型"驾驶行为的定罪与量刑。

法院认为,本案中王某锋驾驶距离较短且行驶路段并非市政道路管理范围,行人及车辆较少,未造成交通事故。综合考量其行为未造成严重客观后果。执勤民警盘查时,在副驾驶位置的王某锋主动承认为挪车酒后驾驶车辆的事实且存在自首情节,主观恶性不大,因此应当属于"情节轻微"的情形。认定王某锋犯危险驾驶罪,免予刑事处罚。②

应该说,本案之所以认定构成危险驾驶罪,是因为行为人于晚上7时许在行人相对较多的步行街醉驾行驶了78.83米,行为本身对公共安全还是具有一定的抽象危险性。如果行为人凌晨在地下车库三层挪车、停车、短距离倒车,可以认为不存在抽象性危险,而不构成危险驾驶罪。

---

① 参见新疆维吾尔自治区新源县人民法院刑事判决书,(2020)新4025刑初267号。
② 参见河南省商城县人民法院刑事判决书,(2018)豫1524刑初182号。

虽然抽象危险犯中的危险是人们根据一般的生活经验得出的、由立法推定或者拟制的危险，但由于刑法的目的是保护法益，犯罪的本质是侵害或者威胁法益。对法益没有危险的行为不可能作为犯罪处理。所以，抽象危险犯中的危险也是允许反证的。如果有证据证明没有任何危险或者危险极小，就不值得科处刑罚。例如，在没有车辆、行人的荒野道路上醉酒驾驶机动车，以及凌晨3时在空无一人的地下停车场醉酒倒车，由于不具有抽象的危险，不应以危险驾驶罪定罪处罚。

9. 饮酒时没有驾驶车辆的意思，饮酒后萌生驾驶的念头而驾车的，成立危险驾驶罪吗？

案8：张三知道晚上的应酬肯定会喝酒，于是不开车而打的赴宴。酒足饭饱离开时，其未饮酒的朋友李四主动要求开车送其回家。乘车途中，张三嫌李四车技太烂，坚持要求自己开车，李四拗不过，让张三开车。

由于张三饮酒时并无酒后驾车的意思，即没有危险驾驶的故意，在实际驾车时已经丧失责任能力，根据行为与责任同时存在的原则，张三的行为不应成立危险驾驶罪。

为了维护"行为与责任同时存在"的原则，人们提出了原因自由行为概念。所谓原因自由行为，是指在实施原因行为时具有责任能力，但在实施犯罪行为时丧失或者减弱了责任能力。醉驾、毒驾是典型的原因自由行为。应该说，我国通说和实务对原因自由行为的理解存在认识误区，认为"醉酒的人犯罪应当负刑事责任"是一种严格责任，无论饮酒时有无酒后实施犯罪行为的故意，只要酒后事实上实施了犯罪行为，就应以犯罪论处。其实，原因自由行为理论说明的是，实施原因行为时行为人有犯罪的意思，在丧失或者减弱责任能力的情况下实施了犯罪行为，因而应对犯罪结果负责。就醉酒驾驶的原因自由行为而言，要成立危险驾驶罪，必须是饮酒时就有事后驾车的意思。

10. 能否以血液中酒精消除速率推算结果作为危险驾驶案件的认定依据？

案9：2016年12月11日19时至21时许，李某宇与胡某在广州市天河区燕岭路某海鲜城喝酒,其间二人喝了4两洋酒、4罐啤酒,二人饮酒数量相当,李某宇叫代驾将胡某送至广州市天河区甲学院,之后代驾离开。同日22时许,李某宇饮酒后自行驾驶小型轿车至广州甲学院西门,之后停车并在驾驶室内睡觉。次日3时许,李某宇发现财物被盗,随即起身追赶并报警。4时许,民警到场后将其带至派出所调查,在调查过程中,民警发现李某宇有涉嫌危险驾驶的行为,于是通知广州市公安局交通警察支队天河支队处理。广州市公安局交通警察支队天河大队交警于2016年12月12日7时20分接报后到场,李某宇拒绝配合进行呼气酒精测试,同日8时27分交警将其带至广州市天河区中医院抽取静脉血液样本备检。经送广东乙法医毒物司法鉴定所检验,结果为:从李某宇血液中检出乙醇(酒精)成分为54.4mg/100ml。经讨论,违法发生时间为2016年12月11日22时00分,抽血时间为次日8时27分,根据上述乙醇(酒精)含量结果,依据人体乙醇消除规律进行推算,李某宇违法行为发生时(2016年12月11日22时00分)血液中乙醇(酒精)可能浓度范围为158.9mg/100ml至179.8mg/100ml。

本案争议焦点:血液中酒精消除速率推算结果能否作为危险驾驶罪的认定依据。

实践中关于审判机关能否以血液中酒精消除速率推算结果作为危险驾驶案件的认定依据存在很大分歧。第一种观点认为,血液中酒精消除速率推算结果,是依据科学的鉴定标准建立的,而司法实践中存在部分危险驾驶犯罪嫌疑人采取诸如"顶包"、污染检材、抗拒执法、逃逸等手段规避法律责任,其行为比公安机关查处的宿醉人员驾车更为恶劣,所以应使用血液中酒精消除速率推算。第二种观点认为,如行为人无严重规避执法的行为,并且未因之导致无法进行或者无法及时进行血液酒精含量检验,鉴定意见中亦未详细说明是否进行了科学排除误差的相应举措,也不能查实被告人具体的饮酒种类及涉案酒品的度数等具体情况,现有证据尚未达到排除合理怀疑的程度,不应以此血液中酒精消除速率推算结果为依据认定被告人的行为构成危险驾驶罪。

法院认为,最高人民法院、最高人民检察院、公安部《关于办理醉酒驾驶机动车刑事案件适用法律若干问题的意见》①明确规定血液中酒精含量检验鉴定意见为认定犯罪嫌疑人是否醉酒的依据,故原则上不以血液中酒精消除速率推算结果认定被告人构成危险驾驶罪。人体血液酒精消除速率推算的适用前提条件是具有抗拒执法、规避法律责任,并因之导致定案标准的血液酒精含量无法查清,推定必须严格审慎。而本案与其他危险驾驶案件相比并无特殊性,李某宇虽因财物被盗归案,但至交警到场之前,其已在公安机关控制范围,其归案与交警到场的时差与其行为无关联,而其虽有不配合吹气的行为,但随即配合抽血,并未因之造成抽血时间的延误。本案的鉴定意见是基于客观结果即血液酒精含量尚未达到刑事追诉标准的前提下,根据人体酒精消除速率推算的可能的结果范围,而且表述为讨论结果。公诉机关经补充侦查未说明该推算方法是否已对酒精消除峰值、酒精种类影响、个体差异等因素进行科学排除,亦未进一步示明推算结果误差值范围。就证据能力而言,该鉴定意见未进行充分说明即以推算讨论作为证据标准,从李某宇的违法行为及针对侦查的相应行为来评价其主观恶性、社会危害性,并不适宜。况且,本案使用酒精消除速率推算,不符合刑法的公平性、谦抑性原则,现有证据也不能排除被告人驾车时酒精含量未达到刑事追诉标准的合理怀疑。经法院审委会讨论,决议同意合议庭认定李某宇无罪的意见。之后公诉机关以证据发生变化为由,决定对李某宇撤回起诉,法院准许撤诉。②

应该说,即便因为行为人采取诸如"顶包"、污染检材、抗拒执法、逃逸等手段规避法律责任,致使其实际酒精检测结果达不到认定醉驾的标准,根据事实存疑时有利于被告人的原则,也不能以血液中酒精消除速率推算结果作为危险驾驶罪的认定依据。

11. 醉酒驾驶后抽血前再次饮酒的,如何认定行为人血液中的酒精含量?

案10:2016 年 8 月 28 日 15 时 30 分许,陈建某在甲饭店吃饭至 22 时许,其间陈建某饮啤酒约 5 瓶。同日 22 时许,陈建某驾驶无号牌二轮摩托

---

① 该意见已失效。现行规定为2023 年公布的《关于办理醉酒危险驾驶刑事案件的意见》,相关规定保留。

② 参见广东省广州市天河区人民法院刑事裁定书,(2017)粤 0106 刑初 1246 号。

车前去为朋友引路。22时30分,陈建某返回途中行驶至某路段时,与停放在路中的由李某驾驶的小车相撞,发生致陈建某受伤、车辆受损的道路交通事故。事故发生后,李某在移动小车时被陈建某制止,陈建某要求李某恢复现场。随后李某丈夫郑某报警。陈建某回到事故现场附近的甲饭店等候交警,其间又饮啤酒1瓶。经司法鉴定,陈建某血液中酒精含量为223.6mg/100ml。经交警认定,陈建某在此次事故中负主要责任,李某在事故中负次要责任。

本案争议焦点:陈建某酒后驾驶机动车发生交通事故后,在抽取鉴定血样前再次饮酒,如何认定其据以定罪量刑的血液中的酒精含量。

法院认为,应根据个案的实际情况认定血液中酒精含量。若为逃避法律追究,在呼气酒精含量或者抽取血液前又饮酒,血液中酒精含量应以检验结果为准,可依据该检验结果定罪量刑。若并非为了逃避法律追究,在呼气酒精含量检验或者抽取血样前又饮酒的,则不能以检验结果作为定罪量刑的依据。本案中,陈建某在驾车前饮酒约五瓶,驾车发生交通事故后再次饮酒一瓶,经司法鉴定其血样中酒精含量为223.6mg/100ml,综合全案证据分析,在交警到达现场之前,其一直认为自己是"占理"的一方,才会主动维护现场并等待交警处理、要求对方赔偿,可以推定陈建某在抽取血样前又饮酒的行为并非为了逃避追究,因此本案定罪量刑所依据的酒精含量应当低于223.6mg/100ml,但却无法查清具体是多少。一般而言,在无法查清血液中酒精含量的情况下,根据疑罪从无原则,应当对被告人宣告无罪。但在本案中,合议庭一致认为,由于陈建某在驾车发生交通事故前的饮酒量远远高于事故发生后的饮酒量,可以确定事故发生前陈建某血液中酒精含量应高于80mg/100ml,应以危险驾驶罪对其定罪处罚,并按照有利于被告人的原则,对其从轻处罚并宣告缓刑。[①]

案11:2019年6月5日12时许,邱某与张某、武某在餐厅吃饭饮酒,其间,邱某单独饮用啤酒4瓶,与武某共同饮用啤酒5瓶。14时30分,邱某等人离开餐厅;当日14时38分许,邱某驾驶小型普通客车在某处掉头时,与

---

① 参见四川省眉山市东坡区人民法院刑事判决书,(2016)川1402刑初字第458号。

民警王某驾驶的警用普通二轮摩托车相撞,造成王某受伤,两车损坏。事故发生后,邱某在现场向出警民警杨某出示驾驶证、行驶证后,趁现场人员救助伤员时弃车逃逸,并主动约洪志某等人于当日17时许再次饮酒,随后于当日23时许被民警抓获。经抽血检测,邱某被查获时血液中酒精含量为222.2mg/100ml。经认定,邱某负事故的全部责任。经鉴定,王某所受损伤程度属轻伤二级。

本案争议焦点:(1)本案中如何认定邱某醉驾发生交通事故离开现场及二次饮酒的目的是否是逃避法律追究;(2)如果能够认定其主观目的是逃避法律追究,那么邱某构成危险驾驶罪的依据是什么。

本案的特殊之处在于,在案发的14时许并未对邱某进行酒精浓度测试,邱某被抓获时是第二次大量饮酒之后的当晚23时许,此时其血液酒精浓度虽为222.2mg/100ml,但能否以此认定其案发时达到醉酒标准并认定为危险驾驶罪?一审法院认为,首先,有证据证实邱某确于案发前大量饮用啤酒且饮酒后数十分钟内即发生交通事故。其次,邱某在发生交通事故后几分钟内在未通知民警的情况下即离开现场、拒绝接听办案机关电话、在心率过速的情况下仍于案发当晚大量饮酒,足见其系为了逃避法律追究而逃离现场并再次饮酒。最后,民警对交通事故的处置属于依法检查,邱某虽未在接受检查时当场饮酒,但其逃离现场并在短时间内再次饮酒的行为,符合相关规范性文件的规定目的。根据最高人民法院、最高人民检察院、公安部《关于办理醉酒驾驶机动车刑事案件适用法律若干问题的意见》第6条第2款规定的犯罪嫌疑人在公安机关依法检查时,为逃避法律追究,在呼气酒精检验或者抽取血样前又饮酒,经检验其血液酒精含量达到醉酒标准的,应当认定为醉酒,邱某的行为属于醉酒驾驶机动车,构成危险驾驶罪。二审法院认为,邱某大量饮酒后驾驶机动车上路,再结合其驾车发生交通事故后的相关行为表现及到案后血液酒精含量检验结果,应认定属醉酒驾车,其行为已构成危险驾驶罪。①

案12:某日夜晚,蒋某饮酒后驾驶小型轿车与他人停在路边的小型轿

---

① 参见北京市第三中级人民法院刑事裁定书,(2019)京03刑终937号。

车发生碰撞,造成两车不同程度损坏的交通事故。同日,蒋某在某房间被公安机关查获。经鉴定,蒋某血液中酒精含量为 247.5mg/100ml。检察院指控被告人犯危险驾驶罪。蒋某辩称,其驾驶汽车前喝了两杯洋酒,还没有达到醉酒程度,指控的血液酒精含量是其事后回家又喝酒后检测出来的结果,其不构成危险驾驶罪。

本案争议焦点:被告人蒋某发生交通事故逃逸后在查获前再次饮酒,是否可以认定醉酒驾驶。

法院认为,只要是犯罪嫌疑人为逃避法律追究,在呼气酒精含量检验或者抽取血样前又饮酒,公安机关依法检查时检验其血液酒精含量达到醉酒标准的,应当认定为醉酒。本案中,蒋某饮酒后驾驶机动车,在交通事故发生后,再次饮酒企图逃避法律追究,在公安机关检查时提取的血液样本中酒精含量达到 80mg/100ml 以上,其行为构成危险驾驶罪。二审维持原判。①

可见,关于醉驾后再次饮酒的,司法实践中都是按照"犯罪嫌疑人在公安机关依法检查时或者发生道路交通事故后,为逃避法律追究,在呼气酒精含量检测或者提取血液样本前故意饮酒的,可以以查获后血液酒精含量鉴定意见作为认定其醉酒的依据"的司法解释规定办理的。对此,张明楷教授认为,关于醉驾后再次饮酒的处理,"犯罪嫌疑人经呼气酒精含量检验达到醉酒标准,在抽取血样之前脱逃的,可以呼气酒精含量检验结果作为认定其醉酒的依据"的规定,大体上具有合理性,但"犯罪嫌疑人在公安机关依法检查时,为逃避法律追究,在呼气酒精含量检验或者抽取血样前又饮酒,经检验其血液酒精含量达到醉酒标准的,应当认定为醉酒"的规定,并不符合事实存疑时有利于被告的原则。②

应该说,醉驾后再次饮酒的行为相当于毁灭证据。即便是实施杀人、放火、抢劫这些重罪后毁灭证据,也不会作出不利于行为人的推定。作为法定最高刑仅为 6 个月拘役的危险驾驶罪,对基于人的本能而发生的作案后毁灭证据的行为作出不利于行为人的推定,违背事实存疑时有利于被告人的刑诉基本原则,背

---

① 参见广东省广州市中级人民法院刑事裁定书,(2020)粤 01 刑终 806 号。
② 参见张明楷:《刑法学》(第 6 版)(下册),法律出版社 2021 年版,第 931 页。

离刑法的人权保障宗旨,不具有合理性。也就是说,只要不是醉驾时当场查获呼气酒精含量或者血液酒精含量达到醉驾的标准,就不能认定为危险驾驶罪。若是因为交通违章导致交通事故,符合交通肇事罪构成要件的,完全可以以交通肇事罪追究其刑事责任。

12. 非现场查获的行为人血液酒精含量达到醉驾标准的,能定危险驾驶罪吗?

案13:2018年5月23日5时许,林某某饮酒后驾驶轻型普通货车,行驶至某场门口时,因迟延开大门之事与保安徐某甲发生口角纠纷,在持木棍追打徐某甲、黄某某、徐某乙等人未果后,持铁棍无故打砸徐某乙位于该堆场内的427号办公室的门窗以及其停放在该处的皮卡车。事后,林某某即回到其位于堆场内的暂住处休息。约20分钟后,林某某在其暂住处内被赶至现场的民警抓获。经鉴定,林某某血液中酒精含量为85mg/100ml。

本案争议焦点:非现场查获的被告人,在酒精含量达到危险驾驶罪定罪标准时,是否能按照疑罪从无原则宣告无罪。

法院认为,从被告人寻衅滋事结束(5时40分左右)到被告人被公安机关抓获归案(6时左右)的时间内,不排除林某某辩称的其在案发地附近自己的暂住处内饮酒并造成酒精达到危险驾驶罪定罪标准的可能性。现有证据仅能证实林某某具有饮酒后驾驶机动车的行为,不能证明其具有醉酒驾驶机动车的行为,其之所以醉酒,不排除是在驾车后,回到住处喝酒导致的情形。故公诉机关当庭出示的证据并未形成完整的证据锁链证实林某某具有醉酒驾驶机动车的情节,指控林某某犯危险驾驶罪不能成立。[①]

应该说,上述判决是正确的。只要不是在醉驾现场查获的,都不能以事后的血液抽样检测结果作为认定醉驾的根据,应根据事实存疑时有利于被告人的原则宣告无罪。

---

① 参见福建省厦门市中级人民法院刑事裁定书,(2019)闽02刑终610号。

13. 醉酒驾车送家人到医院抢救，能构成危险驾驶罪吗？

案 14：某日，陈某勇要求朋友王某等人到其暂住地吃饭喝酒。当天 22 时许，王某等人陆续离开。23 时许，陈某勇与妻子刘某欲上楼休息，刘某突然倒地昏迷不醒并口吐白沫，陈某勇随即让女儿拨打"120"求救。"120"接线员反馈陈某勇所在的徐霞客镇附近没有急救车辆，要从其他乡镇调车，预计到达时间不能确定。陈某勇随即驾驶自己的小型轿车将妻子刘某送医院抢救。

本案争议焦点：陈某勇为送其生病昏迷的妻子就医而醉酒驾驶机动车的行为是否构成紧急避险。

法院认为，本案陈某勇在妻子昏迷倒地后，除自己呼唤施救后，第一时间让女儿拨打"120"求救，急救中心回复附近无急救车需调派车辆。之后继续拨打数次催促，仍被告知无法确定到达时间，并且被告人一家租住在农村，不仅远离城镇规划道路，具体的路名门牌模糊，从其他乡镇去往的路线也较复杂。陈某勇面临的是妻子身体情况紧急、性命堪忧，向"120"求救无果、沟通失败，深夜周围没有其他人，自己有车也是家中唯一会开车的人的情形，因此，陈某勇不顾酒后不能驾车的刑事禁止性规定而选择私力救济，为送昏迷的妻子至医院抢救而醉酒后驾驶机动车。陈某勇为送其昏迷的妻子就医而醉酒驾驶机动车，属于不得以采取的紧急避险行为，不应承担刑事责任。[1]

应该说，醉驾通常只具有抽象危险，而昏迷的妻子若不被及时送医抢救，却有危及生命的具体危险，所以，若符合紧急避险的其他条件，醉驾送医应作为紧急避险处理，不构成危险驾驶罪。[2]

14. 如何认定处理情节轻微不需要判处刑罚的醉驾案？

案 15：某日凌晨 3 时许，赵某酒后驾驶小型轿车，行驶至北京市西城区莲花池东路天宁寺桥至白云桥段时，被民警查获。经鉴定，赵某血液中酒精

---

[1] 参见江苏省江阴市人民法院刑事裁定书，(2019) 苏 0281 刑初 1113 号。
[2] 参见周光权：《刑法各论》(第 4 版)，中国人民大学出版社 2021 年版，第 224~225 页。

含量为143.2mg/100ml,系醉酒驾驶机动车。

本案争议焦点:赵某的醉驾行为是否属于危险驾驶罪犯罪情节轻微不需要判处刑罚的情况。

法院认为,分析醉驾型危险驾驶案,需要关注"4W+1C+1R+1P"要素,即何人(who)在什么条件下(condition)因何事(what)于何时(when)何地(where)醉驾,产生何种结果(result),被查获后表现(performance)。第一,"4W"。(1)行为人的醉酒程度,即血液酒精含量是刚超过80mg/100ml醉驾标准,还是超出很多。(2)醉驾的时间情况。是深夜车辆较少时,还是白天车流高峰期,醉驾持续的时间有多长,饮酒与驾驶之间间隔的时间长短等。(3)行为人是否有公众可理解之正当理由醉驾。是否为接受代驾服务后,仅为驶入小区停车位挪车,是否有生老病死救助要务要处理而不得以醉驾,误以为休息数小时或者隔夜之后酒劲已消,不会发生醉驾,还是忽视醉驾对公共安全造成的威胁而执意醉驾等。(4)醉驾的空间情况。醉驾的路段是繁华闹市还是人迹稀少的区域,是普通道路还是城市快速路、高速公路,醉驾的距离,离目的地的剩余距离等。第二,"1C"。在什么条件下醉驾,即合法驾驶还是无证驾驶或与准驾车型不符,正常驾驶还是严重超速、超载、超员驾驶,是驾驶符合安全技术条件的机动车还是改装车、报废车,是独自醉驾还是载有乘客醉驾,是遵守交通规则驾驶还是违反交通信号驾驶,是否有毒驾因素,是否有伪造、遮挡号牌行为等。第三,"1R"。醉驾的后果,即是否发生交通事故,造成后果的严重程度,是否积极赔偿取得谅解等。第四,"1P"。(1)醉驾被查获的表现。有无主动停止醉驾、自首、坦白等法定或者酌定从宽处罚情节,是否有拒不配合检查、弃车逃逸等行为。(2)行为人的既往表现情况,有无醉驾记录或其他不良记录等。

结合本案,一是赵某的血液酒精含量并非很高,并且醉驾时间在凌晨3时许,路上车辆行人稀少。二是赵某饮酒后并未直接驾车上路,主观恶性较小。案发前晚赵某与朋友聚餐饮酒后已返回家中休息,并非酒后直接驾车上路。因凌晨其子突发高烧,情急之下没有选择打车、找代驾或者乘坐其他交通工具,而是选择自驾,其救子心切可以得到社会公众的广泛理解和宽容,也是人之常情,其主观恶性与其他持侥幸心理的醉驾行为相比要小。三是赵某未造成酒驾撞伤人员或追尾等实际损害后果,机动车车况良好,符合安全技术标准,没有其他违反道路交通安全法的行为,社会危害性较小。四是赵某到案后能够如实供述罪行,庭审中具有真诚的认罪、悔罪表现。五是赵某以往表现良好,人身危险性较小。一审认定赵某犯危险驾驶罪,判处拘役1个月,并处罚金人民币1000元。二审改判上诉人赵某犯危险驾驶罪,免予刑事处罚。①

应该说,即便醉驾行为人血液中酒精含量达到了醉驾标准,也可能根据个案的具体情况认为不构成危险驾驶罪或者定罪但免予刑事处罚。

15. 如何认定"超员超速型"危险驾驶罪?

案16:某日,陈宝某驾驶中型客车被交警查获。经现场检查,该车核载人数为19人,查获时实际乘坐人为37人,超出核载人数18人,属于严重超载。

本案争议焦点:对超载型危险驾驶犯罪案件如何定罪量刑。

法院认为,法律将"从事旅客运输"限定在具有商业性质的道路客运活动,将不具有商业性质的车辆排除在外,如公司班车、家用的私家车等。因此,从事旅客运输业务应该具备两个特征:第一,应当是具备商业性质的,以营利为目的的运输活动。对于公司班车、私家车都不应该认定为从事旅客运输业务。第二,对旅客运输业务要进行目的性解释,不仅局限于依法取得运营证书的车辆,还包括一些非法从事旅客运输业务的"黑车"。本案中涉案车辆虽使用性质登记为公交客运,但该车运营路线不属于主要在城市建成区运营或者主要在城市道路运营的客车。所以,本案中的车辆应属于公路客运车辆,不应参照城市公交车的载客标准运营,其超过核载人数搭载乘客的行为属于超载行为。本案被告人无准驾车型驾驶许可证驾驶中型载客汽车,并违反交通运输管理法规,严重超过额定乘员载客,其行为构成危险驾驶罪。②

案17:孙祖某与张万某均为某中型普通客运车股东,该车实际核载19

---

① 参见北京市第二中级人民法院刑事判决书,(2017)京02刑终460号。
② 参见河南省罗山县人民法院刑事判决书,(2016)豫1521刑初字第198号。

人。某日,孙祖某驾驶该客车由枝江市七星台镇石套子村开往七星台集镇,张万某在该车上售票。起始站石套子村载客15人,在王家店村下客2人,在赵楼子村载客7人,在陈家港村载客10人,在大埠街村载客6人,加上司机、售票员及3个小孩,该车实际载客41人(含3名儿童),该车行驶至孙家岗村二组路段时被民警查获。

本案争议焦点:从事旅客运输严重超载行为的认定。

法院认为,孙祖某、张万某从事旅客运输,严重超过额定乘员载客,其行为已构成危险驾驶罪。①

上述案件中,核载19人,实际载客41人,超载人数相对比例超过100%,绝对人数超过22人。法院认定超员构成危险驾驶罪,是合理的。

2015年11月20日公安部《严重超员、严重超速危险驾驶刑事案件立案标准(试行)》采取超员的相对比例和超员的绝对人数,与超过限速的相对比例和绝对速度的方式,认定超员、超速,应该说具有合理性。

16. 接送幼儿园幼儿、高中生、大学生、职工的车辆超员超速,能构成危险驾驶罪吗?

《刑法》第133条之一第1款第3项规定,从事校车业务或者旅客运输,严重超过额定乘员载客,或者严重超过规定时速行驶的,构成危险驾驶罪。依照国务院《校车安全管理条例》第2条第1款的规定,"校车"是指依照该条例取得使用许可,用于接送接受义务教育的学生上下学的7座以上的载客汽车。2015年11月20日公安部《严重超员、严重超速危险驾驶刑事案件立案标准(试行)》规定,在道路上驾驶机动车从事校车业务或者公路客运、旅游客运、包车客运,严重超过额定乘员载客、严重超过规定时速行驶的,可以立案侦查。问题是,接送幼儿园幼儿、高中生、大学生和职工的车辆超员超速行驶的,能否构成危险驾驶罪?对此,张明楷教授认为,"如果在此遵循这一定义(国务院《校车安全管理条例》——引者注),就只能将接送幼儿园幼儿、高中生、大学生以及学校教师的机

---

① 参见湖北省枝江市人民法院刑事判决书,(2016)鄂0583刑初字第89号。

动车归入从事旅客运输的车辆。当然,这不是一个重要问题"①。

本书认为,若严格按照国务院《校车安全管理条例》将校车限定为用于接送接受义务教育的学生上下学的机动车,则接送幼儿园幼儿、高中生和大学生的机动车的确不是危险驾驶罪中的"校车",但也不能将其归入从事旅客运输的车辆,因为从事的根本就不是具有商业性质的"客运"活动。刑法虽具有从属性,也具有独立性。对危险驾驶罪中的"校车"范围,根本无须按照行政法规规章来界定,只要是接送在校学生的机动车都是这里的"校车",因为这种机动车超员超速行驶也会危害公共安全。至于接送大学教师、其他单位职工的班车,由于从事的不是具有商业性质的"客运"活动,不能归入"旅客运输"活动,这种机动车超员超速行驶的,不能构成危险驾驶罪。这种处罚漏洞,其实也是因为我国《刑法》分则条文的规定缺乏类型性。

17. 如何认定危险化学品运输型危险驾驶罪中"危及公共安全"?

案18:2017年1月15日起至案发,谢某平和宋某全二人合伙经营液化气。2019年2月24日晚,谢某平、宋某全违反危险化学品管理规定,由宋某全驾驶不符合运输危险化学品规范的小型面包车,谢某平跟车在某路附近路段运输液化气。同日22时许,二人在某路某某号附近卸货时被群众发现并报警,随后二人逃离现场。民警在现场小型面包车上查获液化气气罐23个,其中5个气罐内储存的液体为二甲醚。2019年3月1日5时许,谢某平在不具有危险化学品运输资格的情况下,驾驶不符合运输危险化学品规范的小型面包车在道路上运输装有二甲醚液化气的气罐。当其行驶至某路某小区附近路段时,经群众举报后被民警捉获。民警当场查获液化气罐24个,其中3个气罐内储存的液体为二甲醚。

本案争议焦点:行为人违反危险化学品安全运输管理规定的"注意义务"能否认定构成危险驾驶罪。

法院认为,本案中谢某平、宋某全长期经营液化气站,明知运输液化气罐的

---

① 张明楷:《刑法学》(第6版)(下册),法律出版社2021年版,第932页。

安全管理规定,仍驾驶不符合运输危险化学品规范的小型面包车运输装有二甲醚液化气的气罐,被公安机关查获后仍不悔改,继续违规运输液化气且数量大。经组织应急救援专家对瓶装液化气的爆炸危险进行论证,认为"瓶装液化石油气、二甲醚在运输过程中因强烈日光照射或接近热源(明火加热灯);违章野蛮装卸和运输;使用产生火花的工具;气瓶间碰撞;明火、重击、雷电、静电、电气火花及其他点火源都有引发燃烧爆炸的危险性和可能性。气瓶泄漏,乱倒残液,液化石油气与空气混合达到一定浓度接近爆炸极限时,遇点火源都可能因其燃烧爆炸"。鉴于相关论证意见显示谢某平等人违规运输情形有发生爆炸的可能,同时,谢某平等人在面包车的"狭窄空间内单次存放超过 20 罐液化气"且"均未采取任何安全防范措施",综合考量其运输路线长且长距离在闹市区域行驶,认定其"危及公共安全"的可能性极高,构成危险驾驶罪。①

应该说,危险化学品运输型危险驾驶罪不同于追逐竞驶型、醉酒驾驶型和超员超速行驶型危险驾驶罪,不能简单地根据速度、数量、时间、路段等因素进行判断。对于运输危险化学品,国家有严格安全管理的要求,违反国家关于危险化学品的安全管理规定,在公共道路上运输危险化学品,基本上就能认定为"危及公共安全"进而肯定危险驾驶罪的成立。如果在危险化学品的运输中具有发生重大伤亡事故或者其他严重后果的现实危险,则成立法定刑相对较高的危险作业罪,实际发生重大事故,则成立危险物品肇事罪。

18. 危险驾驶致人重伤、死亡或者使公私财产遭受重大损失的,如何处理?

应该说,交通肇事罪和危险物品肇事罪均存在两种情形:一是单纯的过失犯,二是结果加重犯。具体而言,在违反交通运输管理法规造成交通事故致人伤亡的案件中,如果违反交通运输管理法规的行为本身并不构成刑法规定的轻罪,此时的交通肇事罪属于单纯的过失犯;如果违反交通运输管理法规的行为本身就构成刑法规定的轻罪,则此时的交通肇事罪属于结果加重犯。危险物品肇事罪也是如此。在违反爆炸性、易燃性、放射性、毒害性、腐蚀性物品的安全管理规

---

① 参见重庆市第一中级人民法院刑事裁定书,(2019)渝 01 刑终 827 号。

定造成重大事故的案件中,如果违规生产、储存、运输、使用危险物品本身不构成刑法规定的轻罪时,此时的危险物品肇事罪是单纯的过失犯;如果违规生产、储存、运输、使用危险物品的行为本身构成刑法规定的轻罪,则此时的危险物品肇事罪属于结果加重犯。

追逐竞驶型、醉酒驾驶型、超员超速行驶型危险驾驶行为,都是违反交通运输管理法规的行为,其行为本身构成作为故意犯罪的危险驾驶罪,当这样的行为过失造成他人重伤、死亡或者使公私财产遭受重大损失,符合交通肇事罪的犯罪构成时,就应以交通肇事罪论处;此时的交通肇事罪是危险驾驶罪的结果加重犯。在这种情形下,行为人对基本犯危险驾驶是故意,对加重结果(致人重伤、死亡或者使公私财产遭受重大损失)是过失,可谓典型的结果加重犯。危险化学品运输型危险驾驶行为,是违反危险化学品安全管理规定的行为,其行为本身构成作为的故意犯罪的危险驾驶罪、危险作业罪,当这样的行为过失造成重大事故时,符合危险物品肇事罪的构成要件,就以危险物品肇事罪论处;此时的危险物品肇事罪是危险驾驶罪、危险作业罪的结果加重犯。在这种情况下,行为人对基本犯危险驾驶、危险作业是故意,对加重结果(重大事故)是过失,所以可谓典型的结果加重犯。

19. 如何区分危险驾驶罪与以危险方法危害公共安全罪?

案19:某日夜晚,邢某饮酒后驾驶小型轿车搭载王某等人行驶至某大学门前时,遇交警设卡检查酒驾。邢某为逃避检查,在机动车道强行快速倒车逆向行驶,先后与其车后方正常行驶的被害人刘某杰驾驶的小型轿车、王某林驾驶的小型轿车、鲜某驾驶的小型轿车连续发生碰撞。之后邢某继续倒车,又与某汽车救援公司司机田某乾驾驶的清障车发生碰撞,邢某弃车逃跑,随后被民警在事故现场附近抓获。经价格评估,四辆受损车的修复价格共计人民币 87,615 元。

法院认为,邢某饮酒后驾车,为逃避检查快速倒车发生多起事故,损坏他人车辆,并最终逃离现场,应当认定其酒后驾车并与他人车辆发生碰撞的行为的客观危险性与放火、决水、爆炸以及投放危险物质的危险性相当,构成以危险方法

293

危害公共安全罪,判处有期徒刑3年。①

案20:某日22时25分,黎某酒后驾车在高速公路行驶中,突然掉头逆向行驶,在掉头过程中与在其后方由徐某驾驶的小型轿车(该车搭载乘客陈某成等1男3女)发生碰撞;黎某随即继续驾车逆向行驶,当日22时29分其行驶至另一路段时,与由余某甲驾驶的小型普通客车(该车搭载乘客李某甲等4人)迎面相撞,导致小型普通客车向右避让失控而碰撞路边护栏;黎某随即继续驾车逆向行驶,22时46分行驶至某路段时,与由许某驾驶的小型轿车(该车搭载乘客杨某等5人)迎面发生碰撞。随后,黎某停车等候处理。经鉴定,黎某血液样本中的酒精浓度为304.24mg/100ml。本案中,黎某驾驶小型轿车逆向行驶的距离约8公里,逆向行驶的时长约21分钟。本次事故造成余某乙、许某、杨某、罗某、梁某、李某乙和何某等人受伤及四车不同程度损坏。

本案争议焦点:醉酒后驾车在高速公路上逆向行驶并致多车相撞的行为性质认定。

法院认为,黎某醉酒后驾驶机动车在通车的高速公路上实施掉头和逆行,严重影响高速公路的行车安全,危害不特定的多数人的生命、健康和重大公私财产安全,并致多人受伤和多车受损,虽未造成严重后果,但其行为已构成以危险方法危害公共安全罪,判处有期徒刑3年,缓刑4年。②

应该说,危险驾驶罪与以危险方法危害公共安全罪的关键区别在于,行为本身是否具有与放火、决水、爆炸、投放危险物质相当的具体的公共危险,行为人主观上对这种具体的公共危险是否存在认识。

一般来说,判断危险驾驶行为是否具有具体的公共危险的重要资料有:车辆的状况(特别是刹车状况)、行为人的驾驶能力(有无驾驶能力,是普通的酒后驾驶还是醉酒驾驶,驾驶前或驾驶时是否吸食过毒品)、驾驶方式(如是否闯红灯、逆向行驶、任意变换车道)、行车速度(是否超速以及超速的程度)、交通状况(天

---

① 参见北京市石景山区人民法院刑事判决书,(2018)京0107刑初344号。
② 参见广东省江门市新会区人民法院刑事判决书,(2018)粤0705刑初358号。

气情况、能见度、是高速路还是人车混行的普通路、路上行人与车辆的多少)、违章驾驶的时间与路程长短、驾驶时的情绪等。其中,最危险的行为有以下三类:一是原本没有驾驶能力或者因醉酒、吸食毒品而基本丧失驾驶能力后驾驶车辆;二是以危险的高速度驾驶车辆;三是完全无视交通信号驾驶车辆(如闯红灯、逆向行驶)。

可以认为,下列行为完全符合以危险方法危害公共安全罪的性质与客观构成要件:(1)驾驶刹车不灵的车辆在车辆、行人较多的路段高速行驶的;(2)原本无驾驶能力或者因醉酒、吸食毒品等而基本丧失驾驶能力后在有车辆、行人的道路上长时间高速行驶的;(3)在车辆、行人较多的路段逆向高速行驶或者长时间在车辆、行人较多的路段逆向行驶的;(4)在大雾天、暴雨时或者车辆、行人较多的路段严重超速驾驶的;(5)原本无驾驶能力或者因醉酒、吸食毒品等而基本丧失驾驶能力后在大雾天、暴雨时高速行驶的;(6)在车辆、行人较多的路口闯红灯高速行驶的;等等。

对于上述行为,只要行为人对具体的公共危险具有认识与希望或者放任态度,就成立以危险方法危害公共安全罪;其中,没有造成严重伤亡实害结果的,适用《刑法》第114条(倘若不以犯罪论处,则明显不合适);造成严重伤亡实害结果的,适用《刑法》第115条第1款(倘若仅以交通肇事罪论处,则明显不符合罪刑相适应原则)。

20."同时构成其他犯罪的,依照处罚较重的规定定罪处罚"的规定,排斥数罪并罚吗?

案21:某日夜晚,杜某某饮酒后驾驶轿车行驶至某路口,在遇枫桥交警中队执行检查酒驾的公务过程中,不配合交警检测,强行闯卡逃离并逆行,将交警辅警陆某宇撞倒在地,将交警辅警吴某卫带车拖行约百米,之后被警察拦截控制。经鉴定,杜某某血液中乙醇浓度为103mg/100ml。另查明,王某某作为轿车车主,在明知杜某某饮酒的情况下,依然将车交由杜某某驾驶,在碰到警察设卡检查酒驾的过程中,教唆杜某某闯卡,以暴力方法妨害交警执行公务。

法院认为,杜某某在醉酒状态下仍驾驶机动车,置公共安全于不顾,其在醉酒驾车的开始便已构成危险驾驶罪,该状态一直持续到行为人被执勤民警拦下,不再危害公共安全为止。此时,危险驾驶罪已经构成并完结。王某某作为轿车车主,在明知杜某某饮酒的情况下,依然将车交由杜某某驾驶,在碰到警察设卡检查酒驾的过程中,教唆杜某某闯卡,以暴力方法妨害交警执行公务,后续行为已经属于妨害公务罪的涵摄范围,超出了危险驾驶罪的构成要件。行为人在不同故意的支配下,先后实施了两个不同行为,满足不同犯罪的构成要件,理应实行数罪并罚。①

虽然《刑法》第133条之一第3款规定"有前两款行为,同时构成其他犯罪的,依照处罚较重的规定定罪处罚",但也只有当危险驾驶行为"同时"构成其他犯罪时,才从一重罪论处,亦即只有当一个醉酒驾驶行为同时构成其他犯罪时,才能评价为"同时"构成其他犯罪。所以,尽管危险驾驶行为具有连续性,但应当评价为两个行为与结果时,就不应当认定为"同时"构成其他犯罪,因而并不排斥数罪并罚。例如,行为人夜间醉酒驾驶10公里后被警察发现,为了逃避刑事责任,关闭车灯,以危险方法逃逸20公里的,应当是数罪。此案中,先前的醉酒驾驶行为并没有同时构成其他犯罪,只是后来的醉酒逃逸行为才"同时构成其他犯罪"。在这种场合,明显是两个行为构成两个犯罪:前一行为与后一行为所造成的危险内容不同,行为人的故意内容也不同,理当认定为两个犯罪。不能因为行为具有连续性,就以后罪吸收前罪;更不能因为所谓罪质变化,而以重罪吸收轻罪。

应该说,《刑法》分则中所谓"同时构成其他犯罪的,依照处罚较重的规定定罪处罚"的规定是注意性规定。只要是一个行为(或者行为的主要部分重合),无论是法条竞合还是想象竞合,都应从一重罪处罚。

就危险驾驶而言,若是醉酒状态下追逐竞驶,由于只有一个驾驶行为,应成立危险驾驶罪的同种想象竞合。若是醉酒驾驶一段路程后,如从上海到南京,在南京发生交通事故,之后因为慌张而关闭车灯逆向高速行驶,风驰电掣般地开到

---

① 参见江苏省苏州市虎丘区人民法院刑事判决书,(2018)苏0505刑初146号。

北京。应该说,行为人存在危险驾驶、交通肇事、以危险方法危害公共安全3个行为,没有理由不以危险驾驶罪、交通肇事罪、以危险方法危害公共安全罪3个罪名数罪并罚。

21. 断断续续追逐竞驶或者醉酒驾驶,能以同种数罪并罚吗?

案22:某日凌晨,李某酒后驾驶轻型普通货车行驶至某路段时,将同方向骑行自行车的陈某某连人带车撞出,造成陈某某受伤,两车损坏。事故发生后,李某驾驶肇事车辆将陈某某送往某医院进行抢救,后欲筹钱,继续驾驶肇事车辆行驶至家中,又从家中行驶至其亲戚家,随后驾车返回医院,向已在医院出警的民警主动交代其肇事行为。陈某某经抢救无效当日死亡。经检测,李某血液中酒精含量为143.1mg/100ml。经交警认定,李某承担事故全部责任,陈某某无责任。

本案争议焦点:在醉驾行为与交通肇事行为交叉持续状态下,被告人构成一罪还是数罪。

法院认为,李某违反交通运输管理法规,驾驶机动车在大路上发生交通事故,致1人死亡,负事故全部责任;发生事故后仍在道路上醉酒驾驶机动车,其行为分别构成交通肇事罪、危险驾驶罪。判定李某犯交通肇事罪,判处有期徒刑1年6个月;犯危险驾驶罪,判处拘役2个月,罚金人民币5000元;数罪并罚,决定执行有期徒刑1年6个月,罚金人民币5000元。[①]

应该说,上述案件中,不仅应将肇事致人死亡的行为评价为交通肇事罪和送医之后的所谓为筹钱而继续醉酒驾驶的行为评价为危险驾驶罪,进而实行数罪并罚,而且,由于行为人并非一上路就肇事致人死亡,在肇事之前时间段醉酒驾驶的行为,也应评价为危险驾驶罪。正如捡到手枪后一直持有,之后用之杀人的,应当以非法持有枪支罪与故意杀人罪数罪并罚。本案应以2个(甚至4个,从医院到家,从家到亲戚家,从亲戚家到医院,醉驾送医时间段可以认定为紧急避险)危险驾驶罪与交通肇事罪数罪并罚。

---

① 参见北京市昌平区人民法院刑事判决书,(2019)京0114刑初774号。

由于追逐竞驶和醉酒驾驶型危险驾驶属于抽象危险犯,如果行为可以分开评价,是可能数罪并罚的。

例如,甲、乙分别驾车一起从上海出发到北京,甲、乙在上海到苏州段追逐竞驶,到苏州后消停下来开始正常行驶,到南京后二人又开始追逐竞驶一直到济南,二人才又消停下来开始正常行驶到北京。应该说,甲、乙二人的追逐竞驶完全可以分为两个阶段来进行评价,即从上海到苏州、从南京到济南。所以,可以危险驾驶罪同种数罪并罚。又如,丙从上海开车到拉萨,出发前痛饮了一斤白酒,醉酒驾驶到长沙,休息一晚后酒醒了,第二天上路前又灌了一斤烧酒,迷迷糊糊醉酒驾驶开到成都,在成都休息一晚后酒醒了,第二天上路前又喝了一斤白酒,醉酒驾车到拉萨。可以明显看出丙有三段醉酒驾驶行为,应当认定成立三个危险驾驶罪而同种数罪并罚。

22. 应提高醉酒驾驶型危险驾驶罪的定罪标准或者废除危险驾驶罪吗?

在如今的汽车时代,危险驾驶罪案件数量超过盗窃罪是很正常的现象。全世界都是如此,如日本每年审理的交通犯罪案件数量大体是盗窃罪的 8 倍。而且,其他国家交通犯罪的范围比我国广得多,不仅醉酒驾驶构成犯罪,连酒后驾驶、无证驾驶等都是犯罪。至于我国以危险驾驶罪定罪后带来的被开除公职之类的非刑罚后果,并非仅有危险驾驶罪如此。可以说,所有犯罪的非刑罚后果都极为严重。问题出在我国没有对犯罪的非刑罚后果进行分类处遇。比如,法定刑或者判处刑罚低于 5 年有期徒刑的,可以考虑建立前科消灭制度,或者根据法定刑的轻重设计不同的非刑罚后果。因此,合理的做法是修改其他法律中关于犯罪的非刑罚后果的规定,而不是提高危险驾驶罪的定罪标准或者废除危险驾驶罪。

第五节 妨害安全驾驶罪

·导 读·

设立轻罪妨害安全驾驶罪,是为了避免"口袋重罪"以危险方法危害公共安全罪的适用。妨害安全驾驶罪不是具体危险犯,而是一种准抽象危险犯,成立犯罪不需要危险达到与放火、决水、爆炸、投放危险物质相当的具体危险的程度。《刑法》第 133 条之二第 2 款特意明确规定驾驶人员的责任,可能有违平等适用原则。妨害安全驾驶,未造成严重后果的,认定成立妨害安全驾驶罪,致人重伤、死亡的,认定构成交通肇事罪。

/条 文/

第一百三十三条之二 【妨害安全驾驶罪】 对行驶中的公共交通工具的驾驶人员使用暴力或者抢控驾驶操纵装置,干扰公共交通工具正常行驶,危及公共安全的,处一年以下有期徒刑、拘役或者管制,并处或者单处罚金。

前款规定的驾驶人员在行驶的公共交通工具上擅离职守,与他人互殴或者殴打他人,危及公共安全的,依照前款的规定处罚。

有前两款行为,同时构成其他犯罪的,依照处罚较重的规定定罪处罚。

罪名精释

1. 为什么要增设妨害安全驾驶罪?

案1:2018 年 5 月 11 日 6 时 52 分,北京某客运公司司机连某驾驶无人售票公交车行驶至某站时,杜某某上车时使用其子的学生公交卡刷卡乘车,连某发现后进行检查,并扣留了杜某某持有的学生公交卡,将该卡放置于驾驶室左侧。在公交车行驶过程中,杜某某对连某扣留其子学生公交卡不满,与其发生争吵,之后为抢回学生卡,推搡连某右胳膊和胸部,连某告知杜某某如果再抢就报警,杜某某未听劝告继续拉扯连某胳膊和衣服,并俯身去抢学生卡,其间多次触碰方向盘并将连某左侧衣袖扯坏,严重影响了车辆正常行驶,致使车辆紧急停驶在机动车道内。整个过程持续40秒左右,车内监控录像显示最高时速49公里。其间,公交车内载有10余名乘客。车辆左侧及前方有机动车行驶。

本案争议焦点:本案应如何量刑,是否属于犯罪情节显著轻微或能否适用缓刑。

法院认为,杜某某在公共交通工具行驶过程中,妨害安全驾驶,危害公共安全,尚未造成严重后果,其行为已构成以危险方法危害公共安全罪,应予惩处。杜某某违规使用公交卡,在司机查处后拒不改正,不顾及车辆行驶安全抢夺公交卡,并且案发时处于早高峰,车内乘客、道路车辆较多,结合本案犯罪事实、性质、情节和对社会的危害程度,不宜适用缓刑。但鉴于杜某某明知他人报警而在现场等待,到案后如实供述犯罪事实,系自首,并且认罪悔罪,取得司机及客运公司谅解,一审法院对辩护人关于从宽量刑的辩护意见酌予采纳,依法对被告人杜某某减轻处罚。判定杜某某犯以危险方法危害公共安全罪,判处有期徒刑2年。二审维持原判。[1]

这是发生在《刑法修正案(十一)》增设妨害安全驾驶罪之前的案件。即便因为具有自首情节减轻处罚也判处了2年有期徒刑。而交通肇事致1人死亡,只要不逃逸的,以交通肇事罪定罪通常仅判处缓刑。也就是说,对妨害安全驾驶的行为以法定最低刑为3年有期徒刑的以危险方法危害公共安全罪定罪,不但有违罪刑法定原则(没有产生与放火、决水、爆炸、投放危险物质相当的具体的公共危险),而且与交通肇事罪的处罚不协调。所以,为了避免内涵不清、外延不明的"口袋重罪",即以危险方法危害公共安全罪的适用,亦为了避免"重庆万州公交车坠江案"惨案的再次发生,《刑法修正案(十一)》特意增设法定刑较轻的妨害安全驾驶罪,以准确评价行为的危害性。

---

[1] 参见北京市第三中级人民法院刑事裁定书,(2019)京03刑终744号。

2.妨害安全驾驶罪是具体危险犯吗?

案2:2020年12月14日23时许,罗某昌在某公交车上,与驾驶员邓某某因停车问题发生纠纷后,当车行驶至本市某地铁站附近时,罗某翻过驾驶室的安全防护门用手中的购物袋击打邓某某。证人邓某某随即停车报警,罗某昌在现场等候,随后被公安机关抓获。

本案争议焦点:《刑法修正案(十一)》实施后,对本案中被告人行为的认定。

法院认为,罗某昌无视国家法律,对行驶中的公共交通工具的驾驶人员使用暴力,干扰公共交通工具正常行驶,危及公共安全,其行为已构成妨害安全驾驶罪。判定罗某昌犯妨害安全驾驶罪,判处有期徒刑6个月。①

案3:2019年12月12日9时许,徐某在某村路口乘坐汝某驾驶的公交车。徐某误将5元纸币(车费2元)投入收款箱,因找零钱一事与正在驾驶车辆的驾驶员汝某发生争执,随即用手拉扯汝某驾驶车辆的右手臂,致使正在行驶中的公交车失控,与路旁路灯杆相剐,造成车体损坏。事故发生时,公交车内有乘客20余人。

本案争议焦点:一审判决后二审判决前新的《刑法》条款生效,二审判决是否适用新修正的《刑法》。

一审法院认为,徐某因支付车资问题与公共汽车司机发生口角,对行驶中载客的公共交通工具的驾驶人员使用暴力,干扰公共交通工具正常行驶,危及公共安全,尚未造成严重后果,其行为已构成以危险方法危害公共安全罪,判处有期徒刑3年。二审法院认为,上诉人徐某因自身视力残疾多付车费问题而与驾驶公共交通工具的驾驶人员发生口角,对行驶中载客的公共交通工具的驾驶人员使用暴力,干扰公共交通工具正常行驶,危及公共安全,尚未造成严重后果,其行为已构成妨害安全驾驶罪。原审判决认定事实清楚,但因上诉人徐某的行为被2021年3月1日起开始实施的《刑法修正案(十一)》修改为妨害安全驾驶罪,故对原审判决认定上诉人犯以其他危险方法危害公共安全罪的定性予以纠正,遂撤销一审判决,改判上诉人徐某犯妨害安全驾驶罪,判处有期徒刑6个月,缓刑

---

① 参见广东省广州市白云区人民法院刑事判决书,(2021)粤0111刑初772号。

1年。[1]

由于《刑法》第133条之二第1款存在"危及公共安全"的表述,张明楷教授因此认为,妨害安全驾驶罪"属于具体危险犯,但对于危险程度的要求低于本章其他具体危险犯的要求"[2]。

应该说,认为妨害安全驾驶罪是具体危险犯,会导致本罪与作为具体危险犯典型的以危险方法危害公共安全罪难以区分。如果要求妨害安全驾驶要达到具体危险的程度,根本就不需要设立轻罪妨害安全驾驶罪。或者说,就是因为妨害安全驾驶的行为通常并没有形成与放火、决水、爆炸、投放危险物质相当的具体的公共危险的程度,为了罪刑相适应才设立了法定最高刑仅为1年有期徒刑的轻罪妨害安全驾驶罪。再说,《刑法》第114条使用的"危害公共安全"的表述,而妨害安全驾驶罪使用的是"危及公共安全"的表述。如果认为妨害安全驾驶也需要达到具体危险的程度才成立犯罪,立法者完全可以使用"危害公共安全"的同样表述。这说明,妨害安全驾驶无须达到具体危险的程度。其实,立法者使用"危及公共安全"的表述,只是为了限制处罚范围,将性质轻微没有危害公共安全的公交车上的争执行为排除在犯罪之外。"危及公共安全"的表述旨在强调,成立本罪需要形成一定的危险,但又不需要形成具体、现实、紧迫、高度的危险。这种危险犯,是介于具体危险犯与抽象危险犯之间的所谓准抽象危险犯。上述案2、案3中妨害安全驾驶的行为,并未对公共安全形成具体、现实、紧迫的高度危险,也被法院认定构成妨害安全驾驶罪,这说明,司法实践也不承认妨害安全驾驶罪是具体危险犯。

总之,妨害安全驾驶罪不是具体危险犯,而是一种准抽象危险犯,成立犯罪不需要危险达到与放火、决水、爆炸、投放危险物质相当的具体危险的程度。

3.《刑法》第133条之二第2款特意明确驾驶人员的责任,是否存在问题?

《刑法》第133条之二第2款规定,前款规定的驾驶人员在行使的公共交通

---

[1] 参见黑龙江省绥化市中级人民法院刑事判决书,(2021)黑12刑终34号。
[2] 张明楷:《刑法学》(第6版)(下册),法律出版社2021年版,第934页。

工具上擅离职守,与他人互殴或者殴打他人,危及公共安全的,依照前款的规定处罚。应该说,这种针对特定职业作出的规定,有违《刑法》第4条规定"对任何人犯罪,在适用法律上一律平等"的平等适用刑法的原则。之所以《刑法》第306条规定的辩护人、诉讼代理人毁灭证据、伪造证据、妨害作证罪,被律师形象地称为"律师伪证罪"而广为诟病,就是因为该条是专门针对律师职业作出的规定。毁灭、伪造证据,帮助当事人毁灭、伪造证据、妨害作证,不只是只有辩护人、诉讼代理人会实施,公检法人员也会实施。所以说,从立法论上讲,刑法不宜针对特定职业、群体设置条文。至于公共交通工具的驾驶人员,其针对他人实施的暴力行为不仅有正当防卫的权利,而且其驾驶中违反安全管理规定与人互殴或者殴打他人,危害公共安全,造成严重后果的,完全可以以交通肇事罪、故意伤害罪等犯罪进行处罚。

4. 妨害安全驾驶致人伤亡的,如何处理?

跟危险驾驶一样,交通肇事罪是妨害安全驾驶罪的结果加重犯,妨害安全驾驶致人伤亡的,应以交通肇事罪定罪处罚且能判处罚金附加刑。如果妨害安全驾驶的行为产生了与放火、决水、爆炸、投放危险物质相当的具体的公共危险,而且行为人对这种具体的公共危险存在认识,则妨害安全驾驶的行为不仅构成妨害安全驾驶罪,还构成《刑法》第114条的以危险方法危害公共安全罪;这种妨害安全驾驶的行为致人重伤、死亡或者使公私财产遭受重大损失的,成立《刑法》第115条第1款的以危险方法危害公共安全罪。当然,认定妨害安全驾驶的行为形成了与放火、决水、爆炸、投放危险物质相当的具体的公共危险而构成以危险方法危害公共安全罪,应当特别慎重。一般而言,妨害安全驾驶未造成严重后果的,应认定成立妨害安全驾驶罪,致人伤亡的,认定构成交通肇事罪。

第六节　重大责任事故罪

> **·导　读·**

　　重大责任事故罪的本质是业务过失致人死伤性犯罪。该罪是责任事故犯罪的基本法条,只要在生产、作业中违反有关安全管理规定,因而发生重大安全事故,都能构成本罪。"在生产、作业中"的行为人强调的是除直接从事生产、作业的一线的直接责任人员外,还包括能够强令他人违章冒险作业和冒险组织他人作业的人员。重大责任事故罪中的"因而",旨在强调生产、作业中的违规操作行为是造成重大安全事故的原因,将重大安全事故的发生归属于行为人的违规行为,符合安全管理规定的规范保护目的。

　　狭义的监督过失通常是对直接责任人员(具有从属关系或者平行关系)负有监督义务而疏于履行监督义务形成的过失责任;而管理过失通常不以直接责任人员为媒介,而是因为未确立有效的安全管理体制、配备必要的安全设施,或者对人员的选任不当,而与事故的发生之间存在一定的因果关系。政府出具的《事故调查报告》是专门技术人员对事故发生原因、责任划分等方面出具的意见,可谓行政确认。作出《事故调查报告》结论的相关负责人员和聘请的专家应当出庭接受各方的质证,否则不能予以采信。

　　"情节特别恶劣"限于客观方面的反映法益侵害程度的客观违法要素,不能包括动机卑鄙、主观恶性深等有责性重,和曾经受过刑事处罚与行政处罚等反映再犯罪可能性的特殊预防必要性大的预防要素。给私营企业主造成的财产损失不能认定为事故造成的直接经济损失。重大责任事故罪与交通肇事罪、工程重大安全事故罪、重大劳动安全事故罪、危险物品肇事罪、过失致人死亡罪、过失致人重伤罪等犯罪之间存在竞合。建设工程交付使用后可能构成教育设施重大安全事故罪和消防责任事故罪。对与生产安全有关的行贿、贪污、受贿的既从重又数罪并罚的司法解释规定,有违禁止重复评价原则。

条 文

第一百三十四条第一款 【重大责任事故罪】在生产、作业中违反有关安全管理的规定,因而发生重大伤亡事故或者造成其他严重后果的,处三年以下有期徒刑或者拘役;情节特别恶劣的,处三年以上七年以下有期徒刑。

罪名精释

1. 重大责任事故罪的本质是什么?

案1:吴某维与何某利、谢某光(二人均另案处理)经约定,各自出资合股经营环球酒店,吴某维主要负责该酒店投影室的售票工作,酒店设施的添置、更换及维修等均由三人商量后再作决定。某日,欧阳某乐、欧阳某恒等六人入住环球酒店203号房,由于欧阳某乐等人没有提供身份证件,服务员使用"欧阳生"的名字为他们登记。当天凌晨5时许,欧阳某乐到203号房的浴室内开启热水器洗澡,由于该热水器存在问题,产生了一氧化碳,致使欧阳某乐吸入过量的一氧化碳后中毒。此后热水器不断产生的一氧化碳通过浴室的门缝渗入房内,而安装在房间内的两个排气扇均未工作,致使在房内睡觉的欧阳某恒等五人吸入过量的一氧化碳后中毒死亡。案发后,经公安机关对死者进行法医学检验鉴定,证实六人均系一氧化碳中毒死亡。

法院认为,吴某维作为环球酒店的管理者,没有落实酒店的日常管理工作,违反国家有关规定以及生产厂家对燃气热水器的安装使用要求,在环球酒店203号房的浴室内安装使用国家禁止在浴室内安装的半密闭式燃气热水器,导致欧阳某乐等六名被害人吸入过量的一氧化碳后中毒死亡的严重后果,危害了公共安全且情节特别恶劣,吴某维对六被害人的死亡负有责任,已构成重大责任事故罪。①

应该说，吴某维、何某利、谢某光作为酒店投资经营人，均有保证酒店的设施符合保障房客生命、健康安全要求的义务，否则应承担管理过失责任；即便三人之间存在一定的分工，也负有监督对方建立安全管理体制、配备安全设施的义务，否则应当承担监督过失责任；让投资人承担刑事责任，不是因为其是投资人，而是因投资而产生的对投资项目负有保障他人人身、财产安全的管理、监督责任。这种责任是与权利相一致的义务，因而属于业务过失责任，而不是日常生活过失。

重大责任事故罪的本质是业务过失致人死伤罪。《刑法》第233条、第235条规定的过失致人死亡罪与过失致人重伤罪是普通过失致人死伤罪。理论上认为业务过失犯罪，无论在违法性还是在有责性上都重于普通过失（日常生活过失）犯罪。可是，根据《刑法》第233条规定的"过失致人死亡的，处三年以上七年以下有期徒刑；情节较轻的，处三年以下有期徒刑。本法另有规定的，依照规定"，似乎"三年以上七年以下有期徒刑"是过失致人死亡罪的基本刑，这与基本刑为"三年以下有期徒刑或者拘役"的重大责任事故罪明显不协调。所以，为了和业务过失犯罪的处罚相协调，应将"处三年以下有期徒刑"作为过失致人死亡罪的基本法定刑，将"处三年以上七年以下有期徒刑"作为加重法定刑。②

2. 如何确定重大责任事故罪的责任主体？

案2：李某将其购买的北京某号院的建设改造工程委托给无建筑资质条件的卢某的个体施工队。李某要求卢某超出建设工程许可证范围，违规建设地下室，深挖基坑。卢某负责管理、指挥施工，另指派无执业资格的李某甲负责施工现场管理、指挥，在施工人员提出存在事故隐患时，李某、卢某未采取措施仍继续施工。基坑支护结构不合理等导致施工现场发生坍塌，造成东侧毗邻的街上道路坍塌，北侧毗邻的部分民房倒塌损坏，西侧、南侧

---

① 参见广东省佛山市中级人民法院刑事裁定书，(2006)佛刑一终字第53号。
② 参见张明楷：《刑法学》（第6版）（下册），法律出版社2021年版，第1115页。

毗邻的办公楼受到损坏。经鉴定,因北京某号院施工现场坍塌造成地面道路坍塌、公共楼损坏、民房受损的直接经济损失为人民币583余万元。同时,该起事故还造成地面交通拥堵、交通中断,给周围居民和多家单位的正常生活、工作造成影响。

法院认为,重大责任事故罪的主体是一般主体,本案中李某是北京某号院的业主、实际控制人,北京某号院修建工程的发包人,卢某是负有管理职责的包工头,李某甲是现场施工的管理人员。李某将北京某号院修建工程发包给无任何施工资质的卢某,并要求卢某违反规划许可违章建设地下室,卢某、李某甲在无资质的情况下承揽该工程,在没有施工图纸,没有任何技术保障的情况下按照李某的要求开挖地下室。三人都违反了安全管理规定,最终造成施工现场坍塌,现鉴定直接经济损失已达583余万元,并且情节特别恶劣。法院以重大责任事故罪分别判处李某、卢某、李某甲有期徒刑5年、3年6个月和有期徒刑3年缓刑3年。①

本案的争议焦点在于,被告人作为业主,将案发地的修建工程发包给第三方进行施工导致坍塌事故,其是否应作为重大责任事故罪的主体承担刑事责任?

本案中,李某作为业主,明知其修建地下室违规,依然决定开挖地下室,在缺乏工程设计和监理的情况下,将修建工程发包给无任何资质的卢某的个体施工队进行施工。在规划委等相关部门发现其违规建设地下室对其进行约谈,明确告知其这种建设行为违规必须回填时,其依然继续开挖地下室,直至事故发生。应该说,其行为与事故的发生之间具有直接的因果关系,应承担重大责任事故罪的刑事责任。当然,其作为业主和发包方也可谓建设单位,故也可以认为其行为同时构成工程重大安全事故罪,二者是法条竞合关系,应从一重处罚。

重大责任事故罪可谓责任事故犯罪的基本法条,只要在生产、作业中违反有关安全管理的规定,因而发生重大伤亡事故或者造成其他严重后果的,都能构成本罪。所以,本罪的主体没有限制。这从立法沿革也能说明这一点。1997年《刑法》第134条规定的是"工厂、矿山、建筑企业或者其他企业、事业单位的职

---

① 参见北京市第二中级人民法院刑事裁定书,(2016)京02刑终字第648号。

工,由于不服管理、违反规章制度,或者强令工人违章冒险作业,因而发生重大伤亡事故,造成严重后果的",2006年《刑法修正案(六)》将重大责任事故罪和强令违章冒险作业罪分开,在第134条第1款中规定"在生产、作业中违反有关安全管理的规定,因而发生重大伤亡事故或者造成其他严重后果的",2020年《刑法修正案(十一)》只是修改了强令违章冒险作业罪条款,没有修改重大责任事故罪条款。这充分说明,立法者旨在将重大责任事故罪设计成作为兜底的任何主体都能构成的业务过失致死伤罪。2015年12月14日,最高人民法院、最高人民检察院发布《关于办理危害生产安全刑事案件适用法律若干问题的解释》,规定《刑法》第134条第1款和第2款的犯罪主体,包括对生产、作业负有组织、指挥或者管理职责的负责人、管理人员、实际控制人、投资人等人员。这说明,所谓对生产、作业负有组织、指挥或者管理职责的负责人、管理人员、实际控制人和投资人,必须是可能强令他人违章冒险作业和冒险组织他人作业的人。建设单位不直接参加生产、作业活动,不能强令他人违章冒险作业和冒险组织他人作业,一般不能构成重大责任事故罪。这应该也是《刑法》在基本法条重大责任事故罪之外另设工程重大安全事故罪的原因。

3. 何为"在生产、作业中"?

案3:2023年5月7日11时54分,山西临县某小区1单元8层电缆井内电力设施起火,产生大量浓烟,造成该单元楼5名住户一氧化碳中毒死亡。政府出具的事故调查报告分析,火灾事故的直接原因是单元楼8层电缆井内户内供电电缆与绝缘穿刺线夹接触不良,弧光放电进而引燃电缆护套等易燃可燃物导致蔓延成灾;火灾事故的间接原因是建设单位擅自变更设计用铝芯电缆代替铜芯电缆,绝缘穿刺线夹T接电缆施工安装不规范,电缆井未按要求进行防火封堵,电缆桥架未加盖盖板密封,物业服务企业安全管理责任落实不到位,政府相关部门履职安全管理责任不到位,相关监管部门履职不到位,县委、县政府对消防安全组织领导不力。

关于工程重大安全事故罪,检察院指控以马某平为实控人的房地产开发公司(建设单位)在未办理任何建设手续的情况下,擅自违规开发建设小区,经某设计院设计、某建设集团负责主体施工、某建设工程有限公司负责水暖电气安装工程、由某监理有限公司进行监理。在电气安装工程施工阶段,建设单位擅自变更设计使用铝芯电缆代替铜芯电缆,电缆井未按要求进行防火封堵,电缆桥架未加盖盖板密封,降低工程质量,从源头埋下了隐患。某市政府火灾事故调查组认定,该起火灾事故是一起由工程质量原因引起的较大责任事故,建设单位对该起事故负有主要责任,电缆施工方某建设工程有限公司对该起事故负有直接责任,工程监理方某监理有限公司对该起事故负有重要责任。[1]

关于重大责任事故罪,检察院指控,以马某平为实控人的房地产公司对其开发的项目的物业进行管理,马某平先后任命未经物业培训的马某、尚某鹏担任物业公司法定代表人,雇用未经物业培训的张某顺担任事故小区物业负责人,雇用无电工证件水电人员王某旺等人为事故小区物业人员。在履行物业管理期间,马某平、尚某鹏、张某顺在工作中未明确消防安全管理人员,管理职责不明晰,未组织安全检查,未能发现电缆井未封堵等隐患;对建筑消防设施、器材不进行检验、维修,不组织消防安全教育培训,消防控制室无人值守。相关职能部门也给事故小区下达过物业消防整改通知,马某平作为实控人获悉后未做任何整改安排。尚某鹏亦以书面形式向马某平出具了一份"关于完善各物业小区消防设施系统及建立常态化专业维保的申请",马某平明知存在安全隐患也未做及时处置。直至火灾事故发生时,事故小区的物业尚未对小区进行过任何实质性整改。经市政府事故调查组调查,认定火灾事故是一起工程质量原因引起的较大责任事故,物业公司是该小区消防安全管理的责任主体企业,其实控人马某平、法定代表人尚某鹏、小区物业负责人张某顺对该起事故负有管理责任。检察院指控认定,作为房地产公司和物业公司实控人的马某平构成工程重大安全事故罪和重大责任事故罪,系一人犯数罪,应依据《刑法》第69条之规定,数罪并罚。

法院判决认为,临县某小区"5·7"火灾事故,经调查,认定火灾事故是一起由工程质量原因引起的较大责任事故。小区开发商是山西某房地产开发有限公司,被告人马某平、马玉某作为建设单位的直接责任人员,被告人樊某平、刘某军

---

[1] 参见山西省临县人民检察院临检刑诉起诉书,(2024)16号。

作为施工单位的直接责任人员,被告人贺某军、高某军、陈某枝作为监理单位的直接责任人员,在建设、施工、监理临县某小区过程中,违反国家规定,降低工程质量标准,因而发生死亡5人的重大安全事故,7名被告人的行为均构成工程重大安全事故罪;被告人马某平、尚某鹏、张某顺在业主居住以后,履行物业管理期间,违反了有关安全管理的规定,其履职不到位也是导致发生重大伤亡事故的成因之一,3名被告人的行为构成重大责任事故罪。判决被告人马某平、马玉某、樊某平、刘某军、贺某军、高某军、陈某枝犯工程重大安全事故罪,分别判处有期徒刑6年、3年6个月、2年、2年、1年7个月、1年5个月、1年6个月;被告人马某平、尚某鹏、张某顺犯重大责任事故罪,分别判处有期徒刑3年、1年1个月、1年1个月;被告人马某平一人犯数罪,数罪并罚。①

应该说,对于本案,检察院指控和法院判定作为房地产公司和物业公司实控人的马某平构成工程重大安全事故罪和重大责任事故罪,是明显错误的。

国家并不禁止使用铝芯电缆,本案中的火灾事故并非因为铝芯电缆超过电量承载负荷熔断引起,而是因为,绝缘穿刺线夹T接电缆施工安装不规范引起8楼电缆井起火,电缆井未按要求进行防火封堵,电缆桥架未加盖盖板密封,导致有毒气体沿电缆井窜至其他楼层,致使5名住户吸入过量一氧化碳死亡。一句话,即使按照设计图纸要求使用铜芯电缆,火灾也不可避免;即使8楼电缆井起火,只要对电缆井按要求进行了防火封堵,对电缆桥架进行了加盖盖板密封,火势和有毒气体就不至于沿电缆井窜至其他楼层烧死5名住户。马某平虽然是实控人,但不是对生产、作业负有组织、指挥或者管理职责的负责人、管理人员、实际控制人和投资人。应对本起事故负责的是施工单位和监理单位的工作人员。马某平虽然是物业公司的实控人,但房屋交付使用之后物业公司的活动不属于"在生产、作业中"。物业公司只有在违反消防管理法规,经消防监督机构通知采取改正措施而拒绝执行,造成严重后果的情况下,可能构成消防责任事故罪。但本案中消防部门下达的责令整改通知书,只是明确指出事故小区"消防设施未启用、消防设置柜设置不合理、档案资料不健全",并未发现"电缆井未按要求

---

① 参见山西省临县人民法院刑事判决书,(2024)晋1124刑初15号。

进行防火封堵,电缆桥架未进行加盖盖板密封,绝缘穿刺线夹 T 接电缆施工安装不规范"等直接引起火灾的原因。所以,不应追究马某平的工程重大安全事故罪和重大责任事故罪的刑事责任,而应追究施工单位和监理单位工程重大安全事故罪和政府消防部门的渎职罪的刑事责任。

《刑法》第 137 条规定工程重大安全事故罪基本犯的成立条件是"造成重大安全事故",加重犯的成立条件是"后果特别严重"。《刑法》第 134 条第 1 款规定重大责任事故罪基本犯的成立条件是"发生重大伤亡事故或者造成其他严重后果",加重犯的成立条件是"情节特别恶劣"。2015 年最高人民法院、最高人民检察院《关于办理危害生产安全刑事案件适用法律若干问题的解释》规定,"造成死亡三人以上或者重伤十人以上,负事故主要责任的",对直接责任人员以工程重大安全事故罪处 5 年以上 10 年以下有期徒刑,并处罚金,或者对相关责任人员,以重大责任事故罪处 3 年以上 7 年以下有期徒刑。也就是说,"造成死亡三人以上或者重伤十人以上,负事故主要责任的",既是工程重大安全事故罪适用加重法定刑的条件,也是重大责任事故罪适用加重法定刑的根据。

本案中,山西临县人民法院一审判决认为,马某平既构成工程重大安全事故罪,又构成重大责任事故罪,并实行数罪并罚。很显然,本案中小区发生的导致 5 人死亡的火灾事故既是判决所认定的工程重大安全事故罪的加重结果,也是重大责任事故罪的加重结果。而工程重大安全事故罪与重大责任事故罪之间明显是法条竞合关系。法条竞合在刑法理论上属于假性竞合、法条单一,对于存在法条竞合关系的两个罪名同时进行认定并实行数罪并罚,显然违反了刑法上的禁止重复评价原则。

简单地讲,本案所涉及的责任事故只有一起,死亡了 5 个人,而不是两起责任事故死亡了 10 个人。再说,上述司法解释规定只有"造成死亡 3 人以上或者重伤 10 以上,负事故主要责任的",才能适用工程重大安全事故罪和重大责任事故罪的加重法定刑。从本案以工程重大安全事故罪判处被告人马某平 6 年有期徒刑、重大责任事故罪判处被告人马某平 3 年有期徒刑的判决结果来看,[①]法院

[①] 参见山西省临县人民法院刑事判决书,(2024)晋 1124 刑初 15 号。

将该起火灾事故结果既看作适用工程重大安全事故罪的加重法定刑的依据,又看作适用重大责任事故罪加重法定刑的条件。但是,根据司法解释规定,同时适用这两个罪名的加重法定刑至少要发生两起责任事故,本案仅发生一起火灾事故,岂能同时评价为工程重大安全事故罪和重大责任事故罪的加重结果而适用加重法定刑并实行数罪并罚。

本书认为,上述判决将一起责任事故同时认定成立工程重大安全事故罪和重大责任事故罪的加重犯并实行数罪并罚,违反了刑法上的禁止重复评价原则,犯了常识性错误。

立法者之所以将重大责任事故罪的成立范围限定为"在生产、作业中",一方面是尽可能覆盖业务过失致死伤的所有情形,另一方面是为了与其他责任事故犯罪区分开来,使各种责任事故犯罪能够"各司其职"。例如,建设单位作为发包方,通常不直接组织参与建设工程的生产、作业,对其违规行为可以以工程重大安全事故罪进行规制。因安全生产设施或者安全生产条件不符合国家规定引起重大安全事故的,可以构成重大劳动安全事故罪。教育教学设施交付使用后,明知校舍或者教育教学设施有危险,而不采取措施或者不及时报告致使发生重大安全事故的,可以以教育设施重大安全事故罪规制教育教学设施管理使用者的不作为。建设工程(如房地产)交付使用后,未按照消防要求进行整改导致消防责任事故发生的,可以以消防责任事故罪规制物业公司等建设工程管理使用者的不作为。也可以说,所谓"在生产、作业中",强调的是,除直接从事生产、作业的一线的直接责任人员外,还包括能够强令他人违章冒险作业和冒险组织他人作业的人员。除此之外的人员不能构成重大责任事故罪。"在生产、作业中",强调的是行为与业务活动的关联性。因此,生产、作业是一个行为性质的决定性因素,只要是因生产、作业而需要实施的行为,就属于重大责任事故罪所规定的发生"在生产、作业中",并不以行为人人为设定的工作时间和休息时间为界定标准。

4.如何认定重大责任事故罪中的"因而"?

案4:田某某系甲公司法定代表人。甲公司与乙公司签订了关于改造京运铸造厂场地、建设物流产业园区项目的租赁协议。根据该协议,甲公司可对现有场地、厂房进行改造,但相应的改造方案须经乙公司审核认可。某日,甲公司与任某某、蒋某某签订了《简装合同》,约定甲公司将铸造厂院内的一个老旧礼堂发包给任某某、蒋某某进行简单装修翻新施工,其中包括外墙粉刷、室内吊顶、室内铺设地板砖等。但田某某并未审核任某某、蒋某某的相关施工资质,也未向乙公司报送相关施工方案。在未办理任何施工许可手续、未进行专业设计、未满足安全开工条件的情况下,任某某、蒋某某组织人员进行施工。施工过程中造成该礼堂楼房倒塌,致使3人死亡,多人受伤。

法院认为,田某某作为甲公司的法定代表人,对此次装修工程负有安全、管理、决策等职责。《简装合同》中关于安全责任承担的约定条款因违反法律强制性规定而无效,不能因此规避其所应承担的刑事责任。田某某属于重大责任事故罪的责任主体。现有证据能够证明田某某未对原有房屋结构进行检测,致使未发现事故建筑存在安全隐患;在礼堂装修工程开工前未按规定向建设行政主管部门申请领取施工许可证;未严格审查任某某使用的劳务单位资质,致使不具备相应资质的个人实际承揽了该装修工程;在装修工程实施过程中,未对工程现场实施有效安全管理;未委托监理单位对礼堂装修工程质量实施监管,上述行为均违反了生产、作业中的安全管理规定,实质违反了业务上的特殊注意义务。并且,在生产、作业过程中,田某某未对直接作业人员进行有效监督,也未尽到为预防事故发生而应做好相关人员安排等管理义务,结合田某某的年龄、智力、认知水平、工作经历等情况,可以认定其主观上存在管理、监督过失,其违反有关安全管理规定的行为与损害结果之间存在因果关系。田某某在作业中违反有关安全管理的规定,因而发生重大伤亡事故,其行为已构成重大责任事故罪。[1]

应该说,这是一起典型的工程重大安全事故,甲公司作为发包方,未审查施工单位的资质,未按照租赁协议规定将改造方案报经乙公司审核认可,未委托监理单位对礼堂装修工程质量实施监管,在装修工程实施过程中,田某某亦未对工

---

[1] 参见北京市第三中级人民法院刑事裁定书,(2017)京03刑终492号。

程现场实施有效安全管理,其违反了注意义务,与事故的发生之间具有因果关系,对事故的发生负有管理、监督过失责任,其作为发包方的负责人应对事故承担刑事责任。当然,准确地讲,由于本案系一起典型的工程重大安全事故案,甲作为建设单位的负责人,应承担工程重大安全事故罪,而不是重大责任事故罪的刑事责任。

案5:某音响俱乐部业主韩某余违规取得音像制品放映许可证,在存在诸多安全隐患的情况下长期违法经营。某日凌晨3时许发生特大火灾,造成74人死亡,2人受伤,直接经济损失19余万元。针对本案,检察院进行了一系列指控。

法院认为,陈某桐作为市文化市场管理办公室主任,徇私舞弊,滥用职权,在未经上报省文管办审批的情况下,擅自为韩某余经营的音像俱乐部发放音像制品放映经营许可证,并使其顺利通过年审而得以继续违法经营,致使该俱乐部发生重大火灾,造成特别重大损失,其行为已构成滥用职权致使国家利益遭受重大损失罪。杜某作为市工商行政管理局直属分局副局长,刘某平作为该局工商业科科长,严重不负责任,为个体业主韩某余办理营业执照,使其得以长期违法经营。"3·29"特大火灾的发生,是诸多因素造成的,杜某、刘某平二人的玩忽职守行为是导致火灾发生的重要因素之一,对此负有不可推卸的责任,其他部门对音像俱乐部整改是否负有责任,并不影响对二人的定罪量刑。杜某、刘某平二人的行为构成玩忽职守罪。刘某汉作为市公安局山阳分局东方派出所指导员,主管辖区公共场所消防监督管理工作。刘某汉多次到该俱乐部检查,发现该俱乐部开业前未向公安消防机构申报消防安全检查,室内采用易燃可燃性材料装修等问题,仅口头提出了整改意见,未采取具体监督整改措施消除安全隐患,致使发生上述特大火灾,其行为构成玩忽职守罪。[1]

应该说,监督消除安全隐患并非文化管理办公室和工商局的职责。或者说,有关文化管理和营业执照颁发的法规的规范保护目的,并不是阻止发生火灾。

---

[1] 参见河南省焦作市解放区人民法院刑事判决书,(2000)解刑初字第55号;河南省焦作市中级人民法院刑事裁定书,(2000)焦刑终字第92号。

阻止发生火灾、保护消费者人身财产安全是消防法规的规范保护目的。本案中，只有派出所指导员刘某汉以及其他负有消防安全监督管理职责的工作人员应对本案的火灾事故负责。因此，在这起特大火灾案中，文化市场管理办公室主任陈某桐，以及工商局副局长杜某、科长刘某平的行为，与特大火灾结果之间没有刑法意义上的因果关系，三人不应对火灾事故承担刑事责任。故而，法院对三人的定罪判决是错误的。派出所指导员刘某汉对辖区内公共场所负有安全监管职责，其渎职行为与特大火灾事故之间存在刑法意义上的因果关系，应对火灾事故承担刑事责任，法院对其以玩忽职守罪定罪处罚是正确的。

值得深思的是，在发生特大事件（事故）后，尤其是经媒体披露的轰动性事件，往往存在这样一种现象，即部分人承担刑事责任后，公众舆论才逐渐平息下来。应由哪些人对事件承担刑事责任，应当谨慎对待。不能让担责的人认为，自己之所以被定罪，是因为运气不够好、官不够大、后台不够硬。渎职犯罪很多时候是一种监督过失责任，应由哪些人承担监督管理过失责任，是刑法理论长期研究的课题。

应该认为，《刑法》第134条第1款重大责任事故罪中的"因而"，旨在强调生产、作业中的违规操作行为是造成重大责任事故的原因，将重大责任事故的发生归属于违规行为，符合安全管理规定的规范保护目的。换言之，如果重大责任事故的发生不是违规操作行为造成的，或者说将重大责任事故的发生归属于违规行为，不符合安全管理规定的规范保护目的，就不能肯定"因而"而成立重大责任事故罪。

5. 如何把握责任事故犯罪认定中的管理、监督过失责任？

案6：某市成立了以赵某秀、方某录为组长，共15人组成的迎接"两基"（基本普及九年义务教育、基本扫除青壮年文盲）评估验收领导小组，由该小组成员、市教委副主任唐某主持拟定整个检查验收的工作方案，其中安排市教委普教科组织全市中、小学举办专场文艺汇报演出。唐某、况某、朱某龙、赵某在市教委部署迎接验收筹备工作会议上以及赵某秀、方某录听取唐某、况某等人的筹备工作汇报时，均未对组织中、小学生进行文艺演出提出安全防范要求。之后，也未就有关安全工作作出部署。同日，经总工会办公室批准，岳某签字，市教委借用友谊馆为文艺汇报演出场地。蔡某锋、阿某提身为友谊馆主任、副主任，平时未组织工作人员学习有关影剧院的安全管理规定，疏于消防安全教育和管理，没有制定有关安全方面的规章制度，使馆内工作人员职责不明确，缺乏安全意识。友谊馆翻修交付使用后曾发生过光柱灯将幕布烤糊的火险，阿某提认为幕布是经过防火处理的，不会着火，没有采取消除隐患的任何措施。某日，消防部门对友谊馆进行检查，指出舞台灯光距幕布过近，要求整改，阿某提、蔡某锋没有组织整改，也未向上级领导提出整改意见。同年，该馆举办气功报告会时光柱灯又将一处幕布烤燃。当时，该馆电工邹某训将着火幕布的吊杆放下，火被群众当场扑灭，避免了火灾的发生。事后，蔡某锋将此事告诉了阿某提，阿某提仍认为幕布经过防火处理而未加整改。友谊馆正面和南北两侧共七个安全疏散门，仅开一个门，南侧通道堆放杂物（其中有阿某提家的沙发），铁栅栏门关闭形成库房。对友谊馆存在的这些安全隐患，孙某、赵某铮都是明知的，但既未采取有效措施消除，也未专题向有关领导汇报，只是在给岳某汇报其他工作时，顺便讲了友谊馆曾发生过幕布烤糊的事，而未引起岳某的重视。岳某对安全通道不畅、南通道堆放杂物和友谊馆幕布曾烤糊的安全隐患是明知的，但未督促检查整改，签字同意使用友谊馆时又未对下属领导强调注意安全问题。之后，阿某提将本馆唯一的电工邹某训派外出差。

某日下午，文艺汇报演出在友谊馆举行。陈某君、努某提、刘某英在当班时，只打开一个正门。由市教委和新疆石油管理局教育培训中心组织的7所中学、8所小学的部分学生、教师提前入场。赵某秀、方某录、唐某、况某、朱某龙和市局有关领导陪同自治区"两基"评估验收团成员观看演出，全场共790余人。18时5分演出开始。赵某在舞台上负责节目安排。当演到第二个节目时，舞台北侧上方倒数第二道光柱灯烤燃纱幕，由于没有电工在岗，在场人员无法采取有效措施灭火。阿某提得知起火后，从前庭楼的办公室下来，路经值班室未首先组织服务员打开太平门，疏散场内人员，而跑上舞台同他人一起灭火，烧伤后被救出。蔡某锋因出差不在现场。起火后，唐某、况某、朱某龙先后上舞台扑火。在火势增大难以扑灭时,唐某、况某见状喊"快跑",没有组织疏散场内学生,朱某、唐某先后跑出馆外。况某跑进女厕所。赵某秀见舞台起火后,轻信火能扑灭,没有发出疏散指令,当火着大时,赵某秀指示他人报警,仍然没有指令组织疏散场内人员。方某录见火势难以控制,不组织疏散场内人员,自己从北侧通道跑出馆外,其后也未指挥、组织抢救馆内人员。赵某秀被烧伤后,晕倒在南侧通道被他人救出。赵某发现舞台着火后,组织引导舞台正在演出的学生和在北通道准备演出的学生跑出友谊馆,在正门处救助学生。陈某君、努某提得知着火后,既未报警,也未打开安全疏散门引导疏散场内人员,当即逃出馆外,在正门处救助学生。刘某英上岗后,未按规定请假,脱岗外出交工会费,至火灾发生后才返回友谊馆。由于火势迅速蔓延,馆内装饰材料燃烧产生大量有毒气体。剧厅内无人组织和指挥人员疏散,通向馆外的疏散门亦未开启,致使323人死亡、132人受伤,直接经济损失3800余万元。

法院认为,阿某提对场馆安全工作疏于管理,起火后,未疏散场内人员,其行为构成重大责任事故罪。陈某君、努某提未在场内巡回检查。陈某君在火灾发生后,未组织服务人员打开安全门。刘某英脱岗外出,未履行自己的职责。以上3人的行为均构成重大责任事故罪。蔡某锋未对职工进行安全教育和制定应急防范措施,其行为构成玩忽职守罪。孙某、赵某铮未采取积极措施督促友谊馆消除安全隐患,其行为均构成玩忽职守罪。岳某明知友谊馆存在安全隐患,未要求检查整改,其行为构成玩忽职守罪。赵某秀、方某录在发生火情时,没有组织和指挥疏散,其行为均构成玩忽职守罪。唐某、况某、朱某龙、赵某在发生火灾时,未组织疏散学生,而只顾自己逃生,其行为均构成玩忽职守罪。[1]

本案中,对被告人可以归为三类:一是友谊馆的工作人员;二是所谓对友谊馆安全工作负有职责的友谊馆的上级主管领导;三是属于教育系统的这次迎接"两基"评估验收团领导小组组长和其他领导成员。对于第一类人员,作为领导的友谊馆主任蔡某锋和副主任阿某提,对于友谊馆存在事故隐患不进行整改,对友谊馆服务人员不进行安全管理培训,未按规定使其他安全门处于开启状态,演

---

[1] 参见新疆维吾尔自治区高级人民法院刑事裁定书,(1995)新刑一终字第251号。

出时安排唯一的电工外出等,无疑应负管理过失责任;在火灾发生时,阿某提没有督促指挥服务人员及时打开其他安全门,导致事故扩大,无疑负有监督过失责任。在场的两位服务人员陈某君、努某提未能在场内及时巡查(若果真有来回巡查以保障安全义务的话),在事故发生时未能及时打开其他安全门,对事故的扩大负有直接责任,擅自外出的刘某英如果真有外出必须请假且对友谊馆安全负有职责的话,也对事故的扩大负有责任。对于第二类人员,若正如判决书所言,对友谊馆安全工作负有职责,则因疏于对友谊馆主任和副主任的监督,而应承担监督过失责任。对于第三类人员,由于演出现场的安全问题应属于友谊馆工作人员和友谊馆上级主管部门负责的领域,要求主管教育的人员对演出场所的安全负责则超出了规范的保护目的范围。以没有对未成年人正确履行法定的监护职责为由判处其承担过失责任也不妥当,若坚持追究的话,则不仅上述人员,现场的老师也都可能被追究刑事责任。况且,行为人是故意逃离,要定罪也应是遗弃罪罪名,而非作为过失犯的玩忽职守罪。综上,上述第三类人员原则上不应被追究刑事责任,至于赵某秀作为现场的最高领导,其有审时度势及时发布疏散命令的义务,其因判断失误没有及时发布疏散命令,而是以个人能力去灭火,对于事故的扩大负有不可推卸的责任,故以玩忽职守罪追究其刑事责任基本上是合理的。

案7:某百货大楼(甲方)与某建筑公司(乙方)签订了新建和扩大营业室、库房、办公室的工程合同。原乙方经理王某图在对其所属施工队缺乏了解的情况下,既没有审查其技术力量,又没有检查监督和制定施工方案,就将此工程交给岳某施工队施工。岳某、张某文、王某林明知本队不具备承包此项工程的条件,又未制定现场安全技术措施,便承接了此项工程。开工时,岳某向百货大楼主管基建的副经理张某珩提出施工时家具营业室应停止营业,清理出施工现场,方可施工。张某珩没有同意,也未向经理孟某珍汇报,便开工了。岳某指派黄某平到营业室房顶焊接钢筋(无焊工操作证)。焊接时,电焊火花通过凿通的孔洞落入家具营业室,张某珩发现后未采取任何措施。第二天张也未到现场监督。

某日,黄某平焊接柱筋时,因电焊火花通过孔洞喷溅在家具营业室内可燃物上,曾引燃了纸盒。孟某珍发现后即向张某文提出交涉,让他们停工,交涉完后离去。张某文找来木工补堵漏洞。当时黄某平停止了焊接。中午12时30分,施工队开工后,黄某平继续在营业室房上东北角焊接。下午1时15分由于补堵的漏洞不严,电焊熔珠溅落在下层的家具营业室的泡沫塑料上,引起了特大火灾事故,造成极其严重的后果。有80人死亡,55人受伤,百货大楼全部商品被烧毁,直接经济损失400余万元。法院认定,岳某、黄某平、张某文、王某林的行为构成重大责任事故罪,孟某珍、张某珩、王某图的行为构成玩忽职守罪。

本案中,王某图在对其所属岳某施工队缺乏了解的情况下,既没有审查其技术力量,又没有检查监督和制定施工方案,就将此工程交给岳某施工队施工,存在管理过失。岳某、张某文、王某林明知本队不具备承包此项工程的条件,又未制定现场安全技术措施,便承接了此项工程,虽然向百货大楼副经理提出过应停止营业后施工的要求,但没有坚持,致使施工队在未确立安全措施的情况下冒险施工,以及雇请无焊工操作证的黄某平进行作业,而具有管理上的过失;在黄某平违章、冒险操作时,未进行现场监督,负有监督过失责任。黄某平无焊工操作证违章冒险作业,直接导致了火灾事故的发生,对事故的发生负有直接责任。张某珩不顾安全,强行在营业状态下装修,负有管理过失责任,未对施工现场进行有效的监督,负有监督过失责任;孟某珍发现事故苗头后未能有效制止违章施工,而对事故的发生负有监督过失责任。

我国《刑法》分则第二章"危害公共安全罪"中规定了系列责任事故罪罪名,如重大飞行事故罪,铁路运营安全事故罪,交通肇事罪,重大责任事故罪,强令、组织他人违章冒险作业罪,重大劳动安全事故罪,大型群众性活动重大安全事故罪,危险物品肇事罪,工程重大安全事故罪,教育设施重大安全事故罪,消防责任事故罪等。重大责任事故发生后,因过失导致事故发生的直接责任人员通常不难认定,但对于并非直接导致事故发生,而是由于没有确立安全管理体制、没有配备必要的安全设施、选任人员不当,或者对直接责任人员负有监督义务却疏于监督,而与责任事故的发生具有刑法上的因果关系的人,即所谓管理、监督过失责任人的认定,往往会为司法人员所忽略。

广义的监督过失包括了狭义的监督过失和管理过失。狭义的监督过失通常是对直接责任人员(具有从属关系或者平行关系)负有监督义务而疏于履行监督义务形成的过失责任;而管理过失通常不以直接责任人员为媒介,而是因为未确立有效的安全管理体制、配备必要的安全设施,或者对人员的选任不当,而与事故的发生之间存在一定的因果关系的过失责任。有时管理过失也可谓一种监督过失,监督过失也可谓一种管理过失,两者并非可以截然分清。追究管理、监督过失责任并不以追究直接责任人员的责任为前提,有时因为直接责任人员已经伤亡,有时因为直接责任人员过失轻微尚不足以被追究刑事责任,有时因为事故的直接诱因系自然原因或者他人的无过错行为,这些都可能导致仅追究管理、监督过失责任人的刑事责任。这时,管理、监督过失责任也可谓一种直接责任。

6. 政府出具的《事故调查报告》具有证据效力吗?

案8:B区工程开工建设。该项目工程的建设单位为乙四航局,施工单位亦为乙四航局,并具体由乙四航局总承包分公司实施,监理单位为丙监理公司。乙四航局总承包分公司指派不具备资质的詹欣某作为B区工程的项目经理,指派孙红某作为该工程负责安全生产的副经理。乙四航局违法将B区工程项目中的土建工程分包给中建三局承建,但有关工程项目的塔吊等部分仍实际由乙四航局负责。同年,乙四航局总承包分公司与北京戊公司签订《甲总部基地B区项目塔吊租赁合同》,由北京戊公司负责B区工程塔吊的安装、顶升及施工。北京戊公司在B区工程现场安装了型号为MC型450t.m塔吊作为1号塔吊(以下简称事故塔吊)进行施工,并指派张献某作为项目负责人,指派周某为施工现场安全员。事故塔吊在B区工程项目工地首次安装使用,截至2017年7月21日,事故塔吊共进行了三次顶升作业,共完成114个标准节的安装。

某日,北京戊公司组织安拆工人陈某、王恩某、殷某、卢友某、刘某、塔吊司机陈政某上吊进行第四次顶升作业,并委派龚国某作为顶升作业的技术指导。其中,龚国某、陈政某、卢友某血液中均有酒精成分(经鉴定,龚国某血液内乙醇成分为64.5mg/100ml、陈政某血液内乙醇成分为34.9mg/100ml、卢友某血液内乙醇成分为8.9mg/100ml)。乙四航局总承包分公司未安排人员履行施工前的安全技术交底职责,北京戊公司也未针对该型塔吊进行有针对性的安全教育培训和技术交底。丙监理公司指派王安某进行现场监督,履行旁站职责。同日13时许,为加快施工进度,北京戊公司未进行安全和技术交底即增派褚殴某、张某(经鉴定,张某血液内乙醇成分为149.7mg/100ml、褚殴某血液内乙醇成分为5.1mg/100ml)上吊施工。同日18时许,塔吊发生坍塌,致殴某、卢友某、刘某、陈政某、龚国某、褚殴某、张某当场死亡(经鉴定,符合巨大外力作用致生命重要器官严重损伤死亡),王恩某、陈某受伤(经鉴定,王恩某损伤程度为重伤二级,陈某损伤程度为轻伤一级)。王安某提前脱岗,事故发生时未在现场履行旁站职责。

经调查,甲总部基地B区项目"7·22"塔吊坍塌事故是一起较大生产安全责任事故。事故的直接原因为部分顶升人员违规饮酒后作业,未佩戴安全带;在事故塔吊右顶升销轴未插到正常工作位置,并处于非正常受力状态下,顶升人员继续进行塔吊顶升作业,顶升过程中顶升摆梁内外腹板销轴孔发生严重屈曲变形,右顶升爬梯首先从右顶升销轴端部滑落;右顶升销轴和右换步销轴同时失去对内塔身荷载的支撑作用,塔身荷载连同冲击荷载全部由左爬梯与左顶升销轴和左换步销轴承担,最终导致内塔身滑落,塔臂发生翻转解体,塔吊倾覆坍塌。事故的间接原因包括:事故塔吊安装顶升单位北京戊公司安全生产管理不力,未能及时消除生产安全事故隐患;事故塔吊承租使用单位乙四航局总承包分公司没有认真履行安全生产主体责任,对事故塔吊安装顶升单位监督管理不力;工程监理单位丙监理公司履行监督责任不严格,未按照法律法规实施监理。

本案的争议焦点在于,如何认定《事故调查报告》的证据效力和主体工程违法承包的刑事责任范围问题。本案由广州市人民政府组织多部门成立的"甲总部基地B区项目'7·22'塔吊坍塌较大事故调查组"出具的《事故调查报告》《技术原因分析报告》是全案核心证据,该证据的采信与否,将直接决定本案各被告人的指控罪名能否成立。另外,涉案主体工程被承包单位乙四航局违法转包给中建三局,北京戊公司作为施工单位,丙监理单位作为监理单位,以及指控的作为乙四航局中层领导的被告人詹欣某、孙红某,施工单位中层领导及现场安全员、监理单位监理员,这些单位和人员在本案中的刑事责任如何界定区分。

法官认为,政府出具的上述《事故调查报告》和《技术原因分析报告》符合证据合法性、真实性、关联性的要求,可予采纳;乙四航局、北京戊公司、丙监理公司在责任分工上应作为塔吊的第一责任单位,被指控的5名被告人应作为直接责任人员承担相应刑事责任。相关理由如下所述。

(1)本案中的《事故调查报告》《技术原因分析报告》实质是安全事故责任调查报告,对其证据效力的刑事司法认定应从出具主体的法律效力、报告的法律效力、报告的形成过程三个方面予以审查。

①从报告的法律效力考虑,《事故调查报告》是市政府组织的调查组,包括监察委、市安全监管局、市住房城乡建设委、市公安局、市质监局、市总工会等相关人员组成,并邀请市人民检察院派员参与事故调查工作,该份调查报告第一时间依法定职权作出,是对"7·22"事故原因和事故责任认定的最终结论,权威性和公正性不容置疑。此外,根据《生产安全事故报告和调查处理条例》第27条规定,"7·22"事故调查组聘请了建筑施工、特种设备安全、工程机械等方面专家参与事故调查工作,委托广州市特种承压设备检测研究所检测,经分析研究作出《技术原因分析报告》,是处理生产安全事故的法定必经程序,完全合法有效。

②从报告的法律性质考虑,市政府组织多部门出具的《事故调查报告》《技术原因分析报告》,实质是国家公文,其证据效力优于其他书证,除有相反证据足以推翻外,应当直接采信。

③从报告的形成过程来看,市政府组织多部门出具的《事故调查报告》《技术原因分析报告》是在现场勘验、调查取证、检测鉴定、模拟实验、专家论证的基础上形成的,调查主体系由多个部门,包括公安司法机关联合组成的,并非单一的行政机关,其对证人调查询问并制作的《询问笔录》,是形成报告的必要前提,不同于单一行政机关独立收集的言词证据。

综上所述,从证据的法律效力、法律性质、形成过程等综合分析,甲总部基地B区项目"7·22"塔吊坍塌较大事故调查组出具的《事故调查报告》《技术原因分析报告》,符合证据合法性、真实性、关联性的要求,其依据的《询问笔录》合法有效,应予采纳。

(2)责任事故犯罪并不要求被告人在事故当时一定在场,其刑事责任的界定应当根据其具体职责而赋予的"注意义务"违反程度予以确定。

本案中的被告人除塔吊安全员周某外,其他被告人均不在现场,不在事故现场是多数被告人辩解其不构成犯罪的主要理由。但"现场性"并非重大责任事故罪的必要条件,其缘由在于"现场性"将在司法实践中导致一线劳动者与管理者之间的责任倒置。在一般的生产、作业过程中,施工现场的劳动者虽然要付出直接的劳动,但对于安全生产设备的配备以及安全规章制度的建立往往拥有较少的发言权。如果在重大责任事故罪中要求"现场性",则一旦出现责任事故,一线劳动者往往因为在"现场"而被追究刑事责任。相对而言,生产、作业单位的管理人员虽然不用直接参与现场施工,但对施工现场的安全生产措施往往具有决定权,倘若因其不具备"现场性",而免予追究法律责任,将造成实质上的不合理。

此外,按照实践中工程施工单位的一般工作方式,依据离"现场"由远及近的标准,可以将工程施工单位的内部人员分为以下几个层级:第一阶层是极少在现场的企业高层管理人员;第二阶层是偶尔在现场进行检查、监督和指导的企业中层领导者;第三阶层是直接在现场的工人和现场指挥者。就上述层级人员的责任认定而言,基础在于"责任",即"因特定义务而产生的责任",责任事故的产生就是违反了相应的注意义务。这种"注意义务"的审查标准,具体应按照三个维度予以裁判。一是有无完善的安全生产规章制度;二是有无配备必要的安全生产设施设备;三是安全生产规章制度的落实。已经有完善安全生产规章制度,已配备必要的安全生产设施设备,因现场施工工人严重违反规定而造成事故的,其事故认定主要责任人应以现场人员为主要考量范围。对于没有完善安全生产规章制度,或没有严格遵守安全生产规章制度,或没有配备必要的安全生产设施设备,有上述其中之一的,就应当将对施工具有监督、指导责任的人员作为主要责任人员,通常这些都是企业的中层或者高层领导者。

就本案而言,"7·22"塔吊坍塌较大事故,是在事故塔吊工程分包、安装顶升、承租使用、工程监理、事故预防、安全监管过程中各种违反安全管理规定的行为和因素综合,现场顶升作业工人各种违章冒险作业造成的。

涉及的甲总部基地B区项目工地,开发单位为乙四航局,该单位在明知自身主业为港口与航道承包等,极少涉及房屋土建工程领域的情况下,非法将甲总部基地B区土建工程分包给中建三局,与中建三局签订土建工程施工合同后,为了提升企业业绩和资质,培养其管理团队,又违法将主合同分解为《钢结构及零星分包工程施工合同》《土建工程商品混凝土购销合同》《土建工程钢筋购销合同》《土建工程塔式起重机租赁合同》《土建工程施工劳务分包合同》五个分合同,除钢结构部分仍由中建三局组织实施外,其余主体劳务、钢筋、混凝土和塔吊设备四个部分均由乙四航局另行与分供方签订分包采购合同并直接付款,由中建三局协助其进行管理。也就是说,涉案塔吊的主要责任为乙四航局,而非丁建三局。

根据《甲总部基地B区项目塔式起重机租赁合同》《起重设备安全管理协议书》《安全生产协议书》《甲总部基地B区塔式起重机服务合同》等相关书证,起重设备,即涉案塔吊的实际总包单位为乙四航局,分包单位为北京戊公司,由乙四航局负责对施工生产安全进行监督、管理、检查,并由乙四航局主管安全人员对北京戊公司入场人员进行入场安全教育,乙四航局的现场安全员进行现场监控;北京戊公司则要求在塔吊作业前必须由其安全员和技术员对作业人员在现场进行安全技术交底,制订安全施工方案,并征得乙四航局安全部门同意,严禁出现未经教育和考核的人员上岗。另根据《建设工程委托监理合同》和相关中标通知书,自2014年1月20日起乙四航局委托丙监理公司对甲总部基地B区工程全过程监理。

此外,依据广州市海珠区建设工程质量安全监督站出具的《关于塔吊顶升的有关说明》,可认定涉案塔吊在使用过程中,如需要顶升,顶升方案应由承包单位北京戊公司编制、审核、审批后报总承包单位乙四航局审核、审批,再由监理单位丙监理公司审查、审核。

综上所述,可确认涉案塔吊安全生产的第一责任单位应为乙四航局、北京戊公司和丙监理公司,刑事责任的追责应严格按照其实际责任范围予以审查。

而就上述单位具体责任人的审查而言,5名被告人除现场安全员周某外,其他均为上述第一责任单位的中层领导者,均受各自单位高层领导指派具体负责涉案塔吊工地的现场检查、监督和指导。依据《调查报告》，涉案塔吊工地日常施工安排、组织保障、技术交底、安全监督、安全监理等涉及现场检查、监督、指导等方面的制度设立、落实上存在不健全、流于形式的明显漏洞或问题。张献某对事故塔吊的日常施工安排、安全交底及全过程的管理完全流于形式。周某作为现场安全员未及时排查制止在顶升安装作业中有饮酒的指挥人员、塔吊司机及部分安拆人员违规冒险作业，也未能及时排查并组织消除承重销轴无法插入正常工作位置的事故隐患。詹欣某在执业资格证书专业类别仅为港口和航道工程的情况下，仍作为乙四航局派驻甲总部基地 B 区土建、房建等非港口、航道工程的项目经理。王安某在仅有建筑施工工程师，无监理员岗位证书，不具备监理资格的情况下，仍接受公司委派作为专职安全员上岗。孙红某没有健全和落实安全生产责任制和项目安全生产规章制度，未有效落实安全施工技术交底工作，没有认真审核《塔吊附着、顶升专项施工方案》，对塔吊顶升作业没有进行有效的现场组织，对项目施工技术安全交底以及安全管理方面混乱局面的形成负有直接责任。综上，涉及的 5 名被告人均在各有直接责任义务的前提下，违背了相应的注意义务，违反了相关规章规定，应作为直接责任人，承担"7·22"塔吊坍塌较大事故的刑事责任。

法院判定：(1) 张献某犯重大责任事故罪，判处有期徒刑 2 年；(2) 周某犯重大责任事故罪，判处有期徒刑 2 年；(3) 詹欣某犯重大责任事故罪，判处有期徒刑 1 年 9 个月；(4) 孙红某犯重大责任事故罪，判处有期徒刑 1 年 9 个月；(5) 王安某犯重大责任事故罪，判处有期徒刑 1 年 9 个月。[①]

应该说，事故发生后政府相关部门出具的所谓《事故调查报告》，不属于《刑事诉讼法》所规定的任何一种证据种类，不是书证、物证、证人证言，其是专门技术人员对事故发生原因、责任划分等方面出具的意见，相当于勘验、检查笔录和鉴定意见，类似于交通事故责任认定书，可谓行政确认。其虽然对认定事故发生原因、事故责任划分等问题具有重大的参考价值，但毕竟不是客观证据，对其证据效力，必须结合相关安全管理的行政法规等规范和专业知识进行审核。质言

[①] 参见广东省广州市中级人民法院刑事裁定书，(2019) 粤 01 刑终 1347 号。

之,政府相关部门出具的《事故调查报告》是事故发生后个"人"作出或者发表的个人意见,按照证据规则,像勘验、检查笔录和鉴定意见一样,作出《事故调查报告》结论的相关负责人员和聘请的专家应当出庭接受各方的质证,否则不能予以采信。

7."情节特别恶劣的",包括动机卑鄙、主观恶性深等有责性重和再犯罪可能性大的预防因素吗?

梳理《刑法》分则中关于"情节严重""严重情节""情节恶劣""恶劣情节"的规定会发现,这种规定具有相当的随意性。应该说,无论"情节严重""情节特别严重""严重情节""特别严重情节"还是"情节恶劣""情节特别恶劣""恶劣情节""特别恶劣情节",都应该限于客观方面的反映法益侵害程度的客观违法要素,而不包括动机卑鄙、主观恶性深等有责性重和曾经受过刑事处罚和行政处罚等反映再犯罪可能性即特殊预防必要性大小的预防要素。作为重大责任事故罪法定刑升格条件的"情节特别恶劣"也不例外,应限于造成特别重大伤亡事故或者其他特别严重后果。

8.给私营企业主造成的财产损失能认定为事故造成的直接经济损失吗?

在本罪发生于私营企业的场合,如果行为人是私营企业产权的唯一所有人,即实际投资人或者唯一出资人,则事故给私营企业本身造成的财产损失不能计算在直接经济损失与其他后果内。如果行为人是民营企业的股东,则计算财产损失时应扣除其所占股份比例的部分。例如,行为人占股20%,责任事故总共造成100万元的经济损失,则应认定其承担的经济损失数额为80万元,而不是全部的100万元。当然,如果行为人是私营企业的职工,则行为给私营企业本身造成的财产损失应当计算在直接经济损失内。概言之,行为人对自己本人造成的损失,不能认定为犯罪结果。

9.重大责任事故罪与交通肇事罪之间是什么关系?

案9:江某柱、甘某奇为大客车专职司机,某日早上,江某柱、甘某奇轮换驾驶大客车,中途吃饭后,区某祥抢先坐上驾驶室要驾驶该大客车,江某柱、甘某奇没有采取有效的措施加以制止,任由区某祥驾驶该大客车。随后区某祥占道超速行驶,与相向行驶的中巴客车发生碰撞,致使两车上的19名乘客死亡,15名乘客受伤,以及尾随中巴客车驾驶摩托车的李某养死亡。法院认为,区某祥违章驾车及行驶并造成特大交通事故的行为已构成了交通肇事罪;江某柱、甘某奇违反国家及本单位对交通运输管理有关规章制度,明知区某祥没有驾驶大客车资格,却没有采取有效的措施加以制止,放任区某祥驾驶大客车,从而造成特大交通事故,其行为均构成重大责任事故罪。二审法院维持原判。①

本案中,江某柱、甘某奇作为客车的专职司机放任没有驾驶客车资格的区某祥驾驶客车,而且未尽监督责任,对事故的发生负有监督过失责任,完全能够以监督过失追究二被告人交通肇事罪的刑事责任(对交通事故承担责任不仅包括直接责任人员,还应包括对事故发生负有监督过失责任的人员),因此2名被告人的行为既构成重大责任事故罪,又构成交通肇事罪,应从一重处罚。

案10:段某驾驶自己的合力牌叉车在马路上行驶。当行驶至一个十字路口时,因其观察不力,导致其驾驶的叉车左前部与正行走通过人行横道的张某相撞,张某倒地当场死亡,叉车受损。交警认定:段某的行为违反了《道路交通安全法》第22条第1款"机动车驾驶人应当遵守道路交通安全法律、法规的规定,按照操作规范安全驾驶、文明驾驶"和第47条第1款"机动车行经人行横道时,应当减速行驶;遇行人正在通过人行横道,应当停车让行"之规定,负该事故全部责任,张某无责任。

法官认为,根据《关于修订〈特种设备目录〉的公告》《特种设备安全监察条例》《机动车驾驶证申领和使用规定》《机动车运行安全技术条件》规定,叉车是特种设备,属于一种特殊的机动车,不由交警部门管理。叉车在行驶过程中致人伤亡或者造成财产损失构成交通肇事罪必须满足以下条件:(1)当一方为叉车,另一方是行人时,事故应发生在公共交通道路上。如果发生在封闭的工地,未通

---

① 参见广西壮族自治区梧州市中级人民法院刑事裁定书,(2003)梧刑终字第90号。

车的道路以及广场等地方,则不能算交通事故,而应当是安全责任事故。(2)如果事故发生在封闭的工地,未通车的道路以及广场等地,那么一方是叉车,另一方应是车辆,包括机动车和非机动车。本案中,事故发生在公共交通道路上,属于公共交通管理的范围。被告人驾驶叉车没有驾驶证,只有企业内机动车辆行驶证,事故一方是叉车,另一方是行人。所以,本案被告人构成交通肇事罪,而不构成重大责任事故罪与过失致人死亡罪等相关罪名。①

案11:何某租赁"某工999"轮雇佣船员从事海上运输服务。某日何某指示船长罗某兵驾驶"某工999"轮至某工地码头装载石料,船舶运输过程中船舶吃水下沉,导致船上8人落水,大副潘某死亡,水手王某苗失踪(之后经法院宣告死亡)。事故造成船舶打捞费、修理费、车辆损失等直接经济损失600余万元。经某海事处调查认定,上述事故系单方责任事故,"某工999"轮承担事故全部责任,何某未落实安全管理责任,未根据相关规定建立安全管理体系对"某工999"轮实施安全管理,未对船员实施岗前培训、职责熟悉,未督促船上开展救生、弃船等应急演练;在船舶遇险后,未能保持船岸之间的有效联系,未能为船方提供专业有效的岸基支持,违反了《航运公司安全与防污染管理规定》的规定,对事故负有管理责任。

法院认为,何某作为"某工999"轮的实际经营管理人,也是对"某工999"轮负有组织、指挥、管理职责的实际控制人,在生产、作业中违反有关安全管理的规定,因而发生安全事故,造成一人死亡、四人失踪和直接经济损失600余万元的后果,负事故主要责任,情节特别恶劣,其行为构成重大责任事故罪。②

应该说,海事安全法规也属于交通运输管理法规,所以本案既属于"在生产、作业中违反有关安全管理的规定,因而发生重大伤亡事故或者造成其他严重后果"而构成重大责任事故罪,也属于"违反交通运输管理法规,因而发生重大事故"而构成交通肇事罪,二者系竞合关系,从一重处罚即可。

有指导性案例指出,在航道、公路等公共交通领域,违反交通运输法规驾驶

---

① 参见湖南省临澧县人民法院刑事判决书,(2018)湘0724刑初135号。
② 参见宁波海事法院刑事判决书,(2021)浙72刑初8号。

机动车辆或者其他交通工具,致人伤亡或者造成其他重大财产损失,构成犯罪的,应认定为交通肇事罪;在停车场、修理厂、进行农耕生产的田地等非公共交通领域,驾驶机动车辆或者其他交通工具,造成人员伤亡或者财产损失,构成犯罪的,应区分情况,分别认定为重大责任事故罪、重大劳动安全事故罪、过失致人死亡罪等罪名。对于从事营运活动的交通运输组织来说,航道、公路既是公共交通领域,也是其生产经营场所,"交通运输法规"同时亦属交通运输组织的"安全管理的规定",交通运输活动的负责人、投资人、驾驶人员等违反有关规定导致航道、公路上发生交通事故,造成人员伤亡或者财产损失的,可能同时触犯交通肇事罪与重大责任事故罪。具有营运性质的交通运输活动中,行为人既违反交通运输法规,也违反其他安全管理规定,由于该类运输活动主要是一种生产经营活动,并非单纯的交通运输行为,为全面准确评价行为人的行为,一般可按照重大责任事故罪认定。交通运输活动的负责人、投资人等负有安全监管职责的人员违反有关安全管理规定,造成重大事故发生,应认定为重大责任事故罪;驾驶人员等一线运输人员违反交通运输法规造成事故发生的,应认定为交通肇事罪。[①]

上述指导性案例意见可能导致不合理的结论:从事一线运输的驾驶员交通运输肇事后因逃逸致人死亡的,可能判处 7 年以上有期徒刑,而运输组织的负责人、投资人指使驾驶员逃逸的,却仅成立法定最高刑为 7 年有期徒刑的重大责任事故罪。应该认为,交通运输管理法规也是生产安全管理法规,行为人在运输过程中发生安全事故的,既构成重大责任事故罪,也构成交通肇事罪,应从一重处罚,而不能简单地认为一线驾驶人员构成交通肇事罪,交通运输组织的负责人、投资人构成重大责任事故罪。

10. 如何界分重大责任事故罪与相关责任事故犯罪?

案 12:石岭鞭炮厂是村办企业,之后,沈某明与沈某林合股承包经营该厂。二人将该厂和硝间、加工间、爆竹成品、半成品和原材料存放间都安排在同一栋房屋的不同房间内。乡镇企业局、消防队、公安局、工商行政管理

[①] 参见夏某某等人重大责任事故案,最高人民检察院指导性案例检例第 97 号(2021 年)。

局四部门对石岭鞭炮厂检查发现存在库存量大、人员集中、危险间太近等问题,要求该厂停产整改,但该厂并未停产进行有效整改。某日,在沈某林许诺以现金支付加工费的情况下,先后有86名工人来到石岭鞭炮厂做工,当时厂房内堆放有100多袋"五彩炮"成品"大地红"鞭炮和其他一些爆竹半成品及一些原材料。因天下雨,沈某林同意前来做工的工人在拥挤的厂房内加工,曾某芳在场,未提出反对意见,并将爆竹半成品发给前来做工的人。上午9时30分许,因配药工李某违反国家安全标准配药,在和硝时违反操作规程,摩擦起火引发爆炸,继而引爆存放"五彩炮"和"大地红"鞭炮的大厅等4处发生爆炸,致使砖瓦结构的厂房倒塌,导致黄某、沈某等33人死亡,沈某强、罗某华、张某英3人重伤,胡某芝、沈某某等8人轻伤,周某、张某百2人轻微伤。经原农业部烟花爆竹质量监督检验测试中心对现场勘查时提取型号为19.3×4.5厘米的"五彩炮"检验认定:单个含药量为12.64克,其中氯酸钾含量为42.9%,摩擦感度为100,单个装药量超过国家标准251.8倍。

对于该案,法院以危险物品肇事罪分别判处沈某明、曾某芳有期徒刑7年和3年(曾某芳也系厂安全领导小组成员,沈某林在事故中死亡)。[①]

应该说,被告人违章生产大爆竹,不仅符合危险物品肇事罪构成要件,还因为安全生产设施、安全生产条件不符合国家规定,符合重大劳动安全事故罪的构成要件;被告人的行为,也可谓"在生产、作业中违反有关安全管理的规定,因而发生重大伤亡事故",因而同时符合重大责任事故罪的构成要件;被告人拒不服从消防队停产整改的要求,由此还符合消防责任事故罪的构成要件。

案13:陈某校、王某福和张某民(另案处理)合伙,以工程公司名义向七台河矿务局矿建工程处、沈阳矿务局矿建工程处承包某路段隧道A、B两级进口、出口施工工程。陈某校、王某福先后招募数百名民工到该工地务工。陈某校、王某福违反国家有关规定,未采取有效劳动安全保障措施和落实各种规章制度,让未经防尘知识教育、考核及健康检查的民工从事粉尘作业。

[①] 参见江西省萍乡市中级人民法院刑事判决书,(2000)萍刑一初字第14号。

在施工过程中,民工大多采用"干式掘进"进行作业,致使干式凿岩、出碴、放炮、喷射混凝土产生的大量粉尘无法排除。为此,对工程的劳动安全具有监督管理责任的主管部门七台河市矿务局工程处和沈阳矿务局工程处派驻吴家岭隧道工程进出口工地的工作人员及部分民工多次向陈某校、王某福提出粉尘对工人身体健康的危害,要求改善作业环境(监督人员均未予制止),但陈某校、王某福仍未采取有效保障措施,致使众多民工在恶劣的环境中从事粉尘作业,吸入大量粉尘。1997 年至案发时,陆续发现在该工地工作过的工人身体不适先后患病,其中,民工张某云、陈某近、胡某朝、陶某国、洪某奎、魏某考、赖某京、王某云先后因患矽肺病而死亡。经浙江省职业病鉴定委员会尘肺病诊断组鉴定,在该工地务工的泰顺籍民工胡某猛等 60 余人矽肺检查呈"O"型。至案发时间为止,经泰顺县劳动鉴定委员会鉴定,民工王某建等 11 人为二级伤残,陈某余等 27 人为三级伤残,傅某盟等 56 人为四级伤残,张某桥等 21 人为六级伤残,陈某美等 94 人为七级伤残。对于本案,法院以重大劳动安全事故罪分别判处陈某校、王某福 7 年和 5 年有期徒刑。①

应该说,本案中被告人的行为,无疑属于"在生产、作业中违反有关安全管理的规定,因而发生重大伤亡事故"的情形,因而既构成重大劳动安全事故罪,也同时符合重大责任事故罪的构成要件。

我国《刑法》分则规定了一系列的责任事故犯罪,叠床架屋,犬牙交错,犹如"杂货铺"。从理论上讲,这些责任事故犯罪"各司其职":(1)航空人员违反航空安全管理制度致使发生重大飞行事故的,成立重大飞行事故罪;(2)铁路职工违反铁路运输安全管理制度致使发生铁路运营安全事故的,成立铁路运营安全事故罪;(3)车辆、船舶、行人违反水上、道路交通运输安全管理法规因而发生重大交通事故的,成立交通肇事罪;(4)生产、作业过程中违反有关安全管理规定因而发生重大安全事故的,成立重大责任事故罪;(5)对生产、作业负有组织、指挥或者管理职责的负责人、管理人员、实际控制人、投资人强令他人违章冒险作业、

---

① 参见浙江省温州市瓯海区人民法院刑事判决书,(2001)瓯刑初字第 973 号。

冒险组织他人作业因而发生重大安全事故的,成立强令、组织他人违章冒险作业罪;(6)因安全生产设施或者安全生产条件本身不符合国家规定而发生重大安全事故的,成立重大劳动安全事故罪;(7)举办大型群众性活动过程中违反安全管理规定因而发生重大安全事故的,成立大型群众性活动重大安全事故罪;(8)生产、储存、运输、使用危险品过程中违反安全管理规定因而发生重大安全事故的,成立危险物品肇事罪;(9)建设单位、施工单位、设计单位、监理单位违反国家规定降低工程质量标准因而造成重大安全事故的,构成工程重大安全事故罪;(10)校舍和教育教学设施交付使用后,校舍和教育教学设施管理人明知校舍或者教育教学设施有危险而不采取措施或者不及时报告,致使发生重大安全事故的,构成教育设施重大安全事故罪;(11)建筑工程交付使用后,建筑工程管理人拒绝执行消防监督机构下发的整改命令因而造成火灾等消防安全事故的,构成消防责任事故罪;等等。

上述有关责任事故犯罪的界分只是理论上的,从罪状表述上也可以看出责任事故犯罪之间存在广泛的竞合。例如,(1)航空、铁路运输安全规章制度也属于交通运输管理法规,所以成立重大飞行事故罪和铁路运营安全事故罪的,也同时成立交通肇事罪,发生事故后逃逸的,同样可能成立"交通运输肇事后逃逸"和"因逃逸致人死亡";(2)施工单位在生产、作业中违反有关安全管理的规定降低工程质量标准因而发生重大安全事故的,可能同时成立工程重大安全事故罪和重大责任事故罪;(3)对生产、作业负有组织、指挥、管理职责的人员强令违章冒险作业和冒险组织作业因而发生重大安全事故罪,可能同时成立强令、组织他人违章冒险作业罪和重大责任事故罪;(4)生产运输企业在运输过程中发生交通事故的,可能既构成重大责任事故罪,又构成交通肇事罪,肇事后逃逸的能成立"交通运输肇事后逃逸"和"因逃逸致人死亡";(5)生产、作业中因安全生产设施或者安全生产条件不符合国家规定因而发生重大安全事故的,可能同时成立重大劳动安全事故罪和重大责任事故罪;(6)在危险品的生产、作业中违反危险品的安全管理规定因而发生重大安全事故的,可能同时成立危险物品肇事罪和重大责任事故罪,危险品的生产设施或者生产条件不符合国家规定因而发生重大安全事故的,可能同时成立危险物品肇事罪和重大劳动安全事故罪;等等。

11. 重大责任事故罪与过失致人重伤罪、过失致人死亡罪之间是什么关系？

《刑法》第233条过失致人死亡罪与《刑法》第235条过失致人重伤罪条文中均有"本法另有规定的,依照规定"。通说对此的解读是,"本法另有规定的,是指对其他因过失致人死亡的情况,如《刑法》分则作了专门的规定,有独立的罪名与法定刑(如失火致人死亡,交通肇事致人死亡、重大责任事故致人死亡等),径行按照上述各条的规定定罪处罚,不再以本罪论处"[1]。显然,通说认为,"本法另有规定的,依照规定"表明了法条竞合时特别法优于普通法的法条竞合适用原则。过失致人死亡罪、过失致人重伤罪属于普通法,责任事故犯罪属于特别法,当同时构成责任事故犯罪与过失致人死亡罪、过失致人重伤罪时,只能以责任事故犯罪定罪处罚,绝对排斥后两罪的适用。当然,在不符合责任事故犯罪的构成要件,或者说没有达到责任事故犯罪的定罪起点时,由于不符合责任事故犯罪的构成要件,不属于"本法另有规定"的情形,因而并不排斥过失致人死亡罪、过失致人重伤罪的适用,通常认为这与"本法另有规定的,依照规定"的规定并不冲突。

可是,通说的理解存在疑问。

首先,《刑法》分则中仅在过失致人死亡罪、过失致人重伤罪、故意伤害罪、诈骗罪、滥用职权罪、玩忽职守罪条文中存在"本法另有规定的,依照规定",但放火、爆炸罪中也可能存在故意杀人,盗伐林木、盗窃枪支也可谓盗窃,抢劫枪支也可谓抢劫等,《刑法》为什么不在盗窃罪、抢劫罪、故意杀人罪条款中作出这种规定？如此厚此薄彼、区别对待的理由何在？显然难以给出令人信服的理由。

其次,国内外刑法理论公认业务过失犯罪的违法性和有责性重于普通过失犯罪,可是我国《刑法》第233条中过失致人死亡罪的起点刑是3年以上7年以下有期徒刑,而责任事故犯罪的起点刑却一般是3年以下有期徒刑或者拘役,若认为上述规定表明绝对排斥普通过失犯罪的适用,则明显与国内外公认的刑法理论背道而驰,也明显违背罪刑相适应原则,我国立法水平不会拙劣到如此

---

[1] 高铭暄、马克昌主编:《刑法学》(第10版),北京大学出版社、高等教育出版社2022年版,第464页。

地步。

最后,我国责任事故犯罪无论立案起点还是法定刑升格条件均明显高于普通过失犯罪,若绝对排斥普通过失犯罪的适用,则会出现明显有违公平正义的结论。例如,根据 2015 年 12 月 14 日最高人民法院、最高人民检察院发布的《关于办理危害生产安全刑事案件具体适用法律若干问题的解释》规定,只有死亡 1 人以上或者重伤 3 人以上的,才构成重大责任事故罪,按通说立场会出现如下明显不合理的结论:重大责任事故犯罪致 1 人死亡的,最重处 3 年有期徒刑,普通过失致 1 人死亡,如果没有特别从轻情节,通常至少应判处 3 年有期徒刑;因责任事故致 2 人重伤的,不构成重大责任事故罪,要么无罪,要么以过失致人重伤罪论处,最重可能判处 3 年有期徒刑,而因责任事故致 3 人重伤的,构成重大责任事故罪,可能判处 3 年的刑罚;因责任事故致 2 人死亡的,不属于重大责任事故罪中的"情节特别恶劣",因而以重大责任事故罪定罪最多判处 3 年有期徒刑,而以过失致人死亡罪定罪,则完全可能判处 3 年以上有期徒刑;等等。

本书认为,《刑法》分则中的"本法另有规定的,依照规定"仅属于提醒司法人员注意的规定,是可以删除的规定。[①] 即便有这种规定,从罪刑相适应和有效保护法益角度考虑,也不应排除过失致人死亡罪和过失致人重伤罪的适用。上述通说立场和事故犯罪定罪门槛过高的解释规定在实践中普遍导致了不合理的处理结论。

案 14:余某在某住宅小区工地 4 号楼东单元 801 室作业时,违反有关安全生产规章制度,将装有建筑废料的蛇皮袋从东侧阳台扔下,砸中在地面的尤某举头部。尤某举受伤后经送医院抢救无效死亡。经人民医院诊断,尤某举的死因系特重型颅脑损伤。

法院认定,余某在生产作业过程中,违反安全生产规章制度,因而发生重大伤亡事故,致 1 人死亡,其行为已构成重大责任事故罪,判处有期徒刑 10 个月。[②]

[①] 参见陈洪兵:《刑法分则中"本法另有规定的依照规定"的另一种理解》,载《法学论坛》2010 年第 5 期。

[②] 参见上海市浦东新区人民法院刑事判决书,(2009)浦刑初字第 96 号。

应该说，本案被告人的行为完全符合过失致人死亡罪的构成要件。若绝对排斥过失致人死亡罪的适用，以存在重大业务过失为由认定其构成重大责任事故罪仅判处10个月（实践中这种情形以重大责任事故罪定罪通常判处缓刑）。问题在于，市民不慎使花瓶从高楼坠落致人死亡的，无疑构成过失致人死亡罪，若没有特别从轻的情节，通常会被判处3年以上有期徒刑。显然，这种处理结果有违罪刑相适应原则。

综上所述，为实现罪刑相适应，最大限度地避免司法解释的错误规定带来的负面影响，应当承认过失致人死亡罪和过失致人重伤罪中的"本法另有规定的，依照规定"属于注意规定。在行为同时符合责任事故犯罪与过失致人死亡罪、过失致人重伤罪构成要件时，并不绝对排斥后两罪的适用，应当按照从一重处罚原则定罪量刑。或者为了与责任事故犯罪的处罚相协调，将"三年以下有期徒刑"看作过失致人死亡罪的基本刑，"三年以上七年以下有期徒刑"作为加重刑。①

12. 对行贿、贪污受贿的既从重又数罪并罚的司法解释规定有无疑问？

司法解释规定，采取行贿等手段，故意逃避、阻挠负有安全监督管理职责的部门实施监督检查的，从重处罚，同时构成《刑法》第389条规定的行贿罪的，依照数罪并罚的规定处罚；国家工作人员的贪污、受贿犯罪行为与安全事故发生存在关联性的，从重处罚，同时构成贪污、受贿犯罪和危害生产安全犯罪的，依照数罪并罚的规定处罚。②

应该说，将行贿、贪污、受贿情节既作为责任事故犯罪的从重处罚情节，又以行贿罪、贪污罪、受贿罪与责任事故犯罪数罪并罚，明显属于重复评价，违反了禁止重复评价原则。所以，要么作为从重情节进行评价，要么数罪并罚，而不能既从重评价又数罪并罚。

---

① 参见陈洪兵：《刑法常用百罪精解》，中国人民大学出版社2023年版，第215页。
② 参见最高人民法院、最高人民检察院《关于办理危害生产安全刑事案件适用法律若干问题的解释》（法释〔2015〕22号）第12条第1款第5项、第14条；最高人民法院、最高人民检察院《关于办理危害生产安全刑事案件适用法律若干问题的解释（二）》（法释〔2022〕19号）。

第七节 强令、组织他人违章冒险作业罪

> ·导 读·
>
> 强令、组织他人违章冒险作业罪的责任形式为过于自信的过失,系一种重大业务过失犯罪。只有实际对生产、作业负有组织、指挥、管理职责的人员才可能强令、组织他人违章冒险作业。被强令、组织违章冒险作业的"他人",既不能构成本罪,也不能构成重大责任事故罪等其他责任事故犯罪。本罪与其他责任事故犯罪之间可能发生竞合。

条 文

第一百三十四条 【重大责任事故罪】在生产、作业中违反有关安全管理的规定,因而发生重大伤亡事故或者造成其他严重后果的,处三年以下有期徒刑或者拘役;情节特别恶劣的,处三年以上七年以下有期徒刑。

【强令、组织他人违章冒险作业罪】强令他人违章冒险作业,或者明知存在重大事故隐患而不排除,仍冒险组织作业,因而发生重大伤亡事故或者造成其他严重后果的,处五年以下有期徒刑或者拘役;情节特别恶劣的,处五年以上有期徒刑。

罪名精释

1. 本罪的责任形式是什么?

刑法通说教科书认为,"本罪主观要件为过失和间接故意,行为人通常是出于侥幸心理,故而主观上多为间接故意"[1]。张明楷教授指出,"一般认为,本罪

---

[1] 高铭暄、马克昌主编:《刑法学》(第10版),北京大学出版社、高等教育出版社2022年版,第366页。

的责任形式为过失。或许也可以认为,本罪的责任形式是故意,但'发生重大伤亡事故或者造成其他严重后果'属于客观的超过要素"①。所谓"客观的超过要素",其实是张明楷教授"发明"的一个概念,其认为,像"多次"、丢失枪支不报罪中的"造成严重后果"以及滥用职权罪中"致使公共财产、国家和人民利益遭受重大损失",虽然是客观构成要件要素,但不需要行为人主观上存在与之相对应的故意内容,即该客观要素超出了故意的认识内容与意志内容,所以称为"客观的超过要素"。考虑到责任主义的要求,客观的超过要素虽然不是故意的认识与意志内容,但要求行为人对之具有预见可能性。②

根据责任主义的要求,只要是客观要素,原则上都是行为人主观上必须认识的内容,除个别情形(如"多次")外,行为人没有认识到客观要素的内容,就不能认为行为人"明知自己的行为会发生危害社会的结果,并且希望或者放任这种结果发生"而具有犯罪故意。所以,"客观的超过要素"概念并不符合责任主义的要求。由于故意与过失是非难可能性程度存在明显差异的两种不同的责任形式,认为一个罪名既可以由故意构成也可以由过失构成,进而适用同样的法定刑,会有违反罪刑相适应原则之嫌。所以,通说认为本罪的责任形式是过失和间接故意,存在疑问。

应该说,强令他人违章冒险作业和冒险组织他人作业明显是故意而为之,但行为人对因此可能导致重大安全事故的发生却是一种轻信能够避免的心理。如果认为行为人明知强令违章冒险作业和冒险组织作业会发生重大安全事故,而希望或者放任重大安全事故的发生,就是一种故意危害公共安全的犯罪,而不是成立法定最高刑仅为15年有期徒刑的本罪。所以,本书倾向于认为本罪的责任形式为过于自信的过失,本罪是一种重大业务过失犯罪。如果行为人对重大伤亡结果明显持希望或者放任态度,则不仅成立本罪,还应成立故意杀人罪、故意伤害罪或者以危险方法危害公共安全罪等故意危害公共安全的犯罪。

---

① 张明楷:《刑法学》(第6版)(下册),法律出版社2021年版,第938页。
② 参见张明楷:《刑法学》(第6版)(上册),法律出版社2021年版,第343页。

2. 被强令、组织违章冒险作业的他人构成犯罪吗?

本罪的犯罪主体为对生产、作业负有组织、指挥或者管理职责的负责人、管理人员、实际控制人、投资人。也就是说,只有实际对生产、作业负有组织、指挥、管理职责的人员才可能强令、组织他人违章冒险作业。就建设工程而言,一般来说只有施工单位的人员才可能构成本罪,建设单位、设计单位和监理单位可能构成工程重大安全事故罪。被强令、组织违章冒险作业的人员,由于处于被控制、支配的状态,既不构成本罪,又不构成重大责任事故罪等其他责任事故犯罪。

3. 本罪与其他责任事故犯罪之间是什么关系?

本罪与其他责任事故犯罪之间可能发生竞合。对生产、作业负有组织、指挥或者管理职责的人员在生产、作业中强令、组织他人违章冒险作业因而发生重大安全事故的,可能既构成本罪,又构成重大责任事故罪、工程重大安全事故罪、重大劳动安全事故罪、危险物品肇事罪等责任事故犯罪,从一重处罚即可。

第八节 危险作业罪

·导 读·

《刑法修正案(十一)》增设危险作业罪,旨在通过消除发生重大责任事故的隐患或者危险,预防重大责任事故的发生。本罪的责任形式为故意。从"具有发生重大伤亡事故或者其他严重后果的现实危险"的条文表述看,本罪系具体危险犯。无证私售成品汽油,不是构成非法经营罪,而是构成危险作业罪。危险作业罪的实行行为为关闭、破坏直接关系生产安全的监控、报警、防护、救生设备、设施,篡改、隐瞒、销毁关系生产安全的数据、信息,拒不执行责令整改措施和擅自从事危险生产作业活动。重大责任事故罪等责任事故犯罪是危险作业罪的结果加重犯。危险作业致人伤亡的,成立重大责任事故罪等责任事故犯罪,而不是以危险方法危害公共安全罪。

条 文

第一百三十四条之一 【危险作业罪】在生产、作业中违反有关安全管理的规定,有下列情形之一,具有发生重大伤亡事故或者其他严重后果的现实危险的,处一年以下有期徒刑、拘役或者管制:

(一)关闭、破坏直接关系生产安全的监控、报警、防护、救生设备、设施,或者篡改、隐瞒、销毁其相关数据、信息的;

(二)因存在重大事故隐患被依法责令停产停业、停止施工、停止使用有关设备、设施、场所或者立即采取排除危险的整改措施,而拒不执行的;

(三)涉及安全生产的事项未经依法批准或者许可,擅自从事矿山开采、金属冶炼、建筑施工,以及危险物品生产、经营、储存等高度危险的生产作业活动的。

罪名精释

1.《刑法修正案(十一)》增设危险作业罪的目的是什么?

《刑法》分则第二章规定了重大责任事故罪、重大劳动安全事故罪等一系列责任事故犯罪,这些责任事故犯罪都是实害犯,只有实际发生了重大伤亡事故或者造成其他严重后果的,才能作为犯罪处理。显然,这是一种"亡羊补牢"式的治理犯罪的模式,而理想的治理方式是防微杜渐、防患于未然,将具有发生重大伤亡事故和造成其他严重后果的危险的行为作为犯罪处理,以避免实际的重大责任事故的发生。可以说,法益保护的早期化,是当今的世界性潮流。只有提前筑牢犯罪的防线,才能有效保护法益。与危险驾驶罪一样,《刑法修正案(十一)》增设危险作业罪,旨在通过消除发生重大责任事故的隐患或者危险,预防重大责任事故的发生。

2.危险作业罪的责任形式是什么？

本罪既无"过失"的明文表述，也无成立过失犯的文理根据，应当认为本罪的责任形式是故意，即行为人必须认识到自己违反有关安全管理规定的行为具有发生重大伤亡事故或者其他严重后果的现实危险，而希望或者放任这种危险的发生。

3.危险作业罪是具体危险犯、抽象危险犯还是准抽象危险犯？

本来跟危险驾驶罪一样，应设立抽象危险犯以有效避免重大责任事故的发生，但立法者采用了"具有发生重大伤亡事故或者其他严重后果的现实危险"的表述，我们又不得不认为本罪是具体危险犯，即只有关闭、破坏设备设施，篡改、隐瞒、销毁数据、信息，拒不执行责令整改措施，擅自从事危险生产作业活动，必须产生引发重大责任事故的具体、现实、紧迫的危险，才能成立危险作业罪。

4.危险作业罪的实行行为是什么？

从《刑法》第134条之一的规定来看，危险作业罪的实行行为包括：（1）关闭、破坏关系生产安全的设备、设施；（2）篡改、隐瞒、销毁关系生产安全的数据、信息；（3）拒不执行责令整改措施；（4）擅自从事危险生产作业活动。需要说明的是，行为人无论实施哪一种行为，都必须具有发生重大伤亡事故或者其他严重后果的现实危险，否则不成立犯罪。

5.无证私售成品汽油，是构成非法经营罪还是危险作业罪？

案1：闫某在未经有关部门批准，也未取得危险化学品经营许可证的情况下，多次通过非法途径购买汽油，并将购置的汽油存放在租赁的院子内，用普通塑料桶和铁桶存储分装后对外销售。至案发前销售金额共计16余万元，违法所得6万元。赵某某明知闫某某未取得危险化学品经营许可证，仍帮助闫某某对存储的汽油进行管理销售。案发后，赵某某主动到派出所投案，闫某某向市公安局上缴违法所得3万元。

本案争议焦点：对无证私售成品汽油之行为的刑法认定。

一审法院认为,闫某某、赵某某以不合格油品冒充合格油品进行销售,二人的行为均已构成销售伪劣产品罪。二审法院认为,闫某某、赵某某违反有关安全管理规定,未经依法批准或者许可,擅自从事危险物品经营、存储等高度危险的生产作业活动,具有发生重大伤亡事故或者其他严重后果的现实危险,其行为均已构成危险作业罪。[1]

无证私售成品汽油的行为构成犯罪的,在《刑法修正案(十一)》生效之前的司法实践中绝大多数以非法经营罪定罪处罚,也有个别判例以行为人无证私售的成品汽油经依法鉴定为不合格产品而以生产、销售伪劣产品罪定罪量刑。《刑法修正案(十一)》新增危险作业罪后,各地陆续出现对无证私售成品汽油的行为以危险作业罪定性处罚的判决。

应该说,本案中二人的行为不构成非法经营罪。2019年国务院办公厅发布《关于加快发展流通促进商业消费的意见》,正式取消了石油成品油批发、仓储经营资格审批,并将成品油零售经营资格审批及管理工作下放至地市级人民政府。2020年7月商务部出台规定,正式废止《成品油市场管理办法》。自此,从违反行政许可角度认定无证私售成品汽油行为构成非法经营罪已无法理依据。以往认定无证私售成品汽油行为构成非法经营罪的理由之二,就是该行为违反了《危险化学品安全管理条例》关于未经许可任何单位和个人不得经营危险化学品的规定。可是,我们仅从该条例名称就可看出该条例规定和保护的法益并非市场许可、准入制度,而是与危险化学品有关的公共安全,从侵害法益角度来看,应将无证私售成品汽油行为认定为危害公共安全类犯罪比较合适。因此,在一定意义上讲,《刑法修正案(十一)》新增危险作业罪是对非法经营危险化学品的一次修正,也是对非法经营罪适用范围的合理限缩,即将原来由非法经营罪调整的"未经许可经营危险化学品"的行为纳入新增危险作业罪的打击范围,用调整安全生产领域的新增罪名来维护公共安全。

本案中,在案证据不足以证实被告人的行为构成销售伪劣产品罪。闫某某、赵某某违反有关安全管理的规定,未经依法批准或者许可,擅自从事成品汽油这

---

[1] 参见河南省平顶山市中级人民法院刑事判决书,(2021)豫04刑终504号。

一危险物品的经营、存储等高度危险的生产作业活动,具有发生重大伤亡事故或者其他严重后果的现实危险,符合危险作业罪的犯罪构成。因此,二审法院遵照案件事实予以改判,以危险作业罪对两被告人定罪处罚是妥当的。

6. 危险作业罪与重大责任事故罪等犯罪之间是什么关系?

危险作业罪是具体危险犯,重大责任事故罪等责任事故犯罪是实害犯(通说认为是结果犯)。也就是说,发生重大责任事故,是危险作业罪中的具体危险的现实化,因此,重大责任事故罪等责任事故犯罪是危险作业罪的结果加重犯。其关系类似于《刑法》第114条与第115条第1款,危险驾驶罪与交通肇事罪的关系。

7. 危险作业致人伤亡的,如何处理?

如果认为危险作业罪是所谓的具体危险犯,就可能认为危险作业致人伤亡的,成立法定最高刑为死刑的以危险方法危害公共安全罪。这就给人过于跳跃的感觉:危险作业未造成伤亡结果的,仅成立法定最高刑为1年有期徒刑的危险作业罪,而一旦危险作业致人伤亡的,就会成立法定最高刑为死刑的以危险方法危害公共安全罪。这其实是现行重刑化与轻刑化并存的立法例造成的。这种立法例对部分刑事案件被告人的处罚要么很轻要么很重,因而不符合罪刑均衡的要求。为了克服这种不均衡的现象,需要在轻罪与重罪之间寻找一个可以适用的中间犯罪,就不至于出现不法程度与法定刑的跳跃。为此,可以对重大责任事故罪、重大劳动安全事故罪、工程重大安全事故罪等责任事故犯罪进行新的解释,认为这些犯罪包括单纯的过失犯(对行为与结果均为过失)与结果加重犯(对基本犯是故意而对加重结果是过失)两种情形,那么对于危险作业致人伤亡的,作为危险作业罪的结果加重犯处理,即成立重大责任事故罪、重大劳动安全事故罪、工程重大劳动安全事故罪等责任事故犯罪。当然,当危险作业行为本身产生了可以与放火、决水、爆炸、投放危险物质相当的具体、现实、紧迫的危险,进而致人伤亡的,还是有成立《刑法》第115条第1款以危险方法危害公共安全罪的可能性。只是就一般情形而言,危险作业致人伤亡的,认定成立重大责任事故罪、重大劳动安全事故罪、工程重大安全事故罪等责任事故犯罪即可。

第九节 重大劳动安全事故罪

·导 读·

重大劳动安全事故罪中的"因而",旨在强调安全生产设施和安全生产条件不符合国家规定系重大安全事故发生的原因。重大劳动安全事故罪与重大责任事故罪、工程重大安全事故罪、危险物品肇事罪、交通肇事罪、强令、组织他人违章冒险作业罪等责任事故犯罪之间可能竞合,从一重处罚即可。

/条 文/

第一百三十五条 【重大劳动安全事故罪】安全生产设施或者安全生产条件不符合国家规定,因而发生重大伤亡事故或者造成其他严重后果的,对直接负责的主管人员和其他直接责任人员,处三年以下有期徒刑或者拘役;情节特别恶劣的,处三年以上七年以下有期徒刑。

罪名精释

1. 如何认定重大劳动安全事故罪中的"因而"?

案1:某实业公司法定代表人朱某友购买某煤矿。朱某友任命尚某国为矿长。在矿井基建过程中,该矿违规建设,私自找没有设计资质的单位修改设计,将矿井设计年生产能力 30 万吨改为 15 万吨。在《安全专篇》未经批复的情况下,该矿擅自施工;煤矿安全监察局冀东监察分局向该矿下达了停止施工的通知,但该矿拒不执行,继续施工。在基建阶段,在未竣工验收的情况下,累计出煤 63,300 吨。某日,该矿负责人无视国家法律法规,拒不执行停工指令,继续安排井下 9 个工作面基建工作。176 名工人下井作业后,担任调度员兼安全员的周某义没有按照国家有关矿井安全规章制度下井进行安全检查,只是在井上调度室值班。负责瓦斯检测的通风科科长刘某成违反安全生产规定,安排无瓦斯检测证的李某刚、郑某华在井下检测瓦斯浓度。当日15时10分许,该矿发生特别重大瓦斯煤尘爆炸事故,造成108人死亡,29人受伤,直接经济损失4870.67万元。

经事故调查组调查报告认定,煤矿"12·7"特别重大瓦斯煤尘爆炸事故是一起责任事故。事故的直接原因是:煤矿1193(下)工作面切眼遇到断层,煤层垮落,引起瓦斯涌出量突然增加;9煤层总回风巷三、四联络巷间风门打开,风流短路,造成切眼瓦斯积聚;在切眼下部用绞车回柱作业时,产生摩擦火花引爆瓦斯,煤尘参与爆炸。事故的间接原因是:煤矿违规建设,非法生产,拒不执行停工指令,采掘及通风系统布置不合理,无综合防尘系统,特种作业人员严重不足,无资质的承包队伍在井下施工。

法院认为,煤矿的劳动安全设施不符合国家规定,煤矿在《安全专篇》未经批复的情况下擅自施工;煤矿安全监察局冀东监察分局向该矿下达了停止施工的通知,但该矿拒不执行,继续施工,因而发生特别重大伤亡事故,造成108人死亡。尚某国身为该矿矿长,主持该矿全面工作,李某新身为技术副矿长兼安全科科长,对排除事故隐患,防止事故发生负有职责义务。上述被告人无视国家安全生产法律、法规,忽视安全生产,拒不执行停工指令,对事故的发生负有直接责任;吕某增作为矿长(2004年4月至2005年11月)未履行矿长职责,在得知煤矿安全监察部门向该矿下达了停止施工的通知后,对该矿继续施工不予阻止,对事故的发生亦负有直接责任。尚某国、李某新、吕某增的行为均已构成重大劳动安全事故罪。朱某友作为唐山恒源实业有限公司法定代表人、煤矿投资人,对该矿的劳动安全设施是否符合国家规定负有管理义务,对事故负有直接责任,其行为亦构成重大劳动安全事故罪。判决尚某国、朱某友、李某新、吕某增四人犯重大劳动安全事故罪。

应该说,本案中朱某友承担刑事责任并非因为其是煤矿投资人,而是因为其存在未确立煤矿安全管理体制以及选任人员不当的管理过失。尚某国、李某新、吕某增作为矿长、副矿长违规基建、违规生产,拒不执行停工命令,对周某义、刘某成等选任不当而负有管理过失责任,对周某义等人员未实施有效的监督而负有监督过失责任。担任调度员兼安全员的周某义未按照国家有关矿井安全规章制度下井进行安全检查,只是在井上调度室值班,对事故的发生负有直接责任,因此法院未追究其刑事责任未必妥当。负责瓦斯检查的通风科科长刘某成安排无瓦斯检测证的李某刚、郑某华检测瓦斯,存在选任不当的管理过失,法院未追究其刑事责任也值得商榷。无瓦斯检测证的李某刚、郑某华未准确检测出井下瓦斯浓度,对事故的发生负有直接责任,法院亦未对其定罪,也恐有不当。

应该说,重大劳动安全事故罪中的"因而",旨在强调安全生产设施和安全生产条件不符合国家规定系重大安全事故发生的原因。换句话说,若不能将重大安全事故的发生归属于安全生产设施和安全生产条件不符合国家规定,而是生产、作业中违反有关安全管理规定等其他原因所引起的,则不成立重大劳动安全事故罪,只能成立重大责任事故罪等其他犯罪。

2. 重大劳动安全事故罪与重大责任事故罪等责任事故犯罪之间是什么关系?

案2:黄金部队与鑫龙公司的法定代表人林某先签订联合勘查矿产的合同书。合同规定:黄金部队负责矿产登记有关事宜,而鑫龙公司则负责劳动方面的组织、施工、管理。但黄金部队既没有审查该公司是否具有探矿资格,也没有向有关主管部门备案,放任不具有开采资格的鑫龙公司进行金矿开采。林某先代表该公司又与某工程队的负责人邓某吉(作出本裁定时批捕在逃)签订劳动协议书,将采矿作业发包给同样不具备采矿资质的工程队。该协议规定:鑫龙公司负责提供生产矿井和机械设备等事项,而工程队则负责执行该公司的采矿计划和生产安排。某日,邓某吉安排两名工人下井钻洞安装炸药。次日凌晨2时许,炸药被点燃后,工人开鼓风机往井外排烟。3时许,邓某甲便下井开始作业,过了一段时间,负责开升降机的工人小朱见邓某华尚未出来,就前往工棚叫人营救。之后,邓某甲及参与营救的邓某乙、谢某松及李某友均在井下窒息死亡。

一审法院认为,林某先身为鑫龙公司法定代表人,在其公司不具备勘探资质的情况下,擅自开展探矿业务,对事故隐患不采取安全防范措施,致使其勘探的矿井发生重大伤亡事故,情节特别恶劣,其行为已构成重大劳动安全事故罪,判处有期徒刑5年。二审法院认为,上诉人林某先不严格执行国家有关劳动生产安全的法律、法规,明知自己不具备勘探资格的情况下,为片面追求经济利益,在与同案犯邓某吉合作开采过程中,对存在危及工人安全生产的事故隐患,不采取积极的防范措施,造成4人死亡的严重事故,其行为已构成重大劳动安全事故罪。[①]

应该说,林某先的过错在于,明知其公司本身不具备开采资格却承接采矿业务,对事故发生负有直接责任;其未提供必要的安全设施条件,而负有管理过失,而且擅自将采矿作业任务发包给不具备采矿资质的工程队,对邓某吉等人的违章行为负有监督过失责任。本案仅追究林某先的刑事责任存在疑问。邓某吉明知自己不具有采矿资质还承接采矿作业任务,组织工人违章施工,其对事故的发生负有直接的责任,应当追究其重大责任事故罪责任。黄金部队在没有审查鑫龙公司是否具有探矿资格、没有向有关主管部门备案的情况下,与其签订所谓联合勘查协议,放任不具有开采资格的鑫龙公司进行金矿开采,故黄金部队对事故的发生负有监督过失责任,黄金部队的法定代表人也应被追究刑事责任。本案中,林某先的行为,既属于"安全生产设施和安全生产条件不符合国家规定,因而发生重大安全事故"而构成重大劳动安全事故罪,也属于"在生产、作业中违反有关安全管理的规定,因而发生重大安全事故"而构成重大责任事故罪,二者是竞合关系,由于二罪的法定刑一样,以一罪论处即可。

责任事故的发生往往与安全生产设施和安全生产条件不符合国家规定有关,所以行为在成立重大劳动安全事故罪的同时,往往还可能构成重大责任事故罪、工程重大安全事故罪、危险物品肇事罪、交通肇事罪和强令、组织他人违章冒险作业罪等责任事故犯罪,从一重处罚即可。

[①] 参见海南省海南中级人民法院刑事裁定书,(2006)海南刑终字第54号。

第十节　大型群众性活动重大安全事故罪

·导　读·

从立法论上讲,没有增设大型群众性活动重大安全事故罪的必要。本罪与重大责任事故罪、消防责任事故罪等责任事故犯罪之间可能发生竞合。

/条　文/

第一百三十五条之一　【大型群众性活动重大安全事故罪】举办大型群众性活动违反安全管理规定,因而发生重大伤亡事故或者造成其他严重后果的,对直接负责的主管人员和其他直接责任人员,处三年以下有期徒刑或者拘役;情节特别恶劣的,处三年以上七年以下有期徒刑。

罪名精释

1. 有必要增设大型群众性活动重大安全事故罪吗?

案1:家乐福沙坪坝店筹划举办10周年店庆粮油等商品打折促销活动。时任该店防损部经理的向某信全面负责此次店庆活动的安全工作,向某信安排时任该店防损部经理助理的段某伟负责活动期间外围入口的安全保障工作。向某信会同家乐福有限公司旗下的其他3家分公司的防损部负责人制定了10周年店庆活动安全防范预案(以下简称预案),其中规定要尽量打开所有的入口,对不牢固的防护栏加固,要移开主入口有安全隐患的设施设备,确保主通道的通畅。段某伟未按照预案要求,擅自决定在家乐福沙坪坝店三个店门(包括东门、中门和西门)的入口下行楼梯处摆放桌子,以控制人流。某日,向某信在例行检查店内安全工作时,发现东门入口下行楼梯处有桌子堵住入口的情况却没有予以纠正。同日上午,大量购物群众涌入家乐福沙坪坝店

347

东门,将入口处摆放的桌子挤倒,部分群众被桌子绊倒,导致大量群众相继跌倒,发生了严重踩踏事故。该事故造成孙某、杨某秀、蔡某明被严重挤压致呼吸循环障碍经抢救无效死亡,31 名购物群众不同程度受伤的后果,其中周某涛、王某兵伤害程度为重伤,唐某秀、张某秋、张某平、谭某蔡伤害程度为轻伤。

政府相关部门成立了事故调查组,对事故发生原因进行了调查,认定事故发生的直接原因是:东门入口下行楼梯处被桌子隔离,仅留一条狭窄通道,排在前排的顾客和桌子被一同挤倒,后面的人群踩踏倒地群众继续跌倒形成堆状。间接原因:一是家乐福沙坪坝店现场安保人员在顾客排队出现混乱时疏导不力,临危处置不当;二是商店 10 周年店庆活动安全防范措施不完善,未详细制定预防踩踏事故的应急预案。

法院认为,段某伟作为家乐福商业有限公司沙坪坝店 10 周年庆活动期间外围入口的安全保障工作的负责人,明知活动安全防范预案规定要尽量打开所有的入口,确保主通道的通畅,却擅自采用摆放桌子以控制人流量的不当措施,对事故的发生负有主要责任。向某信作为防损部经理,全面负责此次店庆活动的安全工作,在发现有桌子堵住入口的情况后没有按照活动安全防范预案履行监管职责予以及时纠正,对事故的发生负有管理责任。段某伟、向某信不正确履行职责,造成了购物群众 3 人死亡、31 人不同程度受伤,在社会上造成极为恶劣影响的严重踩踏事故,其行为已构成重大责任事故罪。①

本案中,向某信作为负责此次店庆活动安全工作的防损部经理,未制定处置紧急事故的科学合理预案,对防损部经理助理段某伟的选任不当,未对保安进行必要的处置突发事故能力训练,而对事故的发生负有管理过失责任;其在发现段某伟在下行楼梯处摆放桌子后没有及时监督、纠正,而对事故的发生负有监督过失责任。作为防损部经理助理的段某伟,违背预案要求擅自决定在入口下行楼梯处摆放桌子,直接导致了踩踏事故的发生,对事故的发生负有直接责任;其事前未对保安进行必要的处置紧急情况的能力演练,致使保安在事发时未能有效处置现场情况,而负有管理、监督过失责任。

---

① 参见重庆市沙坪坝区人民法院刑事判决书,(2008)沙法刑初字第 316 号。

类似上述案件,在2006年《刑法修正案(六)》通过之前都是作为重大责任责任事故罪进行处理的。后来因为大型群众性活动重大安全事故频发,在人大代表的呼吁下增设了本罪。从理论上讲,在举办大型群众性活动时发生踩踏等重大安全事故,完全符合重大责任事故罪的构成要件。由于我国《刑法》分则罪状设计缺乏类型性,立法具有应景性特点。当社会上发生热点案件,就会有人呼吁增设新罪以回应老百姓的需求,而不考虑立法本身的体系性、协调性和科学性。所以,从立法论上讲,没有必要设置本罪。对于大型群众性活动重大安全事故案,完全可以以重大责任事故罪进行规制。

2.本罪与其他责任事故犯罪之间是什么关系?

由于在举办大型群众性活动中违反安全管理规定发生重大安全事故,也属于"在生产、作业中违反有关安全管理的规定因而发生重大伤亡事故",还可能属于因拒绝消防整改而发生的消防责任事故。所以,在成立本罪的同时,还可能成立重大责任事故罪和消防责任事故罪,形成竞合关系。由于法定刑相同,按照本罪论处即可。

第十一节　危险物品肇事罪

·导　读·

对于生产、储存、运输、使用危险品负有组织、指挥、管理职责的人员和直接从事危险品生产、储存、运输、使用的人员,违反危险品安全管理规定,导致危险品重大安全事故的,应当承担危险物品肇事罪的刑事责任。危险物品肇事罪与重大责任事故罪、重大劳动安全事故罪、交通肇事罪等责任事故犯罪之间可能发生竞合。

条文

第一百三十六条 【危险物品肇事罪】违反爆炸性、易燃性、放射性、毒害性、腐蚀性物品的管理规定,在生产、储存、运输、使用中发生重大事故,造成严重后果的,处三年以下有期徒刑或者拘役;后果特别严重的,处三年以上七年以下有期徒刑。

罪名精释

1. 如何确定危险物品肇事罪的责任范围?

案1:某石化公司安排驾驶员兼押运员康某永和王某(另案处理)驾驶罐式半挂车到沂化公司购买液氯。该车行驶证核定载重为15吨,省质量技术监督局锅炉压力容器安全监察处核准该槽罐安全技术要求为最大充装量30吨。刘某制订销售液氯40吨计划单,报经朱某书审批后对该车充装液氯,最终为该车严重超限充装液氯40.44吨。某日,当该车行驶至高速某处时,汽车左前轮胎爆裂,车辆方向失控后撞毁道路中间护栏冲入对向车道,罐车侧翻在行车道内。马某军驾驶的解放牌半挂车因避让不及,与罐式车碰刮,导致罐式车槽罐顶部的阀门被撞脱落,发生液氯泄漏。事故发生后,周边29人因氯气中毒死亡,400余人中毒住院治疗,1800余人入门诊留观,10,000余名村民被迫疏散转移,数千头(只)家畜、家禽死亡,大面积农作物绝收或受损,同时还造成大量的树木、鱼塘、村民的食用粮、家用电器受污染、腐蚀等巨大经济损失。另查明:自2004年3月起至事故发生之日,罐式半挂车从沂化公司共拖装液氯60余次,其中绝大部分都超过30吨。

法院认为,我国《氯气安全规程》和《液化气体汽车罐车安全监察规程》明确规定充装单位要审核装运车辆的安全证件,严禁超装超载车辆驶离充装单位。朱某书、刘某作为生产企业中分管和主管剧毒化学品液氯销售、审批工作的直接责任人员,违反国家有关液氯充装应审查危险品运输车辆的安全证件及不准超装超载的规定,为该车超装液氯,使该车超载行驶,引发交通事故后造成液氯泄漏。根据交通事故认定书认定,罐式车发生特大交通事故的直接原因之一是该车严重超载,因此,二人的行为均构成危险物品肇事罪,并且属于后果特别严重。判决如下:(1)朱某书犯危险物品肇事罪,判处有期徒刑3年6个月。(2)刘某犯危险物品肇事罪,判处有期徒刑3年6个月。①

在本案关联案中,法院审理查明,康某永、王某均是某石化公司雇佣的驾驶员,均领取了危险货物运输从业资格证和道路危险货物运输操作证,具有从事危险品运输的专业资格。某石化公司经营化工产品和原料的批发、零售,由于不具备运输危险品资质,遂与科迪中心签订委托管理合同,将某石化公司的危险品运输车辆和驾驶人员挂靠入户到科迪中心名下,从而取得运输危险品资质,但车辆和人员仍由某石化公司经理马某国(另案处理,因危险物品肇事罪被判处有期徒刑6年)实际管理。

公安部道路交通管理科学研究所对罐式车轮胎爆裂原因进行鉴定,结论为:(1)该车长期在超载情况下行驶,轮胎气压高于标准压力,使轮胎刚性增大,胎冠中间部位凸出,与地面接触面积减少,受力增大,引起胎冠中央过度磨损,胎冠及花纹底部开裂,形成众多裂纹。(2)由于超载引起轮胎过度变形和轮胎气压升高,在行驶中随着轮胎内部温度的升高,轮胎帘线过度伸张,橡胶复合材料的物理特性连续遭到破坏;加上轮胎胎冠原有裂纹处应力集中,在交变载荷的重复作用下,应力超过材料的强度极限,开裂处产生逐渐扩大的破坏,形成帘线与橡胶间的粘着失效,胎肩与胎冠处产生部分脱空现象,行驶中脱空部位温度过高,帘线负荷能力下降,导致帘布层折断,胎冠和胎肩爆裂。(3)左前轮紧贴爆裂胎冠及胎肩的帘布层断裂的端头较为整齐,属突然爆裂所致,而其余帘布层帘线的断裂端头均发粘、发毛且卷曲,呈明显碾压所致。(4)该车使用的左右前轮,第二轴、第三轴左后轮的轮胎花纹深度以及磨损程度,均不符合《机动车运行安全技术条件》(GB 7258—2004,该标准现已被 GB 7258—2017 标准替代)国家标准,并且未达到同一轴轮胎规格和花纹相同的要求。该车使用存在严重交通安全隐患的报废轮胎,行驶中发生爆胎是必然现象。

---

① 参见江苏省淮安市中级人民法院刑事裁定书,(2006)淮刑终字第18号。

法院认为,康某永驾驶不符合安全标准的机动车超载运输剧毒危险化学品液氯,王某不尽押运职责,纵容康某永实施上述违法行为,二人共同违反毒害性物品的管理规定,以致在运输中发生液氯泄漏的重大事故,其行为已经触犯《刑法》第136条规定,构成危险物品肇事罪。判决:康某永犯危险物品肇事罪,判处有期徒刑6年6个月;王某犯危险物品肇事罪,判处有期徒刑6年6个月。

本案中,刘某作为负责销售的工作人员,对于驾驶员要求超载装运未予拒绝,使得超载成为发生交通事故、氯气泄漏的直接原因,其对事故的发生负有直接责任;朱某书作为主管氯气销售审批的领导,未阻止刘某超载装运,对事故的发生负有监督过失责任;王某作为押运员,未能阻止康某永超载驾驶,违反危险品管理规定和押运员职责,对于事故的发生应负监督过失责任,事故发生后未及时准确报警、协助营救,对于事故的扩大负有直接责任;康某永作为驾驶员,对于超载驾驶导致交通事故、氯气泄漏,负有直接责任,事故发生后未能及时准确报警、协助组织营救,对于事故的扩大负有直接责任;马某国作为远达公司的领导,违反危险品管理规定,强行冒险下令康某永、王某用核载30吨的车辆一次装用40吨,而且多次下令超载驾驶,致使轮胎磨损严重,最终导致该起事故,对于事故的发生负有严重的管理过失和监督过失责任。

爆炸性、易燃性、放射性、毒害性、腐蚀性物品对人民群众的生命、财产存在严重威胁,国家对危险品的生产、运输、储存、使用制定了严格的安全管理规章制度。对于生产、储存、运输、使用危险品负有组织、指挥、管理职责的人员和直接从事危险品生产、储存、运输、使用的人员,违反危险品安全管理规定,导致危险品重大安全事故的,应当承担危险物品肇事罪的刑事责任。

2. 危险物品肇事罪与其他责任事故犯罪之间是什么关系?

危险品生产、储存、运输、使用中违反安全管理规定发生重大安全事故,也可谓"在生产、作业违反有关安全管理的规定,因而发生重大伤亡事故",还可能属于"安全生产设施或者安全生产条件不符合国家规定,因而发生重大伤亡事故",亦可能属于"违反交通运输管理,因而发生重大交通事故",行为人在构成本罪的同时,可能符合重大责任事故罪、重大劳动安全事故罪、交通肇事罪的构成要件,形成竞合关系,由于法定刑相同,通常按照危险物品肇事罪论处即可。上述案1中,朱某书和刘某既构成危险物品肇事罪,也构成重大责任事故罪,康某永和王某既构成危险物品肇事罪,亦构成交通肇事罪。

第十二节 工程重大安全事故罪

· 导 读 ·

发生工程重大安全事故后,应当根据《建筑法》《建设工程质量管理条例》等法律法规的规定划分工程建设各方的刑事责任。工程重大安全事故罪与重大责任事故罪、重大劳动安全事故罪、强令、组织他人违章冒险作业罪等责任事故犯罪之间可能发生竞合,竞合时从一重处罚即可。之所以工程重大安全事故罪的法定刑重于重大责任事故罪,是因为建筑质量不合格导致发生工程重大安全事故,如高楼、桥梁垮塌,往往会导致大量人员的死伤。工程重大安全事故罪系过失实害犯,只有实际发生工程重大安全事故才成立犯罪,其追诉时效应从工程重大安全事故发生之日起开始计算。本罪是自然人犯罪,不是单位犯罪。

/ 条 文 /

第一百三十七条 【工程重大安全事故罪】建设单位、设计单位、施工单位、工程监理单位违反国家规定,降低工程质量标准,造成重大安全事故的,对直接责任人员,处五年以下有期徒刑或者拘役,并处罚金;后果特别严重的,处五年以上十年以下有期徒刑,并处罚金。

罪名精释

1. 如何确定工程建设各方的刑事责任?

案1:某县政府决定在綦河上架设一座人行桥,由县城建委负责组织实施。时任县城建委主任兼县城重点工程指挥部常务副指挥长及下设重点工程办公室主任的林某元(另案处理)邀请市政勘察设计研究院设计三室主任段某设计方案。段某找到本单位的退休工程师赵某勋(另案处理)等人,设计出两套方案。经县城建委林某元等研究选定方案为"虹桥"。段某找到本单位的刘某某、赖某某等私人对虹桥工程进行勘察、测量,并将该工程交由赵某勋等人进行私人设计。同时,段某经赵某勋推荐,邀请李某泽联系到无施工资质的费某利,承接虹桥工程的施工。李某泽、费某利约定,由李某泽担任虹桥工程技术负责人,费某利组织施工队伍,并垫付前期费用。费某利、李某泽二人便挂靠于不具备桥梁施工资质且无法人资格的川东南经理部,亦未向该总公司汇报。之后,费某利、李某泽以川东南经理部的名义与段某违反国家有关规定达成承建虹桥工程施工的口头协议。1995年12月底,段某才以华庆公司名义与费某利挂靠的川东南经理部补签了虹桥工程施工分包合同,并将签订合同的时间提前到同年3月27日。

段某才违反国家有关规定,违规找私人对虹桥进行设计、勘察、测量,致其设计粗糙、改动随意。将吊杆由圆钢改为钢绞线群锚体系后,段某才对采用无顶压张拉锚具未提出确保锁锚质量的相应措施;部分构造处理不当;对主拱钢管结构的材质、焊接工艺及质量标准以及接头位置等均无明确要求;成桥增设花台等附加荷载后,主拱承载力不能满足相应规范要求;在虹桥施工过程中,放弃对虹桥工程施工的技术服务和质量监督管理责任,从而降低了工程质量标准。1994年11月中旬,费某利临时拼凑施工队伍进场施工。费某利先后聘请了无上岗证书的夏某林、闫某等多人担任施工员,但均未审查其施工员的上岗资质,让不具备施工资格的人员担任虹桥施工中的重要岗位的工作。同时,聘用了多名没有上岗证的技术工人进行作业。

虹桥主拱钢管运往虹桥工地时,李某泽、费某利对刘某均生产、销售的主拱钢管加工构件在无合格证、探伤检测报告、质量检验等资料的情况下,亦不作检查、验收,即进入预拼装和安装焊接合龙。其间,费某利曾发现主拱钢管焊接质量不合格,不但不坚持质量标准,反而与刘某均、胡某明共谋作假,以应付甲方检查、验收。在虹桥桥面与钢管拱之间吊杆锚固安装施工过程中,李某泽和负责吊杆锚固施工的夏某林,不按照技术标准和要求施工,安装锚具时不采用千斤顶张拉,而是安排或指使工人用榔头直接敲打锚具夹片,使锚具夹片端面参差不平,未能确保锚具夹片与钢绞线的有效锁定及吊杆中的三根钢绞线的均匀受力,严重降低了锚具与钢管绞线的有效锁定及三根钢管绞线的均匀受力的质量安全标准。在钢管主拱的混凝土灌注施工中,费某利、李某泽未按规范的泵压技术方法施工,致使主拱钢管内出现多处漏灌及空洞,严重降低了钢拱强度。1995年12月虹桥主体工程完工后,费某利让不具备施工员资格的闫某负责吊杆和锚具的灌浆工作。闫某不按技术规范要求采用泵压方法对吊杆和锚头内灌注砂浆,而是采用从吊杆顶部倒灌砂浆,用铁敲打吊杆夯实的办法,致使吊杆内多处砂浆灌注不密实,使锚具及钢绞线锈蚀严重,降低了锚具对钢绞线夹持能力的质量安全标准,严重危及虹桥的安全使用。

1996年2月15日,虹桥在未经验收和等级评定的情况下违规交付使用。同年6月19日,县政府组织龙舟赛时该桥发生异响后,李某泽、费某利及赵某勋等人来到现场,在未经任何技术检测的情况下,李某泽、赵某勋即轻率地主观推断异响系"应力调整",属正常现象。对虹桥继续违规、带病带伤、危险使用客观上起到重要的误导作用。1999年1月4日18时50分许,虹桥整体垮塌,造成40人死亡,14人受伤,直接经济损失达628余万元。

对于本案,重庆市第一中级人民法院以工程重大安全事故罪分别判处费某利、李某泽、夏某林、闫某有期徒刑10年、10年、7年、6年。[①] 本案中对建设单位负责人林某元另案处理,以玩忽职守罪追究其刑事责任。[②]

应该说,本案中费某利的过错在于,其本无建桥资质,违规挂靠无建桥资质

---

① 参见重庆市第一中级人民法院刑事判决书,(1999)渝一中刑初字第130号。
② 参见重庆市高级人民法院刑事判决书,(1999)渝高法刑终字第116号。

且无法人资格的川东南经理部,在未取得施工许可证的情况下临时拼凑施工队伍,违规聘用无上岗证的人员施工,存在管理过失;向无生产能力和技术条件的刘某均订购虹桥主要构件主拱钢管,并对主拱钢管未按规定进行检测、验收就安装使用,存在监督过失;在虹桥主钢管混凝土灌注施工中,不采用正确方法作业,存在严重的管理、监督过失。李某泽的过错在于,其未向供货方提出质量要求,也未按规定进行质量检测、验收,在没有主拱钢管的合格证和质保书的情况下,便轻率地决定安装使用,存在严重的监督过失。段某才的过错在于,其放弃对虹桥工程的施工质量的管理监督,降低了虹桥工程的质量安全标准,存在严重的监督过失。夏某林的过错在于,其在虹桥工程的吊杆锚固定安装施工中,不按技术要求施工,指使工人用榔头直接敲打锚具夹片,违章施工,存在严重的管理过失。闫某的过错在于,其违反国家有关建设法规,不具备施工员资质而参与虹桥工程关键部位的施工,违规操作,对事故的发生负有直接责任。

案2:某县财政局对某道路项目进行公开招标,霍某强以某建筑公司的名义,借用他人项目经理资质,参与水泥路8.5km项目招投标,并中标。该工程造价为250万元。同月27日,县财政局与某工程监理公司签订委托监理合同,委托该公司对道路进行工程监理。同年9月1日该工程开工时,某工程监理公司委派胡某为监理工程师进驻工地,负责工程总监理,张某阔为该工程监理员,负责监理工作。该工程于2009年10月完工,同时进行竣工验收。胡某、张某阔分别在竣工及验收报告上签名,使该工程认定为合格工程。水泥路开通后,该段路面出现大面积断板、坑槽、麻面等严重质量问题。经建设局、交通局、物价局和县纪委等部门检测发现,该路面长度、宽度、抗压强度、断面率均达不到工程设计标准,属不合格工程。经物价部门鉴定,损失价值92余万元。

法院认为,胡某、张某阔不认真履行工作职责,致使国家财产遭受重大损失,其行为已构成玩忽职守罪;霍某强在承包的筑路建设工程中违反国家规定,降低工程质量标准,造成重大安全事故,其行为已构成工程重大安全事故罪。判决被告人胡某犯玩忽职守罪,判处有期徒刑1年,缓刑2年;张某阔犯玩忽职守罪,判处有期徒刑1年,缓刑2年;霍某强犯工程重大安全事故罪,判处有期徒刑2年,缓刑3年,并处罚金30,000元。①

应该说,胡某和张某阔分别作为监理工程师和工程监理员,对于工程重大安全事故的发生负有监督过失责任,除构成玩忽职守罪外,还构成工程重大安全事故罪,二者系竞合关系,从一重处罚。

工程重大安全事故罪的主体是建设单位、设计单位、施工单位、工程监理单位。发生工程重大安全事故后,应当根据《建筑法》《建设工程质量管理条例》等法律法规规定确定工程建设各方的刑事责任。例如,建设单位的责任和义务为:(1)应当将工程发包给具有相应资质等级的单位;(2)不得将建设工程肢解发包;(3)应当依法对工程建设项目的勘察、设计、施工、监理以及与工程建设有关的重要设备、材料等的采购进行招标;(4)必须向有关的勘察、设计、施工、工程监理等单位提供与建设工程有关的原始材料;(5)不得迫使承包方以低于成本的价格竞标,不得任意压缩合理工期;(6)不得明示或者暗示设计单位或者施工单位违反工程建设强制性标准,降低建设工程质量;(7)实行监理的建设工程,建设单位应当委托具有相应资质等级的工程监理单位进行监理;(8)在开工前应当按照国家有关规定办理工程质量监督手续;(9)按照合同约定由建设单位采购建筑材料、建筑构配件和设备的,建设单位应当保证建筑材料、建筑构配件和设备符合设计文件和合同要求;(10)建设单位不得明示或者暗示施工单位使用不合格的建筑材料、建筑构配件和设备;(11)涉及建筑主体和承重结构变动的装修工程,建设单位应当在施工前委托原设计单位或者具有相应资质等级的设计单位提出设计方案;(12)建设单位收到建设工程竣工报告后,应当组织设计、施工、工程监理等有关单位进行竣工验收;等等。

勘察、设计单位的质量责任和义务为:(1)从事建设工程勘察、设计的单位应当依法取得相应等级的资质证书,并在其资质等级许可的范围内承揽工程;(2)禁止勘察、设计单位超越其资质等级许可的范围或者以其他勘察、设计单位的名义承揽工程;(3)禁止勘察、设计单位允许其他单位或者个人以本单位的名义承揽工程;(4)勘察、设计单位不得转包或者违法分包所承揽的工程;(5)勘

---

① 参见河南省固始县人民法院刑事判决书,(2010)固刑初字第131号。

察、设计单位必须按照工程建设强制性标准进行勘察、设计,并对其勘察、设计的质量负责;(6)设计单位应当根据勘察成果文件进行建设工程设计;(7)设计文件应当符合国家规定的设计深度要求,注明工程合理使用年限;(8)设计单位在设计文件中选用的建筑材料、建筑构配件和设备,应当注明规格、型号、性能等技术指标,其质量要求必须符合国家规定的标准;(9)除有特殊要求的建筑材料、专用设备、工艺生产线等外,设计单位不得指定生产厂、供应商;(10)设计单位应当就审查合格的施工图设计文件向施工单位作出详细说明;(11)设计单位应当参与建设工程质量事故分析,并对因设计造成的质量事故,提出相应的技术处理方案;等等。

施工单位的质量责任和义务为:(1)施工单位应当依法取得相应等级的资质证书,并在其资质等级许可的范围内承揽工程;(2)禁止施工单位超越本单位资质等级许可的业务范围或者以其他施工单位的名义承揽工程;(3)禁止施工单位允许其他单位或者个人以本单位的名义承揽工程;(4)施工单位不得转包或者违法分包工程;(5)施工单位对建设工程的施工质量负责;(6)施工单位应当建立质量责任制,确定工程项目的项目经理、技术负责人和施工管理负责人;(7)建设工程实行总承包的,总承包单位应当对全部建设工程质量负责;(8)建设工程勘察、设计、施工、设备采购的一项或者多项实行总承包的,总承包单位应当对其承包的建设工程或者采购的设备的质量负责;(9)总承包单位依法将建设工程分包给其他单位的,分包单位应当按照分包合同的约定对其分包工程的质量向总承包单位负责,总承包单位与分包单位对分包工程的质量承担连带责任;(10)施工单位必须按照工程设计图纸和施工技术标准施工,不得擅自修改工程设计,不得偷工减料;(11)施工单位在施工过程中发现设计文件和图纸有差错的,应当及时提出意见和建议;(12)施工单位必须按照工程设计要求、施工技术标准和合同约定,对建筑材料、建筑构配件、设备和商品混凝土进行检验,检验应当有书面记录和专人签字,未经检验或者检验不合格的,不得使用;(13)施工单位必须建立、健全施工质量的检验制度,严格工序管理,做好隐蔽工程的质量检查和记录;(14)隐蔽工程在隐蔽前,施工单位应当通知建设单位和建设工程质量监督机构;(15)施工人员对涉及结构安全的试块、试件以及有关材料,应当在建设单位或者工程监理单位监督下现场取样,并送具有相应资质等级的质量检测单位进行检测;(16)施工单位对施工中出现质量问题的建设工程或者竣工验收不合格的建设工程,应当负责返修;(17)施工单位应当建立、健全教育培训制度,加强对职工的教育培训,未经教育培训或者考核不合格的人员,不得上岗作业;等等。

工程监理单位的质量责任和义务为:(1)工程监理单位应当依法取得相应等级的资质证书,并在其资质等级许可的范围内承担工程监理业务;(2)禁止工程监理单位超越本单位资质等级许可的范围或者以其他工程监理单位的名义承担工程监理业务;(3)禁止工程监理单位允许其他单位或者个人以本单位的名义承担工程监理业务;(4)工程监理单位不得转让工程监理业务;(5)工程监理单位与被监理工程的施工承包单位以及建筑材料、建筑构配件和设备供应单位有隶属关系或者其他利害关系的,不得承担该项建设工程的监理业务;(6)工程监理单位应当依照法律、法规以及有关技术标准、设计文件和建设工程承包合同,代表建设单位对施工质量实施监理,并对施工质量承担监理责任;(7)工程监理单位应当选派具备相应资格的总监理工程师和监理工程师进驻施工现场,未经监理工程师签字,建筑材料、建筑构配件和设备不得在工程上使用或者安装,施工单位不得进行下一道工序的施工,未经总监理工程师签字,建设单位不拨付工程款,不进行竣工验收;(8)监理工程师应当按照工程监理规范的要求,采取旁站、巡视和平行检验等形式,对建设工程实施监理;等等。

建设单位、设计单位、施工单位和工程监理单位违反上述责任和义务,与工程重大事故的发生之间具有因果关系的,应当承担工程重大安全事故罪的刑事责任,各方均与工程重大安全事故的发生之间具有因果关系的,应根据各方对事故的发生所起作用的大小,区分主要责任、次要责任和同等责任。

2. 工程重大安全事故罪与其他责任事故犯罪之间是什么关系?

由于施工单位降低工程质量标准发生工程重大安全事故,也可谓"在生产、作业中违反有关安全管理的规定,因而发生重大安全事故",还可能属于"安全生产设施或者安全生产条件不符合国家规定,因而发生重大安全事故",因而工程重大安全事故罪与重大责任事故罪、重大劳动安全事故罪及强令、组织他人违章冒险作业罪等责任事故犯罪之间可能发生竞合,竞合时从一重处罚即可。

3. 为何工程重大安全事故罪比重大责任事故罪的法定刑重?

工程重大安全事故罪的法定最高刑为10年有期徒刑,重于重大责任事故罪的7年有期徒刑。应该说,之所以工程重大安全事故罪法定刑较重,是因为建筑质量不合格导致发生工程安全事故,如高楼、桥梁垮塌,往往会导致大量人员的死伤,而重大责任事故罪通常只是导致现场生产、作业人员的少量人的死伤。当然,这只是就一般情形而言的。

4. 工程重大安全事故罪的追诉时效如何起算?

司法实践中,常常在施工完成之后的相当长的时间才会发生工程重大安全事故。由于本罪系过失实害犯,只有实际发生工程重大安全事故才成立犯罪,所以追诉时效应从工程重大安全事故发生之日起开始计算。即便工程建设时被害人尚未出生,只要降低工程质量发挥作用时被害人出现(如楼房竣工完成5年之后发生垮塌压死了一名3岁的小孩),就不影响将被害人的死亡归属于降低工程质量的建设单位、设计单位、施工单位和工程监理单位。

5. 工程重大安全事故罪是单位犯罪吗?

从条文表述看,本罪似乎是典型的单位犯罪,犯罪主体是建设单位、设计单位、施工单位和工程监理单位,但由于本罪只处罚直接责任人员,而不处罚单位,根据"无罪无刑,无刑无罪"原理,不应认为本罪属于单位犯罪。也就是说,本罪是自然人犯罪,不是单位犯罪。

第十三节 教育设施重大安全事故罪

·导 读·

虽然条文中存在"明知"的表述,但应认为本罪的责任形式为有认识的过失,不是故意。本罪可能与交通肇事罪和消防责任事故罪发生竞合。

/ 条 文 /

第一百三十八条 【教育设施重大安全事故罪】明知校舍或者教育教学设施有危险,而不采取措施或者不及时报告,致使发生重大伤亡事故的,对直接责任人员,处三年以下有期徒刑或者拘役;后果特别严重的,处三年以上七年以下有期徒刑。

罪名精释

1. 本罪是故意犯罪吗?

从条文中"明知"的表述来看,本罪似乎是故意犯罪。但考虑到本罪的法定刑与重大责任事故罪、重大劳动安全事故罪、危险物品肇事罪、消防责任事故罪、大型群众性活动重大安全事故罪持平,法定最高刑均为7年有期徒刑,所以宜认为本罪是过失犯。条文之所以强调明知,旨在将疏忽大意的过失排除在犯罪之外。也就是说,本罪只能由有认识的过失构成。因为教育设施发生事故的根本原因在于教育设施本身质量不合格,存在事故隐患。行为人只是发现事故隐患后应当采取措施避免事故的发生,但出于侥幸心理而不采取有效措施,或者不及时报告,结果发生事故。所以从有责性上讲,轻于其他责任事故类犯罪。当然,如果教育设施管理者拒不执行消防整改措施导致事故发生,还可能成立消防责任事故罪。

2. 本罪与其他责任事故犯罪之间是什么关系?

案1:高某先接管某幼儿园任园长,负责全面工作;乔某杰是该幼儿园雇用的司机。高某先明知该园用于接送幼儿的面包车车况差,油路不畅,急需检修,仍要求乔某杰驾驶该车接送幼儿。某日,乔某杰驾驶该车送第一批幼儿回家途中,车辆出现故障,打不着火,无法将车上儿童送回家,遂打电话通知高某先。高某先与孟某军骑摩托车赶到现场后,见车辆仍未修好,由于时间较晚,高某先就到附近租了一辆车,将留置在故障车内的儿童全部送走,要求乔某杰和孟某军继续修车,修好后送园内其他幼儿。乔某杰和孟某军对该车进行简单维修后,又开车回到幼儿园接上第二批幼儿送回家。途中因油路不畅,乔某杰让孟某军用手扶着一塑料油壶,采取用油壶直接向该车汽化器供油的违规操作方法继续行驶。该车行至某处时,汽化器回火,引起汽车着火,将车上的王某迪、杨某某、赵某杰等3名儿童当场烧死,孟某军严重烧伤后经医治无效死亡,王某、谷某兴等2名儿童被烧成重伤,面包车被烧毁。

一审法院以交通肇事罪判处高某先有期徒刑5年。二审法院认为,《刑法》规定的教育设施重大安全事故罪,其侵犯的客体是公共安全和教学管理秩序,主体是对教育教学设施负有维护义务的直接责任人员,主观方面表现为过失,客观方面表现为不采取措施或者不及时报告致使发生重大伤亡事故的行为。"不采取措施",既包括没有采取任何措施,也包括没有采取任何有效措施。幼儿园是实施幼儿教育的机构;本案事故车辆,是幼儿园专用于接送幼儿的工具,是教育教学设施。上诉人高某先作为幼儿园园长,对该教育教学设施的安全负有直接责任。高某先明知该车油路堵塞急需检修,不履行职责将该车交给专业人员检修以便排除危险,却让乔某杰使用这个已确定存在安全隐患的教育教学设施接送幼儿。本案车毁人亡的危害后果,固然是乔某杰违反交通运输法规的行为直接造成的,但其中3名幼儿被烧死、2名幼儿被烧伤,却与高某先明知教育教学设施有危险而将其继续投入使用的行为有因果关系。高某先的行为有严重的社会危害性,应当以教育设施重大安全事故罪追究其刑事责任。认定高某先犯教育设施重大安全事故罪,判处有期徒刑4年。

应该说,高某先的行为也符合交通肇事罪的构成要件。这说明教育设施重大安全事故罪与交通肇事罪之间可能存在竞合。

校车属于教育设施,行为人拒不执行消防整改措施因而发生事故还可能构成消防责任事故罪。教育设施重大安全事故罪与交通肇事罪、消防责任事故罪之间可能发生竞合,由于法定刑相同,一般按照教育设施重大安全事故罪论处即可。当然,当校车使用中发生交通事故时,不能否认"交通运输肇事后逃逸"和"因逃逸致人死亡"的成立。

第十四节　消防责任事故罪

·导　读·

设立本罪,旨在规制工程竣工验收使用后管理者(如物业公司)的责任。消防责任事故罪在主体、成立时空范围等方面有别于重大责任事故罪和工程重大安全事故罪。

/条　文/

第一百三十九条　【消防责任事故罪】违反消防管理法规,经消防监督机构通知采取改正措施而拒绝执行,造成严重后果的,对直接责任人员,处三年以下有期徒刑或者拘役;后果特别严重的,处三年以上七年以下有期徒刑。

罪名精释

1.本罪的立法目的是什么?

设立本罪,旨在规制工程竣工验收使用后管理者的责任。工程竣工验收使用后通常会成立物业公司之类的工程的管理者。事故发生的根本原因可能是工程质量本身的问题,但既然消防监督机构提出了改正措施,就应按照消防监督机构的整改要求进行整改,这可以避免事故的发生或者事故后果的扩大。如果因行为人拒不执行消防整改措施最终酿成事故或者导致事故后果的扩大,按照消防管理法规的规定,行为人应当对事故的发生或者事故后果的扩大承担责任。当然,消防整改措施必须具体明确到位且应明确整改验收的期限。如果消防整改措施不具体准确,或者未明确整改验收期限,即便发生了事故或者事故后果的扩大,都不能将消防责任事故归属于工程的管理者。

2. 如何区分本罪与重大责任事故罪和工程重大安全事故罪?

重大责任事故罪必须是"在生产、作业中违反有关安全管理的规定,因而发生重大伤亡事故",其主体是对生产、作业负有组织、指挥或者管理职责的负责人、管理人员、实际控制人和投资人等人员以及直接从事生产、作业的人员。工程重大安全事故罪的主体是建设单位、设计单位、施工单位、工程监理单位对建筑工程质量负有责任的人员。消防责任事故罪的成立范围是建筑工程竣工验收使用后管理建筑工程的人员,拒不执行消防整改措施而导致火灾等消防事故。例如,居民楼发生火灾的,若因为水电安装本身不符合工程质量要求引发火灾,则建设单位、设计单位、施工单位和工程监理单位的人员可能构成工程重大安全事故罪,施工单位人员还可能构成重大责任事故罪。火灾事故的发生若与物业公司拒不执行消防整改措施有关,则物业公司的人员可能成立消防责任事故罪。所以说,消防责任事故罪在主体、成立时空范围等方面有别于重大责任事故罪和工程重大安全事故罪。

第十五节 不报、谎报安全事故罪

·导 读·

本罪的立法目的在于,要求安全负责人员在事故发生后及时报告以组织有效营救,避免事故后果的扩大。行为人虽然不报、谎报事故情况,但对贻误抢救时机导致伤亡的增加持侥幸心理，认为通过自己的力量就能有效施救的，也应视为犯罪，所以本罪的责任形式为过失。本罪与不作为的故意杀人罪、故意伤害罪之间可能发生竞合。认为转移、藏匿、毁灭遇难人员尸体能构成本罪的司法解释规定，存在疑问。即便认为本罪与重大责任事故罪能够数罪并罚，也不能将最终伤亡人数同时评价为重大责任事故罪的结果和不报、谎报安全事故罪的结果。他人已经及时报告的，行为人不能构成本罪。

/ 条 文 /

第一百三十九条之一 【不报、谎报安全事故罪】在安全事故发生后，负有报告职责的人员不报或者谎报事故情况，贻误事故抢救，情节严重的，处三年以下有期徒刑或者拘役；情节特别严重的，处三年以上七年以下有期徒刑。

罪名精释

1. 本罪的立法目的是什么？

不报、谎报安全事故罪是2006年《刑法修正案（六）》增设的罪名。在此之前《刑法》已经设立了重大责任事故罪、工程重大安全事故罪、重大劳动安全事故罪、危险物品肇事罪、教育设施重大安全事故罪、消防责任事故罪等一系列责任事故犯罪，应该说已经编织了一个严密的责任事故犯罪法网。但这些犯罪均是针对事故发生原因本身进行追责，而没有对导致事故后果扩大的原因进行归责。通常而言，危害公共安全的后果或者范围具有随时扩大或者增加的特点。为了避免事故后果的扩大，对安全负有管理职责的人员，不仅自己应当积极组织施救，而且应当及时报告有关人员和部门组织有效营救以避免事故后果的扩大。实践中，煤矿发生瓦斯爆炸后，往往有大量煤矿工人被困井下，只有动员一切可能的力量及时进行营救才能挽救被困井下煤矿工人的生命。所以，本罪的立法目的在于要求安全负责人员在事故发生后及时报告以组织有效营救，避免事故后果的扩大。

2.本罪的责任形式是什么？

关于本罪的责任形式，刑法理论普遍认为本罪的责任形式是故意，即明知不报或者谎报事故情况会发生贻误事故抢救的结果，并且希望或者放任这种结果发生。[①] 的确，就不报和谎报行为而言，行为人是出于故意，但认为行为人对贻误事故抢救因此导致伤亡的增加、事故后果的扩大具有认识并持希望或者放任的态度，可能还存在疑问。本罪法定刑与重大责任事故罪、过失致人死亡罪、失火罪等持平，法定最高刑均为7年有期徒刑。行为人若对伤亡的增加持故意的态度，则明显与这些犯罪的刑罚不协调。应当认为，行为人虽然不报、谎报事故情况，但对贻误抢救时机导致伤亡的增加、事故后果的扩大持侥幸心理，即认为通过自己的力量就能有效施救，所以本罪的责任形式为过失。

3.本罪与故意杀人罪、故意伤害罪之间是什么关系？

本罪的主体是负有安全责任的人员，在事故发生后其负有积极救助他人生命、健康的义务。若行为人不报、谎报事故情况，贻误事故抢救，认识到会因此增加伤亡人数，并且希望或者放任这种结果发生，则行为人不仅成立本罪，还成立不作为的故意杀人罪、故意伤害罪，二者是竞合关系，应从一重处罚。之所以本罪的法定最高刑只有7年有期徒刑，就是因为本罪与故意杀人罪、故意伤害罪之间可能发生竞合。简单地讲，若行为人对伤亡的增加、事故后果的扩大持过失态度，则仅成立不报、谎报安全事故罪，若对之具有认识并持希望或者放任态度，则同时构成故意杀人罪、故意伤害罪。

4.认为转移、藏匿、毁灭遇难人员尸体也能构成本罪的司法解释规定，有无疑问？

有司法解释规定，转移、藏匿、毁灭遇难人员尸体的，应当以不报、谎报安全

[①] 参见高铭暄、马克昌主编：《刑法学》（第10版），北京大学出版社、高等教育出版社2022年版，第370页；张明楷：《刑法学》（第6版）（下册），法律出版社2021年版，第941页。

事故罪进行追诉。① 既然已经遇难，就不存在救助的可能性，就不是因为不报、谎报事故情况贻误事故抢救而造成的，即不具有刑法上的因果关系，不能构成不报、谎报安全事故罪，只能构成重大责任事故罪等犯罪。有指导性案例指出，认定谎报安全事故罪，要重点审查谎报行为与贻误事故抢救结果之间的因果关系；只有谎报事故的行为造成贻误事故抢救的后果，即造成事故后果扩大或致使不能及时有效开展事故抢救，才可能构成本罪；如果事故已经完成抢救，或者没有抢救时机（危害结果不可能加重或扩大），则不构成本罪。② 应该说，这个指导性案例的立场是可取的。

5. 同时构成重大责任事故罪和不报、谎报安全事故罪的，能数罪并罚吗？

理论与实践认为，同时构成重大责任事故罪和不报、谎报安全事故罪的，应当实行数罪并罚。③ 应该说，重大责任事故罪评价的是事故原因本身的行为，本罪评价的是事故发生后因为不报、谎报事故情况，贻误事故抢救，进而增加伤亡人数等事故后果扩大的情形。所以，即便能够数罪并罚，也不能将最终伤亡人数同时评价为重大责任事故的结果和不报、谎报安全事故的结果。例如，事故最终造成3人死亡，其中1人是在不报、谎报事故情况之前已经造成，2人是之后因为不报、谎报事故情况贻误事故抢救造成的。不能将3人死亡同时评价为重大责任事故和不报、谎报安全事故的结果。只能认为重大责任事故造成1人死亡、不报、谎报安全事故造成2人死亡，即便数罪并罚，也只能均适用相应的基本法定刑。在难以分清是事故本身造成与不报、谎报事故情况贻误事故抢救造成时，应根据事实存疑时有利于被告人的原则进行处理。

---

① 参见最高人民检察院、公安部《关于公安机关管辖的刑事案件立案追诉标准的规定（一）的补充规定》（公通字〔2017〕12号）；最高人民法院、最高人民检察院《关于办理危害生产安全刑事案件适用法律若干问题的解释》（法释〔2015〕22号）。

② 参见黄某某等人重大责任事故、谎报安全事故案，最高人民检察院指导性案例检例第96号（2021年）。

③ 参见张明楷：《刑法学》（第6版）（下册），法律出版社2021年版，第942页；黄某某等人重大责任事故、谎报安全事故案，最高人民检察院指导性案例检例第96号（2021年）。

6.他人已经及时报告的,行为人还能构成本罪吗?

应该说,本罪规制的是事故发生后,因为行为人不及时报告或者谎报事故情况而贻误事故抢救,造成伤亡的增加、事故后果扩大的情形。既然他人已经及时报告,负有报告职责的人员不报、谎报事故情况就不可能贻误事故抢救而造成伤亡的增加、事故后果的扩大,所以不能构成本罪。当然,行为人本人负有救助义务,若行为人自己不及时组织救助导致伤亡增加,还是可能成立过失致人死亡罪、过失致人重伤罪或者故意杀人罪、故意伤害罪。